Episcopia Ortodoxă Română din America:

Prima jumătate de secol, 1929-1979

de Gerald J. Bobango

traducere de
Pr. Ionuț Tudor Maerean

The Romanian Orthodox Episcopate of America
Grass Lake, Michigan
2014

Originally published as
*THE ROMANIAN ORTHODOX
EPISCOPATE OF AMERICA
The First Half Century, 1929-1979*
by the Romanian-American Heritage Center
Jackson, Michigan, 1979

The Romanian Orthodox Episcopate of America
PO Box 185, Grass Lake, Michigan 49240-0185
517-522-4800
www.roea.org

ISBN 978-1-929200-20-7

PRINTED IN THE UNITED STATES OF AMERICA

CUPRINS

Ideo regnum Ecclesiae manebit

in aeternum,

quia individua fides,

corpus est unum.

Sf. Ambrozie

INTRODUCERE

Toate Bisericile sunt, mai mult sau mai puţin, Biserici etnice care reflectă din necesitate cultura celora care le formează. Aceasta este o introducere şi o interpretare a unei entităţi religioase care, cel puţin acum, are mai puţin de un secol. Faptul că aceasta se întâmplă să fie o Biserică "emigrantă", alcătuită din est europeni strămutaţi şi înaintaşii lor, nu este relevant. Care Biserică din emisfera vestică nu este o Biserică de emigranţi? Nici n-ar trebui să fie numită o Biserică "etnică", aşa cum majoritatea greşit înţelege acest termen. Discuţiile despre apariţia unei noi ediţii revizuite a unei cărţi de slujbă in Biserica Episcopală a produs nu de mult o schismă în care aproape 25,000 de membri s-au separat pentru a forma o altă denominaţie si anume, Biserica Anglicană din America de Nord. Nici un grup nu ar trebui sa aibă monopolul asupra sciziunii sau luptei pentru supremaţie între naţionalism şi religiozitate.

Apare o diferenţă semnificativă între Bisericile întemeiate de oamenii care au făcut parte din "noul val de emigrare" in Statele Unite şi Canada între anii 1890 şi 1920, în felul în care au evoluat ele. Deoarece originile acestor oameni erau în pământurile unde naţionalismul pronunţat a plămădit mediul politic, economic si cultural al secolelor XIX şi XX mai mult decât a făcut-o în Europa vestică, lupta între secular şi bisericesc a fost pronunţată până când Bisericile s-au ridicat ca instrumente şi simboluri ale naţionalismului. Mult mai dureroasă a fost venirea comunismului în aceste locuri după Al Doilea Război Mondial, un fenomen care deseori a produs in America lupte crunte atunci când Bisericile americane întemeiate de est europeni au căutat să rupă legăturile cu Bisericile Mamă, pe care ei le vedeau acum ca fiind radical schimbate.

Totuşi, într-o perspectivă mai largă, separarea de Europa n-a fost nicidecum rezultatul evenimentelor politice de după 1945, ci evoluția naturală a lucrurilor, un proces care începe atunci când un emigrant calcă pe un tărîm nou. Cred, împreună cu Victor Greene, Timothy Smith, John Bodnar și alți studenți ce provin din comunități etnice, că această conștiință a emigrantului s-a dezvoltat doar după sosirea în America; că românii, grecii, polonezii, bulgarii, precum cu siguranță și englezii și irlandezii, au devenit mult mai naționaliști într-un pământ străin decît au fost ei vreodată acasă. Totuși, acest naționalism a fost temperat de viața într-un nou mediu, iar din acest punct de vedere românii din anii 1940 au trecut prin aceeași experiență deosebită ca și nemții din anii 1840. Mentalitatea americană a transformat oamenii în ceea ce privește comportamentul lor și în același timp al instituțiilor lor, i-a forțat cel puțin să se acomodeze, dacă nu să asimileze, pe cei ce aveau să reușească. Asadar, nici Bisericile n-au fost scutite de la astfel de impulsuri.

La fel de bine, ne-am putea întreba ca și Crevecour, ce este această Biserică americană, această nouă apariție? Precum emigrantul transilvănean a devenit un om nou, un româno-american, tot așa și Biserica lui Română Ortodoxă a devenit o Biserică Ortodoxă Româno-Americană. Precum vânturile istoriei nu încetează niciodată să bată în această lume unde atât de multe sunt de făcut și puține știute, tot așa și acestea vor trece spre o viață nouă odată cu trecerea timpului.

GJB
Grass Lake, Michigan
31 Martie, 1979

CAPITOLUL 1

Românii se stabilesc în America

America-i ţară bună
Toţi voinicii n-ea s-adună;
Ţara noastră-i ţară rea
Se duc voinicii din ea.

"A venit la han şi a citit scrisori din Statele Unite în care se spunea că muncitorii necalificaţi deseori câştigau 200 de dolari pe lună, iar slujbele cu 3 dolari pe zi erau atât de abundente încât cineva, după ce ajungea acolo, trebuia doar să se hotărască pe care să o aleagă." Agentul companiei de vapoare cu abur căuta potenţiali clienţi din satele Transilvaniei şi pentru a-i convinge pe ţăranii români să emigreze, rostea cu voce tare nu numai conţinutul scrisorilor reale, ci şi a unor scrisori imaginare de la compatrioţii lor aflaţi deja în America. De asemenea era pregătit cu instrucţiuni detaliate despre cum puteau tinerii să treacă peste graniţă şi să se sustragă serviciului militar pentru guvernul austro-ungar. În acele zile tulburi, cu aproape un secol în urmă, când ţăranul român s-a gândit la această mare şansă de a-şi găsi norocul în Lumea Nouă în speranţa unei vieţi mai bune pentru familia sa, Biserica Română din America şi-a aflat începutul. Astfel s-a născut Episcopia Ortodoxă Română de astăzi din America.

În teritoriile Imperiului austro-ungar din satele de munte ale Transilvaniei, în pădurile Bucovinei, pe întinsele şesuri ale Banatului, evenimente ca cele de mai sus deveniseră familiare pe la începutul secolului XX. Relatările uimitoare despre extraordinara prosperitate din Lumea Nouă şi promisiunile de locuri de muncă au determinat ţăranii români să-şi părăsească casele, să călătorească atât de departe cum n-au mai făcut-o niciodată în viaţa lor şi să se despartă de familii şi de prieteni. Nu era o decizie pe care să o poţi lua într-o singură zi. Dar speranţa de a scăpa din ceea ce poate fi descris ca o deprimantă situaţie economică şi politică a făcut ca poveştile din America să devină într-adevăr convingătoare. Aşadar începând cu 1895 numeroşi factori au produs o emigrare susţinută a românilor de la sate spre America, o emigrare care pe alocuri a golit sate întregi şi începând cu 1920 a adus 167,399 de persoane pe aceste tărâmuri. Christine Galitzii, în studiul ei despre români din 1929, a estimat aceşti noi veniţi ca fiind 4.9% din Vechiul Regat, 86.9% din Transilvania, Bucovina şi Banat şi 8.2% din Macedonia, Grecia, Tracia, Bulgaria, Serbia şi din alte locuri. Dacă luăm în considerare faptul că aproape toţi emigranţii de dinainte de 1895 erau evrei din Moldova, Basarabia şi Bucovina şi facem o distincţie între "emigranţii români" şi "emigranţii din România" (în care România este doar ţara de origine şi nu reprezintă etnia emigranţilor) putem socoti recensământul Statelor Unite din 1920 ca având o importanţă relativ edificatoare. Figurau 85,000 de români în Statele Unite care s-au născut peste hotare şi alţi 5,400 având unul sau ambii părinţi născuţi în România.

Asemenea cifre sunt doar în parte călăuzitoare, iar statisticile pentru emigranţii români, cât şi pentru emigranţii din Europa Centrală şi de Est anterioare Primului Război Mondial sunt insuficiente. Din moment ce aproape 87% dintre noii veniţi au pornit din teritorii care nu au aparţinut României până în 1918, mulţi dintre românii veniţi, din punct de vedere etnic, după limbă, cultură şi tradiţie, au fost socotiţi unguri, austrieci sau ruşi. Mai mult decât atât, s-au confundat şi cifrele, iar începând cu 1923 "ţara de origine" folosită de către Biroul de Recensământ cuprindea graniţele de dinaintea războiului.

Cel mai mare număr de români de după 1895 a venit din partea centrală şi de vest a Transilvaniei, majoritatea din regiunile Făgăraş, apoi Sibiu, Alba Inferioară, Târnava Mare, Satu Mare, Sălaj, Bihor şi Arad. Din numărul mic de emigranţi din Regat, mai mult de o cincime au venit din Dolj. Macedo-românii (numiţi şi aromâni) au plecat din Thessaly, Macedonia şi din teritoriile ce au format mai târziu Albania, primul dintre ei fiind înregistrat în 1897 ca provenind din Korce. În fine şi câţiva dobrogeni, dintre care o parte au fost sau nu consideraţi turci sau bulgari atunci când au intrat în Statele Unite.

Motivele pentru a-şi părăsi casele erau multe, în special condiţiile economice. În conformitate cu recensământul făcut de austrieci în 1902, mai mult de jumătate din proprietăţile Monarhiei erau de aproape 5 ari fiecare şi aproape o treime din pământuri erau împărţite în proprietăţi de peste 250 de ari fiecare, cu toate că acestea constituiau doar 0.7% din numărul de proprietari. Un alt motiv a fost suprapopularea şi divizarea constantă a pământurilor marilor familii de ţărani, fapt cauzat de viitorului nesigur care bântuia pretutindeni în acele ultime decade ale secolului al XIX-lea. Începând cu 1900 agricultura din Câmpia Tisei (Ungaria) şi din câmpiile Transilvaniei a fost organizată în unităţi cu capital puternic. Pământurile au fost unite la scară largă în ferme comerciale, dar micii comercianţi au fost prinşi în tranziţie atunci când revoluţia industrială a venit în această parte a ţării. Producţia ţăranilor pentru propria lor familie şi micile surplusuri care vizau doar pieţele locale era un mod de a trăi tot mai puţin întâlnit şi asta din cauza confruntării ţărănimii cu diminuarea proprietăţilor şi cu creşterea presiunii populare. Marea răscoală a ţăranilor de la 1907 din România a fost o altă manifestare dramatică a nemulţumirilor rurale care au caracterizat ţinuturile dunărene încă din secolul XVIII-lea. Înfiinţarea monarhiei dualiste în 1867, prin compromisul dintre austrieci şi unguri, a adăugat alte greutăţi vieţii românilor din Imperiu. Budapesta şi nobilimea maghiară conservatoare au primit mână liberă mai mult ca niciodată în guvernarea pământurilor sale din Transilvania şi Banat. Astfel maghiarizarea a fost un alt aspect opresiv al vieţii românilor în special în şcoli, în serviciul civil şi în comerţ. În sfârşit, un prozelitism religios care ameninţa întregul spectru al vieţii culturale româneşti deoarece Ungaria căuta să convertească ortodocşii şi uniţii la romano-catolicism.

Această criză a economiei şi chiar fenomenul de maghiarizare nu trebuiesc însă exagerate. Nu doar acestea au reprezentat temelia convingerii pentru ţăranii români pentru a emigra. De asemenea ei aparţineau şi unei economii urbane şi vechii concepţii a comunităţilor săteşti, că o societate legată rigid trebuie schimbată. "Meşteşugarii satelor depindeau de târgurile periodice din pieţele micilor oraşe ca Cisnădie sau Selişte ori din oraşe mai mari ca Sibiu sau Făgăraş pentru a-şi vinde articolele de olărit. Iarmaroacele unde se comercializau produse agricole erau locuri funcţionale de întâlnire unde participarea era în număr mare, iar meşteşugarii străbăteau distanţe mari când era vreme bună, întorcându-se iarna în satele lor pentru a participa şi ei la taclalele din jurul focului, povestind despre locurile şi oamenii întâlniţi la sute de kilometri distanţă. Mai mult decât atât, chiar şi ciobanii care trăiau retraşi în Carpaţi urmau vechea practică de secole a transhumanţei, conducându-şi animalele lor distanţe mari de la munte spre câmpie până când anotimpurile aveau să se întoarcă. În timp ce trăiau într-un spaţiu relativ delimitat, românii de la sate nu au fost în totalitate rupţi de mersul lucrurilor. Greul trecuse deja, dar dificultăţile tranziţiei şi şocul cultural, experimentat de lumea simplă de la sate, au intrat şi în viaţa aspră a oraşului american. Cu siguranţă o atât de dramatică schimbare a fost plină de dificultăţi. Nu mai puţin contează faptul că atât de mulţi emigranţi dintre cei sosiţi erau trecuţi pe listă nu după locul de origine şi după numele satelor lor, ci după cel mai apropiat centru urban de zona lor. Aceasta dovedeşte în mod conştient că satul nu era epicentrul întregii existenţe. De asemenea, toate acestea ne ajută să ne explicăm într-un fel de ce atât de mulţi români s-au putut adapta singuri la viaţa oraşelor din America, destul de repede şi fără mari greutăţi, faţă de alte grupuri de emigranţi care au întâmpinat probleme cu acomodarea.

În ceea ce priveşte gradul de maghiarizare ce a afectat etnicitatea, evidenţele sunt clare: cu excepţia câtorva influenţe lingvistice minore în vocabularul ardelenesc şi în scriere, încercarea de a-i unguriza nu a avut succes. Desigur că ei au declarat ca ţară de origine Ungaria, ci au răspuns la întrebarea "Ce naţionalitate eşti?" cu "sunt român" şi au adus cu ei în America cultura românească moştenită de secole în pământul străbun. Românul şi-a păstrat limba în mare parte, nu a renunţat la mâncărurile tradiţionale româneşti, a continuat să fie devotat muncii, şi-a păstrat dragostea pentru muzică, grija pentru copiii lui şi viaţa de familie. Conştiinţa sa a fost îndeaproape păstrată cu ajutorul gândului că aparţine unui popor străvechi, unuia care a fost de multe ori un bastion al Europei creştine împotriva invaziei trupelor necruţătoare ale armatei islamice. Pătrunderea sentimentului de românism a însemnat mai apoi pentru miile de emigranţi ce au traversat oceanul o puternică identificare cu credinţa strămoşească. Dacă a fi irlandez însemna că eşti catolic, a fi român însemna că eşti ortodox.

Călătoria

Examinând principalele motive care l-au determinat pe ţăranul român să treacă oceanul, trebuie să luăm gândurile lui drept un proiect îndrăzneţ. Este important să recunoaştem că emigrantul "tipic" al primei generaţii a plecat în America lăsându-şi casa cu idea că banii pe care, cu siguranţă şi în scurt timp, i-ar câştiga în oţelăriile şi minele din Statele Unite, i-ar permite să se întoarcă în satul său ca să cumpere mai mult pământ sau mai multe vite. El avea posibilitatea să-şi mărească parcela şi să ajungă un proprietar fruntaş, putea deveni un om admirat şi respectat, în măsură să ridice nivelul de trai al familiei sale. Referindu-ne la definiţia emigrării, câteva, dacă nu majoritatea dintre emigrările din România din primele două decade ale secolului douăzeci, nu au fost emigrări în adevăratul sens al cuvântului, deoarece pentru ei n-a existat intenţia de a rămâne pentru totdeauna în America. Aceasta a fost etapa cunoscută în România sub numele de "Mia şi drumul", adică o mie de dolari şi înapoi acasă. Aşadar spre deosebire de emigrările de dinainte de 1895, în care mulţi dintre ei erau mici negustori sau meşteşugari veniţi cu familiile lor, între 1895 şi 1920 au emigrat în mare majoritate bărbaţi între 18 şi 45 de ani care şi-au lăsat nevestele acasă.

Să laşi în urmă prietenii şi viaţa satului pentru o lume nebună nu a fost niciodată uşor. Adesea era destul de mult de umblat pentru a găsi un vapor cu care să poţi pleca. Călătoreai într-un vagon comun sau străbăteai cu piciorul zeci de kilometri până la Sibiu, oraş prin care trecea calea ferată ce se îndrepta spre vest. Călătoria până la Bremen sau până la Hanovra cu ambarcaţiunile greoaie ale companiei Norddeutscher Lloyd păreau interminabile. O altă rută era via Trieste, unde mai ales după 1910 ambarcaţiunile companiei Austro-American Line erau pline până la refuz de pasagerii de la clasa a treia. Voiajul putea fi în regulă, dar pentru cei ce au trăit dintotdeauna departe de mare, era de cele mai multe ori un coşmar, cu sute de oameni înghesuiţi sub punţi. În anul 1890, o valoare medie a ratei mortalităţii pe ambarcaţiunile ce ajungeau la New York, arăta aproape 300 de decese pe an în timpul voiajelor. Cu siguranţă cele două săptămâni de voiaj erau mai puţin groaznice acum, decât cu câteva decenii mai devreme, dar încă nu erau lejere. Românul era încântat şi plin de optimism căci de data asta chiar va debarca în America, cu toate că era o teamă sâcâietoare tot timpul undeva în subconştient că dintr-un anume motiv sau altul nu ar putea satisface cerinţele unei emigrări oficiale ce constau din întrebări adresate într-o limbă pe care nu o înţelegea şi cu care va avea să se confrunte în curând la Ellis Island. El urma să fie subiectul unor interviuri. Bâlbâiala sau gripa contractată la bordul vasului ori o altă oricare cauză putea duce la detenţie sau carantină pentru multe săptămâni, în special dacă ambarcaţiunile ajungeau între 1 mai şi 1 noiembrie când regulile privind sănătatea erau riguros aplicate. Cel mai rău dintre toate era teama că timpul şi efortul depuse pentru a ajunge acolo, precum şi banii împrumutaţi pentru călătorie puteau fi irosiţi dacă erai deportat sau ţi se refuza accesul. Iar aceste temeri s-au întipărit atât de adânc în minţile emigranţilor încât unui bătrân, în 1978, la 60 de ani după ce ajunsese aici îi era teamă să-mi zică anul naşterii lui, căci minţise în privinţa vârstei lui când a intrat în ţară şi n-ar fi vrut să aibă necazuri tocmai acum. Din acest motiv companiile de navigaţie nu specificau în reclamele lor decât un procent scăzut de clienţi de-ai lor ce fuseseră expulzaţi. În 1904, Norddeutscher Lloyd şi Austro-American Lines, care împreună au transportat 26,253 de pasageri la clasa a treia în acel an, aveau numărul deportaţilor de 0.42%, respectiv 0.48%, ceea ce era convenabil în comparaţie cu alte companii care aveau un procent de 2.33% pentru călătorii ce fuseseră respinşi. Un emigrant putea achiziţiona alături de biletul său chiar şi o poliţă de asigurare în caz că va fi respins – o altă sursă de profit pentru agenţi şi bancheri.

În afara deportării erau multe alte motive pentru a nu fi mulţumit de companiile de navigaţie. Rezervările peste limita locurilor pentru călătoria peste Atlantic erau atunci, ca şi acum, practicate de toţi. Promisiunile deşarte ale agenţilor că toate documentele de călătorie vor fi corect întocmite, precum şi răspunsurile la toate întrebările puse, se dovedeau a fi adesea sursa unei temeri la debarcare. O agenție ce a adus poate mai mulți emigranți români decât toate celelalte a fost Bremen–American Missler. Această agenție a devenit cea mai cunoscută în Europa Centrală și zeci de mii de oameni au venit în America "cu Missler". Mulți au fost întru totul de acord cu "poemul popular din America" publicat la Cluj în 1908:

> *"Să arzi, Missler, în foc*
> *Cu vapoarele tale cu tot;*
> *Vapoarele tale să nu ajungă*
> *Și apa să le scufunde*
> *Fie ca tu să ajungi falit, Missler*
> *Ca tinerii pe care ni i-ai luat din țară."*

Apoi mult timp la bordul navei era petrecut repetându-se răspunsurile la interogatoriul la care aveau să fie supuși. Seturi întregi de întrebări și răspunsuri în limbile europene erau împărțite pentru a pregăti pasagerii pentru momentul debarcării. "Nu, nu sunt poligam; nu, nu sunt anarhist; da, posed 25 dolari; da, am pe cineva la care pot să stau în Statele Unite, aceasta este adresa lui; nu, nu vin în urma unei oferte, solicitări, promisiuni sau înțelegeri de a munci în Statele Unite. Multe din răspunsurile privind banii posedați și promisiunile de angajare nu erau adevărate. Europenii erau obișnuiți cu oficialitățile și cu cererile lor. Cel mai important lucru era să poți intra. "Țara mea de origine este Ungaria, iar locul de rezidență este Sibiu" era o altă informație ce trebuia dată. Mii de români au fost luați drept unguri. După naționalitatea lor politică puteau fi considerați cetățeni ai Ungariei, dar acest lucru nu-i împiedica să declare numele românesc al orașului din care proveneau. De exemplu, listele îmbarcaților pe vapoare erau pline de emigranți ce declarau Sibiul drept orașul lor de reședință. Numele maghiar pentru acest oraș era Nagy-Szeben înainte de 1918, o demonstrație a eșecului legilor "Apponyi".

În ciuda tuturor pregătirilor pentru debarcare, ghinionul i-a atins totuși pe mulți. Pe 26 decembrie 1904 Consulatul Austro-Ungar din Liverpool a informat Ministerul Emigrării din New York că 21 de români de pe nava Lucania și alți 4 de pe nava

Umbria au fost readuşi la New York după ce fuseseră din greşeală deportaţi. În primă instanţă, ei fuseseră acuzaţi că sunt muncitori cu contracte, mai ales că la sosire ei declaraseră aceeaşi cutie poştală din Sharon, Pennsylvania ca adresa lor. După cercetări au fost descoperite câteva familii de români în acea localitate care din scopuri practice foloseau în comun trei, patru cutii poştale. Nu au aveau nici o promisiune de muncă. Deoarece erau susceptibili de a deveni o povară pentru societate, au fost trimişi înapoi spre Anglia. Ne putem imagina teama şi frustrarea produsă de suspiciunea ce plana asupra unor oameni care şi-au ipotecat casele sau au împrumutat între 185 şi 205 de coroane pentru a-şi plăti călătoria. Şi pentru că aceste incidente erau multe, nu toate au putut fi rezolvate în favoarea emigranţilor.

Sosirea şi acomodarea

Aproximativ 97% dintre românii ajunşi în America erau muncitori necalificaţi. Dintre 7,818 de români înregistraţi în raportul consular pentru categoriile profesionale din 1904-1905, 4,694 erau lucrători cu ziua, 2,172 erau fermieri, iar 223 erau muncitori calificaţi. Ei au ajuns într-o ţară în care ora de muncă varia de la 29 de cenţi în Chicago la 16 cenţi în Philadelphia sau unde puteai să munceşti cu 14 cenţi pe oră într-o fabrică de ciment din Missouri, coborând până în adâncurile unei mine de cărbune din Wyoming pentru un dolar pe zi sau să munceşti în căldura insuportabilă a turnătoriilor de oţel din Pennsylvania pentru 11 cenţi pe oră.

Mai mult, românii ajunşi în America aşteptau slujbele care li s-au promis, promisiuni care nu s-au materializat niciodată, ori care au existat numai în ofertele agenţiilor care le-au vândut biletul de călătorie. Puteai citi pe ele: "Norocul îţi surâde în Arkansas Valley din vestul Kansasului ". Erau multe cazuri în care vânzările şi cumpărările de pământuri erau făcute prin înşelăciune fiind folosit drept acoperire un nume al unui emigrant respectabil, bancher sau editor. Adesea adevărata muncă, care se presupunea că trebuie să aducă o remuneraţie mare, se transforma în altceva. Odată ajunşi în oraşele industriale pline de fum ale Americii, unii emigranţi au găsit pur şi simplu alte condiţii de muncă şi o altă formă de muncă, cu ziua.

În 1908 ziarul *"Daily States"* din Louisiana vorbea despre cei care căutau de muncă orice altceva decât în industrie. Ediţia din 21 iulie consemna prezenţa a 14 români în New Orleans rămaşi fără bani şi în imposibilitatea de a se întoarce la plantaţiile de zahăr unde au lucrat înainte. În ciuda "pitorescului" acestor oameni şi a tonului binevoitor al ziarelor, asemenea evenimente erau reprezentative pentru o epocă în care sute de emigranţi s-au trezit fără nici un bănuţ în buzunar. Numele acestora umpleau volumele de rapoarte ale "Ligii pentru protecţia emigranţilor". Zilierii care lucrau în lanurile de grâu din Vestul Mijlociu sau la plantaţiile de zahăr din Louisiana erau plătiţi cu mai mult de doi dolari. O muncă convenabilă era strângerea recoltei în sezon, unde munceai doar două zile pe săptămână, dar când sezonul se termina mulţi rămâneau faliţi. Era dificil într-adevăr pentru statele din sud să profite de forţa de muncă a emigranţilor. Ziarul *Daily Picayune* a scris în 1906 "Linşări, zilieri şi o mulţime de plăţi. Asta e problema."

Aceeaşi problemă era şi în regiunile unde existau mine de cărbune. În 1881 publicaţia *New York Herald* semnala câteva sute de "unguri" noi veniţi cutreierând zona de lângă Reading, Pennsylvania. Lor le-au fost promise locuri de muncă în minele de cărbune şi fier, dar n-au primit nimic. Afişe imense şi săritoare în ochi scrise în limba lor i-au determinat să-şi părăsească casele lor din Europa.

Chiar şi pentru cei care au muncit, trecerea de la viaţa liniştită din satele de la munte la viaţa din Homestead, New Castle sau Indiana Harbor era prea dură. Lucrarea lui Thomas Bell intitulată *"Din acest furnal"* este una dintre cele mai semnificative imagini despre viaţa emigranţilor din statul oţelului, Pennsylvania, în 1910. Chiar dacă credeau că afacerea va merge mai degrabă cu slovacii decât cu transilvănenii, nimeni nu gândea că vor da greş cu experienţa românilor. Scrisorile emigranţilor subliniau tot timpul cât de grea era munca lor şi aproape toţi scriau de viaţa grea din America. Primele cuvinte din limba engleză învăţate de români erau "hurry up" (dă-i bice) şi "pay day" (zi de plată), dar nici chiar ziua de plată nu putea compensa singurătatea oamenilor ce se aflau la mii de kilometri depărtare de soțiile și copiii lor, departe de locurile de acasă. Și dacă primeai salariile promise în perioada de dinainte de sindicat tot nu puteai să pui deoparte fabuloasa sumă de o mie de dolari așa cum se credea. Ca întotdeauna, realitatea era mult mai aspră decât visul. Oamenii se plângeau de cât timp trecea până să ajungă o scrisoare în țară. Puteai vedea bărbați ce "plângeau de trei ori înainte de prânz" de dorul familiilor lor. Ei se mai plângeau și de faptul că românii din America deveneau păgâni pe zi ce trecea nemaiprețuind duminicile și chiar uitau să scrie și să vorbească românește. O scrisoare concluziona atenționând toată lumea să nu vină în America pentru că aici zilele sunt pentru totdeauna blestemate.

Însă românii au continuat să vină în ciuda tuturor dificultăților și obstacolelor, iar numărul lor a întrecut pe cei aproximativ 43,000 care s-au întors mai apoi în România între 1910 și 1939. Restricțiile privind părăsirea teritoriului Romaniei s-au diminuat la sfârșitul Primului Război Mondial și mulți s-au grăbit să ajungă în Statele Unite înainte ca autoritățile să închidă ușa spre emigrare. Statistica națională din 1924 privind naționalitățile arată o medie de 603 români ce intrau anual în America, dar populația de bază fusese deja stabilită până atunci. O creștere de așteptat s-a produs în timpul celui de-al Doilea Război Mondial, numărul românilor din Statele Unite ajungând până la 115,940. Se poate ca alți 10,000 să fi venit după 1945 după cum precizează "Statistica privind emigranții". La acestea ar trebui adăugate alte 20,000 de persoane ce au emigrat în Canada, în special în Windsor, Hamilton, Toronto și în provinciile de preerie, majoritatea dintre ei fiind veniți din Bucovina. Dar aceste cifre nu sunt foarte precise și pot varia mult. O estimare destul de recentă, din 1978, prezintă aproximativ 85,000 de români născuți în țară sau cu părinții născuți în țară, ce au venit în Statele Unite și Canada. Luând în considerare sfârșitul primei generații prin 1970 și stoparea emigrărilor interminabile, această estimare ar fi plauzibilă.

Cei mai mulți români s-au așezat în inima industriei din Atlanticul Mijlociu, în Great Lakes. Ei continuă să trăiască și astăzi în mare parte în New York, Chicago, Philadelphia, Detroit, Pittsburgh și Cleveland, cât și în orașe mai mici ca

Youngstown, Canton, Niles, Alliance, Warren, Akron din Ohio; Farrell, Sharon, New Castle, Ellwood City, McKeesport, Homestead, Erie, Johnstown și Scalp Level din Pennsylvania; în partea de est a orașului Chicago, Indiana Harbor, precum și în Gary din Indiana. Lista poate fi extinsă mai mult. De asemenea ei s-au așezat și în St. Paul, Minnesota, Missouri și Nebraska, dar totuși s-au îndepărtat în număr mare de zonele industriale. Câțiva s-au așezat în Vestul îndepărtat sau în Sud. De asemenea migrația internă din anii '60 a îndreptat mulți români spre statele California și Florida.

Prima generație de emigranți s-a transformat în muncitori necalificați și semicalificați, concentrându-se în colonii urbane situate aproape de fabricile la care erau angajați, influențați fiind și de prezența anterioară a altor români din același sat sau regiune cu ei. Un model pentru ei erau cei care se așezaseră înaintea lor într-un oraș anume, unde important era să ai o slujbă. După o perioadă de un an sau doi se mutau în alte locuri, unde auzeau ei de la prieteni că există slujbe mai bune. Prezența rudelor era factorul determinant – căsătoriile ce se făceau între oamenii aceluiași sat din țară arătau că toți aveau vreun văr sau vreo rudă. Nu se putea să ai o casă permanentă până după a doua sau a treia mutare, un factor ce a scăzut calitatea vieții lor în timpul primului an în America. *Union of Romanian Societies* estima în 1916 că 10% dintre membrii ei s-au mutat dintr-un oraș într-altul cel puțin o dată. De cele mai multe ori prima gazdă era la periferia orașelor pentru că acolo chiria era mai mică, dar după aceea foarte mulți români se mutau pe străzi apropiate fabricilor sau în internatele din zonele industriale. Caracterul migrației lor a determinat în mare parte tipul de colonii etnice ce s-au format. Se pare că dintre românii veniți, mulți erau din zone urbane și nu de la sate, câțiva statisticieni afirmând că doar 10% dintre emigranți erau țărani, un procent al "curentului" sătesc fiind doar de 5%. De asemenea directa observație a listelor de membri ale parohiei și societății putea trezi o asemenea supoziție din cauza multitudinii de nume comune. O trăsătură a migrației românilor este și obișnuința lor de a trăi alături de alte naționalități, așa cum au conviețuit alături de nemți și unguri în satele de unde au plecat primii emigranți. Astfel, în America era ceva obișnuit să întâlnești români amestecaţi cu polonezi, slovaci şi ruşi, în special unde comunităţile româneşti erau destul de mici.

Probabil că o treime dintre românii noi veniţi în oraşele mari nu emigraseră în grup, ci emigraseră de unii singuri. Acest mod era cel mai convenabil pentru a te putea întoarce uşor acasă, confirmând şi regula "Mia şi drumul". Sistemul de ajutorare înlesnit de către înrudirile districtuale şi regionale între vecinii lor au ajuns să depăşească loialităţile locale şi rurale pentru unii şi au propovăduit sentimente de singurătate şi înstrăinare în era Ligii de Restricţionare a Emigrării reprezentată de A. Mitchell Palmer, Sacco şi Vanzetti. Mijloacele izolării propriei identităţi şi instinctul de autoapărare, precum şi o cultură populară comună au comasat amalgamul de transilvăneni, bănăţeni şi bucovineni în grupuri naţionaliste unite, bazate pe Biserică şi "club".

În acea decadă până la 1914, baza economică a comunităţilor româneşti au fost zilierii. Totuşi, până la acel timp, unii acumulaseră capital suficient pentru a deveni mici întreprinzători, proprietari de restaurante, cămine, saloane sau bănci pentru emigranţi. Prin anii '20 aceşti "petit bourgeois" au putut să-şi vadă fiii progresând spre munca calificată şi în înaltele clase sociale. Românii s-au alăturat sindicatelor muncitoreşti, dar membrii lor erau mai mult pasivi decât activi, excepţie făcând un mic grup implicat în mişcările socialiste. Adeseori acestea au exercitat asupra comunităţilor românoamericane un impact indirect proporţional cu numărul lor, după cum vom vedea şi în cazul lui Ioan Podea. În ciuda fricii, trezită în alţi români de socialişti din cauza refuzului stângii de a se alătura societăţilor de binefacere şi a ateismului lor în multe cazuri, socialiştii români nu au reprezentat niciodată o ameninţare pentru sistemul capitalist. Ei au rămas în număr mic, mai mult evoluţionişti decât agresivi în gândire, concentrându-se în special asupra dezvoltării culturale şi satisfacerii cererilor de muncă, decât a fi revoluţionari. Majoritatea românilor nu numai că au fost interesaţi de sistemul capitalist american, ci chiar l-au îmbrăţişat din toată inima.

Asimilarea economică în societatea americană a fost rapidă; cel puţin într-un mare oraş american sunt informaţii că mişcarea socială românească a urmat succesul economic.

"Steaua Noastră", un ziar cultural cu caracter popular, dădea ştiri pentru gramofoanele ce existau în 1912, iar românii erau prezentaţi ca mândrii proprietari ai unor automobile în vremea Marelui Război. Pe la sfârşitul anilor '20 tradiţia familiilor mari de români a fost înlocuită de familii cu dimensiuni limitate. Aceasta, împreună cu achiziţionările de proprietăţi şi dorinţa de a le folosi pentru a finanţa educaţia generaţiei ce urma, ar putea explica creşterea financiară a românilor. În a treia decadă a emigrării faza de tranziţie se încheiase. Bărbaţii îşi luaseră neveste şi îşi întemeiaseră deja familii. În ciuda călătoriilor în "ţara de baştină", fiecare an îi găsea tot mai înrădăcinaţi în noua ţară. Când venea vremea trimiterii copiilor la şcoală, românii îi înscriau la şcolile primare publice şi nu la cele parohiale, ceea ce sporea expunerea familiei unei societăţi largi – dar în acelaşi timp dezavantaja noua generaţie prin pierderea tradiţiei culturale. Într-un fel, printr-un proces nedefinit de acomodare şi asimilare, dar inevitabil, emigranţii transilvăneni deveneau încetul cu încetul româno-americani. Mulţi dintre copiii lor au început să se căsătorească chiar cu persoane din alte etnii, trecând şi peste graniţa confesiunii ortodoxe. Încercările "clubului" şi ale Bisericii de a opri aceste tendinţe au fost în zadar.

Internatul

Două mari instituţii ale emigranţilor sunt creditate pentru înlesnirea tranziţiei de la tradiţional la noul stil de viaţă: internatul şi societatea de binefacere. Puţinii oameni dintre primii veniţi care şi-au adus nevestele cu ei, au descoperit după un timp că se puteau face mai mulţi bani conducând căminele de bărbaţi destul de aglomerate ale prietenilor lor emigranţi, decât să lucreze în fabrici. De obicei existau clădiri cu şapte sau opt camere în care se puteau caza între 25 şi 30 de bărbaţi. De asemenea existau cazuri când numărul lor se apropia de 60. Paturile nu erau niciodată goale pentru că oamenii le ocupau zi şi noapte. Puteai alege între două tipuri de cazare. Unii locuiau "la comun", plătind soţiei proprietarului trei dolari lunar pentru dormit, spălat şi gătit plus banii pe mâncare. Celălalt tip de cazare era pentru cei care câştigau mai mult: aici un chiriaş plătea de la 8 la 12 dolari pentru găzduire, lenjerie şi mâncare. Aici era inclus şi prânzul zilnic împachetat pentru a-l servi la fabrică. Micul dejun şi cina erau servite ca în familie la mese lungi de unde nu lipseau niciodată butoiaşele de bere aduse mereu de proprietar ca semn de ospitalitate.

Nu numai că internatul îți oferea o camaraderie de care un om plecat departe de casă avea nevoie, dar ajuta în acelaşi timp şi la păstrarea obiceiurilor. Pe lângă cântatul doinelor, recitarea poeziilor şi povestiri, exista pentru divertisment şi un fluieraş sau chiar un mic taraf ce întreţinea atmosfera. Când un grup de chiriaşi hotăra să se mute la un alt internat din motiv că auziseră că mâncarea era mai bună sau nu se înţeleseseră cu proprietarul, plecarea era adesea acompaniată de muzică. În special în perioada în care au fost construite căminele sociale şi bisericile, internatele au servit drept punct de activitate socială şi religioasă, nu doar pentru chiriaşi, ci şi pentru alţi români, în special de când slujbele religioase au putut fi ţinute duminica dimineaţa. În absenţa instituţiilor financiare conduse de unii dintre ai lor şi din cauza faptului că majoritatea refuzau să folosească serviciile băncilor americane, proprietarul internatului ţinea adesea economiile chiriaşilor săi sau era pus în postura de a deveni un fel de agent ce trimitea banii chiriaşilor spre casă sau procura bilete pentru vapor. În felul acesta internatul a devenit un predecesor al imenselor saloane de mai târziu, al secţiilor de votare, al agenţiilor de bilete, a operaţiunii de împrumut şi păstrat bani (cunoscută sub numele de banca emigranţilor), al trezoreriilor, al imenselor clădiri cu birouri pline de hârtii, chitanţe şi facturi. Privit ca o instituţie în unele comunităţi, internatul a funcţionat până în anii '40, în special pentru emigranţii care au ales să stea singuri în America şi care nu s-au căsătorit niciodată.

Societăţile de binefacere

Pentru că românii deveneau tot mai numeroşi în oraşele din Vestul Mijlociu şi pentru că viaţa lor de familie şi cea bisericească începea să fie din ce în ce mai aşezată, ei au înfiinţat alte organisme sociale pentru a menţine unitatea grupurilor de români şi pentru a se lupta cu problemele vieţii din America. Urmând modelul societăților de întrajutorare ale altor naționalități, românii au întemeiat și pentru ei ceva similar. Mai mult, cooperativele aveau o lungă istorie în Transilvania și puțini dintre membrii fondatori ai societăților românești nu ar fi avut acest gen de experiență cu asemenea asociații în România, care variau de la asociații literar-culturale la cooperative agricole. Într-o periodă în care întâlneai numeroase accidente de muncă, când legile pentru protecția muncii și asigurările pentru angajați încă nu existau, societățile ce se ocupau cu colectarea fondurilor pentru îmbolnăvire sau deces și pentru împrumuturi pe termen îndelungat, au avut un rol esențial. Românii reușeau să-și petreacă timpul împreună. Fiind sociabili și nefiind familiarizați cu engleza, ei au ales această soluție. Aceasta ca o motivație în plus pentru organizarea acelor societăți ce aveau rolul de a conserva moștenirea lor culturală și pentru a promova solidaritatea și fraternitatea pe tărâm străin. De asemenea, este interesant de notat că în anumite cazuri, obiectivul primordial al acestor societăți era în întregime cultural, abia mai târziu, după un an sau doi, adăugându-se ca scop și asigurările pentru muncă sau afaceri – "Vulturul" fiind un exemplu bun. În lumina a ceea ce societățile românești au devenit astăzi, aceste probleme nu mai constituie o greutate. Aceste societăți au început ca instituții cu activități culturale și nu ca societăți de asigurări. Nu mai puțin adevărat este faptul că acestă stare de lucru a devenit repede predominantă la începutul secolului douăzeci în America, oferind clasei muncitoare conceptul de membrie și implicit condițiile muncii în fabrici.

Încă din 1902 românii au organizat în Cleveland o societate mutuală de ajutor cunoscută sub numele de "Carpatina", dar modelul pentru adevăratul "club" românesc a fost stabilit la 1 ianuarie 1903 în Homestead, Pennsylvania când 29 de români, sub conducerea lui Ilie Martin Sălișteanu au format "Societatea Română de Ajutor și Cultură". Pe la 1905 printr-un al doilea set de hotărâri a fost înființată o mică companie de asigurări controlată direct de reprezentanții posesorilor de polițe de asigurare. Fiecare membru plătea o cotizație lunară și o taxă specială în cazul unui deces în cadrul companiei, care garanta o compensație în caz de accident sau despăgubirea familiei în caz de deces. Asigurarea ar fi variat între 75 şi câteva sute de dolari. În Homestead organizaţia "Vulturul" a plătit prima asigurare pe la 1906 familiei lui Ioan Todorescu. Doi ani mai târziu organizaţia şi-a ridicat propriul sediu în Homestead la 315 West 7Th Street. Grupuri similare s-au organizat şi în McKees Rocks, Glassport, McKeesport şi în Universal. Odată înfiinţate, vestea s-a răspândit repede. Pe 4 iulie 1906 s-a fondat în Homestead o organizaţie centrală ce aduna un număr mare de societăţi. Ea se numea "Uniunea Societăţilor Române de Ajutor şi Cultură" (USRA). În 1908 existau deja 26 de societăţi, iar în 1911 se ajunsese la 44 răspândite pe teritoriile statelor Pennsylvania, Ohio şi în Vestul Mijlociu. A fost achiziţionat ziarul "America", început în Cleveland în 1906 de părintele Moise Balea (1875-1942). Însă nu toate societăţile au aderat la această uniune. Multe au rămas independente, iar în 1912 un mic grup de intelectuali împreună cu "mişcările muncitoreşti" au unit un număr de organizaţii în "Liga de Ajutor" (LSRA) care a concurat mai apoi cu USRA. Ziarul lor s-a numit "Românul" şi a fost fondat pe la 1905 în Cleveland de către preotul unit Epaminonda Lucaciu (1877-1946). Ceartă, conflicte oficiale şi câteodată chiar violenţă au marcat competiţia dintre cele două organizaţii. Viaţa bisericească tindea să devină organizată, dar natura laică a acestor societăţi, adesea acompaniate de o atitudine anticlericală, prevestea răul ce avea să urmeze. Renumitul articol IV din hotărârile USRA interzicea avocaţilor, preoţilor şi altor profesionişti cu studii să deţină vreun oficiu în cadrul "Uniunii" sau să fie aleşi ca delegaţi la Congrese. Astfel se înţelegea clar ce relaţii de viitor vor exista între "club" şi Biserică. Acestea, adăugate la dihotomia muncitor-intelectual din comunităţi, au tins mai mult spre diviziune şi mişcări schismatice în noile parohii. Distanţa dintre cele două grupuri nu a fost micşorată până când USRA şi LSRA au fuzionat într-o "Uniune" şi în "Liga Societăţilor Române din America" în 1928. În 1930 aceasta avea aproximativ 6,000 de membrii sau 3% din românii din America, "Uniune" ce avea cel mai mare număr de membri. Aceasta a fost cea mai bună perioadă a societăţilor româneşti de întrajutorare. Prin anii '30 –'40 i-a luat locul un proces de consolidare, timp în care cluburile rivale odinioară s-au contopit ori au fost absorbite de societăţi mai mari. Însă diferența muncitor-intelectual care s-a accentuat între timp nu s-a diminuat niciodată. Diviziunea politică din România în perioada dintre războaie a sporit tensiunile dintre cele două grupuri româno-americane. În plus mai mulți membri ai societății au fost îndepărtați de opoziția "Uniunii" și "Ligii" de a fonda Episcopia Ortodoxă din America, precum și de atacurile virulente asupra episcopului Policarp pe la sfârșitul anilor '30. În 1944 numărul membrilor "Uniunii "și "Ligii" era de 5,000, dar deja cluburile practicau refuzul de a angaja românii care erau membri ai acestor societăți. Programele culturale variate din precedentele două decenii erau deja intrate în uzură, iar coloniile urbane ale românilor au început să se destrame și să se stabilească în suburbii. O listă oficială din 1973 arăta 4,226 de certificate frățești încă active aparținând unui număr de aproximativ 165 de societăți. La 16 noiembrie 1978 "America" raporta un număr de 4,043 membri.

"Uniunea" și "Liga" nu prea au fost o forță de asimilare așa cum s-a sugerat, deși au desăvârșit această acțiune de conservare a tradiției românești ajutând la organizarea școlilor românești, sponsorizând excursii și activități culturale și contribuind la alinarea dorului de țară. Mai mult, în ciuda numeroaselor declarații întâlnite în albumele aniversare ale parohiilor românești ortodoxe, despre cum Biserica și clubul lucrează mână în mână pentru a pune bazele unei vieți de parohie prospere, acestea s-au înfăptuit doar la nivel local. Organizația centrală a fost o sursă de opoziție puternică împotriva unei vieți de succes a Episcopiei ortodoxe, în special în primii douăzeci de ani de existență a Episcopiei.

Dar acesta nu a fost singurul obstacol în calea construirii unei vieți religioase organizate pe tărâm american. Mentalitatea de a fi "temporar" a primei generații, rivalitatea confesională dintre ortodocși și uniați pentru atragerea credincioșilor, nevoia generală de preoți de orice confesiune și o atitudine de anticlericalism printre transilvănenii ce își aduceau aminte de ceea ce s-a întâmplat în istorie – toate acestea combinate cu refuzul general al Mitropoliei Sibiului de a veghea la organizarea unei Biserici americane, a caracterizat perioada dintre anii 1904 și 1924, o perioadă mai degrabă de dezordine şi rivalitate distrugătoare, decât una de progres spre o temelie sănătoasă.

CAPITOLUL 2

O casă construită pe nisip, 1904-1924

Cu inima zdrobită de lacrimi şi durere
Mă îndrept astăzi la tine biserică străbună
În timp de liturghie când clopotele răsună
Să-mi dai o rază dulce – cuvânt de mângâiere.

Povestea are două versiuni: una inocentă, una conspirativă. Pe 15 august 1904, românii din Cleveland au hotărât să ctitorească prima Biserică Ortodoxă Română din Statele Unite. Ei l-au împuternicit pe secretarul noului înfiinţat Consiliu Parohial să trimită o scrisoare în România pentru a cere să le fie trimis un preot. Secretarul era greco-catolic şi în loc să trimită scrisoarea la Sibiu, aşa cum doreau enoriaşii ce aşteptau un preot ortodox, el a trimis-o la Blaj, sediul Diocezei Greco-Catolice din Transilvania. Pe 15 noiembrie 1905 a apărut în Cleveland dr. Epaminonda Lucaciu, fără soţie şi fără barbă. Enoriaşii au fost uimiţi. "Dar nu este de-al nostru!", a fost reacţia lor. Dar decât niciunul, e bun şi ăsta. Şi Lucaciu a rămas să ţină slujbele. A doua versiune este cea din cartea "Românii din America" a lui Ioan Podea scrisă în 1912. Pentru el a fost un simplu caz de "intriganţi" din Cleveland ce au informat în secret Blajul de formarea unei parohii, astfel catolicii să poată învinge Mitropolia Sibiului dintr-o lovitură şi să câştige comunitatea emigranţilor din America înainte ca oficialii ortodocşi să aibă vreo şansă de a acţiona. Însă Podea vedea conspiraţii peste tot, fie vorba de catolici, evrei sau simpli barmani.

În fapt, Mitropolia Sibiului prin Ioan Meţianu, a făcut paşi pentru a contacta comunităţile din America trimiţându-l pe părintele Zaharia Oprea pentru trei luni într-o misiune de recunoaştere ce a început în noiembrie. Instrucţiunile părintelui Oprea arătau clar că Sibiul nu considera că românii se vor stabili peste ocean. Părintele le transmitea să se întărească în credinţa lor şi să aibă o viaţă religioasă, adăugând la acestea să nu-şi uite ţara mamă, casa părintească, rudele şi familia, pentru că după ce vor aduna tot ce au nevoie se vor întoarce din nou acasă. După întoarcerea lui Oprea în aprilie 1905, Consistoriul din Sibiu l-a numit pe tânărul de numai 26 de ani Moise Balea, un om energic în al treilea an de preoţie, pentru a merge la Cleveland. Balea era necăsătorit, iar parohia din Cleveland dorea un preot căsătorit. Acest lucru i-a întârziat venirea până în decembrie 1905 şi a întărit ideea că Blajul a învins Sibiul în cursa pentru Cleveland. După cum nota Podea "terenul de luptă a fost pregătit". În următorii ani, în aproape toate comunităţile mari de români aveau să fie înfiinţate în paralel parohii greco-catolice şi ortodoxe, iar preoţii din ambele părţi aveau să promoveze activ separatismul.

Primele parohii

La scurt timp după sosirea sa, Balea a plecat spre South Sharon în Pennsylvania pentru a sluji Sfânta Liturghie, iar rezultatul a fost crearea unei alte parohii, numită Sfânta Cruce. Primul comitet parohial a fost format şi din uniţi şi din ortodocşi. În 1906 părintele Balea a înfiinţat o mică parohie în Youngstown, Ohio unde exista deja o parohie greco-catolică. Între timp Lucaciu începuse să publice "Românul" pledând în special pentru cauza greco-catolicismului. Pasul final din prima călătorie misionară a părintelui Balea a fost pe 11 martie 1906 când a întemeiat o nouă parohie în Indiana Harbor numită Sf. Gheorghe. Opt luni mai târziu piatra de temelie a bisericii Sf. Gheorghe a fost aşezată, ea devenind prima biserică ridicată în Statele Unite.

Pentru moment întemeierea altor noi parohii s-a oprit. Să înfiinţezi parohii nu era greu, ci să le întreţii era problema. Deja Balea ajunsese la neînţelegeri cu enoriaşii în privinţa dimensiunii bisericii ce trebuia să fie construită în Cleveland. Oamenii doreau o biserică mai mică, dar Balea insista să fie colectate fonduri considerabile pentru o biserică mai mare, destul de încăpătoare pentru populaţia din Cleveland. Astfel parohia Sf. Maria a achiziţionat un teren pentru construcţia bisericii pe Detroit Avenue, însă unii enoriaşi l-au suspectat pe Balea că ar fi trimis banii strânşi în Transilvania în timp ce alţii l-au acuzat că folosise ziarul "America" pentru propriile sale afaceri. Deja imaginea lui Balea se contura ca a unui om agitat ce organiza şi aduna neobosit fonduri pentru biserici şi pentru planurile sale financiare. El a demisionat de la biserica Sf. Maria şi a rămas în Indiana Harbor pentru moment, în timp ce parohiile din Youngstown şi Sharon au cerut preoţi pentru ei de la Sibiu.

În noiembrie 1906 a venit în America Trandafir Scorobeţ (1883 -1967) originar din Cârţişoara. Era un tânăr cu o bună cultură teologică. Experienţa sa în America nu a fost una dintre cele mai fericite. El a învăţat cu sârguinţă limba engleză, a încercat să ducă o viaţă exemplară, dar între timp activităţile lui Balea au iritat mulţi credincioşi. La un an după venirea sa, Scorobeţ a înfiinţat a cincea parohie ortodoxă, Sf. Nicolae, în Alliance, Ohio. În acelaşi timp a venit în Indiana Harbor un al treilea preot, Ioan Tatu. Cei doi noi veniţi au plecat spre Newark, Ohio pentru a fonda acolo o nouă parohie la sfârşitul lui 1907 numită Sf. Vineri. În Cleveland, la două luni după plecarea lui Balea, parohia a pus piatra de temelie a unei biserici modeste pentru care s-au luptat, iar toţi cei trei preoţi ortodocşi au fost invitaţi să slujească. Până la urmă, biserica a fost "binecuvântată" de cantorul bisericii greco-catolice locale, spre jena credincioşilor ortodocşi.

În timp ce oamenii au rămas rupţi de preoţi, poate că Podea exagera când spunea că ei urau clericii "cu toată puterea lor". Luptele confesionale dintre "America" şi "Românul" au continuat să provoace durere pe tot parcursul anului 1908, ţinând parohiile româneşti într-o stare de agitaţie, chiar şi după ce Balea şi-a vândut ziarul noii Uniuni a Societăţilor Româneşti. În martie, părintele Tatu a părăsit Indiana Harbor lăsând în urmă certuri în parohie nerezolvate. În luna următoare, un preot tânăr din Târnava Mică, Simion Mihalţian (1881-1963), auzind de întoarcerea lui Tatu din America a solicitat Mitropoliei Sibiului să fie trimis ca preot misionar, cerând să fie numit pentru Cleveland. El a fost trimis însă în Indiana Harbor, ajungând acolo în iulie 1908, la un an după ce fusese hirotonit. Lui Mihalţian i s-a spus că trebuie să stea acolo cel puţin trei ani. Salariul lui lunar era de 60 dolari, taxa de înmormântare pentru un adult era de 8 dolari şi 4 dolari pentru un copil, 8 dolari pentru o cununie şi 3 dolari pentru un botez. Mihalţian avea să rămână aici pentru următorii 55 de ani, slujind la biserica Sf. Gheorghe cel Nou pentru tot restul vieţii sale şi devenind, în sensul bun al cuvântului, cârmuitorul Episcopiei în timpul anilor '40. De la început, el a fost primit cu căldură în "Harbor" şi curând parohia a început să se dezvolte şi să reintre în normal.

În general, progresul era nesemnificativ, cu doar trei preoţi ce încercau să slujească la mai multe biserici ce se aflau la o distanţă mare una de cealaltă. În luna mai a anului 1908, parohia Sf. Cruce din Martin's Ferry, Ohio , precum şi parohia Sf. Ioan Botezătorul din Erie, Pa., s-au adăugat la lista bisericilor ortodoxe. Astfel în ianuarie 1909 existau opt parohii ortodoxe. Un al patrulea preot, Nicolae Şandru, a plecat spre America în toamna anului 1908, dar a murit în timpul călătoriei.

Oricum, Cleveland a rămas dezbinat prin schismă. La îndemnul lui Petru Farcaş şi a celor cinci fraţi ai săi, toţi barmani influenţi, a fost format un nou Consiliu Parohial. Farcaş şi susţinătorii lui păreau a fi cea mai importantă forţă după eliminarea lui Balea şi nu doar în ce privea cheltuielile construirii bisericii, ci şi pentru că Farcaş organiza anumite festivităţi lumeşti de Paşti. Mulţi enoriaşi susţineau ca iregularităţile financiare făcute de Balea au pornit de la clica lui Farcaş şi de la ziarul catolic a lui Lucaciu. Ioan N. Şufana din Indiana Harbor afirma că preotul uniat primea anual 2,000 de dolari de la episcopul catolic al Diocezei din Cleveland pe care Lucaciu îi folosea în scopul de a-l îndepărta pe Balea din parohia sa. O anumită parte dintre credincioşii parohiei Sf. Maria nu au dat crezare propagandei făcute şi au informat Sibiul că nu vor accepta preotul cerut de Consiliul Parohial al lui Farcaş. Într-un raport foarte lung trimis Consistoriului, părintele Scorobeţ susţinea caracterul lui Balea şi era îngrijorat în ceea ce privea viitorul religios al celor 3,000 de români din Cleveland, care, după cum notase el, ignorau viaţa religioasă frecventând tot mai des barurile. În iulie 1908 A. Germany din Dragoş sugera Mitropoliei ca un anume Dr. Stinghe din Braşov ar trebui trimis la Cleveland pentru că era "foarte cunoscut şi apreciat acolo" şi ar putea calma spiritele încinse ale comunităţii.

În ianuarie 1909, Sibiul l-a numit pe Ioan Podea (1884-1968) ce absolvise de curând Seminarul Teologic din Sibiu şi fusese hirotonit la sfârşitul acelei luni. Podea a fost autorizat să se ocupe de toate treburile preoţeşti în Cleveland, iar un act ataşat la numirea sa interzicea "oricărui alt preot să slujească pe teritoriul parohiei sale". Importanţa de a menţine credinţa în Cleveland putea fi dedusă şi din faptul că tânărul preot primise 500 de coroane, bani de cheltuială. Ca şi cărţi liturgice el a fost sfătuit să folosească cărţile de slujbă aduse în Cleveland de Balea. Podea, menit să devină unul dintre cei mai controversaţi clerici din istoria poporului ortodox din America, a ajuns la noul său post pe 1 martie şi a fost primit cu căldură de adepţii lui Balea. Şase săptămâni mai târziu, în primul său raport către Sibiu, Podea a descris situaţia ca fiind mizerabilă, cu anumite interese ale unor grupuri ce luptau pentru controlul parohiei, mulţi dintre enoriaşi trăind în sărăcie, fiind exploataţi de conaţionalii lor. Ruptura Farcaş-Balea nu a fost îndreptată, ci doar alegerea democratică a unui nou Consiliu Parohial, în care preotul să aibă dreptul de a interveni în problemele administrative, putea îndrepta lucrurile. În adunare, Podea s-a alăturat celor ce-l considerau pe Balea vinovat de folosirea banilor bisericii în scop personal.

Pe lângă acestea, Podea a descoperit că anumiţi membrii ai consiliului şi-au însuşit până la 5,000 de dolari. Biserica a fost scoasă la licitaţie, dar a fost salvată în noiembrie de un club religios numit "Legea strămoşască" fondat de noul preot paroh. Acesta a răscumpărat clădirea care a devenit substitutul pentru parohie. Podea a fost de neclintit: barmanii au fost interzişi ca membri; doar progresând treptat, Sf. Maria avea să scape de dezordine.

Lucrurile nu mergeau mai bine nici în alte părţi. Scorobeţ a părăsit Youngstown imediat după sosirea lui Podea în America şi în scurt timp s-a întors în România. (Balea şi-a trimis soţia şi cei trei copii acasă şi şi-a deschis un întreg şir de afaceri care aveau ca activitate construcţia căilor ferate spre minele de aur şi argint). În Youngstown credincioşii se luptau între ei având 40 de dolari în vistierie şi datorii de sute de dolari. De asemenea şi credincioşii din South Sharon luptau pentru a îndrepta situaţia, căci pământul cumpărat de Scorobeţ pentru biserică fusese vândut. La fel era situaţia în Alliance. În Erie, Martin's Ferry şi Newark s-au mulţumit cu o vistierie modestă şi un minimum de pace, chiar dacă duceau lipsă de preoţi.

Caracterul energic şi solid a lui Podea a început în curând să dea roade şi în următorii doi ani au fost cumpărate terenuri bine localizate pentru ultimele trei parohii, iar în ianuarie 1910 a fost întemeiată Sf. Treime din Youngstown ce a devenit mai târziu una dintre cele mai proeminente parohii din Episcopie. 2,500 de dolari au fost cheltuiţi în primăvară pentru a cumpăra o bucată de pământ, iar pe 28 septembrie s-a pus piatra de temelie a unei biserici cu arhitectură pur românească, ce în numai şapte luni de la începerea lucrărilor avea să fie sfinţită. Enoriaşii din Youngstown au strâns rândurile şi în mai puţin de 18 luni au adunat aproape 7,000 dolari.

De asemenea, în cursul anului 1910 a apărut în Indianapolis parohia Sf. Constantin şi Elena prin eforturile părintelui Mihalţian, cumpărându-se astfel în august o veche biserică care a fost renovată pentru slujbele românilor. În 1911 a venit pentru a sluji acolo părintele Octavian Petra din Ibăneşti. Cât despre biserica "Pogorârea Sfântului Duh" din Gary, Indiana, Podea n-a fost prea optimist. Formată în vara anului 1910 cu o biserică construită pe un teren donat de un constructor de case şi cu un dar de 500 dolari de la primărie, era evidentă încercarea de a atrage muncitori români în suburbiile încă nelocuite ale oraşului Chicago, "departe de oricare alt oraş". Elementele rău famate, barmani, speculanţi şi profitori, incluzând vagabonzi din Moldova, prin care Podea înţelegea afacerişti evrei, ieşeau prea mult în evidenţă. Oricum Podea nu putea să prevadă atunci viitorul parohiei din Gary.

Între timp Balea s-a mutat în South Sharon şi pentru o perioadă a părut că s-a concentrat asupra misiunii sale. În octombrie 1910 el a întreprins călătorii pentru a strânge fonduri. Biserica Sf. Cruce a fost aşezată pe un teren dinainte cumpărat. În scurt timp au apărut certurile cu enoriaşii şi după repetate demisii și împăcări Balea a părăsit parohia. A fost înlocuit de Ilie Pop (1874-1934) din Ludoș, Sibiu, care în următorii ani avea să slujească și în Indianapolis.

Protopopiatul lui Podea

Ioan Podea a făcut multe în decurs de doi ani, după cum reiese dintr-o scrisoare trimisă de el Consistoriului din Sibiu la 31 martie 1911. El a liniștit apele în Cleveland în privința diferențelor confesionale și a redus din datoriile parohiei sacrificându-și salariul pe 14 luni. Cu ajutorul autorităților locale, el a închis câteva baruri și restaurante ce erau în proprietatea unor români, unde cei din parohie își cheltuiau toți banii. El a mai ajutat câteva familii sărace să se întoarcă în România. Luând în considerare faptul că Podea și soția lui se îmbolnăviseră, el și-a dorit să se întoarcă în Romania. A părăsit Cleveland-ul în mai, rugându-l pe Mețianu pentru un post la Turda. În iunie, câțiva dintre enoriașii lui Podea au cerut Sibiului un alt preot pentru că el nu precizase când se va întoarce. S-ar părea că a fost plecat până cel puțin în 1912, pentru că a scris cartea "Românii din America" în 88 de pagini, lucru ce ia timp. Tipografia Mitropoliei Sibiului a și publicat-o în același an. Din nou apăruse o piedică în organizarea Bisericii. America și condițiile de viață ce puteau fi întâlnite printre emigranții români, erau greu de digerat de preoții din România. Chiar și cei capabili ca Podea sau Scorobeț nu s-au putut adapta stilului de viață american unde preoții nu erau tratați cu prea mult respect — iar când lucrurile abia începeau să se așeze, preoții plecau și apoi urma destrămarea.

Greco-catolicii și în special protestanții au profitat de aceste situații. Cei mai activi în a converti dintre români au fost baptiștii care în acei ani organizau puternice campanii pentru a face prozeliți. Ei ofereau comunităților de români biserici deja construite și amenajate și un calm spiritual ce contrasta puternic cu certurile aprinse ale noilor parohiilor ortodoxe. Un succes enorm a avut "fratele" L.A. Gredys, misionar baptist ce a activat printre evreii din Cleveland. Fiind născut în Moldova și cunoscând limba română el a fost numit de către Societatea

Misionară Baptistă din Cleveland să se concentreze pe românii din acel oraș. Bisericile baptiste românești au început să apară în Cincinnati, Cleveland, Akron, Chicago, Erie și în alte părți, chiar înainte de primul război mondial.

Pentru a contracara aceste acțiuni și pentru a stopa indiferența religioasă a românilor care era în creștere, Mitropolia Sibiului a hotărât să-l trimită din nou pe Podea în Statele Unite cu mandatul de a aduna Bisericile ortodoxe într-o instituție bine organizată. Atitudinea Sibiului a fost una ambiguă în perioada emigrărilor la scară largă. Autoritățile bisericești transilvănene au sperat că emigrarea nu va fi permanentă și că mulți români plecați peste ocean se vor întoarce acasă. În lumina acestor lucruri nu au fost făcute prea multe pentru a încuraja crearea unei instituții bisericești permanente în America. Pe de altă parte, având câteva parohii deja formate, Sibiul a vrut să se asigure că autoritatea asupra credincioșilor ortodocși rămâne intactă, dar a fost alarmat de multele convertiri și în general de pierderea interesului în privința religiei de către emigranții urbanizați, dar numai atît. Astfel decizia din 1912 de a-l numi pe Podea ca protopop sau protoiereu și de a crea un protopopiat american a fost cel puțin un semn de îngrijorare că mulți credincioși ortodocși erau pierduți din dorința unei autorități centralizate sau din cauza climatului imoral al vieții de oraș american.

În același timp Mitropolia l-a trimis în America ca reprezentant al Consistoriului pe Constantin Proca pentru a face un raport complet asupra situației semi-anarhice, pentru a face ordine în parohii și pentru a-l ajuta pe Podea. Dar nimeni nu s-a putut bucura de mari rezultate pentru că cel dintâi nu a avut autoritate deloc, iar cel de-al doilea prea puțină.

Podea a avut dintotdeauna o puternică conștiență socială și de aceea era imposibil pentru el să rămână indiferent față de dezbaterile ce aveau loc în intelectualitatea română, între liderii Uniunii și nu putea sta departe de problemele sociale întâlnite în clasa muncitoare în perioada lui Theodore Roosevelt și a lui William Howard Taft. În timp ce era neclar dacă impulsivul preot îl cunoscuse personal pe Eugene V. Debs și dacă intrase în contact cu Partidul Socialist American, cu siguranţă la izbucnirea Marelui Război, Podea era de stânga ca orientare politică şi a crezut de cuviinţă să implice Biserica şi clerul în mişcările muncitoreşti, tulburând mai apoi calmul vieţii occidentale. Scurta, dar dura represiune din 1907-1908 a avut un mare impact asupra muncitorilor români, mulţi dintre ei întorcându-se acasă din cauza situaţiei precare în care se aflau. În ceea ce priveşte marea majoritate a celor ce nu aveau nici o calificare, ei nu erau primiţi în Federaţia Americană a Muncii, ceea ce îi împiedica să intre în legătură cu elita clasei muncitoreşti. Semnificativ pentru lipsa unui progres al Protopopiatului condus de unul ca Podea este faptul că şi înfiinţarea sa s-a făcut într-un timp în care mari proteste aveau loc împotriva trusturilor Standard Oil, Armour & Swift şi American Tobacco ce au fost aduse înaintea Curţii Judecătoreşti şi când ideile progresiste ale societăţii "Noua libertate " a lui Woodrow Wilson începeau să apară la orizont. Problema lui Podea a fost că n-a putut să-şi convingă simplii enoriaşi să devină militanţi ai ideilor progresiste. Ei erau mulţumiţi doar cu un loc de muncă. Ceilalţi preoţi – Mihalţian, Pop, Petra şi Balea nu împărtăşeau soluţia aleasă de Podea.

Începuturile pe pământ canadian

Pe la începutul secolului douăzeci, în Canada au început să apară în număr mare emigranţi printre care şi români. Cel mai recent studiu asupra românilor din Canada arată că aici experienţa emigrării diferă faţă de cea din Statele Unite pe două planuri: în primul rând, mulţi dintre cei care s-au aşezat în provinciile de preerie din Saskatchewan, Manitoba şi Alberta erau ţărani din Bucovina care şi-au continuat munca lor şi aici în Canada zeci de ani; în al doilea rând, emigrarea românilor în Canada a continuat şi în anii '20 şi chiar mai târziu, mai ales după ce emigrarea în Statele Unite a început să fie oprită. În 1914 locuiau în Canada 8,301 români. Numărul lor a crescut până la 29,056 în 1921, o treime comparativ cu românii aflaţi în Statele Unite.

Poate că ambianţa vastelor preerii şi lipsa unei Biserici de orice fel (emigranţii urbani aveau alternative) ne face să înţelegem de ce organizarea Bisericii din Canada a fost mult mai timpurie decât cea de la sudul paralelei 49. Prima biserică ortodoxă română din America de Nord a fost Sf. Nicolae construită în Regina, Saskatchewan în 1902. După ce Biserica Sf. Maria din Cleveland a devenit a doua parohie românească de pe continent, românii au înfiinţat o a treia parohie la Boian, Alberta cu hramul Sf. Maria. Enoriaşii din Regina au cerut mitropolitului Partenie al Moldovei să le trimită un preot. Astfel, arhimandritul Evghenie Ungureanu de la Mânăstirea Neamţ a fost trimis în Canada în anul 1902, el fiind primul preot român pe pământ canadian. Trei ani mai târziu el s-a întors în vizită în România de unde a adus cu el înapoi în Canada un al doilea călugăr pe nume Benedict Iliescu. Ungureanu s-a întors de tot în România în anul 1910. Mitropolia de la Iaşi a mai trimis apoi încă doi călugări de la Mânăstirea Neamţ pentru a sluji parohiile de acolo; aceştia au fost Ghenadie Gheorghiu (1865-1939), care a slujit la biserica Sf. Nicolae şi Silvestru Ionescu care l-a înlocuit pe Gheorghiu la Regina în 1913. Între timp, comunitatea românească din Dysart, formată din ţărani din Bucovina şi Dobrogea, a început să se dezvolte. În 1907 ei au construit biserica Sf. Gheorghe care, ca şi edificiile din Regina şi Boian, au fost făcute dintr-un lemn care provenea chiar din acea regiune. Biserica Sf. Gheorghe a devenit astfel a treia din rândul bisericilor din lemn de preerie ce au contribuit la patrimoniul cultural al Canadei. Maistrul tâmplar Lockie Jonescu a construit de asemenea o biserică româno-catolică în acea regiune cu hramul Sf. Ioan Botezătorul. Asemănarea dintre cele două biserici în privinţa exteriorului este evidentă. Populaţia din Regina a crescut cu aproape o mie de români în primul deceniu al secolului douăzeci, iar în 1914 a apărut pe Victoria Avenue o biserică ortodoxă românească cu hramul Sf. Gheorghe. Aici a slujit părintele Ionescu până la moartea sa prematură din 1918.

Mici biserici sub ascultarea Mitropoliei Moldovei, izolate unele de celelalte prin mari distanţe, cu preoţi slujind la cel puţin o parohie: aceasta era imaginea vieţii religioase din Canada, cu acei pionieri curajoşi şi cu situaţii mult mai grele decât în Statele Unite din cauza marilor distanţe dintre biserici şi a condiţiilor climaterice nu tocmai prielnice. Dar un asemenea cadru pastoral este distrus de o trăsătură majoră, poate cu mult mai gravă decât în Sud: nu atât lipsa preoţilor, cât lipsa calităţii lor. Admiţând chiar şi exagerările lui Podea, această perioadă a "pastoraţiei călugărilor" a întârziat progresul ortodoxiei româneşti în Canada. Mulţi dintre primii preoţi veniţi aveau puţine cunoştinţe teologice. Pentru a arăta mediul în care trăiau românii, trebuie să subliniem faptul că unele din bisericile româneşti au fost ridicate cu ajutorul ucrainenilor stabiliţi acolo, mulţi dintre ei venind din Bucovina şi vorbind româneşte. Astfel, când s-au văzut nevoiţi să-şi caute preoţi, ei nu au ştiut de unde să-i ia. Din acest motiv, slujbele pentru români erau ţinute adesea de preoţi ruteni. Acest lucru nu era chiar atât de grav. Problema era că începuseră să apară "călugării vagabonzi". Parohiile din Canada, chiar mai mult decât cele din Statele Unite, reprezentau un pământ fertil pentru cei care se dădeau drept preoţi şi câştigau bani frumoşi din zelul religios al celor nerăbdători să înfiinţeze parohii şi să normalizeze viaţa în noua ţară . De exemplu, părintele Iliescu s-a căsătorit cu o servitoare şi după ce a fost suspendat şi alungat de la Sf. Nicolae, a plecat spre sud pentru a vizita transilvănenii din America. Staţionând în fiecare oraş câte o săptămână sau două, el colecta bani sub pretextul înfiinţării unei noi parohii, iar apoi dispărea. Un alt călugăr moldovean (Teodosie?) Nica era un bun prieten cu un grup de patroni de cluburi de noapte din Gary, Indiana, în timp ce anumiţi clerici străbăteau comunităţile româneşti pentru a vinde părticele din Crucea lui Hristos, cuiele din picioarele Mântuitorului şi muşchi de pământ de la mormântul Lui. Mult mai relevant este cazul unui călugăr pe nume Irimie Delea care a străbătut Statele Unite şi a strâns bani pentru o biserică din Newark, Ohio, iar apoi a plecat cu fondurile în Canada unde a cumpărat un teren. Delea le scria prietenilor lui din Moldova:

"Puteţi veni aici că sunt mulţi români şi veţi trăi bine. Bărbieriţi-vă, puneţi-vă de-o parte reverenda şi îmbrăcaţi-vă în civil. Nu aveţi nevoie de acte. Vi le fac eu după ce ajungeţi. Aduceţi hârtie de acasă fiindcă dacă folosim hârtia de aici, își vor da seama că este hârtie americană. Pe drum nu spuneți nimănui unde mergeți până când nu veți primi actele de la mine."

Această situație a durat câțiva ani. Mai mult, parohiile din Canada, fiind sub jurisdicția Mitropoliei din Iași, nu au putut face parte dintr-o organizație centrală reprezentată prin Protopopiatul înființat de Podea în Statele Unite după 1912, care desigur era sub autoritatea Mitropoliei din Sibiu. La sfârșitul primului război mondial existau în Canada opt parohii ortodoxe. După 1920 emigranții români au început să formeze colonii urbane și în partea de est, în Ontario.

Marele război și urmările lui

Marea conflagrație ce a început la Sarajevo în 1914 și care a implicat curând aproape toate puterile mari ale Europei a creat o nouă situație pentru viața Bisericii Ortodoxe din America.

În august 1916, înainte de a intra România în război, prin închiderea granițelor țării s-a stopat emigrarea în masă. În plus, cei care intenționau să se reîntoarcă în țară, fie numai pentru a vizita sau permanent, trebuiau să aștepte acum. Pe de altă parte, un mare număr de români au părăsit Statele Unite și Canada pentru a se înrola în armata română. Alți români au fost recrutați în armata austro-ungară, iar alții, puțini la număr, au devenit cetățeni ai Statelor Unite. Toate acestea au avut un mare impact asupra vieții parohiilor, în special faptul că nu au mai putut veni preoți în America cât timp a durat războiul.

În același timp prosperitatea economică adusă de război, în special după ce Statele Unite au intrat în luptă în aprilie 1917, a schimbat semnificativ viața comunităților românești pe două planuri. Mai întâi bărbații au început să aibă bani mai mulți din moment ce salariile creșteau și locurile de muncă erau sigure; apoi din ce în ce mai mulți români se stabileau într-un loc anume unde construiau noi biserici. Dintre cele 16 parohii ce se aflau sub ascultarea Protoieriei din Statele Unite, cel puțin șase au apărut aici în timpul războiului și încă trei în Canada. Acestea, adăugate la numărul parohiilor din Canada ce fuseseră deja înființate, însumau un număr de 30 de biserici românești ortodoxe la sfârșitul anului 1918. Câteva din noile parohii înființate aveau să supraviețuiască pentru a deveni în viitor componente importante ale Episcopiei Ortodoxe Române, incluzând aici "Adormirea Maicii Domnului" din Chicago, "Sf. Andrei" din Cincinnati și încă două mari parohii din Detroit, "Pogorârea Sf. Duh" și "Sf. Gheorghe".

Salariile mari și restricțiile privind călătoriile au avut un al doilea mare efect. Emigrarea românilor începea să devină permanentă. Mult mai mult, banii puși de-o parte au început să fie folosiți pentru a achiziționa mici afaceri sau pentru a trimite copiii la școală decât să fie trimiși în România. Circula o filosofie generală "Dacă nu ne putem întoarce pentru o vreme, măcar să facem tot ce putem aici". Acest fenomen, care a continuat 4-5 sau chiar mai mulți ani, și-a luat plata prin atașamentele formate, atât în Europa, micșorându-le, cât și în America, întărindu-le. Faza "Mia și drumul" luase sfârșit. Existența bisericilor și a organizațiilor frățești active, precum și achiziționarea unor obligațiuni, au avut de asemenea un rol important. Emigranții români care veniseră temporar în America au început să devină încetul cu încetul, printr-un proces bine definit cunoscut sub numele asimilare, româno-americani. Ciudat, dar nu mai puțin adevărat, în acest timp românii au trecut printr-o perioadă de dezvoltare a simțului etnic și a conștiinței naționale datorată nu numai cunoașterii obiectivului teritorial al României în război, dar și a mărețului simțământ al naționalității, stârnit de acele vremuri.

De asemenea, au fost și efecte negative. Cel puțin până în 1918 oamenii aveau mai mulți bani și se puteau alătura societăților de binefacere. Din acest punct de vedere USRA a înregistrat o creștere în ceea ce privește numărul membrilor. Din moment ce relațiile dintre Biserică și Club păreau dintre cele mai bune în timpul războiului, orientarea seculară a societăților a rămas una ostilă față de cei care vroiau să aducă Biserica în prim-planul vieții de colonie. Pentru un timp, cele două instituții au îngăduit cooperarea în termeni moderați fiind implicate în rezolvarea problemelor comune în privința fraților din țară. Și Biserica și Clubul au adus contribuții substanțiale la

Crucea Roşie Română, la fondurile de ajutor pentru război, la marşurile societăţii "Liberty Bond" şi la formarea Legiunilor Voluntarilor Români.

Un alt efect mult mai grav al războiului asupra vieţii bisericeşti a fost că nu mai puteau veni preoţi din România. Multe dintre parohiile existente au rămas fără preoţi. În Statele Unite nu exista un seminar ortodox şi mulţi au început să se teamă că lipsa unui păstor în parohia lor va duce la desfiinţare în scurt timp. Lipsa preoţilor, precum şi lipsa unei autorităţi centrale şi a disciplinei a creat o situaţie haotică. În timp ce înainte de război majoritatea parohiilor au avut preoţi, acum sistemul de alegere a lor de către Consiliul Parohial, care-i fixa salariul şi condiţiile la angajare, a dus la o migrare a preoţilor dintr-o parohie în alta. Un anunţ la ziar că o parohie doreşte să angajeze un nou preot era un motiv de ajuns pentru un preot ca să-şi părăsească parohia şi să plece în alta unde putea câştiga bani mai mulţi. Alţi preoţi erau concediaţi de către Consiliile Parohiale pentru că erau incompetenţi, beţivi sau – în majoritatea cazurilor –pentru că nu se înţelegeau cu enoriaşii. Cu siguranţă, clerul nu era plătit din România şi o asemenea situaţie dovedea neputinţa Protopopiatului de a cere parohiilor sau clericilor să asculte vreun ordin. Reacţia părintelui Podea la aceasta, atunci când era interesat, a fost mai degrabă una de dezgust decât o reacţie a unui conducător luminat. Rezultatul existenţei multor biserici fără preoţi a dus la creşterea numărului de preoţi semi-pregătiţi sau nepregătiţi, hirotoniţi în America.

"Preoţi făcuţi prin role"

Pe 25 septembrie 1933, la sesiunea bianuală a Consiliului Bisericii, Simion Mihalţian declara că există o altă parohie în afară de a sa în Indiana Harbor condusă de un anume "preot" Nicodim Demeş, de meserie măcelar şi care fusese hirotonit cu o lună înainte de un aşa zis "episcop din Chicago". Demeş slujea Sfânta Liturghie şi alte slujbe religioase duminica, iar în restul săptămânii continua munca la magazinul său de carne. Această sesizare a pornit o adevărată dezbatere în Consiliu asupra unei probleme vechi de 15 ani. "Această bubă din Biserica noastră a apărut în mică măsură din cauza lipsei de preoți în timpul războiului și în mare măsură din cauza ambiției celor avari care s-au grăbit să facă preoți "peste noapte" cu cunoștințe superficiale, cu hârtii scrise într-o limbă străină care amăgeau cu ușurință credincioșii. Au mai durat cel puțin încă doi ani pentru a fi găsită o soluție la această problemă spinoasă a "preoților străini" sau a "preoților făcuți la New York".

Consiliul a fost corect în a puncta nevoia acută de preoți în timpul războiului mondial ca o cauză fundamentală. La cererea proprie sau la cea a unor enoriași, un om cu educație care cunoștea slujbele Bisericii și urma un scurt curs la Episcopia Rusă din New York putea fi hirotonit în mai puțin de un an sau chiar în două, trei luni dacă avea destui bani să plătească. Mulți dintre ei erau simpli mireni care fuseseră cântăreți la biserică și a căror pregătire teologică lăsa de dorit. Au existat și câțiva care în ciuda lipsei studiilor aveau vocație, iar în anii ce urmau hirotoniei lor se schimbau în preoți devotați și bine informați. Un exemplu este părintele Grigore Costea (1889-1957). În concepția preoților români educați, clericii de la New York erau socotiți drept "vagabonzi" care au adus dezordine și au creat turbulențe în încercarea de a normaliza viața bisericească.

Până la revoluția bolșevică din 1917 guvernul țarist din Rusia acorda anual o subvenție de 40,000 de dolari Bisericii Ortodoxe Ruse ce avea sediul la New York. Când regimul bolșevic a tăiat aceste fonduri a trebuit căutată o altă cale pentru a avea venituri. Noul episcop, Stefan Dzubay, și mai apoi succesorul său Adam Filipowski au fost de acord să primească o cotizație pentru hirotonirea preoților. Astfel oricine putea să plătească o taxă cuprinsă între 300 și 500 de dolari avea șanse mari pentru a fi hirotonit. În Canada episcopul Arsenie oferea aceleași servicii în Winnipeg, Manitoba. Ceea ce a început ca o măsură de urgență, a devenit în scurt timp un motiv de ceartă. Preoții călătoreau din parohie în parohie și unde puteau, cereau salarii cât mai mari. Ei au dat naștere unor rupturi între credincioși. Protopopiatul sub conducerea părintelui Podea nu putea exercita nici un control asupra lor. Câțiva dintre ei aveau un caracter urât. Este dificil de știut numărul exact al preoților "străini". Erau aproximativ între 25 şi 45 de preoţi. În 1923, 12 dintre aceşti preoţi au semnat la Cleveland o declaraţie prin care au hotărât să organizeze parohiile ortodoxe americane. Dintre aceştia doi oameni au devenit mai târziu preoţi renumiţi ai Episcopiei Ortodoxe Române, Ioan Popovici (1890-1973) care a fost hirotonit la două săptămâni după şi Elie Ghenie (1882-1964) care a slujit în regiunea Pittsburg-ului tot restul vieţii sale.

Astfel preoţimea s-a văzut divizată, în special după război, în două tabere: cei hirotoniţi "în ţară" (însemnând România) şi cei hirotoniţi în America. În curând preoţii ruşi şi-au găsit un lider în persoana profesorului Lazăr Gherman (decedat în 1929) care a părăsit Facultatea de Teologie din Cernăuţi în 1917 din motive politice. El a plecat în Canada unde a devenit director al Seminarului şi preşedinte al Consistoriului în Canada, cu ajutorul legăturilor sale cu preoţii ruşi. Cunoştinţele sale despre România şi limba rusă vorbită frecvent l-au făcut un intermediar ideal. El preda Teologia Practică candidaţilor americani la preoţie, apoi îi examina şi îi prezenta episcopilor ruşi spre a fi hirotoniţi. La începutul lui 1922 Gherman s-a mutat la Roebling, New Jersey, activând ca preot la biserica Sfinţii Arhangheli Mihail şi Gavriil, iar în luna iunie a aceluiaşi an, la o întrunire în Detroit a luat cunoştinţă de "Asociaţia preoţilor hirotoniţi în America". În curând a fost publicată revista lunară numită "Lumina". În 1924 Gherman a încercat să-şi organizeze o Episcopie proprie, care dacă ar fi reuşit ar fi însemnat o polarizare permanentă între cele două tabere ale preoţilor.

Între timp, Protopopiatul lui Podea a continuat să existe numai cu numele. Rolul său a fost mai mult simbolic, decât orice altceva, pentru că autoritatea asupra parohiilor nu a existat. La ocazii speciale, cum ar fi sfinţirea unei noi biserici, era chemat să ia parte şi protopopul, dar de altfel particularismul era specificul zilei. Ficţiunea că Protopopiatul ar fi fost o "federaţie" a parohiilor nu este potrivită. Fiecare parohie şi-a întocmit propriul statut sau a încorporat respectiva constituţie fără a acorda atenţie organizaţiei centrale. Astfel, fiecare parohie avea propriul set de legi sau Statutul parohiei, alcătuit după propriile norme. Nici unul dintre acestea nu precizau vreo supunere canonică sau spirituală față de autoritățile bisericești din România sau față de Protopopiat. La fel și bunurile financiare ale parohiei. Ele rămâneau la dispoziția totală a membrilor. Cât despre controlul Protopopiatului asupra parohiilor conduse de preoți hirotoniți în America, care erau sub jurisdicția episcopilor ruși (în special în Canada), acesta nu exista nici măcar sub forma unui control nominal pe hârtie. Preoții erau angajați și schimbați de consiliile parohiale fără ca Protopopiatul să fie informat. Pe la sfârșitul anului 1928 ziarul "America" scria: " Fiecare preot este un pașă în parohia sa; el face tot ceea ce vrea potrivit poftelor sale. El nu acceptă nici un sfat și nimeni nu îl supraveghează."

Bâjbâiala spre organizare: întrunirea "Separației" din Youngstown

A fost Transilvania și situația produsă de creșterea probabilității ca cererile teritoriale ale României în privința provinciei istorice să fie satisfăcute ca drept rezultat al războiului, fapt ce a produs în America prima tentativă de înființare și organizare a parohiilor într-un front comun. Ultimul an al războiului a produs unele mișcări prin care guvernul de la Budapesta și-a intensificat controlul asupra Transilvaniei de frica pierderii acestei regiuni. La începutul lui 1918, după moartea mitropolitului Mețianu la Sibiu, Ungaria a trimis un agent special pentru a forța alegerea ca Mitropolit al Ardealului a lui Vasile Mangra, aceasta pentru a avea un colaborator printre capii Bisericii Ortodoxe din Transilvania. Această acțiune, venită într-un timp când sentimentul național pentru împlinirea dorinței de secole a unificării teritoriale a tuturor provinciilor românești, a atins punctul culminant și între româno-americani producând atrocitate – nu doar ca o încercare a ungurilor de a controla bisericile transilvănene, ci ca mecanisme ale acestei alegeri aranjate. Rezultatul a fost întrunirea de la Youngstown din 24 februarie 1918 la care au luat parte 13 preoți și 57 de mireni și la care s-a decis în unanimitate întreruperea oricărei relații cu Mitropolia Transilvaniei și trecerea Bisericii Ortodoxe Române din

America sub jurisdicţia Mitropoliei Ungro-Valahiei din Bucureşti, a Întâistătătorului sau capului Bisericii din România. Hrisovul trimis la Bucureşti cu mari speranţe a fost întocmit cu scopul creării unei Episcopii Ortodoxe Române a Statelor Unite şi Nord Americii. Dacă acest efort ar fi avut succes, ar fi însemnat actul de naştere al unei Episcopii Ortodoxe Americane.

Dar tulburările războiului au însemnat automat o întârziere în aprobarea cererii americanilor. De subliniat este faptul că Biserica Ortodoxă Română nu a fost organizată pentru munca misionară. Nu existau fonduri pentru a trimite preoţi ortodocşi în Statele Unite, iar jurisdicţia sa nu se întindea peste graniţele României. Crearea primului scaun episcopal în afara ţării era un pas monumental ce trebuia făcut în vremuri calme. Astfel petiţia de la Youngstown a avut de suferit din cauza vremurilor tulburi.

În acelaşi timp era neclar unde putea fi trasă linia între protestele simbolice şi adevăratele intenţii. Declaraţia acelei întruniri nu a fost precisă. După cum am văzut, majoritatea hrisoavelor parohiale nu recunoşteau nici o supunere canonică şi nici măcar vreo supunere administrativă faţă de vreo autoritate bisericească. Dacă cineva s-ar ghida după numărul clericilor prezenţi în Youngstown trebuie să ştie că ei reprezentau mai puţin de jumătate din parohiile americane. Hrisovul era ambiguu, neprecizând la ce fel de legături s-a renunţat sau care au fost solicitate – canonice, spirituale, financiare, administrative sau altele. Delegaţii au scris: "Noi supunem această Episcopie Sfintei Mitropolii care, de una singură, va avea orice drept în chivernisirea Bisericii noastre. Termenul "a chivernisi" poate fi înţeles în sensul de administrare. Luând în calcul particularitatea situaţiei entităţii ortodoxe americane de până atunci, pare greu de crezut că o asemenea declaraţie ar fi putut crea o legătură organică intrinsecă între Bucureşti şi parohiile ortodoxe din America.

Sfârşitul războiului a adus noi evenimente. Mangra a fost înlăturat de la conducerea Bisericii din Transilvania. Se întâmpla înainte cu cincisprezece luni de a fi ales un nou mitropolit pentru Sibiu în persoana lui Nicolae Bălan, un om destinat să conducă ierarhia transilvăneană timp de peste 30 de ani. În perioada imediat următoare actului de unire de la 1918 dintre România şi Transilvania, Mangra a încercat să-şi exercite autoritatea asupra efemerei Episcopii Americane, de teama de a nu pierde controlul ce-l avea în dauna Bucureştiului. S-a încercat o colaborare în această privinţă, mai ales că fiecare Mitropolie dorea să asigure eventualul sprijin financiar pentru bisericile americane. De asemenea, noul mitropolit ales în capitală, Miron Cristea, dorea să minimalizeze rivalitatea dintre Bucureşti şi Sibiu. Astfel, Hrisovul de la Youngstown nu a avut nici un efect, iar legăturile canonice şi administrative ce au continuat să existe au fost rezolvate ca şi în trecut tot de Sibiu. În orice caz, dorinţa de a se afilia Sfântului Sinod din Bucureşti a rămas adânc întipărită în inimile clerului şi ale credincioşilor din America.

Nicolae Bălan a privit această dorinţă ca o încercare a americanilor de a se sustrage de sub autoritatea sa. De asemenea, încercările sale de control ferm asupra celor de peste ocean nu au putut schimba situaţia, iar problema financiară s-a agravat tot mai mult. Din cauza problemelor economice din România postbelică, a mai durat încă trei ani până ce Bălan să declare drep vacante sau să organizeze un concurs pentru ocuparea posturilor din America de către preoţi bine pregătiţi. O altă mare problemă se întrezărea. Din moment ce restricţiile din timpul războiului în privinţa călătoriilor au luat sfârşit, mii de români s-au reîntors în Europa influenţaţi fiind de perspectiva reformei pământurilor de la începutul lui 1920. Mulţi s-au întors cu gândul de a nu mai pleca. Bălan, ca mulţi alţii dintre oficialii Bisericii din România, a sperat că acum fenomenul emigrării în America se va stopa de la sine şi că nu vor mai exista cereri pentru vreo Episcopie americană, instituţie care ar presupune existenţa unei comunităţi române permanente în Lumea Nouă, fapt ce nu era dorit atât de Bălan, cât şi de mulţi alţi români. Reorganizarea de după război şi neînţelegirile din cadrul Bisericii Române au dus mai apoi la necesitatea de a înfiinţa o episcopie americană.

Creşte dorinţa, apar controversele

Trei mari trăsături au caracterizat evoluţia ortodoxiei româneşti în America la începutul anului 1920: au continuat nemulţumirile faţă de Podea şi retragerile din organizaţia lui; a continuat particularismul şi conflictul nimicitor între credincioşi; s-au înregistrat încercări de a crea o adevărată episcopie din partea unor grupuri restrânse.

În timpul unei vizite în România în vara anului 1921, Simion Mihalţian a comunicat mitropolitului Bălan existenţa a 17 parohii în estul şi centrul Statelor Unite. Probabil că s-a referit doar la cele care erau formal sub ascultarea Protopopiatului, dar acestă scădere cu 6 parohii faţă de numărul iniţial, ar putea fi explicată prin căderea economică din 1919–1921. De asemenea, reflecta dizgraţia faţă de părintele Podea. În tot acest timp Podea fusese un activist politic convins, ce susţinea cauza socialistă, înconjurându-se de discipoli de stânga, făcând propagandă la marile greve ale siderurgiştilor din 1919, protestând împotriva întemniţării lui Eugene V. Debs şi oferind o serie de lecturi socialiste. El a avut de asemenea şi un rol în jurnalism, publicând în 1921 la Youngstown un "Calendar Naţional Bisericesc". Tot aici, el a cerut fără ruşine preoţimii româneşti din America să profite de firea superstiţioasă a păstoriţilor pentru a face bani. Podea se folosea sistematic de fiecare mare Taină a Bisericii, de la Spovedanie şi până la Sf. Maslu. Sfantul Maslu era practicat în sobor de până la şapte preoţi, câteodată fiind informaţi prin femei mesager de existenţa clienţilor doritori de mir tămăduitor. Mai multe evanghelii citite, mai mulţi bani de încasat. Sfânta Liturghie era o ocazie pentru pomelnice, miruit şi stropit cu aghiasmă, de multe ori lipsind predica. Înmormântările erau o situaţie ingrată după spusele lui Podea, care dădea exemplu cazul părintelui Aurel Reu. Adăugând câteva rugăciuni, evanghelii şi binecuvântări în plus, preotul primise 90 de dolari pentru înmormântarea unui simplu muncitor român.

O carte de rugăciuni cuprindea aici, la fel ca şi în România, descântece împotriva diavolilor, a strigoilor şi a ochiului rău. În loc să dezveţe oamenii de asemenea superstiții, clericii erau gata să citească pentru orice ocazie. De exemplu, rugăciuni pentru răzbunare față de dușmani.

Astfel prăpastia dintre intelectuali și clasele inferioare a fost intensificată de către preoți. Renașterea morală era o necesitate urgentă. Desigur că asemenea articole i-au deranjat pe preoții legitimi, în special pe cei din România care nu au practicat asemenea lucruri și au fost determinați să critice aceste fapte ale preoților din New York. Însă Podea a fost mereu un progresist, chiar dacă a exagerat cu politica. Era prea mult să spui, așa cum afirma Mihalțian în 1921, că Podea "a deviat total de la religia noastră".

Ultimii ani ai administrației Woodrow Wilson au fost în general dificili pentru străini, în special pentru socialiști și pentru cei non-conformiști. Publicul american nu făcea distincție între socialiști și comuniști, iar Marea Teroare Roșie începuse printr-un bombardament pe Wall Street și prin atacurile și deportările generalului A. Mitchell Palmer, care aveau să se unească în curând cu isteria împotriva lui Sacco și a lui Vanzetti. După primirea plângerilor împotriva preoților comuniști, Misiunea Diplomatică Română din Washington a informat Ministerul român al emigrărilor despre un raport înaintat la Washington de către consulul general la Cleveland prin care se cerea ca Podea să fie chemat în România și investigat. Pe data de 5 iunie 1921 o altă plângere în legătură cu "practicile eretice" a lui Podea a fost trimisă la București de către un grup de enoriași din Detroit. Cincisprezece ani mai târziu, Podea susținea că Mircea Angelescu, consulul general în Cleveland, a trimis în primăvara anului 1921 în casa sa agenți ce au furat trei cutii cu documente ce conțineau înregistrările din cei 9 ani de existență ai Protopopiatului său și singurele date ale Congresului de la Youngstown din 1918. În cele din urmă, aceastea pot fi adevărate, luând în considerare atmosfera din anii postbelici creată împotriva "Roșilor". Podea și-a atras critici, oferindu-și dubla demisie, ca protopop și ca păstor al parohiei Youngstown în Iulie. Cu o școală parohială și cu 2,000 de dolari în b a n c ă, parohia era într-o stare bună. Bălan i-a acceptat demisia în 1922, iar Podea s-a întors la Brașov împreună cu familia. Totuși, aparent, și-a înaintat demisia doar pro forma, aşteptând să fie judecat de către Consistoriu într-un timp rezonabil. În schimb, strategia lui Bălan era de a nu face nimic, sperând că poate Podea va părăsi preoţia sau va lua o poziţie în cadrul Companiei Bancare Maramureş, după cum se zvonea. Timp de trei ani l-a lăsat pe preot să aştepte fără să dispună de cazul său. Bălan marşa pe ideea că demisia lui Podea era implicit o formă de *nolo contendere* a acuzaţiilor de erezie şi de comportament nepreoţesc aduse împotriva sa. Dacă Podea ar fi văzut această posibilitate poate nu ar fi demisionat. În orice caz, în 1936 el a numit declaraţia mitropolitului că, "Podea a plecat de bună voie în 1921", pur şi simplu "o minciună sfruntată". La un moment dat, în 1923, Podea s-a întors în America pe propria-i răspundere şi în anii ce-au urmat a slujit din nou în parohia Youngstown. În octombrie 1924 Bălan a ordonat Consiliului parohial de la Sfânta Treime să-l concedieze. Consiliul parohial condus de Rudi Han a refuzat. Era şi normal după gradul de independenţă al credincioşilor americani şi în acelaşi timp, o dovadă pentru cât de neimportantă era autoritatea oficialităţilor Bisericii române în mediul American.

Consiliul parohial l-a informat pe mitropolit că aşteaptă mai întâi ca Sibiul să dea un verdict în cazul lui Podea, apoi vor vedea ei ce vor face. Între timp, enoriaşii au remarcat că Podea a ţinut Liturghia cu regularitate şi nu le-a făcut nici o problemă.

Perioada dintre 1924 şi 1926 a fost productivă pentru Podea în Youngstown. Biserica a devenit o şcoală cu aproape 140 de elevi în timpul săptămânii. Cu siguranţă enoriaşii şi mulţi alţii i-au văzut meritele sale şi au început să-l apere de ceea ce ei au văzut a fi o vendetă din partea lui Bălan şi a câtorva preoţi răzvrătiţi pentru care critica lui Podea ajunsese mult prea aproape de ţintă. "Românul" şi comunitatea intelectualilor româno-americani l-au sprijinit în totalitate nu numai personal, ci şi ca un simbol pentru noţiunea adânc înrădăcinată a autonomiei Bisericii americane. Sugestia lui Bălan din 1925 făcută Consiliului din Youngstown că ei "îl linşează sau îl ostracizează" pe Podea, a fost numită de calendarul "Românul" un "ucaze" ţarist. S-a sugerat că Bălan "a agăţat canoanele în cui sau le-a pus într-un muzeu de antichităţi". Probabil că motivul pentru care Podea nu a fost niciodată judecat, după cum impuneau statutele Şaguna, care se presupune că guvernau bisericile americane, a fost că, din punct de vedere canonic, Bălan nu avea de fapt nici un caz împotriva lui.

De asemenea este demn de notat faptul că preoţii noi sosiţi din România la începutul anilor 1920 nu au avut de spus nimic împotriva lui Podea. Cât despre acuzele de bolşevism, în 1926, un inspector FBI însărcinat să investigheze activitatea preotului din timpul grevelor din 1919 l-a văzut pe Podea ca ajutor în prevenirea conflictelor dintre muncitorii băştinaşi şi cei imigranţi.

Podea s-a bucurat de succes în Youngstown, dar fără de îndoială că nu şi-a abandonat convingerile. El a cerut întâlniri în numeroase parohii şi a folosit presa în mod extensiv, predicând că "exploatatorii au trimis aici, nu preoţi, ci membrii ai partidului boierilor, pentru a suge sângele celor săraci" şi "Bălan doreşte să strângă averea Bisericii în propria Episcopie americană". Astfel de apeluri aveau succes printre muncitorii români, pentru care Biserica înseamna în primul rând o clădire şi Liturghia de duminică şi nu ierarhie, jurisdicţie canonică, Episcopie şi alte astfel de lucruri complicate. Intervenţiile constante făcute de presa laică românească despre eforturile Sibiului de a controla parohiile şi-au pus amprenta pe muncitorii cu slujbe grele ai căror bani intraseră în cumpărarea de loturi şi de clădiri. Iar pentru cei care căutau să stabilească o Episcopie Americană, astfel de propagandă anti Sibiu tindea să-i îndrepte spre o afiliere cu Sf. Sinod din Bucureşti decât să continue legăturile cu Mitropolia Transilvaniei.

Aproape că s-ar putea spune că mişcarea pentru înfiinţarea unei Episcopii a fost iniţiată în primul rând de către cler, dacă s-ar da credit lamentărilor constante faţă de atitudinea ostilă a presei laice româneşti din America faţă de Biserică. În ciuda rivalităţilor intergrupale dintre Uniunea Societăţilor de Binefacere Româneşti şi Liga de Asistenţă, organele de presă ale celor două organizaţii româneşti tindeau să fie de acord în demersul lor anticlerical. Societăţile laice au văzut stabilirea unei organizaţii bisericeşti puternice americane ca pe un ajutor pentru propria lor creştere şi stabilitate, pentru puterea lor de a domina comunitatea emigranților. Desigur, presa de stânga era puternic influențată de filosofia lui Podea. Aceasta, plus o puternică ofensivă a Bisericii Baptiste care a făcut multe convertiri printre români în timpul anilor 1920, au redus șansele pentru cei care doreau să creeze o organizație bisericească centrală în America cu legături administrative în România.

Discipolii lui Lazăr Gherman s-au întâlnit la Detroit în martie 1922 și au aprobat rezoluții pentru o Episcopie a preoților hirotoniți în America, dar fără succes. În luna următoare în Youngstown, preoții hirotoniți în România au trimis primul dintr-o serie de memorandumuri Sfântului Sinod din București, plângându-se de pregătirea improprie a clerului din America și de multele obstacole pe care le întâmpinau. Rezultatul e ușor de anticipat. Mitropolitul s-a hotărât în sfârșit să trimită preoți români prin crearea de posturi în America. Între 1922 și 1923 au fost trimiși opt clerici. Podea i-a etichetat ca agenți ai Partidului Național Liberal și a uneltit pentru neacceptarea lor deoarece transilvănenii aveau puțină simpatie pentru astfel de emisari politici. Dar noii preoți nu erau oameni politici și venirea lor a întărit foarte mult poziția protopopiatului. Părintele Ioan Radu l-a înlocuit pe Podea în poziția de protopop și a slujit în Youngstown din mai până în octombrie 1923. Apoi Radu s-a îmbolnăvit și s-a întors în România în mai 1924, fiind înlocuit de către părintele Victor Mureșan, care fusese preot în Youngstown din noiembrie 1921 până în mai 1923, apoi s-a mutat la parohia Sfânta Cruce din Farrell. Pe lângă Radu și Mureșan, acest grup de clerici noi sosiți includea și patru tineri care aveau să devină figuri centrale în istoria Bisericii Ortodoxe Române din America, aceștia fiind: Ioan Trutza, Ioan Stănilă, Ștefan Athanasie Opreanu și Andrei Moldovan. Dacă protopopiatul american nu a reușit să devină extrem de eficient sub noua conducere, cel puțin a exercitat un control modic care lipsise până atunci. Însă problema preoților hirotoniți în America nu s-a rezolvat.

Frustrarea în creștere din cauza eșecului Sibiului și al Bucureștiului de a acorda atenție nevoilor preoților a devenit mai evidentă în ambele grupuri clericale de-a lungul timpului.

Declarația de la Youngstown din 1922 a conchis prin a nota că acesta era "ultimul act pe care preoțimea ortodoxă îl va performa pentru a îndepărta influențele rele și demoralizatoare din rândul lor". Dar acesta nu a fost ultimul apel spre România și nici nu au luat hățurile în propriile mâini așa cum se sugera. Dihotomia fundamentală a poziției americanilor lucra împotriva lor. În 1918 s-au despărțit de Sibiu, dar Bucureștiul nu i-a acceptat sub aripa sa. Preoții trimiși aici de Bălan, lucrând într-un protopopiat condus de Bălan, s-au găsit în poziția de a-și repudia legăturile cu eparhia transilvăneană. Totuși, dacă singura cale pentru a avea o Episcopie americană era să rămână legați de Sibiu, câțiva au numit acest lucru ca răul cel mai mic, deoarece alternativa era cea a lipsei totale de control central.

Asociația lui Gherman a ținut încă o întrunire fără succes în februarie 1923, la Cleveland, dar pasul cel mai semnificativ în unirea preoților americani și români a fost întâlnirea din cealaltă parte a Cleveland-ului la 7 februarie, care a avut ca rezultat o Declarație semnată de 10 dintre preoții din România, incluzându-i pe Balea, Mihalțian, Opreanu și Moldovan și 12 dintre preoții hirotoniți în America care au pledat pentru aderarea lor la acest document, chemând la unitate între toate Bisericile ortodoxe românești din Statele Unite de îndată ce "vom fi acceptați în rândurile preoțimii sale". Această întrunire unificatoare a cerut subordonarea canonică jurisdicțională a semnatarilor față de Mitropolia Transilvaniei, ale cărei "ordine și dispoziții sunt finale în orice problemă a Bisericii". Apoi a venit, totuși și ultimul rând american standard: independent de faptul că astfel de măsuri sunt repetate în țară atunci "doar la cererea noastră". Balea a notat mai târziu entuziasmul pentru crearea unei organizații centrale când donații totalizând 2,500 de dolari au fost colectate de la 20 de preoți în 10 minute.

Cooperarea dintre cele două grupuri de preoți a atins apogeul în aprilie 1923 printr-un "Congres al Parohiilor" ținut la Cleveland cu delegați ai protopopiatului și ai grupului lui Gherman. Din nou, decizia de a crea o Episcopie a fost votată și părintele Balea a fost însărcinat să facă ceea ce făcea cel mai bine: strângerea de fonduri. Până în vară el lansase deja o campanie susţinută, împărţind credincioşii după mărimea comunităţilor, ţintind să obţină 10,000 de membri care să dea 5 dolari fiecare. Cea mai mare sumă avea să vină din Detroit, pe care el îl estimase a avea o pătrime dintre români. S-a deschis un cont la Roumanian Savings şi la Compania de Credit din Cleveland şi pentru o vreme se părea că în sfârşit lucrurile erau în mişcare. Totuşi, nu toţi preoţii erau mulţumiţi de această colaborare. Preoţii români în special, îşi făceau griji asupra consecinţelor unei asociaţii cu cei pe care îi considerau inferiori. Alţii se temeau de insistenţa episcopalienilor, care de la începutul aşezării românilor în America fuseseră întotdeauna pregătiţi să ofere ajutor ortodocşilor sub forma împrumuturilor sau închirierii bisericilor lor către cei care nu aveau nici una, iar cooperarea pe toate planurile a făcut ca ajutorul lor să nu pară chiar dezinteresat. Laicii, bine familiarizaţi cu felul excentric al părintelui Balea, cu metoda sa dezorganizată de a colecta bani, se temeau că fondurile lor vor sfârşi prin a fi folosite în alte scopuri. Mulţi nu uitaseră imprudenţele sale din Cleveland petrecute cu ani în urmă. Într-o serie lungă de articole la ziar în care îşi anunţa campania, Balea a fost destul de neînţelept în a-şi reitera stilul de colectare: "fără evidenţe contabile sau acte, ci doar o mică agendă în care se scriu numele". Era destul de neclar dacă se vor elibera chitanţe.

O întâlnire de protest ţinută la Alliance, Ohio, unde au fost emise plângeri faţă de menţinerea contactelor cu preoţii lui Gherman şi temeri faţă de episcopalieni, a fost simptomatică pentru astfel de rezerve. Aici a apărut un alt element de divergenţă. Întâlnirea de la Alliance a optat pentru o Federaţie autonomă a parohiilor decât pentru o Episcopie unitar centralizată legată de România. Astfel încă o posibilitate a fost aruncată în potpuriul opiniilor conflictuale. Majoritatea au fost de acord că un anume tip de organizaţie era necesară, dar nimeni nu a fost de acord asupra formei pe care ar trebui să o aibă.

Astfel de tergiversări au produs mai multe acţiuni precipitate din partea Asociaţiei Preoţilor Români Hirotoniţi în America. Cum campania lui Balea a început să cadă şi spiritul cooperativ al primăverii a cedat în faţa mai sobrelor realităţi ale toamnei, Gherman şi-a strâns oamenii la Pittsburgh în octombrie 1924 în prezenţa episcopului rus Adam Filipowski. S-a hotărât ca, până la sosirea unui episcop român, parohiile să se considere sub "jurisdicţia spirituală a episcopului Adam". Asociaţia a cerut fondarea unei Episcopii ca o ramură a Bisericii Autocefale a României, cu un episcop ales în America. O astfel de mişcare cu greu câştiga bunăvoinţa preoţilor hirotoniţi în România! Nu numai că afilierea cu Biserica Rusă din New York producea un efect negativ asupra opiniei publice legând românii de Ruşii Albi şi de Trotsky-işti, ci ridica întrebarea preoţilor pro Sibiu din clerul românesc dacă o astfel de mişcare ar împinge Biserica americană mai aproape de Bucureşti. Întrunirea de la Pittsburgh a marcat sfârşitul colaborării dintre cele două tabere de preoţi pentru ceva timp.

Până la urmă, multele eforturi pentru înfiinţarea unei Episcopii în toţi aceşti ani au căzut pe un teren nefertil. Totuşi câteva caracteristici comune s-au născut din numeroasele sinoade, întruniri, declaraţii şi campanii, nemaiţinând seama de divergenţe şi opinii. Cel puţin patru deziderate fundamentale au format filosofia mişcării spre organizarea ortodocşilor din America: trebuie să existe o organizaţie centrală indiferent de tip; ar trebui să fie cât mai autonomă în administraţia ei; ar trebui să existe un episcop pentru America; ar trebui ales aici. În fine, când structura avea să fie în sfârşit realizată, avea să existe o Biserică Ortodoxă Româno-Americană.

CAPITOLUL 3

Al doilea protopopiat: întemeierea, 1924—1929

Prea mulţi conducători nu-s buni.

Progresul protopopiatului sub Victor Mureşan a fost mai puţin impresionant decât proclamaţia pentru o Episcopie şi nu atât de dramatic ca certurile lui Podea cu autorităţile bisericeşti. Din când în când părea că totul decurge în ordine. Autoritatea sa părea să se îndrepte câteodată în direcţia unificării celor 22 de parohii care erau nominal sub ascultarea sa. Alteori părea doar o ficţiune. Atitudinea Sibiului a rămas ambiguă. Astfel parohiile, cu câteva excepţii, au socotit toleranţa autorităţii centrale ca administrare *pro forma*, până la indiferenţă totală.

Sibiul şi America

La 5 februarie 1924 Consistoriul a confirmat numirea lui Mureşan ca protopop al protoieriei americane. În lunile ce au urmat Sibiul a luat o serie de măsuri ce aparent arătau dorinţa lor de stabilizare a situaţiei din America. S-a apelat la Ministerul Cultelor din Bucureşti pentru a subvenţiona clerul american prin acordarea salariilor din bugetul statului şi s-a solicitat ca salariul de 40,000 lei, aparent acordat Bisericii americane, dar care de fapt nu a fost trimis, să fie achitat. Toţi preoţii hirotoniţi în America au fost informaţi printr-o circulară să-şi trimită actele la Sibiu pentru a fi validate. L-a îndemnul lui Mureşan s-a luat în seamă cererea de a ajuta preoţii cu cheltuielile de călătorie şi cu plata concediului. Din când în când, Sibiul îşi mai arăta interesul şi grija faţă de evenimentele din America. Consistoriul şi-a arătat mulţumirea pentru faptul că parohia Cleveland a rezolvat câteva probleme jurisdicţionale ridicate de părintele Elie Pop chiar dacă Biserica nu mai trimisese rapoarturile în privinţa activităţii pastorale de ani buni. Sibiul i-a felicitat pe credincioşii din parohia St. Paul pentru ridicarea bisericii lor în

1924. Podea a fost atenționat să nu mai slujească Sfânta Liturghie și că toate funcțiile sale erau acum nule. Mitropolia părea adesea că amâna să recunoască rolul protopopiatului în ierarhia autorității, îngăduindu-i să ia decizii preliminare în ce privea acceptarea preoților ce doreau să intre sub jurisdicția Mitropoliei din America.

Dar ca să poți tolera un astfel de comportament trebuia să ai anumite practici. Sibiul a continuat să invoce autoritatea sa într-o manieră prin care nu se recunoștea realitatea parohiilor americane ce se conduceau după propriile reguli. Se părea că acordă o mare importanță problemei financiare din moment ce elimina subiectele religioase. Trebuie precizat faptul că Bălan vedea credincioșii americani ca o sursă rodnică de bani și donații din care avea de câștigat Sibiul – teritoriul american devenind un fel de comunitate ce era exploatată spre beneficiul țării mamă sau Bisericii mamă. În cele din urmă, Bălan nu a mai dorit înființarea vreunei Episcopii în America.

Astfel la sfârșitul anului 1925, Sibiul a anunțat parohiile vacante din America să publice concursul în România și să accepte că alegerea preoților trebuie făcută de Consistoriul lor. S-a spus că sistemul alegerilor folosit în America a fost "păgubitor și nepractic", conducând spre o rotație constantă a preoților, aducând astfel lipsa continuității în fiecare parohie. După cum ar fi fost corect, parohiile nu ar fi trebuit sfătuite cum sau dacă să-și aleagă clericii. Nici Sf. Sinod nu a fost mai sensibil în privința problemei americane. La 23 ianuarie 1925 Misiunea Diplomatică Română l-a informat pe Mureșan de interdicția Sfântului Sinod ce prevedea neimplicarea românilor în diferitele "mișcări" ce se desfășurau în lumea creștină. Acest lucru era oarecum neclar, dar mesajul îi viza clar pe acei emigranți care erau activiști socialiști sau progresiști și chiar pe cei din uniunile muncitorești. Un asemenea îndemn era ofensator pentru cei care erau convinși de veridicitatea filosofiei americane, acea separație completă dintre Biserică și stat. Ceea ce oamenii făceau în timpul liber era treaba lor.

În privința veniturilor și a averii parohiilor americane, temelia a fost pusă începând cu 1920 pentru ceea ce avea să devină unul dintre cele mai puternice argumente în următorii ani împotriva supunerii din punct de vedere administrativ față de Biserica mamă din România - exista teama că Sibiul sau Bucureştiul aveau planuri în ceea ce priveşte proprietăţile Bisericilor americane. Pentru a fi siguri, poziţia Sibiului a fost afirmată clar la sfârşitul lui 1924 când, într-un mesaj către protopop, Bălan sublinia că "averea parohiilor aparţine în totalitate parohiilor. Autoritatea centrală are doar puterea de a o supraveghea şi administra corect". În cazul în care o parohie s-ar desfiinţa, veniturile sale vor fi administrate de protopopiat şi folosite pentru a ajuta alte parohii americane care necesită asistenţă. Atunci, mulţi au întrebat, de ce continua practica "transferării" fondurilor existente ale parohiilor către Mitropolia din Sibiu? Această practică a "transcrierii averii parohiei", după cum o denumeşte societatea contemporană, este dificil de reconstituit. Într-un cuvânt, implica trimiterea documentelor parohiei către Mitropolie, care avea să devină co-proprietar al bunurilor financiare ale parohiei respective, incluzând ambele tipuri de proprietăţi, mobile şi imobile. Vânzarea unei proprietăţi nu se putea face decât cu acordul Sibiului. Se presupune că existau prevederi datate din vremea când mulţi nu credeau că parohiile pe care ei le-au înfiinţat vor deveni instituţii permanente. Dar după anii '20 povestea s-a schimbat. Totuşi, parohiile care au continuat să-şi transcrie averea lor în acest mod, erau cele care aveau probleme financiare sau nu se aflau încă sub autoritatea protopopiatului. O asemenea măsură însemna o presiune indirectă asupra Sibiului de a asista financiar parohiile americane, dând astfel Consistoriului posibilitatea de a avea un profit financiar în prosperitatea lor. Indiferent de motive, această practică a dus la întreţinerea focului propagandist anti-centralizare şi anti-Episcopie. Speculaţiile referitoare la încercările Bisericii Române de a pune mâna pe averea parohiilor din America aveau să devină un subiect aparte, îndepărtându-se mult de adevăr, oricare ar fi fost acesta.

Era tipic ca românii din ţară să-i considere pe fraţii lor americani ca fiind milionari, iar autorităţile bisericeşti nu făceau nimic pentru a schimba această mentalitate. În fiecare an Consistoriul cerea colecte speciale protopopiatului pentru diferite trebuințe în România, unele fiind reale, iar altele nu. Româno-americanii au contribuit semnificativ în timpul Primului Război Mondial la construirea orfelinatului Ecaterina Varga din Sibiu. Donațiile au continuat și după 1924. În primăvara anului 1925 parohiile Farrell și St. Paul au colectat 7,000, respectiv 4,000 lei pentru acest orfelinat. Consistoriul trimitea circulare în acest scop anual sau chiar mai des. Se primeau răspunsuri generoase din partea parohiilor în mod individual, dar o colectă generală cu donațiile tuturor Bisericilor nu s-a făcut niciodată. Datoriile parohiilor erau destul de mari. De exemplu parohia Bridgeport avea o datorie de 11,000 de dolari, iar Biserica Sfânta Cruce din South Omaha, 2,500 de dolari. Peregrinările constante ale preoților nu au dus atât de mult la neînțelegeri (deși acestea erau dese), cât la incapacitatea parohiilor de a le plăti salarii adecvate. De asemenea, preoții au cerut alocațiile copiilor din România pentru a-și permite să-și aducă copiii în America sau să-i întrețină pe cei care erau deja aici, dar nici o cerere nu a fost rezolvată. Desigur, câțiva au avut obiecții la colectele pentru orfelinate. Pe de altă parte, alți bani erau ceruți regulat pentru a ajuta la construirea mănăstirii Brâncoveanu din Sâmbăta de Sus, care fusese una din casele de vară ale lui Nicolae Bălan. După cum ne putem aștepta, răspunsul venit din America nu a fost unul pozitiv. Apoi Sibiul a cerut cărți de teologie pentru biblioteca Institutului din Sibiu. Probabil că mulți s-au întrebat de ce nu primea America cărți de la Biserica mamă mai degrabă decât invers. De-a lungul anilor 20 și concomitent cu eșecul în eforturile lor de a obține suport financiar de stat pentru clerul american, Sibiul se aștepta la o afluență de bani și la o transcriere a averii parohiilor din colonia lor de peste ocean.

Poziția lui Bălan în privința repetatelor eforturi pentru întemeierea unei Episcopii era clară. La sfârșitul anului 1924 l-a informat pe părintele Mureșan: "Ar trebui să abandonăm ideea unei Eparhii în America". Pentru Bălan, o organizație solidă la scară mică cum este protopopiatul era suficientă pentru America. Mitropolitul gândea în termenii administrației românești, unde un singur protopopiat includea sute de parohii şi o Eparhie cuprindea mai multe protoierii. Părea o prostie să iei în considerare o organizare de nivel eparhial pentru o mână de parohii împrăştiate. Pe de altă parte, atâta vreme cât comunităţile americane continuau să existe, Sibiul trebuia să-şi exercite controlul asupra lor. El a atacat sistemul alegerilor pentru că-i supunea pe preoţi la "o rotaţie perpetuă". Consistoriul a refuzat să recunoască credibilitatea "preoţilor americani"ca, de exemplu, Ioan Popovici, deşi enoriaşii care-l aleseseră în mod clar îi doreau serviciile. Altor preoţi din New York care şi-au trimis documentele direct la Sibiu, li s-au returnat aceste documente pe motivul că n-au trecut mai întâi prin biroul protoieriei din Farrell, o insistenţă asupra protocolului birocratic care a creat confuzie şi a amânat numirea preoţilor. Şi în timp ce Consistoriul nu se grăbea – în multe cazuri dura ani de zile să rezolve petiţiile americane, ca în situaţia lui Podea sau în cazul părintelui Gheorghe Costea care a aşteptat mai mult de un deceniu recunoaşterea hirotonirii sale - în alte lucruri era extrem de prompt. Scrisorile curgeau la Carol Davila, la Legaţia română din Washington, cerându-i ministrului să ţină la curent Consistoriul în privinţa procedurii legale americane când o parohie s-ar autodizolva, iar oamenii şi-ar împărţi bunurile între ei. Veneau cu regularitate şi cereri de dolari americani pentru a cumpăra un pian pentru şcoala de teologie din Sibiu.

Progresul făcut sub al doilea protopopiat a venit în ciuda opunerii Sibiului, chiar dacă Biserica mamă n-a fost interesată. Treizeci de parohii din treizeci şi două care au aderat formal la protopopiat au trimis rapoarte pentru Recensământul Organizaţiilor Religioase din Statele Unite din 1926. Biserica Ortodoxă din America avea 18,853 de membri români la acest recensământ, deşi acest fapt fără îndoială se referea doar la reprezentanţii familiilor care erau membrii cu drept de vot în Bisericile lor. Dacă sustragem din totalul de 91,683 de români de la recensământul din 1920 o cifră care cuprinde părinţii şi copiii lor naturali, totalul românilor catolici (1,700) şi baptişti (850), plus 200 de socialişti care de obicei nu erau afiliaţi cu Biserica, descoperim că aproape 89,000 de români, în marea lor majoritate, erau ortodocşi. Viaţa lor religioasă a rămas foarte puțin reglementată de către Biserica Ortodoxă Română. Cererile lor repetate pentru o Episcopie americană au rămas fără rezultat.

Speranțele pentru acest țel au fost ușor intensificate în anul 1925 prin înființarea Patriarhiei Române. Primatul Bucureștiului, până atunci un *primus inter pares*, și-a asumat acum autoritatea ierarhică asupra întregii Biserici Ortodoxe Române. Cu siguranță noul patriarh, Miron Cristea, ar fi finalizat organizarea Bisericii sale prin reglementarea stării de fapt a americanilor. Protopopul Mureșan a convocat mai multe întâlniri în Akron, Cleveland și în alte locuri pentru a continua drumul spre o Eparhie. Discuții despre alegerea unui episcop american apăruseră. Dar în afară de a primi copii ale Statutelor Șaguna și a li se spune să adere la ele, asemenea *demarches* din partea preoților protopopiatului n-au dus nicăieri. Înființarea Patriarhiei nu a însemnat decât că de acum înainte Bălan trebuia să muncească mai mult pentru a-și păstra americanii sub jurisdicția lui. Competiția dintre Sibiu, București și susținătorii lor în lumea nouă, a devenit mai aprinsă.

Nu este deloc surprinzător faptul că Biserica Română nu a putut crea o întreagă rețea de parohii în America, când cele de la fața locului nu erau capabile de așa ceva. Notele Protopopiatului din acești ani arătau o serie nesfârșită de preoți mutându-se de la o parohie la alta, lupte interne între facțiuni de enoriași și lipsă de răspunsuri la chestionarele, interogațiunile și admonestările Protopopiatului. Părintele Mureșan a descris toate acestea succint într-o notă care încheie notițele din 1926: "Notez că nimeni nu-și manifestă nici un interes față de problemele generale ale Bisericii de aici, o lipsă de răspunsuri la cerințele noastre din partea preoților și ale parohiilor, câțiva preoți chiar arătându-se neascultători față de dispozițiile Consistoriului. Am depus toate eforturile în promovarea intereselor parohiilor locale din Chicago pe care le servesc." Aproape că se putea simți frustrarea lui.

În ciuda tuturor acestor lucruri, a existat ceva progres și de bine de rău, Biserica viitorului a luat încet formă. A luat ceva timp până la eliminarea discordiei dintre parohiile Sf. Gheorghe Nou și Trei Ierarhi din Indiana Harbor și Pogorârea

Sfântului Duh din Gary. Lupta dintre cele trei s-a întins pe tot anul 1925. Pe la mijlocul anului, parohia Trei Ierarhi a insinuat că nu va fi supusă autorității Protopopiatului. S-au făcut puține cât timp Protopopiatul a rămas în Farrell, dar în iunie 1925, părintele Mureșan și-a transferat operațiunile la Chicago, unde biroul a rămas timp de doi ani. Abia în aprilie 1926 s-a făcut pace între parohiile din Indiana Harbor. În alte părți, preoții și Consiliul parohial continuau lupta.

Cazul părintelui Grigore Baloiu a fost destul de neplăcut. În septembrie 1925, parohia sa din Warren, Ohio s-a plâns de beția lui repetată și a cerut Consistoriului să-l suspende imediat. După o lună, Andrei Moldovan a fost numit păstor în Warren, iar părintele Iuliu Holdar a fost numit ajutor special de către Consistoriu pentru a investiga. Baloiu a fost suspendat, dar după sosirea sa, Moldovan a descoperit că deja Consiliul îl trimisese pe preot în fața justiției. Aici era încă o latură neplăcută a relațiilor parohie-preot: disponibilitatea amândurora de a se adresa legii civile în problemele legate de Biserică. În ciuda eforturilor Protopopiatului de a împiedica asemenea acțiuni legale, multe dintre disputele parohiale au degenerat în procese.

Cazul ilustrativ al părintelui Aurel Reu (născut în 1884), care cu siguranță s-a făcut remarcat după părerea multor enoriași, a fost al unui preot în continuă mișcare reușind să bulverseze fiecare parohie pe care a slujit-o. A slujit la parohia din Akron între 1926–1928, a stat nouă luni în Niles, Ohio în anul 1929, demisionând în septembrie deoarece fusese ales în Gary. Un an mai târziu a fost "pus sub acuzație" acolo și a plecat preot la Sf. Gheorghe în Detroit până în noiembrie 1930. August 1931 îl găsește pe Reu cerând un post în România. Îi era "teamă de faptul că oficialii parohiei lui nu se vor supune ordinelor Protopopiatului " pentru a-i plăti salariul. În noiembrie, Reu îi dă pe membrii Consiliului parohial în judecată. În decembrie parohia îl concediază prin vot, prin ceea ce el a numit un "sinod ilegal". Preotul nu și-a revizuit comportamentul nici după ce a provocat tulburări în așa scurt timp în fiecare parohie. Anul 1931 îl găsește la "St. Paul", iar plângerile împotriva sa nu s-au lăsat așteptate. Un articol pe care l-a pus în "St. Paul

Dispatch" şi în care îşi asuma meritele pentru renovarea bisericii şi pentru "introducerea votului femeilor pentru prima dată", combinat cu critici aduse organizării Bisericii din America, i-a scandalizat pe enoriaşii săi. Până la sfârşitul anului 1932 şi-a dat demisia din cler.

Între timp părintele Holdar, după şase luni de slujbe în Niles în timpul anului 1927, se mută la Youngstown în 1928. În Niles achiziţionase un număr de cărţi religioase de la Consistoriul din Sibiu pentru uzul parohiei. Doi ani mai târziu Holdar era în Buffalo, ameninţând că va da în judecată parohia din Niles pentru 30 de dolari pentru care era presat de Sibiu. La plecarea sa din Youngstown au apărut alte complicaţii. Preşedintele de la Sfânta Treime, Rudi Nan, a cerut să-i fie opriţi preotului 70 de dolari din salariu pentru ultimile două luni de muncă. Încă un proces era pe cale să apară.

La 24 decembrie 1931 enoriaşii din Regina doreau să ştie de la Protopopiat dacă le-au fost trimise anumite circulare, pentru că preotul lor "nu vrea să le spună". Şi aşa mai departe. Nu e de mirare că presa laică era atât de negativistă în privinţa problemelor Bisericii, iar revistele satirice, cum era "Crocodilul Român", publicau caricaturi anticlericale.

Totuşi au existat şi momente de dezvoltare liniştită şi de integrare, care după număr păreau să asigure ceva viitor, chiar dacă era lipsit de dramă şi senzaţional. Nu toţi preoţii erau într-o luptă constantă cu oamenii lor, nu toate parohiile s-au divizat în partide. În 1927, când părintele Mureşan a cerut un concediu fără plată şi a fost înlocuit de Ioan Trutza ca protopop, s-a înregistrat un progres cert, iar elanul către o Episcopie deşi încet, era sigur. Cu toate că parohia din Canton se declarase independentă în februarie, apariţia noilor parohii a făcut-o uitată. În iunie 1925 Sibiu informează Protopopiatul de pe Webster Avenue din Chicago de întemeierea unei mânăstiri în Dearborn de către călugărul Alexandru Nanu. Această structură mică de lemn modestă, situată la intersecţia străzilor Holly şi Lowrey la umbra turnurilor semeţe ale unei fabrici, va deveni în timp Parohia Sf. Petru şi Pavel. În alte părţi, zece familii vrednice din New Duluth, Minnesota aveau să ridice biserica Sf. Nicolae. Până la sfârşitul deceniului o altă biserică apăruse în Mt. Union, Pa. Târziu în 1930 o nouă comunitate ortodoxă apare în Windsor condusă de părintele D. Jastremschy – un semn timpuriu că așezarea românilor în Canada se apropia de faza ei urbană. O lună după aceasta, în St. Louis și Madison, Ill. românii erau aproape de crearea unor noi parohii. Deja în 1928, Holden, W. Va., MacDonald și Lorraine, Ohio au înregistrat biserici ortodoxe. În ultima zi din 1931, șaizeci de familii din Harrisburg, Pa. au format o parohie pentru a avea un refugiu în fața catolicismului din Steelton, unde ei lucrau.

În mod constant, cu ceva excepții ici-colea, parohiile mai vechi se alăturau majorității, influențate direct de către schimbările importante ce apăruseră în timpul anilor 1928 și 1929. Mai întâi, trebuie menționată conducerea energică a Protopopiatului de către Trutza. În al doilea rând, s-a produs o schimbare majoră în Asociația Preoților Hirotoniți în America. Moartea lui Lazăr Gherman în toamna anului 1929 l-a impus pe Alexandru Bogioaca (1886-1964) în fruntea grupului de preoți din New York. Deși un om cu un temperament total diferit față de predecesorul său (va trimite mai târziu o scrisoare la Sibiu plină de "ură și minciuni"), Bogioaca a adus o nouă orientare în rândurile preoților hirotoniți în America. El a prezidat cel de-al cincilea Congres al lor în Akron în februarie 1928. Campania în expansiune pentru o Episcopie care a început în acel moment a făcut ca, pe timp ce trecea, existența asociației să nu pară necesară. Noii preoți hirotoniți în Statele Unite cereau acum aproape imediat recunoaștere de la Protopopiatul român, chiar dacă primeau aprobare să intre în parohiile ortodoxe destul de greu. Bogioaca însuși și-a trimis actele la Sibiu în martie 1929. Aceste lucruri arătau semne clare că Asociația lui Gherman se apropia de sfârșit. Mai important decât fenomenul noii conduceri și decât diminuarea puterii organizatorice a preoților hirotoniți în America, era drumul spre o Episcopie Americană care a reînviat la o nouă viață în primele luni ale anului 1928. Spre deosebire de eforturile limitate ale trecutului exista o determinare în a reuși de data aceasta pentru că problema Bisericii fusese pentru prea mult timp lăsată deoparte. Acum cuvintele evangheliilor răsunau din fiecare colț de românism. Acest lucru, combinat cu răbdare și perseverență, avea să întrevadă spectrul unei Episcopii Americane. De acum înainte, ca fantoma lui Banquo, avea să plutească pe cerul fumegos de deasupra Cleveland-ului și al Detroit-ului.

Misiunea lui Scorobeț: moment de cotitură

Pentru a se opune lui Podea și opiniei laice, pentru a combate amenințarea sectelor, a baptiștilor și a convertirilor episcopalienilor și mai ales pentru a stabili ordinea și pentru a atinge ceea ce ei au văzut ca o necesitate imperativă dacă viața Bisericii între româno-americani avea să supraviețuiască, preoții Protopopiatului s-au axat pe un apel concertat la opinia generală din comunitatea românească. S-a dezvoltat rapid cu Trutza ca protopop și Ioan Stănilă din Youngstown conducând mișcarea. Sprijinul din partea lui Ioan Bănățeanu, editor la ziarul "America," a fost vital. El a deschis coloanele ziarului pentru cei interesați de problema Bisericii, el însuși lansând campania în nr. 63 din 15 martie 1928 cu un editorial în care cheamă la acțiune și la opinii: "A sosit timpul să ne gândim serios cum să scoatem Biserica din impasul în care se află. Toate eforturile noastre pot fi însumate într-o întrebare categorică: Ce trebuie făcut în problema Bisericii pentru a crea o normalitate ?"

A doua zi Trutza a scris un articol despre "Reorganizarea Bisericii", în timp ce părintele Mihalțian a apărut în 17 martie cu o dezbatere despre subiect. În săptămânile ce au urmat, discuțiile și apelurile pentru o mutare în acest sens au umplut coloanele ziarului "America", dovada că sub un editor prietenos ziarul putea fi de un ajutor incomensurabil pentru Biserică. Au apărut articole aparținând părinților Octavian Mureșan, Ilie Pop, Ioan Popovici, Ioan Stănilă, Andrei Moldovan, Traian Birău și Gheorghe Popa, în timp ce profesorii Nicolae Benchea și Julian Denny au scris și ei. Opinia printre clerici și laici s-a cristalizat mai rapid decât în zilele trecutului. Un factor important ar putea să fi fost atmosfera de trecere peste neînțelegerile din trecut, simbolizată de convenția de la începutul acelui an care a produs instituirea Uniunii şi a Ligii. În orice caz, apelurile către oficialitățile Bisericii Române au adus în sfârşit rezultate. La 29 mai 1928, Sf. Sinod din Bucureşti a anunțat decizia de a trimite doi delegați în America pentru a studia problema Bisericii şi pentru a face recomandări. Ei erau părintele Trandafir Scorobeț, consilier la Mitropolia Sibiului, şi dr. Ioan Mateiu de la Consiliul Central Bisericesc al Patriarhiei. Era o acțiune care fusese dorită cu obstinație.

Chiar şi înainte de plecarea acestor delegați, dezbaterile bisericeşti despre această misiune erau vizibile. Mai întâi, din motive neclare, Mateiu nu a putut pleca odată cu Scorobeț. De vreme ce Mateiu venea de la Bucureşti şi ar fi reprezentat în primul rând Sf. Sinod, aceasta a însemnat că influența Sibiului a fost covârşitoare în abordarea americanilor. Bălan a fost încă de la început nemulțumit de decizia de a trimite o delegație. El a văzut-o ca pe o posibilă pierdere a controlului asupra Bisericilor americane în favoarea Bucureştiului. Astfel, când decizia de a trimite delegați a fost anunțată, el s-a grăbit să-i trimită lui Scorobeț o scrisoare de autorizare, pentru a-l face şi reprezentantul Sibiului. Acest lucru explică de ce pe 19 noiembrie, după o săptămână de la întrunirea Sf. Sinod, a mers la Păltiniş pentru a se întâlni cu Bălan unde a primit o circulară către preoții şi credincioşii americani. Astfel, când a ajuns la începutul lui decembrie 1928, Scorobeț avea deja un rol dublu, reprezentând atât Sf. Sinod cât şi Mitropolia Sibiului. Mulți americani l-au văzut astfel ca ceea ce reprezenta el de fapt: un om al Sibiului cu instrucțiuni clare că orice Episcopie avea să se înființeze peste ocean, să fie sub de jurisdicția lui Bălan.

După cum am mai văzut, Scorobeț nu era străin de America. El luase parte la primii trei ani de viață religioasă românească organizată între 1906 şi 1909, conducând parohia Sf. Petru din Youngstown, ctitorind biserica Sf. Nicolae în Alliance şi Sfânta Vineri în Newark, Ohio. Tânărul discipol din Cârţişoara nu plecase pentru a găsi aur sau a face afaceri profitabile. Cunoştințele sale de engleză erau bune. Poziția sa în Mitropolie i-a permis să păstreze contactul cu evenimentele de peste ocean. Într-o anume măsură, era deci, o bună alegere pentru misiunea ce avea de îndeplinit. Pe de altă parte nu mai fusese în America de douăzeci de ani, nu simțise pulsul permanent al comunităților românești așa cum evoluaseră în două decenii, nici nu putea să-și reconcilieze devotamentul față de corectitudinea canonică și ierarhică cu sistemul democratic american de care parohiile românești erau pline. "Oriunde mergeam", scria el mai târziu, "făceam propagandă românilor să se întoarcă acasă, dar nu am primit nici un sprijin din partea conducătorilor lor". Poate că aceasta ilustrează cel mai bine eroarea fundamentală a abordării sale. Cele șase luni pe care le-a petrecut Scorobeț în America au fost pline de activitate. Într-un spirit ecumenic, el a început cu vizite de curtoazie la Episcopia din New York și la Consiliul Federal al Bisericilor Creștine. Apoi a călătorit intens prin parohiile românești și a lansat o nouă serie de scrieri în ziarul "America", cerând clarificări în problema instituirii religioase. S-a publicat un chestionar nu numai pentru a strânge date, ci și pentru a stabili un Congres pentru primăvara următoare. O astfel de întrunire era deja în discuție printre liderii laici. În noiembrie, chiar înainte de venirea lui Scorobeț, Paul D. Tomi din Chicago, președinte al noilor create Uniune și Ligă, a luat inițiativa de a comunica cu o serie de consilieri parohiali despre ideea unui Congres, iar 18 parohii deja consimțiseră să participe. Scorobeț a găsit o mare și trainică comunitate religioasă românească în America, care la 1929 avea 35 de Biserici ortodoxe în Statele Unite și în Canada , cu o valoare totală în clădiri de 707,000 de dolari sau 118,776.000 de lei, cu cheltuieli parohiale anuale de 88,000 de dolari sau 14,784.000 de lei. Totuși raportul său asupra populației române ortodoxe era fie prea exagerat, pentru a impresiona alte grupuri religioase sau autoritățile de acasă, fie bazate pe o aritmetică deficitară. Scorobeț s-a folosit de Recensământul Organizațiilor Religioase din 1929 ca sursă de bază, dar a combinat totalul pentru Statele Unite și Canada, pentru a ajunge la cifrele Statelor Unite, a adăugat cifra canadiană (75,000, care în sine era mult exagerată), din nou la total, a aruncat și câteva estimări pentru românii catolici și baptiști și a ajuns la cifra de 300,000 pentru toate grupurile!

Oarecum mai aproape de realitate ar putea fi cifrele sale referitoare la mărimea aşezărilor româneşti, care cel puţin prezintă o elementară noţiune despre cum erau distribuite:

Româno-americanii, 1929

Detroit	45,000
Cleveland	8,000
Indiana Harbor	5,000
Canton	5,000
Philadelphia	4,000
Youngstown	4,000
Farrell	3,000
Gary	8,000
Akron	3,000
St. Paul	3,000
Cincinnati	3,000
Chicago	8,000

Plus alte 20 de centre, cu 500 – 2,000 fiecare.

Scorobeţ a mai notat că existau 15 case parohiale în Statele Unite, dar mai târziu a schimbat numărul la 14. El a raportat un număr de 800 de tineri din comunităţile româneşti care frecventau liceul şi 75 ce frecventau universităţile sau colegiile. De asemenea, sunt de mare ajutor datele sale despre particularităţile regionale ale românilor din diferite zone.

Dacă munca preotului din Sibiu de a strânge statistici erau solicitantă, la fel erau problemele întâlnite în abordarea situaţiei generale a Bisericii pe care o găsise acolo. Pe lângă divizarea clerului în două tabere ca urmare a scindării Podea, mai existau şi Bisericile canadiene care până acum avuseseră puţine contacte şi puţine în comun cu tovarăşii lor întru credinţă din Statele Unite. Multe dintre aceste parohii aparţineau Mitropoliei Moldovei de la Iaşi care trimisese pe Arhimandritul Valerie Moglan să le supervizeze, în timp ce altele s-au subordonat direct autorităţii episcopilor ruşi din Winnipeg sau New York şi au păstrat calendarul vechi.

Scorobeţ a cerut o Conferinţă preliminară a preoţilor în Cleveland pe 30–31 ianuarie 1929 la care au participat 17 clerici, majoritatea din Protopopiat. Problemele pastorale au primit aceeaşi importanţă cu nevoia centralizării autorităţii. Starea de fapt haotică a Bisericilor "independente", lipsa de respect faţă de autoritatea canonică din România, lupta şi competiţia dintre clerici, toate trebuiau să ia sfârşit. Rezultatul întâlnirii a fost o declaraţie care pleda pentru ascultarea faţă de Sfântul Sinod şi cooperarea cu echipa organizatorică a lui Scorobeţ. S-a format o "asociaţie misionară a clerului", pledând să lucreze pentru unitate şi jurând să rupă relaţiile cu orice autoritate episcopală care nu sunt de origine română. Cât despre o Episcopie în America, s-a afirmat că acest lucru "cade în competenţa unui Congres al tuturor parohiilor noastre Ortodoxe". La puţin timp după aceea alţi 6 preoţi, inclusiv Grigore Costea şi Iuliu Holder, au aderat la această declaraţie. Finalizarea procesului de înţărcare a preoţilor hirotoniţi în America de propria lor asociaţie părea sigură. Deja Scorobeţ corespondase cu episcopul Filipowski, argumentând că în 1925 Lazăr Gherman nu a avut nici o autoritate canonică pentru a forma o Episcopie. El a cerut o listă completă a tuturor preoţilor hirotoniţi în New York, dar nu a primit-o. Fără îndoială că majoritatea preoţilor hirotoniţi de episcopi ruşi aveau să ia parte la preconizatul Congres ce fusese stabilit pentru sfârşitul lui aprilie şi găzduit de părintele Octavian Mureşan la biserica Sf. Gheorghe din Detroit.

S-a lansat o campanie intensă de presă care a mărit interesul şi speranţele pentru întâlnirea ce se apropia. Nu numai "Tribuna Română", sub conducerea părintelui Opreanu, a publicat pe larg deciziile din ianuarie, dar şi ziarul "America" a prezentat Congresul ca pe un potenţial punct de cotitură în viaţa românească. Cu puţin timp înainte de deschiderea Congresului, Scorobeţ a definit principiile de bază ale misiunii sale într-un interviu la "Tribuna Română", exprimând un optimism cumpătat în privinţa rezolvării problemelor spinoase, cum ar fi: angajarea preoţilor prin contracte, statutul canonic al preoţilor hirotoniţi în America şi individualismul general al parohiilor ortodoxe din America. Desigur că el ştia atunci că va fi nevoie de ani întregi pentru a pune ordine în viaţa religioasă a comunităţilor româneşti. În ciuda dorinţei generale de a fonda o Episcopie – care era destul de reală – o asemenea gândire se dovedea corectă. Mai mult, tipul de Episcopie care lua formă în minţile delegaţilor americani nu era tocmai cel din viziunea Bisericii Române de acasă, nici a delegaţilor ei.

Congresul fondator, 1929

Cât de calm descrie *Calendarul Solia* din 1977 întrunirea de la Detroit din 25–28 aprilie 1929. "Douăzeci de preoţi împreună cu delegaţii laici ai parohiilor, au venit la Congres şi după zile de consultări şi deliberări au decis în unanimitate să instaureze Episcopia Misionară Autonomă sub jurisdicţia Sf. Sinod al Bisericii Ortodoxe Române."

De fapt, la un anumit moment al sesiunilor, Scorobeţ a ieşit din sală şi atmosfera a devenit atât de tensionată încât pentru o clipă se părea că întregul proiect va cădea. Episcopia Misionară Ortodoxă Română din America s-a născut de fapt din conflictul dintre româno-americani şi autorităţile bisericeşti din ţara mamă, iar această caracteristică nu a dispărut niciodată în mod real de-a lungul istoriei sale, un laitmotiv păstrat pentru totdeauna în fundal.

Douăzeci de preoţi şi 24 de laici, reprezentând 22 de parohii din Statele Unite şi Canada, s-au reunit în sala bisericii Sf. Gheorghe în ziua de deschidere a mult aşteptatei întâlniri şi s-au divizat în 4 comisii, formate atât din clerici cât şi din laici: organizare, probleme bisericeşti, cultură şi relaţii externe. De la început s-a remarcat diferenţa de opinii dintre consilierul român pro Sibiu şi americani.

În timp ce mulţi îl respectau pe Scorobeţ pentru cultura sa şi pentru renumele sau, alţii l-au respins în mod egal pentru atitudinea sa superioară şi pentru invocarea autorităţii Sibiului. Scorobeţ spera să creeze un tip de Episcopie Misionară provincială sub jurisdicţia Sibiului. În toate actele oficiale, în special cele trimise de Sf. Sinod avea grijă să fie inserat proeminent numele mitropolitului Bălan. Americanii erau decişi să aibă o Episcopie autonomă şi autoguvernată, posibil sub autoritatea canonică și spirituală a Patriarhului din București, dar în orice caz să aibă autonomie administrativă. Un sfert de secol de experiență și neglijare – de către autoritățile bisericești de acasă și în special de către propria Mitropolie din Sibiu, îi convinsese că folosirea fără întrerupere a sistemului bisericesc unic pe care-l inițiaseră pe teren american depindea de o insistare asupra aplicării regulilor de aici.

Erau mulți acolo care doreau un fel de episcopie, dar care nu erau siguri în privința unor probleme atât de spinoase ca "statut canonic" și autoritate ierarhică. Se temeau doar că bisericile și averile erau în pericol de a fi absorbite de către conducătorii Bisericii din țară. Suspiciunea generală printre simplii laici era că obținerea controlului asupra averii Bisericii Americane era de fapt fundamentul interesului subit al Sibiului pentru rezolvarea problemelor lor. Nu aveau încredere în Scorobeț.

Când acesta a deschis Congresul cu o prelegere care accentua autoritatea superioară canonică pe care el o reprezenta, a fost contrat de o adresare fermă din partea delegatului I.N. Barbu, care fără îndoială a dat glas gândurilor multora:

> "Și acum, Sfinția voastră, vreau să spun ce vrem noi, româno-americanii. Am cerut preoți când aveam nevoie de ei și nu ne-ați auzit. Ați trimis aici niște elemente slabe ca să vă bateți joc de noi. Pledoariile noastre au fost degeaba, lacrimile noastre la fel, Sibiul a rămas impenetrabil. Acum ați venit să ne organizați și să faceți pentru noi ceea ce Sibiul prin emisarii săi nu a putut face timp de 25 de ani. Știți ce-și doresc românii? Să li se permită să se organizeze singuri așa cum li se pare lor mai bine, fără interferențe din partea celor de acasă. Așa că spuneți-le celor de la Sibiu, când veți da raportul despre noi, să ne dea formula corectă. Spuneți-ne ce vor ei și ce pot face pentru noi. Dați-ne încrederea în Biserica noastră!"

Era exact tipul de autonomie pentru care Scorobeţ fusese trimis s-o oprească în a mai continua. În lungile sale adresări Congresului, filosofia că românii din America erau fii rătăciţi care trebuie să fie îndreptaţi, era clară. Mai mult, în timp ce Congresul era pentru "repatrierea sufletelor", noţiunea care a refuzat să apună în România era că diaspora americană nu era permanentă şi că în cele din urmă, majoritatea românilor de aici se vor întoarce acasă. Nici un alt gând în afară de acesta n-ar putea arăta mai clar lipsa bunei înţelegeri din partea oficialităţilor române a fenomenului de emigrare. Scorobeţ însuşi nu l-a înţeles decât parţial.

De aceea, a fost corect în descrierea unei situaţii de turbulenţă şi babilonie în comunităţi şi în a compara parohiile cu "cluburile laice". Primele parohii au fost pe modelul Statutului Organic al lui Andrei Şaguna folosit în Transilvania, dând fiecărui grup un control asupra preoţilor lor. Acest lucru a ţinut bisericile americane divizate. Apoi şi faptul că românii din Regat nu erau familiarizaţi cu aceste statute şi le-au creat pe ale lor, în timp ce alte grupuri, ca aromânii, au creat un al treilea sistem. Totuşi, făcând această ofertă, consilierul a păşit pe o gheaţă subţire.

Vorbind despre necesitatea ordinii, Scorobeţ a subliniat că Episcopia va fi îndeaproape legată de Biserica mamă, dar "fără condiţii" ca în 1918. "Veţi avea aceeaşi autonomie ca şi acasă", a promis el, în timp ce le reamintea totuşi că oamenii din Transilvania votaseră unirea cu România fără pretenţii. Ignorând natura mult prea delicată a acestei declaraţii, el a continuat să spună că averea Bisericii americane aparţinea Bisericii mamă. Un fond central ar trebui creat pentru a plăti datoriile parohiilor sărace şi pentru a asigura burse pentru studenţii care vor studia în România. Dacă Episcopia se va autodizolva, banii vor fi trimişi instituţiilor religioase şi caritabile din România. În orice caz "când nu va mai exista credinţa ortodoxă română în America, din cauza repatrierii sau prin americanizare şi convertirea la altă religie", bunurile bisericilor americane se vor întoarce la ţara mamă, adică la Sf. Sinod. S-ar putea argumenta că Scorobeţ avea o viziune prea îndepărtată. Dar în 1929 era greşit să afirmi acest lucru. Acuzaţia că Biserica mamă şi orice Episcopie care ar fi reprezentat-o, nu ţinteau la nimic altceva decât la obţinerea bunurilor financiare americane pentru ele însele, va dăinui pentru decenii.

Delegaţii la primul Congres bisericesc, 1929 din procesul verbal

Clerici

Andrei Moldovan	Sf. Maria, St. Paul, Minnesota
Grigore Costea	Sf. Stefan, St. Paul, Minnesota
George Popa	Sf. Împăraţi Constantin şi Elena, Indianapolis, Indiana
Alexandru Borda	Pogorârea Sfântului Duh, Gary, Indiana
Nechifor Mihaiu*	Sf. Andrei, Terre Haute, Indiana
Simeon Mihalţian	Sf. Gheorghe Nou, Indiana Harbor, Indiana
Elie Pop	Sf. Înviere, Warren, Ohio
Ioan Popoviciu*	Sf. Ioan Botezătorul, Erie, Pennsylvania
Elie Ghenie*	Sfânta Cruce, Martin's Ferry, Ohio
Iuliu Holdar	Sfânta Treime, Youngstown, Ohio
Ioan Trutza	Sf. Maria, Cleveland, Ohio
Pavel Negovan	Sf. Maria, Whitman, West Virginia
Traian Birău*	Sf. Ilie, Ellwood City, Pennsylvania
Alex Bogioaca*	Întâmpinarea Domnului, Akron, Ohio
Ştefan At. Opreanu**	Adormirea Maicii Domnului, Chicago, Illinois
Glicherie Morar	Sf. Petru şi Pavel, Limerick, Saskatchewan
Daniil Maxim	Sf. Gheorghe, Dysart, Saskatchewan
Victor Faur	Pogorârea Sfântului Duh, Detroit, Michigan
Ioan Stănilă**	Sfânta Cruce, Farrell, Pennsylvania
Octavian Mureşan	Sf. Gheorghe, Detroit, Michigan

Mireni

Sava Socol	Sf. Maria, St. Paul, Minnesota
Petru Belga	Sf. Stefan, St. Paul (din sud), Minnesota
Simeon Potcoavă	Indianapolis
Vasile Măgurean	Gary
Ilie Stoia	Gary
Ioan G. Ciolac	Chicago, Adormirea Maicii Domnului
Nicolae Munteanu	Chicago
Savu Crucean	Indiana Harbor
Ştefan Breaz	Indiana Harbor
Ioan Diac	Farrell
Marian Morar	Farrell
Andreiu Botar	Warren, Ohio
Ioan Vlad	Warren
Ilarie Pintea	Erie
Nicolae Stan	Niles, Ohio, Trei Ierarhi
Vichente Boran	Niles
Ioan Gherghel	Youngstown
Neculae Tecuşan	Youngstown
Moise Vulcu	Cleveland

Dănilă Radu	Cleveland
Petru Stan	Martin's Ferry
Gheorghe Ivașcu	Philadelphia
I.N. Barbu	Detroit
I. Foril	Detroit

*clerici hirotoniți de ruși

** nu au fost prezent la toate sesiunile deoarece a plecat în România pentru festivitățile de la Alba Iulia

Orice plan sau organizare trebuie să vină de la "autoritățile competente", susținea Scorobeț. După ce comisia responsabilă de organizare a recomandat ca detaliile oricărei organizări bisericești americane să fie lăsate la latitudinea Sf. Sinod, opoziția a început să vocifereze. S-a ajuns la un compromis când Nicolae Tecușan și Ioan Ciolac au propus ca laicii și preoții și să se reunească în camere separate pentru a ajunge la propriile decizii, înainte de a căuta o formulă finală. Totuși Bisericile canadiene au adoptat o atitudine de așteptare. Părintele Daniil Maxim s-a pronunțat că, până ce Episcopia din Statele Unite va fi ridicată la rangul canonic și în legătură cu Sf. Sinod, românii canadieni vor rămâne sub Mitropolia Moldovei.

După patru sesiuni furtunoase, Congresul a adoptat în unanimitate o serie de rezoluții care în mod clar respingeau planurile lui Scorobeț pentru ei. Mai întâi aveau să stabilească o Episcopie Misionară Autonomă sub jurisdicția Sf. Sinod din România, episcopul american fiind un membru *ex officio* al Sf. Sinod. Parohiile se vor autoguverna în concordanță cu Statutele Bisericii Ortodoxe Române Autocefale, dar "adaptate la circumstanțele americane". Statutele finale vor fi supuse fiecărei parohii spre aprobare sau respingere și apoi ratificate de către Congresul bisericesc. S-a creat o comisie Ad-interim, "pentru a forma o legătură între parohii și Sf. Sinod, pentru a comunica deciziile Sf. Sinod parohiilor spre a fi aprobate de către întrunirile parohiale, chiar și cele nereprezentate în acest Congres..." . Era modul de abordare american. Douăzeci de laici din Niles, Ohio au putut refuza planurile făcute de impozanții ierarhii români pentru ei.

Scorobeț s-a grăbit să obțină un fel de poziție modificată pe hârtie. La îndemnul său, secondat de părintele Mureșan, Congresul a aprobat mai departe un Hrisov general sau o Cartă pentru Sf. Sinod. Vorbea despre rezolvarea problemei americanilor prin fondarea unei "Episcopii Misionare Ortodoxe Române" şi ignora cuvântul "Autonomie". Cerea întărirea legăturilor cu Biserica mamă, în timp ce simultan cerea menţinerea unei "manifestări depline a libertăţii religioase, în conformitate cu legile acestei ţări". Cerea Sinodului să ia americanii sub grija sa binevoitoare şi îngăduitoare. Conţinea un singur nume: cel al lui Nicolae Bălan, care trimisese o telegramă de sprijin Congresului. Sf. Sinod nu trimisese. Scorobeţ s-a întors în ţară pe 21 iunie şi a prezentat Hrisovul ca şi cum era rezultatul major al Congresului. Rezoluţia pentru Episcopia autonomă şi pentru puterea decizională a parohiilor americane a menţionat-o accidental. Totuşi consilierul nu a încercat să înşele, pentru că a notat deschis în sumarul său: "Acest raport diferă de raportul general prezentat Congresului în Detroit... Este o chestiune de perspectivă; unul este analitic, iar celălalt sintetic." Era o fină recunoaştere semantică a opoziţiilor.

Înainte de închidere, Congresul a ales o Comisie Ad–Interim formată din patru preoţi şi opt laici pentru a începe tranziţia spre Episcopie. Grupul era condus de părintele Trutza, asistat de Octavian Mureşan, Elie Pop, Daniil Maxim, împreună cu laicii Daniil Radu, Ilarion Morariu, Neculae Tecuşan, Ioan Barbu, Nicolae Munteanu, Ilie Stoia, Ştefan Breaz şi Nicolae Stan. Pe 24 iulie, Sibiul (nu Bucureştiul!) a trimis oficial aprobarea pentru Comisia Ad-interim, autorizând să funcţioneze până când deciziile asupra cererilor americanilor se vor fi făcut. Urmând o anumită ordine, s-a făcut un raport statistic complet despre toate parohiile şi s-a început reorganizarea lor, deschiderea de şcoli "de instrucţie naţională şi religioasă". Se vor fonda cluburi pentru tineri, auxiliare pentru femei similare cu cele create de alte Biserici americane. Toţi preoţii misionari vor fi controlaţi de Mitropolia Sibiului pentru Statele Unite şi de Mitropolia Iaşilor pentru Canada. Zece copii ale Statutelor Bisericii au fost incluse şi în două luni Comisia trebuia să trimită un proiect de Legi adaptat circumstanţelor din America. Cinci sute de copii ale mesajului pastoral al lui Bălan completau pachetul. Directivele erau destule, cu excepţia că un raport complet asupra fiecărei parohii nu fusese încă niciodată alcătuit cu succes. Delegaţii s-au întors acasă de la Congresul de la Detroit şi au găsit parohiile nedornice de a aproba munca lor, iar cei care pierduseră lupta împotriva înfiinţării unei episcopii, acum se străduiau să prevină materializarea sa pe plan local. Dacă ar fi existat unanimitate între Biserici şi comunităţi, Episcopia infantilă nu ar fi supravieţuit. Aşa cum era, Comisia Ad – Interim şi-a văzut munca întreruptă, fiind nevoită să-şi facă loc printre birocraţia românească şi nemulţumirile credincioşilor americani, aşa cum oamenii lui Goliat au suportat loviturile de praştie ale bandelor lui David venite din toate părţile.

CAPITOLUL 4

Lunga aşteptare, 1929 — 1935

Aspettare e non venire,
Stare in letto e non dormire,
Ben servire e non gradire,
Son tre cose da morire.

Dacă unii se aşteptau de acum că Episcopia americană va primi rezonabil de repede aprobarea Bucureştiului şi că un episcop va fi trimis pentru a completa ceea ce Balea numise "un trup fără cap", aveau să se înşele. Vor trece şase ani până ce episcopia născută la Detroit va deveni realitate. Aceasta poate datorită câtorva detalii fundamentale: refuzul Bisericii Române de a numi un episcop şi a inaugura o episcopie până ce statul român acceptă să includă o astfel de organizaţie în bugetul statului. Aceasta, cel puţin, a fost scuza oficială, deşi politica bisericii şi alte temeri erau la fel de potenţiale. La fel de important a fost refuzul continuu al parohiilor americane de a colabora, alimentat de zvonuri negre cum că îşi vor "pierde independenţa", că episcopia "le va lua averea", aşa că "nu vor mai putea să facă ce-şi doresc". În sfârşit, a fost decăderea financiară dezastruoasă din octombrie 1929, care a lansat Vestul într-o depresie economică accentuată. Biserica nu mai putea să plătească impozitele, datoriile creşteau, păstorii rămâneau fără salarii sau se mutau din proprie iniţiativă pentru a sluji orice parohie care mai rămăsese solvabilă. Datoriile Bisericii nu mai putea fi recuperate. În timp ce trupul însuşi rămânea atât de greu de coordonat, chiar şi prezenţa unui cap nu ar fi ajutat.

În primele luni după ce Detroitul a început să lucreze, Comisia Ad-interim a trimis o circulară pe 4 iulie 1929 tuturor parohiilor din Statele Unite şi Canada, explicând rolul unei Episcopii şi grăbindu-i pe toţi să i se alăture, reproducând părţi din precizările Congresului din aprilie. Apoi a început o campanie de lămurire şi convingere. Liderii consiliului parohial doreau să ştie "ce va face o episcopie pentru ei". Prin urmare membrii Comisiei au călătorit mult, predicând consiliilor parohiale până târziu în noapte, discutând, iluminând, explicând. O poveste tipică vorbeşte despre o întâlnire la care vorbitorul depusese un efort până la epuizare în a convinge parohia să se alăture Episcopiei - răspunsese la toate obiecţiile, atinsese toate bazele, îşi adusese audienţa unde dorise, cel puţin aşa credea el. A dat cuvântul preşedintelui consiliului pentru a-i asculta opinia, aşteptându-se ca problema să fie supusă acum la vot. Preşedintele s-a ridicat şi după 8 ore de dezbateri a zis: "Propun să mergem jos unde doamnele au pregătit prăjituri şi cafea". Nu toţi s-au putut bucura de o atmosferă plăcută în susbsolul bisericii.

Problema compunerii Statutelor pentru noua Episcopie era de asemenea dificilă. Bazele aveau să fie Statutul Organic al Bisericii Ortodoxe Române din 1925 şi includerea unei legături canonice cu Sf. Sinod. În acelaşi timp, anumite specificaţii şi lămuriri trebuiesc incluse pentru a răspunde îndoielilor membrilor parohiilor locale şi pentru a păstra intact modul lor tradiţional de a rezolva lucrurile. Totuşi, autonomia nu trebuia să fie atât de largă pentru ca Biserica mamă să nu refuze aprobarea unei episcopii. Rezultatul a fost în mod clar un compromis între statutele Şaguna, care guvernau în mod traditional Biserica din Transilvania şi cu care majoritatea româno-americanilor erau obişnuiţi, şi între Statutul Organic mai centralizat din 1925 care a urmat înfiinţării Patriarhiei Române. Articolul 7 era demn de notat:

"În fruntea Bisericii Ortodoxe Române din Statele Unite şi Canada stă episcopul ei care este membru de drept al Sfântului Sinod al Bisericii Autocefale Ortodoxe Române şi al Congresului Bisericesc Naţional (din România) şi care va fi ales de către Congresul Bisericesc al Parohiilor aparţinând Episcopiei de aici, convocat cu 30 de zile înainte şi prezidat de un delegat special al Sfântului Sinod. Cel ales va primi, dacă va corespunde cerinţelor canonice, investitura canonică de la Patriarhul Bisericii Ortodoxe Române, în conformitate cu tradiţia Bisericii Ortodoxe."

Rămâne de văzut dacă asemenea prevederi vor fi acceptate de Biserica Română. Politica Sfântului Sinod, complicată de competiţia dintre Bălan şi patriarh pentru controlul direct asupra americanilor, nu a urmat o linie clară. Miron Cristea a simpatizat aparent cu cerinţele de la Detroit şi într-o scrisoare pastorală ajunsă în America în octombrie 1929 a părut că va acorda călduros girul unei episcopii. Totuşi, pe 21 noiembrie, când s-a adresat Congresului Naţional Bisericesc şi a cerut adunării să realizeze "dorinţele juste ale fraţilor noştri separaţi", motivele avansate ţineau seama mai mult de cauza "românismului" de teama pierderii fiilor ţării plecaţi peste ocean, de nevoia de a le "reţine atenţia" asupra ţării mamă, decât de problemele spirituale. Aceasta ar putea părea o retorică românească tipică, deşi se remarca şi o altă linie. Cristea a rugat congresul să găsească mijloacele necesare pentru a susţine o episcopie în America, probabil "pentru o anumită perioadă de timp". La rândul său se gândea că majoritatea emigranţilor se vor întoarce acasă într-o bună zi. Apoi Bălan a spus la ultima întâlnire: "Am ezitat în a forma o Episcopie înainte de război, pentru că am aşteptat ca oamenii noştri să vină acasă." Reporterul oficial nota că el şi-a exprimat bucuria de a fi martor la înfiinţarea unei Episcopii pentru româno-americani.

Mitropolitul Pimen al Moldovei a fost mult mai credibil. Nu s-a arătat ostil în a aşeza bisericile sale din Canada conform noii ordini, deşi renunţase la jurisdicţia de 30 de ani asupra lor. Probabil că a avut atitudinea aceasta deoarece era conştient că oricum nimic nu se va întâmpla curând. N-a fost nici un secret că Bălan a continuat să insiste în Sf. Sinod să-i fie dată autoritatea canonică asupra noii Episcopii şi că a fost departe de a fi mulţumit de rezultatele misiunii lui Scorobeţ. Între timp, Ministerul Cultelor şi Parlamentul Român n-au arătat dorinţa de a grăbi aprobarea de fonduri pentru o mână de parohii de peste ocean.

Chestiunea banilor a rămas un punct esenţial şi s-a transformat într-o dispută continuă. Dacă Biserica Română ar fi vrut cu adevărat să înfiinţeze repede Episcopia americană, ar fi găsit şi trimis un episcop imediat şi i-ar fi lăsat pe americani să-i plătească salariul şi să suporte costul stabilirii unei noi ordini. Cu siguranţă erau mai mulţi bani în America decât în România. Un motiv de a controla şi de a întârzia în acelaşi timp, a fost insistenţa ca viitoarea Episcopie să depindă financiar de România. Scuza era lipsa de acţiune a statului, care putea fi pusă pe seama eşecului Sfântului Sinod de a alcătui un adevărat program. În parte, atât Sibiul cât şi Bucureştiul au folosit aceasta ca pe un mijloc de a justifica faptul că nu au făcut nimic în afară de rezoluţii trecătoare. Bineînţeles, din punctul de vedere al americanilor, era de dorit ca statul român sau Biserica, oricare dintre ele, să plătească cheltuielile unei Episcopii. Acesta a fost un fapt pozitiv al discuţiei pentru aceia care încercau să-i convingă pe consilierii parohiali că o Episcopie nu-i va costa bani. Zvonul care s-a iscat în Detroit despre salarii mai bune pentru preoţi şi fonduri de pensii, a fost un impuls pentru clericii care nu doreau să aducă bisericile în nici o Episcopie. Pe de altă parte, dependenţa financiară faţă de ţara mamă invoca imaginea dependenţei administrative, iar argumentul ar fi putut fi uşor întors împotriva sprijinitorilor lui. Totuşi, cine putea prezice că aveau să treacă şase ani pentru a strânge ceea ce în final a fost considerată doar o sumă modică?

Chestiunea alegerii episcopului dorit a fost o altă problemă dificilă. În 1929 nimeni nu s-a gândit în mod serios la numirea unui episcop din rândul clerului din America, deşi aceasta nu însemna că anumitor preoţi, ca Trutza de exemplu, le lipsea abilitatea pentru un asemenea post. Oricum, nici unul dintre preoţii americani nu întrunea toate cerinţele pentru o asemenea poziţie pentru simplul fapt că erau căsătoriţi şi acesta era un impediment. Aceasta însemna că primul episcop al Episcopiei americane va fi numit în România şi apoi probabil aprobat de un Congres bisericesc american. Dacă această situaţie ar fi fost rezolvată rapid după 1929, ar fi fost posibil ca Bisericile americane să fi avut o influenţă mai mare în alegeri, dar atunci când venirea unui episcop era întârziată an după an, mulţi erau pur şi simplu bucuroşi să primească orice lider spiritual. Oricum Bisericile locale acordau puţină atenţie celui care le va fi episcop. Aşa cum s-a dovedit, majoritatea laicilor erau dispuşi să aibă încredere în preoţii lor şi în autorităţile bisericeşti de acasă. Comisia Ad-Interim chiar a reuşit să-şi impună proprii candidaţi. Este interesant că, în ciuda articolului 7 al Statutelor, odată ce Policarp a fost numit episcop, nu s-a presupus niciodată că americanii nu l-ar accepta. Nici alegerea lui n-a fost vreodată ratificată de vreun Congres. La Congresele din 1932 şi 1934 nici un episcop nu fusese numit încă, iar Congresul din 1935 a fost ţinut simultan cu instalarea lui Policarp la Detroit. Poate că aceasta explică de ce 12 ani mai târziu Bucureştiul s-a gândit că ar putea numi un nou episcop fără să mai consulte Biserica Americană. În orice caz, acesta nu era singurul mod prin care articolul 7 era ignorat intenţionat de către Biserica Română, după cum vom vedea.

În afară de aprobarea Congresului Naţional Bisericesc, nici o altă moţiune oficială nu a fost înaintată în acel an. Se putea observa o anumită revigorare a capacităţii Comisiei Ad-Interim de a ordona parohiile. Lucrurile au continuat ca şi sub protopopiat. Youngstown s-a plâns de părintele Holdar, iar părintele Pop l-a acuzat de amestec în treburile parohiei Warren. Părintele Ioan Popovici a părăsit Erie pentru Philadelphia, iar enoriaşii de dinainte au refuzat să-i mai plătească o parte din salariu. Cereri de bani soseau din România cu regularitate: în noiembrie Societatea Casa Ceferiştilor a cerut americanilor fonduri să construiască o nouă sală de şedinţe. Pe de altă parte, părintele Stănilă a fost ales editor al revistei "America" în acea lună, oferind Episcopiei o legătură directă cu mass-media românească care va ajuta la promovarea unei campanii de aderare la noua organizaţie. Totuşi ritmul a fost foarte încet. Parohia din Roebling, New Jersey, a votat să se alăture Episcopiei în mai, dar aceasta s-a întâmplat numai după ce părintele Paul Crăciun a devenit paroh şi asistat de Ioan Popovici din Philadelphia, a putut convinge oamenii din inima fostului teritoriu Gherman de noua orientare.

În iulie 1930, părintele Coste a comunicat intenţia Bisericii Sf. Maria din St. Paul de a se alătura. A urmat Sf. Ştefan din South St. Paul care a aderat în august, apoi Sf. Andrei din Terre Haute în septembrie, dar "cu condiţii". Totuşi la mai mult de un an de la Congresul fondator, numai 14 parohii au votat să se alăture Episcopiei. De vreme ce aceste parohii erau noi sau aparținuseră înainte Protopopiatului, aceasta însemna că opoziția era puternică chiar și în zona parohiilor mai vechi. Sf. Cruce din Martin's Ferry, Ohio s-a alăturat în decembrie 1930, precum și Sf. Dumitru din Bridgeport în următoarea lună. După trei ani Comisia Ad-Interim a numărat doar 24 de parohii, cu puțin mai multe decât numărul prezentat la Congresul de la Detroit. Primirea veștii pe 18 noiembrie 1930, cum că Patriarhia decretase oficial stabilirea Episcopiei prin ordinul 10219 din 1 noiembrie, păreau a veni împotriva stării de fapt. Zece zile mai târziu, la întâlnirea Comisiei Ad-Interim din Cleveland, s-a remarcat că numai 4 parohii au răspuns cererii pentru raporturile lor anuale și pentru a nu știu câta oară s-a emis o circulară cu întrebarea "de ce nu raportați?".

Cererile repetate venite din România ca americanii să contribuie cu 900 de dolari pentru a acoperi cheltuielile neachitate ale misiunii lui Scorobeț au fost în sfârșit rezolvate: Comisia a refuzat făcând următoarea declarație, cum că misiunea consilierului "nu a fost solicitată de către parohiile din America, iar felul în care el și-a desfășurat activitatea nu a satisfăcut majoritatea parohiilor". Seturi de cărți de la biblioteca Bibicescu din Sibiu destinate parohiilor americane trebuiau să sosească, dar Comisia n-a fost în stare să convingă oamenii să plătească acest transport modest, iar motivele pentru acest fapt nu sunt cunoscute. Apoi biserica Pogorârea Sf. Duh din Detroit și-a anunțat refuzul de a se alătura Episcopiei. Părintele Popovici a informat comisia despre starea "deplorabilă" a lucrurilor în Roebling. Trezoreria Episcopiei conținea un total de 183.08 dolari la sfârșitul anului 1930, cu 28 dolari mai puțin decât balanța anului trecut. Tot ceea ce mai lipsea pentru a completa o "imagine optimistă", a fost anunțul de la București din 6 februarie 1931 cum că nici un episcop nu v-a fi trimis în acel an din cauza lipsei de fonduri. O lună mai târziu, părintele Trutza i-a cerut patriarhului să numească pe altcineva să conducă Biserica din America. Cererea a fost refuzată.

În ciuda eforturilor Comisiei și a încurajărilor lui Miron Cristea, situația din România rămânea neclară. Statul a refuzat să aprobe un buget de 5 milioane lei pentru un aşezământ american în timpul anului 1930, iar cererea pentru 1931 a fost redusă la 3 milioane lei. La 20 iunie 1931, Comisia a trimis un memoriu regelui Carol al II–lea, dar banii nu au venit. Trutza vroia măcar ca o comisie de organizare din România să fie trimisă cât mai curând posibil, dar fondurile pentru a plăti astfel de îndrumători nu erau disponibile.

În schimb, Bucureştiul a transmis Comisiei să trimită proiectul lor cu statutele pentru aprobare. În iulie, Ioan Stănilă, Nicu Tecuşan şi Ioan Barbu s-au întâlnit la Youngstown pentru a lucra la proiect, care a fost finalizat până în septembrie. Ficţiunea cum că o Episcopie va fi cu adevărat instaurată, a fost perpetuată pe ambele părţi ale oceanului. Speranţele au crescut pe moment când, în iunie, mitropolitul Pimen al Moldovei şi-a declinat controlul peste cele 5 parohii canadiene care se aflau sub jurisdicţia sa şi le-a plasat astfel în legătură canonică cu Sf. Sinod din Bucureşti. Acest lucru a pavat drumul către intrarea într-o Episcopie cu Bisericile româneşti din Statele Unite. Părintele Vasile Cohan a informat în iulie Comisia Ad-Interim în această privinţă. O privire mai atentă asupra situaţiei canadienilor a înlăturat în curând speranţele unei uniri atât de uşoare. Pentru ceva timp, multe dintre Bisericile canadiene, din cauza lipsei de preoţi români, fuseseră slujite de clerici trimişi de episcopii ruşi, care s-au luptat pentru a păstra controlul asupra parohiilor aducând acuzaţii împotriva preoţilor români şi întorcând enoriaşii lor împotriva acestora. Biserica Sf. Gheorghe din Windsor s-a alăturat Episcopiei în iunie 1931, dar Biserica din Kayville, Saskatchewan era controlată de către preotul rus Simeon Ivanoff, iar oamenii, se pare, n-au putut să-l îndepărteze. Părintele Teofil Maxim a părăsit Kayville pentru a încerca să obţină controlul în Limerick, în timp ce fratele său Daniil Maxim combătea influenţa episcopului Arseniev în Dysart. Credincioşii Bisericii Sf. Nicolae din Regina au refuzat să se afilieze cu parohia Sf. Gheorghe din acel oraş aşa cum se cerea şi l-au acuzat pe părintele Cohan în timpul negocierilor. În sfârşit, exista întotdeauna chestiunea folosirii vechiului calendar într-un număr de biserici canadiene, iar scrisorile trimise de patriarh la cererea Comisiei Ad-Interim nu au avut nici un efect asupra tradiţionaliştilor. Prin urmare, gestul lui Pimen nu a avut nici un efect practic şi astfel decizia Congresului Naţional Bisericesc din 1929, ca până la numirea unui episcop, americanii "să rămână sub vechii lor ierarhi", era în continuare în vigoare. De fapt americanii se aflau în aer, sub nimeni. Nici un Congres Bisericesc nu a fost ţinut în timpul anului 1931 pentru că Sf. Sinod nu a făcut nici o mişcare pentru a numi un episcop.

Situaţia a rămas la fel până când Comisia Ad-Interim s-a reunit pentru întâlnirea din martie 1932. Raportul preşedintelui Trutza că nici o subvenţie financiară şi nici un episcop nu pot fi aşteptate acum sau în viitorul apropiat, a produs o stare de întristare. "Continuitatea însăşi a credinţei noastre ortodoxe şi naţionalismul românilor este în pericol," scria secretarul Stănilă. "Ar fi fost mai bine dacă n-am fi început. Nu avem speranţe pentru un bun sfârşit al lucrării de organizare." Apăsarea jurisdicţională continuă din ţara mamă punea la încercare răbdarea Comisiei. Trutza fusese recent la Omaha pentru a interveni într-o discordie dintre oamenii parohiei Sf. Cruce şi părintele N. Mihaiu, pe care mai apoi Trutza l-a suspendat şi înlăturat. Agitaţia produsă a condus Sibiul la avertizarea preşedintelui că astfel de treburi ar putea duce la înlăturarea lui. Răspunsul Comisiei la aceasta a fost o declaraţie seacă cum că singura autoritate recunoscută de ei era Patriarhul şi Sf. Sinod. Pentru a sublinia şi mai bine încrederea lor în Trutza şi resentimentul faţă de Sibiu, grupul l-a petiţionat pe patriarh pentru a-l numi pe Trutza vicar în America, cu autoritate deplină în organizarea parohiilor şi cu un salariu de 300 dolari pe lună, timp în care îl vor scuti de datoriile sale parohiale din Cleveland. Comisia Ad-Interim nu era pregătită încă să forţeze problemele cu oficialii de acasă, dar înaintau constant. S-a citit o listă a parohiilor care au refuzat să se alăture Episcopiei. Acestea au fost văzute ca folosind motive "triviale" şi s-a decis prin urmare că "nu le vor fi trimise nici ajutor, nici preoţi". Poate că această măsură doar a încurajat astfel de Biserici a se folosi de preoţi "vagabonzi". Dar la sfârşitul unei întâlniri de opt ore şi jumătate Comisia era departe de a-i păsa pentru moment.

Congresul din 1932

În timp ce românii se pregăteau să meargă la urne să voteze în majoritate covârşitoare pentru Franklin D. Roosevelt, 45 de delegaţi - 17 preoţi şi 28 de laici – reprezentând 18 parohii, s-au strâns în sala de întrunire a bisericii Sf. Maria din Cleveland pe 30 octombrie 1932. Opt coruri parohiale şi prezenţa lui Frederic Nanu şi a lui Andrei Popovici de la Legaţia română din Washington, a consulilor români din Cleveland şi Chicago şi a "unui număr neaşteptat de credincioşi" au făcut din această întrunire festivă, una oficială. Atât feţe vechi cât şi feţe noi se aflau în adunare. S-a prezentat părintele Victor Bărbulescu (1903 – 1969), de abia venit din Lunga în 1931 pentru a sluji la biserica Adormirea Maicii Domnului. El va deveni unul dintre stâlpii viitoarei Episcopii. Prezenţa lui Alexandru Bogioaca a sugerat aderenţa multor preoţi hirotoniţi în America. Moise Balea, întors din călătorii, venea de la Niles unde a fost temporar administrator. Părintele Vasile Paşcău (1886 – 1960) venea de la Farrell unde slujise doi ani după venirea sa. Patru parohii nu erau reprezentate, dar îşi însărcinaseră interesele altor delegaţi precum Trutza, iar alte 6 parohii au trimis scuze scrise pentru absenţa lor, astfel constituindu-se un grup simbolic de 28 de Biserici din 38 listate ca existente în "Program". O asemenea privelişte părea să revigoreze oamenii pentru care 3 ani de tergiversări din partea României şi de incapacitate continuă de a crea acasă o autoritate centrală efectivă aduseseră o adâncă descurajare. Mediul psihologic al unui Congres şi-a făcut simţit efectul său.

Rezultatul fundamental la acest al doilea Congres a fost ratificarea Statutelor Episcopiei Autonome Misionare Ortodoxe Române din America. Comisia şi-a făcut bine treaba şi surprinzător au fost propuse puţine amendamente. Primele 51 de articole au fost aprobate practic fără a fi schimbate. Articolul 52 a reglementat alegerea membrilor consiliului parohial şi următoarele 32 de articole au fost acceptate aşa cum erau. Articolul 85 întărea puterea centrală prevăzând atribuţia Comisiei Ad-Interim de a numi preoţi în parohiile care nu puteau să-i obţină în mod normal. În orice caz, averea

Bisericii avea să rămână acasă. Articolul 108 preciza: "în cazul dizolvării unei parohii, toate bunurile vor trece la trezoreria centrală a Episcopiei ...". Episcopia (termenul de *Eparhie* folosit până atunci, a fost înlăturat) era împărțită în 5 protopopiate: Cleveland, Chicago, Detroit, Philadelphia și Regina. Bilanțul celor 196 de articole nu a adus o dezbatere prea amplă. De îndată ce acest Statut a intrat în vigoare în prima zi a anului 1933, Episcopia ar fi trebuit să obțină o cartă în Statele Unite și Canada și astfel să fie încorporată. Curios însă, aceasta nu s-a întâmplat.

Sesiunea din 1 noiembrie a ascultat recomandările ca școli catehetice să fie înființate în fiecare parohie, în care se vor preda de asemenea limba și literatura romană, geografia, istoria și muzica bisericească. Termenul foarte american (și protestant) "Școala Duminicală" a fost invocat ca model pentru școlile parohiale mai dinainte, deși nu va fi folosit până în anii 1950. Comisia notase cu regularitate cum școlile sufereau din lipsă de cărți și din cauza absenței oricărei calități "analitice". Se ceruse imediat ca fiecare parohie să-și facă o bibliotecă, să țină conferințe religioase și culturale pentru tineri și să intervină pe lângă autoritățile bisericești din România pentru a primi tineri americani în academiile și universitățile teologice din România. Până la urmă, eforturile în această direcție s-au dovedit fără prea mare succes. La sfârșitul lui 1930 s-a format o comisie din 5 preoți pentru a-i examina teologic pe preoții hirotoniți aici și pentru a-i recomanda pe unii pentru studii aprofundate în România. Același grup începuse să acționeze la o sugestie făcută de Trutza încă din 1927 ca absolvenții americani de liceu să fie înscriși la cursurile teologice din România. În iulie 1931, patru tineri, Paul Crăciun Jr., Emil Androne, Petru Savu și George Dragon Jr. s-au înscris pentru burse și până la sfârșitul anului, Crăciun și Androne au ajuns la București. Ei au fost informați de către patriarh în noiembrie că le-au fost acordate burse teologice la Universitatea București. Tatăl lui Androne a informat Comisia Ad-Interim în martie 1932 că celor doi studenți li s-a refuzat admiterea la universitate din cauza lipsei de pregătire și în schimb au fost trimiși la un seminar teologic. Acest lucru ar fi putut fi acceptabil, dar și bursele lor pentru cel de al doilea semestru au fost revocate. În urma acestor întâmplări, problema unei lipse generale de preoți și chestiunea delicată a preoților din New York au rămas nerezolvate. Mai mult, preoții români din America nu erau chiar atât de nerăbdători să vadă preoți noi trimiși din Europa, de vreme ce o astfel de competiție făcea mai grea obținerea unui salariu adecvat. Comisia a recunoscut aceasta când a cerut Bucureștiului să oprească numirea de noi preoți peste ocean pentru o anumită perioadă. Totuși, episcopul Adam din New York și-a continuat afacerile cu hirotoniile. Încă doi preoți care își aranjaseră propriile hirotonii au mai apărut până în 1932, Coriolan Isacu (născut în 1897), păstorind biserica Sf. Andrei din Terre Haute și Ambrosie Neder (1876-1969), fost proprietar al agenției de bilete pentru vapor "Casa Română". Informarea părintelui Neder pe 26 august 1931 către biroul Comisiei a fost tipică pentru obișnuitul respect față de autoritatea Episcopiei. Raportul spune simplu că Neder a fost hirotonit și că are o parohie proprie în New York, ca și cum ar spune laconic "mă gândeam că vreți să știți și voi". În realitate, totuși, amândoi vor rămâne slujitori dedicați pe viață ai viitoarei Episcopii.

Comisia culturală a părintelui Mihalțian a invocat alte câteva probleme la Congresul din 1932 care vor rămâne lacune fundamentale ale vieții Bisericii timp de mulți ani. Principala era lipsa de cărți de rugăciuni și cărți de slujbă pentru Sfânta Liturghie. La fel de imperativă era nevoia unui organ de presă oficial al Episcopiei, cu stabilitate financiară. Prima nevoie a început să fie rezolvată abia în anii 1950, în timp ce a doua a fost doar parțial rezolvată în timpul acestor primi ani. La sfârșitul lui 1930 Comisia l-a invitat pe părintele Ștefan Athanasie Opreanu (1889 – 1959) din Chicago, numindu-l membru al corpului executiv și a aranjat ca o pagină din ziarul său, "Tribuna Română", să fie de atunci organul semioficial al Comisiei Ad-Interim, cu Trutza și Stănilă editori. La Congresul din 1932, Opreanu a propus un plan pentru a publica un ziar oficial întreg, "Glasul Vremii", sub propria-i conducere, administrat de Nicolae Moga din Cleveland la prețul de subscriere de 2 dolari pe an. Va solicita publicitate și va primi din când în când contribuții pentru ziar din colecte parohiale speciale (un instrument continuat ani de zile pentru a sprijini "Solia"). Ziarul va oferi celor care îl primesc poliţe pentru asigurări de accidente pentru suma infimă de 1 dolar pe an, un efort evident de a-i îndepărta pe enoriaşi de devotamentul lor faţă de Uniune şi Ligă. Eventual, Episcopia ar putea garanta în totalitate subscrierea financiară a proiectului, care va fi tipărit de către "America". Aprobat de Congres, ambiţiosul proiect a fost reafirmat de Comisie la întâlnirea sa din decembrie 1932, imediat după o rezoluţie care cerea Ministerului Român al Cultelor suma de 500 dolari lunar pentru Episcopie. Totul a eşuat însă. "Glasul Vremii" a fost suspendat după a cincea apariţie din cauza lipsei de fonduri, iar cel mai bun lucru pe care îl putea face Comisia până în toamna lui 1933, era să negocieze cu ziarul "America" pentru un spaţiu în care să raporteze problemele Bisericii. În afară de două calendare "Viaţa Nouă", publicate de părintele Opreanu în 1934 şi 1935, Episcopia a rămas fără nici un organ de ştiri oficial până la apariţia ziarului "Solia" în februarie 1936. Motivul era uşor de găsit în cifrele trezorierului Daniel Radu. Fondul central dispunea la sfârşitul lui 1931 de o balanţă de 115.97 dolari, 145.73 dolari la întrunirea Congresului din 1932 şi o cifră de 253.48 dolari la 1 septembrie 1934.

În sesiunea sa finală, Congresul a încercat să găsească o cale pentru a rupe impasul în care se afla stabilirea unei Episcopii. Miezul problemei a părut pentru mulţi faptul că Biserica Română ştia puţine despre cum se întemeiază o Eparhie misionară. O soluţie practică şi temporară era să-i ceară patriarhului Miron să-şi asume titlul de "Episcop al Americii" şi astfel să fie capul spiritual al bisericilor americane. Această rezoluţie a fost urmată de o condamnare a parohiilor aşa-zise "independente", cu specificarea că România refuză să le trimită preoţi. Un protopop adjunct a fost cerut pentru a-l asista pe Trutza în munca de organizare şi Bucureştiului i s-a cerut să acţioneze repede în recunoaşterea acelor preoţi hirotoniţi aici care s-au dovedit demni, în timp ce ar trebui să ia măsuri "precise şi severe" şi să contacteze alte autorităţi bisericeşti ortodoxe în privinţa celor nepotriviţi şi problematici.

Congresul a strâns în juru-i un spirit cooperator şi plin de speranţă. Delegaţii, aşa cum simţeau, dăduseră un nou început organizării, răspunseseră chestionarului hamletian al primei zile venit din partea părintelui Opreanu, dacă o Episcopie urma "să fie sau să nu fie". Decizia lor a fost să lupte în continuare pentru a fi.

"Interpretări eronate"

Delegaţii americani cu vederi progresiste încă nu ştiau ce transpirase cu două săptămâni în urmă, la sesiunea din 16 octombrie a Congresului Naţional Bisericesc din Bucureşti. În timp ce câţiva membri ai Sinodului, inclusiv Miron, căutau un compromis în chestiunea americană până când statul român va acţiona asupra problemei financiare, Bălan şi alţii perseverau în a întârzia orice moţiune. Profesorul Vasile Gh. Ispir a mutat instituirea unei Eparhii americane plătita de credincioşii din America sub jurisdicţia patriarhului. Consilierul Scorobeţ, încă marcat de eşecul eforturilor sale în Statele Unite, a argumentat că puterea materială a fraţilor din America nu ar trebui supraestimată din cauza crizei economice. Poate că avea dreptate, dar motivele preotului erau departe de a fi imparţiale. Atunci Bălan, într-o "lungă şi documentată istorie a chestiunii", s-a întors din nou la atitudinea sa de opoziţie. O Episcopie americană, avertiza mitropolitul, "poate lucra împotriva intereselor noastre naţionale". Noii clerici, educaţi în şcolile americane, nu vor mai avea "suflete româneşti". Era prudent în luarea poziţiei cum că orice acţiune trebuie să aştepte suportul material al statului român. Vinul cel bun a fost scos la urmă. De asemenea Bălan a declarat franc cum că decizia Congresului de la Detroit din 1929 de a-şi plasa Episcopia sub jurisdicţia patriarhului din Bucureşti a fost "interpretată eronat". Ar fi nedemn de a crea o Episcopie cu un buget neadecvat, incapabil să susţină un episcop, echipa lui şi un birou central, a concluzionat el. Totuşi, acţiunile lui Bălan vorbeau mai mult decât cuvintele sale şi el părea în mod consecvent mai mult preocupat de jurisdicţia asupra americanilor şi asupra averii Bisericii lor decât de demnitatea lor. Într-adevăr, la începutul acelei săptămâni el îi scrisese din nou ministrului Carol Davila din Washington cerând date legale din America şi întrebând despre bunurile parohiilor dizolvate. Congresul de la Bucureşti şi-a concluzionat întrunirea prin a nu face nimic concret în privinţa problemei americane. Şi-a reafirmat decizia din noiembrie 1929 că americanii rămân sub vechii lor ierarhi. Filosofia conservatoare era clară. Dacă nu facem nimic pentru cei de acolo, se vor întoarce acasă. Dacă le vom epuiza răbdarea, vor consimţi să rămână sub Sibiu.

Răspunsul americanilor a fost aprig. La întâlnirea din decembrie a Consiliului Interimar (nume care fusese adoptat acum) prevala consternarea. S-a afirmat că nu vor mai accepta "vechea jurisdicţie", pentru că aceasta era o cauză majoră a eşecului încercării din 1918 de a fonda o Eparhie. Deciziile din 1918 şi 1929 au fost reiterate în dezbateri, anume că bisericile americane doreau să fie sub patriarhul Ungro-Valahiei. Consiliul a fost "surprins" la această schimbare de atitudine a Congresului Naţional Bisericesc şi i-a cerut să-şi anuleze decizia din noiembrie. Încă o problemă – averea parohială nu va mai fi înregistrată cu Sibiul, ci va aparţine oamenilor înşişi— era "inviolabilă". Orice control din partea Sibiului era chiar o violare a legilor statului în această ţară. Era de ajuns. De ce nu le trimisese Bucureştiul un vicar şi nu aleseseră un episcop în loc să se învârtă în jurul cozii? În martie, Consiliul a decis să-l trimită pe Trutza în România ca să negocieze direct cu patriarhul şi cu Sf. Sinod. Întrunirea Consiliului din 1933 l-a pus pe Mihalţian în locul lui Trutza pe timpul absenţei sale şi i-a dat preşedintelui 100 dolari pentru călătoria sa, deloc de ajuns pentru a acoperi cheltuielile. Dacă Congresul n-ar fi adus aproape 500 dolari din venit, nici măcar acest ajutor modest nu ar fi fost dat. Trutza trebuia să ceară ca un episcop titular să fie numit pentru America cât mai curând posibil şi mai ales, să exprime preferinţa Consiliului pentru Policarp Pompiliu Moruşca.

Negocierile pentru un episcop

Alegerea unui episcop misionar pentru America în persoana lui Policarp Moruşca nu era din întâmplare şi nici măcar o alegere deliberată a autorităţilor Bisericii Române. Era în mare parte datorită satisfacerii preferinţei americane clar exprimate pentru Policarp, în opoziţie cu alţi candidaţi. Dacă problema ar fi depins total de Sf. Sinod, e foarte posibil ca altcineva să fi fost ales. Astfel, Consiliul Interimar a rezolvat problema articolului 7 din noile Statute discutată mai înainte. Dacă nu va fi posibil să-şi aleagă episcopul din prima într-un Congres bisericesc, vor face următorul pas: vor prevedea Bisericii Române să numească omul pe care-l doreau. Un intermediar era Dr. Ioan Mateiu, rector al Institutului Teologic din Bucureşti. Încă de pe 12 decembrie 1930, Comisia a cerut Sibiului să-l numească pe Mateiu la Comisia Ad-Interim pentru a acţiona ca o legătura între Cleveland şi Sf. Sinod. Mateiu era un teolog excepţional, membru el însuşi al Sf. Sinod şi se presupunea că-l acompaniase pe Scorobeţ în America în 1929, dar nu o făcuse. Mulţi dintre preoţii români de aici îl ştiau, câţiva îl avuseseră ca profesor şi erau dispuşi să-i asculte recomandările. Cererea ca el să călătorească spre America a fost reînnoită la începutul lui 1931 şi deşi nu a venit, el a scris Consiliului, sugerând numele lui Moruşca şi preamărind calităţile stareţului. Astfel se poate ca Mateiu să fi fost sursa candidaturii lui Moruşca. Trutza, Stănilă sau alţii câţiva dintre preoţi puteu fi responsabili pentru aceasta. Mărimea României şi intimitatea comunităţii sale religioase o fac o ţară unde aproape toţi preoţii şi călugării se cunosc între ei, incluzându-i pe membrii seminariilor şi pe cei ai facultăţilor teologice. În orice caz, îl găsim pe Mateiu scriindu-i lui Policarp la 22 aprilie 1931, notând că deja îi propusese numele în faţa Consiliului din America şi îl îndruma să devină un candidat activ pentru postul de episcop. Aparent, aceasta nu era prima oară când cei doi luau legătura, pentru că Policarp l-a informat pe Mateiu că deja avusese un interviu dezamăgitor cu patriarhul Miron. El nu credea că are vreo şansă pentru că nu era absolvent al unei facultăţi de teologie, o cerinţă primordială pentru oricine dorea să devină episcop. Mai mult, Mateiu nota că Bălan avea încă "probleme fără răspuns". Tonul profesorului, totuşi, era optimist – el sugerând că ar putea să-l acompanieze pe Policarp în America pentru a-l asista în primul an – pentru că până la urmă Sf. Sinod va fi forţat să respecte dorinţa Congresului din America. Şi Mateiu era nesigur de cum va rezolva ecuaţia alegerii americane şi a selecţiei româneşti.

La 5 iulie 1931 Policarp s-a adresat lui Ioan Trutza pentru prima dată. Călugărul dorea să ştie dacă va fi primit bine de preoţii din America. Primul său impuls a fost să respingă sarcina, pentru că părea a fi o povară prea mare. Şi nu ştia limba engleză. Va avea încredere în sfatul lui Trutza şi se va supune cererii dacă aceasta era voia lui Dumnezeu pentru el. "Spune-mi sincer cum şi-au schimbat caracterul oamenii noştri de acolo care au venit dintr-o viaţă patriarhală?" întreba Policarp. Două săptămâni mai târziu, Trutza i-a răspuns călugărului pe larg, descriind situaţia, schimbările şi tot.

"Scorobeţ ne-a numit extremişti indisciplinaţi", scria preşedintele Comisiei, şi continua să-i dea lui Policarp un portret detaliat. După 8 ani în America, Trutza ştia că nimic în România n-ar fi putut să-l pregătească pentru "teologia practică" necesară aici. Pe lângă dificultăţile cauzate de căderea economică, problemele cele mai spinoase erau că mulţi oameni se întorceau în România "cu nimic", independenţa clerului şi în câteva cazuri, lipsa de înţelegere dintre preoţi. Credincioşii s-au alăturat grupurilor sectante ori s-au înscris în mişcări comuniste sau socialiste. Aceia care nu şi-au pierdut mai mult timp la tribunal împotriva preoţilor lor decât la Sf. Liturghie. Era un tribut adus previziunii lui Trutza. Chiar în 1931 el discutase nevoia de a avea slujbe bisericeşti în limba engleză deoarece tinerii erau înstrăinaţi de Biserica părintească. Poate că frustrarea evenimentelor l-au făcut pe Trutza să exagereze oarecum, dar lucrul pe care şi-l dorea, era să nu aducă aşteptări false în oricine ar fi devenit episcop. Omul trebuia să ştie că Biserica din America era diferită de cea din România. Poate că cel mai important lucru pe care i l-a spus lui Policarp în anii asocierii lor a fost acesta: "Un episcop care va veni aici cu alai, gală şi parade sau un episcop politic nu va reuşi aici". Policarp n-a digerat niciodată cu adevărat sensul acestei admonestări. Astfel au rămas lucrurile până la călătoria lui Trutza în România în vara lui 1933. Fără îndoială s-a întâlnit cu Policarp în tot acest timp şi l-a pus pe stareţ la curent cu ceea ce fusese făcut. Guvernul şi Biserica din România au acţionat în ritmul lor.

Într-un fel, progres

Interviul lui Trutza cu patriarhul a adus atât veşti bune cât şi rele. Eparhia americană nu va fi introdusă în bugetul statului pe acel an. Chiar înainte de plecarea sa din Statele Unite, Trutza apelase direct la primul ministru, Alexandru Vaida-Voevod, pentru o subvenţie de 6,000 dolari pe an sau 500 dolari pe lună. A cerut şi ajutorul ministrului Carol Davila de la Legaţia română din Washington. Pledoaria Congresului ca Miron să devină "Episcop al Americii" a fost de asemenea repetată în aprilie 1933, dar nici una din toate acestea nu a avut rezultat, mai ales într-un an care a adus suferinţe economice majore în România şi greve serioase ale muncitorilor de la căile ferate şi ale petroliştilor. Mai mult, mitropolitul Bălan era încă uimit de refuzul american de a se supune planului său de înregistrare a tuturor bunurilor parohiale din America la Consistoriul din Sibiu. După declaraţia francă faţă de acest aspect făcută de Consiliul Interimar în decembrie, au fost reiterate din nou de Trutza într-un lung memorandum către Davila în februarie 1933. Pe de altă parte, la 15 iunie 1933 Sf. Sinod a aprobat deciziile Congresului Bisericesc American din 1932, un eveniment care era într-adevăr un progres. Dar aici apele au început să se tulbure. Aparent Trutza a primit doar o confirmare verbală a acestui fapt de la patriarh şi nu a văzut nici un document oficial referitor la decizie pe tot parcursul timpului cât a stat aici. În orice caz s-a întors la Cleveland în septembrie pentru a spune simplu Consiliului Interimar că "Statutele Bisericii din America au fost aprobate, cu foarte mici modificări care vor fi luate în considerare cu ocazia tipăririi statutelor". Acest fapt, împreună cu schimbarea oficială a numelui de Consiliul Interimar în

Consiliul Episcopesc al Bisericii din America, au dus la o întrunire fericită şi pe aceste baze Consiliul a procedat ca şi cum toate erau bune. Declaraţia oficială a aprobării Statutelor de către Sf. Sinod nu a ajuns decât la un an după acestea, trimisă de la Bucureşti pe 22 august 1934 şi primită pe 5 septembrie. "Proiectul de legi şi statute a fost aprobat în felul următor: acest statut este considerat ca o măsura de administraţie tranziţională", spunea comunicatul. Ataşat se afla un memorandum trasat de consilierul legal al Sinodului la o zi după "aprobare", 14 iunie 1933. "Măsura administraţiei tranziţionale" a avut originea aici şi memorandumul a făcut clar ceea ce părintele Stănilă numise în mod ingenios "foarte mici modificări". Consilierii Bisericii au dezbătut asupra a două puncte esenţiale, cu accent pe articolul 29 al Legislaţiei Bisericii Române din 1925, respectiv averea parohială, şi pe articolul 12, privind alegerea episcopilor. Primul nota că bunurile parohiale sunt parte a patrimoniului unei persoane juridice şi astfel nu pot fi considerate proprietatea individuală a membrilor componenţi ai parohiei. Al doilea era clar referitor la articolul 7 al Codului american. Episcopii în România erau aleşi de către Congresul Naţional Bisericesc şi de către Sf. Sinod în sesiuni electorale speciale, nu de către Congresul Bisericesc American. "Anumite dispoziţii privind procedura alegerilor...trebuie să fie retrase din statut pentru a fi prin urmare obiectul unor anumite măsuri de reglementare". Memorandumul amintea în acelaşi timp că în America existau "anumite condiţii speciale". Vor putea cere anumite adaptări mai târziu, dar acestea nu erau precizate şi tonul acestui "Referat" sugera în mod clar că americanii ar trebui aşteptaţi să se conformeze legii Bisericii Române în liniile sale fundamentale. Ştia oare Trutza ce fel de aprobare se pregătea la al treilea etaj al cancelariei de pe strada Matei Milo nr. 10? Dacă da, şi-ar fi dorit fără îndoială să facă un raport optimist despre călătoria sa pentru sesiunea Consiliului din 25 septembrie 1933, deoarece existau cu siguranţă destule ştiri descurajatoare. Aşa că el a înlocuit ştirea despre lipsa banilor cu sugestia că anul 1934 va vedea atât acţiune financiară din partea guvernului român, cât şi numirea unui episcop. Mai mult, se spunea că episcopul Veniamin Pocitan de la Huşi a fost programat să facă o vizită canonică în America care va ajuta de asemenea cauza. Nici una dintre acestea nu s-a materializat. Episcopul de Huşi şi-a anunţat intenţiile ministrului Afacerilor Externe încă din martie şi a aflat că nu existau bani pentru o astfel de călătorie. De asemenea, a încercat să găsească ajutor la Legaţia română în aprilie, dar călătoria nu s-a realizat niciodată.

Chestiunea jurisdicţiei a rămas şi ea nerezolvată până în toamna lui 1933. "Coliziunea drepturilor asupra românilor din America", cum a spus un observator, a continuat, în timp ce Bălan a rămas nereconciliant. Patriarhul îi spusese lui Trutza că problema va fi clarificată în final la sesiunea plenară a Sf. Sinod înainte de sfârşitul anului. Miron şi-a ţinut cuvântul, dar în ceea ce priveşte anunţul despre statute, americanii au aflat despre el abia în august 1934. Îndelungata luptă pentru control dintre Sibiu şi Bucureşti părea în sfârşit să se fi terminat. Dorinţa Congreselor de la Youngstown şi Detroit a fost împlinită. Episcopia americană va fi sub jurisdicţia canonică a Sf. Sinod al Bisericii Ortodoxe Române. Dar acelaşi mesaj conţinea încă un rând care nu era motiv de bucurie. "Episcopul va fi ales de către Sf. Sinod şi va participa la sesiunile Sfântului Sinod cu un vot deliberativ în toate chestiunile care ating jurisdicţia sa". Articolul 7, deja tipărit în Statutele Episcopiei, era ignorat. Nu numai că americanii nu urmau să-şi aleagă episcopul, dar primeau şi un episcop de mâna a doua, unul care nu era un membru cu drepturi depline al Sfântului Sinod. De ce se întâmpla aşa? Din nou Bălan. Decizia despre jurisdicţia asupra eparhiei americane a făcut imperativ ca mitropolitul Sibiului să se asigure că cel puţin în alegerea episcopului, opţiunea sa va prevala. Pentru credincioşii laici din Detroit sau Cleveland candidatul trebuia să fie un transilvănean, iar acest lucru era în sens bun de vreme ce majoritatea românilor din America erau transilvăneni de origine. Ei nu înţelegeau complexitatea calificativelor ierarhice din România. Orice cleric transilvănean, destul de în vârstă pentru a putea fi episcop, primise educaţia teologică înainte de înfiinţarea Patriarhiei Române în 1925. În Transilvania aceasta însemna seminarii teologice şi desigur, studii adecvate, dar nu o diplomă de la o facultate teologică (cum primeau preoţii din Regat), de vreme ce astfel de facilităţi nu existau în Transilvania înainte de Unirea de la 1918. Acesta nu era un obstacol de neînlăturat, totuşi însemna o aşteptare de încă un an, înainte ca un episcop să poată veni în America. Şi ar fi un episcop nesatisfăcut de statutul lui. De ce Consiliului Episcopesc nu a obiectat faţă de calificările mesajului patriarhului? Nu erau conştienţi de toate manevrele din Bucureşti în primul rând. Venirea unui episcop, orice episcop – fusese atât de dorită, încât credinţa că toate pot fi rezolvate după venirea sa era destul de puternică. Mai ales, ştirea că legea instaurării unei Episcopii în America fusese votată de Senatul românesc şi promulgată de rege în primăvara lui 1934, a umbrit orice altceva în acel an şi a spulberat toată incertitudinea.

Darul unei Episcopii pentru America a fost un "ou roşu de Paşte" pentru patriarh, cum l-a numit Carol al II – lea. De fapt, legea care fusese votată de Senat pe 26 aprilie şi de Camera Deputaţilor două zile mai târziu, a fost intitulată "Legea pentru instaurarea unei Episcopii Misionare pentru românii creştini ortodocşi din ţările neortodoxe din vest", deci nu era numai pentru Statele Unite şi Canada. Legea a fost semnată de rege pe 5 mai şi publicată în Monitorul Oficial la 8 mai 1934. Nu numai că includea prevederile raportate Consiliului Episcopesc de către Miron patru luni mai târziu în notificarea sa oficială din august privitoare la jurisdicţie şi alegerea unui episcop, ci şi articolul 3 care spunea că reglementările speciale făcute de Sf. Sinod vor determina sfera de activitate şi competenţa acestei Episcopii. Astfel, legislaţia reflectă lipsa de experienţă a românilor în ceea ce privea o episcopie misionară, o instituţie creată pentru prima dată. Fără îndoială era o lege cu care, pentru o vreme, românii din America puteau să trăiască, după 5 ani de negocieri.

Ceea ce se va dovedi la un moment dat mai ameninţător pentru succesul unei Episcopii, era penuria aranjamentelor financiare ale guvernului român de a sprijini noua instituţie. În noiembrie 1930, Patriarhia prezentase un buget pentru Episcopia americană care cerea 5,576.000 lei sau aproape 18,500 de dolari pentru cheltuieli iniţiale şi nevoile primului an, accentuând că aceasta era cifra minimă bazată pe nivelul de trai american. Aceasta a fost înaintată an după an. În vara lui 1934 Parlamentul a destinat 500,000 lei sau aproape 1,600 dolari pentru subvenţionarea americanilor timp de 6 luni, de la 1 octombrie 1964 până la sfârşitul lui martie 1935, când va fi din nou discutată de legislatură. În acest caz, încă de la început Episcopia a fost subfinanţată. Situaţia nu avea să se schimbe. Finanţele au rămas o constantă, o problemă dificilă de-a lungul următorilor 4 ani. Aceasta a încetinit sever munca de organizare şi centralizare, ceea ce venirea unui episcop ar fi însemnat. Până la urmă, la fel de semnificativ a fost, în numele creşterii subvenţiei financiare a guvernului român, ca episcopul să se întorcă în Europa pentru ultima oară. Cei 1,600 dolari trebuiau să revină episcopului pentru salariul său, reşedinţa sa, biroul şi mobila, salariile a unul sau doi consilieri, un secretar, un trezorier, facilităţi de tipărire, servitori. Chiar şi la preţurile din 1935 ar fi trebuit să faci o economie nemaipomenită pentru a crea o instituţie din astfel de fonduri, demnă de viziunea celor care munciseră atât pentru ea. Nici nu era un secol al minunilor.

Se pare că nimic nu putea să doboare entuziasmul sprijinitorilor Episcopiei care avea să fie inaugurată în curând. Trutza îi scrisese patriarhului despre planurile lor de a construi o catedrală românească frumoasă în Cleveland, una potrivită pentru episcop, cerând ca planurile arhitecturale ale stilului de catedrală caracteristic românesc să le fie trimise. Şi un iconostas dacă s-ar putea. Nu vor fi probleme, scria el deschis, în a strânge primii 20,000 dolari pentru o clădire estimată la 100,000 dolari. Bucureştiul a trimis planurile bisericii Princiare din Târgovişte. Cum ar putea cineva să reziste unor momente atât de frumoase? Totuşi în acest schimb era implicit un alt element revelator al riscului scindării ce plutea întotdeauna în comunitatea americană. Trutza nu avea nici o îndoială că scaunul episcopal va fi la Cleveland şi poate asta, chiar mai mult decât inadecvările legislaţiei sale şi decât alocaţie monetară, a fost marea lui dezamăgire.

Astfel, al treilea Congres bisericesc de la Chicago din 1 septembrie 1934 a fost o întrunire fericită de vreme ce delegații au ascultat tot ceea ce adusese anul. Trutza era acum Vicar episcopal până la venirea episcopului și pentru moment cerul era senin. Discuțiile au fost centrate pe unele detalii specifice organizării parohiale, un semn care sugera punerea reședinței în ordine pentru ierarhul ce avea să vină. La Congresul din 1932 parohiile au fost clasificate în trei tipuri, depinzând de numărul membrilor și de salariul preotului. Acum mai rămâneau de stabilit organizațiile auxiliare ale fiecăreia, cum sunt alcătuite organizațiile tinerilor și cele ale femeilor. Au fost sfătuiți ca biblioteci parohiale să fie înființate, iar la seturile precedente de cărți trimise de Protopopiat au fost adăugate acum 20 de seturi de vreo 350 – 400 de volume fiecare de la Institutul Editorial pentru Cultură Populară "Casa Școalelor". Acestea au fost oferite gratis parohiilor care s-au angajat să trimită dovada că au fost înregistrate și puse în grija unui bibliotecar pregătit. Au fost date pe principiul primul venit, primul servit pentru a taxa de 10 dolari pentru transport. Ca de obicei, astfel de rapoarte au fost acceptate în unanimitate, delegații convingându-și parohiile să stabilească bugete regulate, să țină registre financiare în ordine, să reglementeze și să mențină registrele parohiale conștiincios. Câțiva chiar s-au întors acasă de la Chicago în acest an de naștere a Episcopiei lor și le-au ținut pentru o vreme.

Chiar înainte de Crăciun, Trutza a telegrafiat Bucureștiului: "Credincioșii nerăbdători doresc să știe dacă va veni un episcop sau nu și când. Vă rog telegrafiați numele, eventual data sosirii". Sinodul nu putea să răspundă pentru că nimeni nu fusese ales încă. Încă un an a mai intrat în istorie.

Se alege un episcop

Dacă Nicolae Bălan era indiferent față de opinia publică din America, patriarhul Miron nu era insensibil față de potențiale probleme ridicate de divergențele dintre diviziunea românilor și americanilor asupra noii Episcopii. Astfel a încercat să creeze cel puțin iluzia că acest Consiliu Episcopesc avea un cuvânt greu de spus în alegerea unui episcop. El a trimis o listă cu potenţialii candidaţi la Cleveland pentru recomandările Consiliului, care includea numele lui Andrei Moga, Veniamin Pocitan şi Policarp Moruşca. Primul s-a retras în scurt timp, iar episcopul Veniamin, după ce a consultat Consiliul şi probabil primind informaţii despre situaţia pe care o va întâlni, a refuzat în scris. Ceea ce făcea să pară că această listă era mai mult *proforma* decât altceva, este faptul ca până în ianuarie 1935 Sinodul avea deja un al doilea set de candidaţi (care îl includea şi pe Policarp). Episcopul Andrei Crişanul a devenit a doua persoană care a refuzat America printr-o scrisoare. Toate acestea trebuie să fi luat ceva timp, luând în considerare ritmul în care Biserica Română lucra în mod obişnuit. Astfel Sinodul lua deja decizii în momentul în care lista "oficială" de abia ajungea la Cleveland.

Chiar şi cu un asemenea gest, Consiliul putea să pretindă pe drept că într-un fel "alesese" episcopul datorită unui număr considerabil de cereri din America direcţionate spre alegerea lui Policarp. Mai întâi, după cum am văzut, a fost colaborarea doctorului Mateiu în care Consiliul Episcopesc avea încredere. În al doilea rând, Trutza însuşi l-a informat pe patriarh în vara lui 1933 despre preferinţa Consiliului pentru Policarp. Mai era de asemenea, influenţa doctorului Traian Leucuţia (1892–1977) din Detroit, radiolog recunoscut internaţional la spitalul Harper. Leucuţia era originar din Calacea şi a studiat medicina atât în Timişoara, cât şi în Bucureşti, venind în Statele Unite în 1921. Statutul lui era acela că, deşi laic, se afla în dialog cu patriarhul. Cumnatul său era Dr. Sabin Manuilă, director al Departamentului de Stat pentru Statistici din Bucureşti, care în 1936 va fi ales unul dintre cei trei delegaţi ai Episcopiei americane la Congresul Bisericesc Naţional. În toamna anului 1933 Leucuţia s-a întâlnit cu Miron Cristea şi astfel a avut şansa să expună dorinţa Consiliului Episcopesc în chestiunea episcopului. Totuşi, cu toate acestea spuse şi făcute, trebuie adăugat un ultim indiciu care l-a ajutat pe Policarp: era cumnatul mitropolitului Bălan.

Desigur că el merita postul datorită pregătirii sale. În iarna anului 1935 încă nu atinsese vârsta de 52 ani. Era din Ardeal, cu experiență administrativă rezonabilă, pietate și cu o listă întreagă de publicații pe teme teologice și istorice. Probabil că cel mai bun lucru dintre toate era dispoziția sa de a accepta acest post. Pompei Moruşca s-a născut pe 20 martie 1883 la Cristeşti – Dealul Geoagiului, în judeţul Alba şi a crescut în satul Craiva unde tatăl său era preot. Băiatul a urmat 3 ani la liceul din Alba Iulia şi şi-a luat bacalaureatul la Blaj în 1902. Apoi a urmat 3 ani la Institutul Teologic din Sibiu, iar hirotonia sa a avut loc în 1905. După 3 ani de predare într-o şcoală confesională s-a căsătorit cu sora lui Nicolae Bălan şi a început o carieră de 11 ani ca preot paroh în Târnava Mare. Sfârşitul războiului a adus de asemenea şi sfârşitul căsătoriei, iar Moruşca a lăsat viaţa de parohie pentru a sluji Consiliului Director al Transilvaniei, apoi a lucrat pentru episcopul Clujului şi mai târziu s-a mutat la biroul Mitropoliei Sibiului. Între timp a urmat studii adiţionale pentru a putea fi profesor de religie şi a continuat să avanseze. Înfiinţarea Patriarhiei în 1925 l-a găsit director de statistici al Mitropoliei Sibiului şi pedagog rezident al Institutului Teologic reorganizat din Sibiu.

Anul 1925 a însemnat un punct de cotitură în viaţa sa. În toamna acelui an a făcut un pelerinaj la Ierusalim şi experienţa de acolo a fost copleşitoare pentru redeşteptarea religioasă, dacă nu o convertire. S-a întors în România şi a fost călugărit, intrând în mănăstirea Hodoş Bodrog, nu departe de Arad, unde va rămâne pentru următorii 10 ani. Şi-a luat numele de la vechiul episcop al Smirnei, Policarp. Totuşi interesul său pentru studii a continuat, publicaţiile sale s-au înmulţit şi în momentul în care a avut primele contacte cu preoţii români din America, era deja arhimandrit şi stareţ al mănăstirii. Moruşca era inteligent, deşi nu strălucitor, un administrator abil, dacă nu unul excelent. Şi-a trăit întreaga viaţă în contextul Bisericii Române, unde preoţii se bucurau de poziţii respectate, iar membrii ierarhiei de tot ce era mai bun. Ştia puţine despre America şi nu avea experienţa ca să fie pregătit pentru egalitarismul unei democraţii dure şi tulburi. Din punct de vedere al Bisericii Române, spiritualitatea sa nu era o problemă, însă pregătirea sa academică reprezenta o mică problemă pentru Sf. Sinod. Moruşca, totuşi, avea ceva mai mult decât diplome teologice: poseda *sine qua non-ul* necesar oricărui om care căuta proeminenţa în viaţa publică a ţării sale, o calitate atât de întrepătrunsă cu atitudinile sale religioase la care te puteai întreba care era predominantă. Aceasta era sentimentul său naţional românesc necompromiţător.

Iată că în ianuarie 1935 a fost luat în considerare în sfârşit, împreună cu episcopul Andrei Crişanul, arhimandritul Valeriu Moglan şi părintele Ioan Felea, de către comitetul electoral al Sfântului Sinod pentru candidatura la scaunul de episcop al Americii. După retragerea lui Crişanul şi în urma recomandărilor nefavorabile făcute de un consilier sinodal cum că postul avea o prea mare responsabilitate pentru a-i fi încredinţat lui Felea, rezultatul alegerilor a fost de-a dreptul previzibil cu mult înainte de numărarea voturilor la 26 ianuarie. Oricum, era din Transilvania şi în plus faţă de propriile-i merite menţionate mai sus, Policarp era în mod clar alegerea lui Bălan. A primit 9 voturi din 12. Următorul obstacol era puţin mai dificil.

O condiţie necesară pentru un episcop, în conformitate cu articolul 117 al Statutelor Bisericii Române, era să fie licenţiat al unei facultăţi de teologie sau doctor în teologie. Pentru a-l hirotoni pe Policarp, trebuia să se facă o excepţie de la această regulă, iar câţiva ierarhi, ca episcopul Ghenadie al Buzăului, nu doreau să creeze un astfel de precedent. Însăşi excepţionalitatea situaţiei rezolva problema. Comisia de examinare nota că în studiile sale Policarp ajunsese cât de sus posibil, date fiind instituţiile teologice din Transilvania dinaintea de 1918, în timp ce Bălan însuşi a accentuat filosofia adoptată în 1925 după înfiinţarea Patriarhiei, ca pregătirea teologică din Transilvania să fie etichetată drept echivalentă cu cea din vechiul regat. Foarte convingătoare a fost invocarea naturii speciale a legii care institua Eparhia americană, care într-un fel încălca toate precedentele din 1925 încoace. Poate că patriarhul Miron a adus argumentul cel mai convingător în favoarea admiterii lui Policarp în ierarhie: era singurul dornic să meargă în America dintre toţi clericii care fuseseră luaţi în considerare. Gândul despre întinsul teritoriu de peste ocean i-a înspăimântat pe mulţi români. Este chestionabil dacă descrierea lui Scorobeţ despre "extremiştii indisciplinaţi" se afla în mintea episcopului de la Târgovişte la această sesiune când a întrebat ce va face Policarp dacă "din diverse motive" ar trebui să se întoarcă acasă. Se poate ca episcopul să se fi temut cu adevărat pentru siguranţa lui Policarp. Se poate ca el să fi împărtăşit gândul multora, cum că noua Eparhie nu va ţine la infinit. Mai mult ca sigur, el dorea să ştie dacă un episcop ales al câtorva mii de suflete din afara ţării va avea acasă un statut egal cu cel al restului ierarhilor români. Răspunsul a fost clar atunci când patriarhul i-a cerut episcopului Aradului să ţină liber postul de stareţ la Hodoş Bodrog. Aşadar, Policarp fusese acceptat în ierarhia românească la 20 martie, aproape 2 luni după alegerea sa ca episcop, o procedură foarte interesantă. Patru zile mai târziu a fost sfinţit episcop în catedrala din Bucureşti.

Natura vagă a legii din 5 mai 1934 şi statutul special a lui Policarp continuau să-şi spună cuvântul. La consacrarea sa, Policarp a primit cârja arhierească şi *Gramata* oficială, adică Certificatul de hirotonie de la patriarh, dar nu şi un decret legal de întronare sau investire a sa ca episcop de la rege, "cu scuza că un astfel de act nu putea fi emis dincolo de graniţele statului". Era evident că fie natura nouă a unei episcopii misionare, fie prioritatea scăzută acordată de statul român şi de către Biserică în general unei Eparhii americane, au produs mai degrabă astfel de rezerve.

Nerăbdător să-şi preia noul rol, Policarp a acţionat în săptămâinile ce au urmat ca cineva nefamiliarizat cu ritmul oficialităţilor romane. Lunile scurse cu alegerea şi sfinţirea sa au însemnat că la o săptămâna după ceremoniile din Bucureşti care-l făcuseră episcop, aplicaţia de 6 luni pentru noua sa Episcopie expirase, iar astfel s-a văzut prins în perioada dintre cele două bugete. Deja îl vizitase pe Ministrul Cultelor şi pe Ministrul Educaţiei, căutând să crească suma fondurilor sale. Mai târziu, Dr. Constantin Angelescu i-a dat motive să creadă că suma va rămâne 500,000 lei pentru următoarea jumătate de an, dar va fi cu siguranţă mărită în octombrie la sesiunile bugetare ale Legislativului. Nu s-a întâmplat aşa. I-a luat episcopului 10 zile chiar şi pentru a obţine banii care erau deja puşi la dispoziţia lui pentru călătorie, iar pentru a-i schimba în valută i-a mai trebuit încă trei săptămâni.

Următoarea dezamăgire a episcopului a fost imposibilitatea de a lua cu el în America cel puţin trei preoţi. Chiar în luna februarie, Consistoriul a răspuns cererii lui Trutza de a recomanda absolvenţi noi–hirotoniţi ca preoţi pentru America, iar vicarul din Cleveland a cerut ca acestea să-i fie trimise lui Policarp spre aprobare. Problemele de obţinere a vizelor au apărut în primăvară, iar pentru a evita alte amânări, episcopul a plecat cu o altă intenţie nerealizată. A luat cu el doar un preot, arhimandritul Ioachim Popescu, director al şcolii de cântăreţi din Constanţa şi un diacon, Petre Prochniţchi, care a stat în America pentru puţin timp.

Cu puţin înainte de plecarea sa, gândurile lui Policarp despre misiunea sa au fost descrise într-un articol apărut în ziarul "Parlamentul Românesc". Vorbind despre "Rolul Bisericii în viaţa românilor din alte ţări", episcopul a pledat pentru o atitudine militantă a Bisericii de peste hotare, în opoziţie cu atitudinea ei tradiţională contemplativă. Trebuia să conducă toate sferele – culturală, economică, socială şi naţională, scria el. Care era rolul pastoraţiei sale, funcţia noii Episcopii? "Rolul bisericii este să-i păstreze pe credincioşii din diaspora în Biserica mamă", este "un mijloc de a salva suflete şi de a menţine conştiinţa şi fiinţa românească. Misiunea episcopului era "pentru elevarea românismului" şi am fi tentaţi să adăugăm – pentru problemele spirituale din timpurile trecute. Cine ar putea să spună dacă aceasta ţinea de îndatorirea oficială sau de adevărata viziune a filosofiei lui Policarp? Ceea ce este important, este faptul că mulţi oameni de pe ambele ţărmuri ale oceanului au receptat în timp programul episcopului ca pe un sumar amănunţit al priorităţilor acestuia, iar istoria nu este scrisă din ceea ce este adevărat, ci din ceea ce oamenii percep a fi adevărat.

Clericii veniţi din România împreună cu credincioşii lor din America au început să simtă bucuria în primele luni ale anului 1935. "Este momentul cel mai potrivit pentru venirea unui episcop", îi scria din Youngstown Ioan Stănilă tânărului Vasile Hațegan (născut în 1915), un student – ce ulterior va deveni preot – la Academia Teologică Andreană din Sibiu. Cel mai bun lucru despre noul episcop era abilitatea sa organizatorică, "care lipsește în parohiile noastre de aici, după cum bine știți". Criza economică produsese o scădere mare a membrilor Bisericii, dar unde oamenii au avut de muncă, parohiile au rămas stabile. Secretarul Consiliului spunea că unele chiar au progresat. Atunci Stănilă a observat cu precizie semnele furtunii. "Nu acordați atenție celor scrise de ziarul *America*", a atenționat el, pentru că "a sosit în apele comunismului". Este influențat de preoți formați aici în America, iar aceștia au fost bolșevizați. Dar aceasta nu va dura mult. Aproape toate parohiile au rămas în Episcopie. Episcopul avea deja sarcina trasată când ovațiile s-au oprit.

Planurile pentru primirea noului lor lider spiritual evoluau favorabil pentru comunitățile românilor din America, în timp ce Hațegan îl vizita pe Policarp la Hodoș Bodrog, fiind primit cu destulă căldură pentru un biet seminarist deoarece răspunsese la dorința episcopului de a afla vești din Statele Unite. Trutza aflase deja de alegerea lui Policarp dinainte 4 martie. Părintele Bărbulescu îi trimisese un fragment dintr-un ziar românesc publicat în 10 februarie ce conținea aceste informații pentru a se asigura că vicarul auzise. O înștiințare oficială de la patriarh, ordonându-i lui Trutza să aranjeze înscăunarea lui Policarp, a sosit pe 3 aprilie. Conținutul ei nu era întru toate satisfăcător. Instalarea trebuia să aibă loc în Detroit și nu în Cleveland, iar orașul Detroit fusese ales, temporar cel puțin, ca reședință a episcopului. Policarp va avea dreptul să decidă asupra faptului după sosirea sa. Bineînțeles, aceasta i-a înveselit pe cei din Detroit, iar părinții Opreanu, Lupu și Moloci s-au ocupat asiduu de pregătiri. Oricum oamenii de la biserica Sf. Maria din Cleveland pregăteau deja o casă cu care să-l impresioneze pe episcop. Aici va avea o reședință plăcută și un birou pentru Episcopie în vizorul noii mari catedrale. Biserica Sf. Maria era pregătită să restaureze casa dacă și alte parohii vor să doneze mobila. Era un drum lung până la Detroit, în special in 1935.

Cheltuielile de instalare "aveau să cadă mai ales pe umerii membrilor parohiei din Detroit". Trutza a stabilit data instalării pe 4 iulie la biserica Sf. Gheorghe. Şi-a lăsat de-o parte pentru un moment ambiția şi a cerut sugestii din partea tuturor pentru festivități. Părintele Mihalțian a răspuns, ca şi Andrei Moldovan de altfel, recomandând ca doi delegați de fiecare parohie să fie invitați împreună cu toate cluburile, organizațiile, corurile şi alte asemenea. Exista un indiciu cum că Mihalțian nu a fost nici el de acord cu locațiile alese, pentru că a găsit de cuviință să observe că "cea mai mare parte a programului ar trebui îndeplinită de Detroit". La fel şi idea că viitorul eveniment aparținea doar celor care munciseră pentru el, era evidentă în răspunsurile ca - aceasta este "ziua noastră" sau ca "parohiile şi preoții care nu aparțin de Episcopie n-ar trebui invitate deloc". În acelaşi timp Trutza a programat ca al IV – lea Congres Bisericesc să înceapă vineri, 5 iulie, imediat după instalare. Au fost trimise circulare către parohii pe 18 iunie pentru a fi citite de la altar duminică 30 iunie. Delegații pentru Congres trebuiau să fie aleşi imediat după Sfânta Liturghie. Unii se întreabă de ce după mai mult de jumătate de deceniu lumea a avut doar o înştiințare de patru zile pentru un asemenea eveniment. Oricum nimeni nu poate să critice munca Comitetului pentru festivități care pregătise invitații frumos gravate, o serie de ospeţe culminând cu un banchet, difuzoare în afara bisericii pentru ca mulțimea aşteptată să poată auzi discursul inaugural al episcopului şi aranjamentele pentru o cavalcadă motorizată din Cleveland.

Toți, începând de la guvernatorul Michiganului până la cei din cele mai îndepărtate colțuri ale Episcopiei au fost invitați la gala care avea să aibă loc în curțile şi pe aleile caselor şi magazinelor clasei muncitoare de pe strada East Hancock şi care avea să marcheze zorii unei noi vieți a românilor din America.

Pe 20 iunie 1935 a sosit o telegramă din Bremen la adresa 6201 Detroit Avenue din Cleveland . Părintele Trutza a deschis-o.

"Sosesc Europa 27 iunie informați doctor Leucuția Detroit episcop Moruşca".

Lunga aşteptare luase sfârşit.

CAPITOLUL V

Via Dolorosa lui Policarp, 1935 — 1939

Vai de biet român săracul,
dă tot îndărăt ca racul.

La ani buni după sosirea sa în America, Policarp îşi va aduce aminte că a fost primit cu mare bucurie şi că a găsit multă vitalitate printre românii americani. Oriunde mergea, gazdele sale şi credincioşii vorbeau româneşte şi erau respectuoşi. Concluzia episcopului a fost: "astfel au rezistat românii americanizării". Nici nu putea să se înşele mai mult de atât.

Policarp venea dintr-o societate care de-abia atunci renăştea din trecutul ei feudal, o societate care încă poseda o puternică conştiinţă a diferenţei dintre clase, unde episcopii şi ierarhii Bisericii erau obişnuiţi cu respectul şi ascultarea inferiorilor lor religioşi şi sociali. El a interpretat greşit fericirea iniţială a americanilor de a-l avea pe episcop printre ei după atâţia ani de aşteptare, iar faptul că mişcările sale erau pe larg dedicate comunităţilor româneşti unde desigur că retenţia limbajului era puternică pentru tonul permanent al relaţiilor din comunitate. Mai mult, filosofia sa militantă era desigur realizată pentru a intensifica mai degrabă, decât a pacifica nucleul polemic găsit în orice comunitate etnică. Policarp îşi va salva oamenii de la capcanele catolicilor, "sectanţilor", episcopalienilor, evreilor şi de la orice influenţe care le ameninţa românismul. Ar fi făcut mai bine dacă ar fi început de îndată să studieze engleza, dar după cum se va putea vedea, nu a făcut niciodată vreun efort în această privinţă.

Aceasta era probabil singura *hamartia* a noului episcop: a conceput Biserica Ortodoxă Română din America aproape ca pe un corp etnic religios naţional român al cărui scop era să perpetueze spiritualul şi legătura sentimentala între

Biserica americană şi Biserica mamă din România şi într-adevăr, canonicul şi administrativul dacă i-ar fi reuşit. Simultan şi la fel de important, rolul Bisericii era să revigoreze şi să menţină neştirbit românismul compatrioţilor săi care tocmai veniseră pe acest teritoriu. Fără să-l denigrăm pe episcop – pentru că nu ne putem aştepta ca el să fi fost altfel în 1935 – este adevărat oricum faptul că membrii Bisericii sale şi un mare număr de preoţi, n-au fost pur şi simplu români plecaţi, ci erau o nouă categorie de oameni care reprezentau simbioza a două mentalităţi, a două sisteme social-politice, a două Biserici, a două tipuri de ortodoxie. După doi ani de la venirea sa, Policarp era deja implicat în lupta dintre facţiuni, angajat în polemici dure cu o varietate de opozante, atacat de conducerea Uniunii şi a Ligii, sever criticat de "America" şi denunţat cu tărie de veteranii de război români. Cu siguranţă, toate acestea nu erau îndreptate asupra lui personal. Moştenise multe dispute vechi care existau de 30 de ani în Biserica americană. Greşeala lui a constat în a răspunde în mod constant opozanţilor săi, nedumerit fiind că poziţia sa de episcop nu-i intimida şi nu-i reducea la tăcere; a adoptat un ton mai moderat pentru a încerca să organizeze şi să controleze Eparhia sa, dar această atitudine n-a fost decât de suprafaţă. Policarp a fost prea dur pentru America. Adăugând la aceasta potpuriurile ideologice complexe din mijlocul anilor 1930, ca fascismul sau comunismul, fronturi populare ca socialiştii sau cooperativiştii, în care toţi râvneau la o bucată din marea plăcintă care era opinia publică din Statele Unite. Trebuie să ne pară rău câtuşi de puţin pentru omul care a părăsit serenitatea unei mănăstiri liniştite din Transilvania ca să aducă ordine în mijlocul zgomotului şi al furiei.

Armonie în Detroit

Joi, 4 iulie 1935, la ora 11 dimineaţa, biserica Sf. Gheorghe era plină până la refuz, bărbaţi şi femei care veniseră din şapte state şi două provincii s-au revărsat pe treptele şi pe trotuarele dimprejur, ţinându-şi pruncii în braţe şi copiii de mână, unii îmbrăcaţi în costume naţionale. Două ore mai devreme, episcopul şi o adunare de preoţi sfinţiseră clădirea, transformând turnurile de cărămidă, domul rectangular, ferestrele triplu arcuite ale bisericii vechi de 18 ani într-o catedrală. Şi aceasta pentru că numai un episcop putea sfinţi o biserică şi numai într-o catedrală putea fi instalat. Acum oaspeţii l-au ascultat pe părintele Trutza citind actul istoric al patriarhului prin care Policarp îşi asuma controlul oficial asupra eparhiei sale americane. După aceea aproape 1,500 de oameni au participat la banchetul de instalare ţinut la terasa Oriole pe bulevardul East Grand şi au ascultat demnitari ca Radu Florescu de la Legaţia românească urându-i un bun venit arhipăstorului lor bine clădit, cu părul negru, cu o barbă luxuriantă. Au pozat pentru fotografii din mulţime împreună cu episcopul strălucitor pe fundalul unui orizont de case, ochiul Domnului privindu-i din poarta bisericii şi steagul american fluturând la înălţime.

Congresul de două zile care a urmat a fost o întâlnire agreabilă, neumbrită nici de cea mai mică tensiune. Blândul şi conştiinciosul Ioan Stănilă, datorită preciziei şi clarităţii sale, a fost numit secretar şi a raportat 33 de parohii prezente cu 57 de delegaţi. Probabil cu o exagerare puţin justificabilă, părintele Glicherie Morariu a raportat că toate cele 52 de parohii româneşti ortodoxe din Statele Unite şi Canada erau acum sub jurisdicţia Episcopiei, făcând excepţie doar Alliance, OH, Buffalo, Indianapolis, Southbridge, Massachusetts şi Roebling, N J. Situaţia financiară era cât se poate de bună, având în vedere timpurile acelea. Independenţi de banii care veneau din România, organizaţia avea 1,030.69 dolari în bunuri materiale şi conturi la Union Trust Company, Banca Românească şi Cleveland Trust Company, toate însumând 824.94 dolari. Auditorul a făcut observaţia care a devenit refrenul constant la toate congresele: multe parohii şi mulţi preoţi nu-şi plătiseră dările către trezoreria Episcopiei.

Lucrările celui de-al IV – lea Congres s-a concentrat pe Statutele stabilite în 1932. Deşi se presupunea că acestea au fost tipărite şi distribuite cu doi ani în urmă, aceasta nu se întâmplase de fapt. Numai câteva schimbări minore au fost propuse, iar acum Congresul trebuia să voteze să lase aceste articole neschimbate sau să dea gir Consiliului Episcopiei să se ocupe de ele pe viitor. Singura recomandare a lui Policarp a fost adoptarea unui nume oficial pentru Episcopie în conformitate cu legea instaurării din 1934, ceea ce s-a şi făcut. Consiliul a luat în considerare alcătuirea unui manual pentru şcolile parohiale şi a introdus plicuri de colectare în toate parohiile. Problema clasificării parohiilor, pentru a determina ceea ce datora fiecare fondului episcopal, s-a centrat mai degrabă pe categoriile salariale ale preoţilor la 125 dolari pe lună, apoi 100 dolari şi 75 dolari, decât pe membrie.

Fiecare parohie trebuia să se zbată pentru a alcătui o ramură a societăţii cunoscută sub numele de "Caritatea". Aceasta fusese fondată pe la 1925 în Cleveland de către regretatul părinte Elie Pop ca o altă încercare de a-i îndepărta pe enoriaşi de societăţile de binefacere. Aici te puteai înscrie şi la 50 de ani pentru o cotizaţie de 5 dolari la început şi plata unui dolar pe lună după aceea, dar aceasta numai dacă erai membru al Bisericii. Jumătate din bani mergeau spre taxele Bisericii, cealaltă jumătate mergea spre societate. Femeile puteau participa de asemenea cu 75 cenţi dacă bărbaţii lor erau membri ai Bisericii. Banii erau destinaţi bolnavilor, iar cheltuielile spitaliceşti şi beneficiul total de 250 dolari era comparabil cu cel al companiilor seculare. Policarp a fost "inspirat de această idee şi a sugerat-o călduros delegaţilor" care au aprobat-o.

Aceasta a completat noile articole. N-au fost făcute schimbări fundamentale în Statut. Consiliul Episcopesc care funcţiona din 1932 era acum extins de la 13 la 21 de membri, divizat în 4 comisii: religioasă, economică şi culturală, patronate de Trutza, părintele Martin Ionescu, respectiv Traian Demian şi Consistoriul spiritual sau judecătoria Episcopiei sub Bărbulescu. Membrii laici ai Consiliului erau: Pantelimon Chima, Ilarion Moraru, Virgil Suciu, Nicolae Zugrev, George Bălan, N. Luca, Nicolae Muntean şi Mihail Roman. Congresul din 1934 a numit oraşul Cleveland drept Scaun Episcopal şi Policarp a hotărât că va sta aici până când va avea o idee mai bună pentru o comunitate religioasă. Deşi catedrala era la Detroit, iar reşedinţa şi biroul la Cleveland, acesta nu era un lucru atât de serios pentru a strica dispoziţia primului şi ultimului "Congres al armoniei".

Primele impresii

Policarp era nerăbdător să vadă oamenii şi starea parohiilor. La doar trei zile după Congres a fost alcătuit itinerariul pentru prima serie de vizite canonice. Pornind de la Cleveland pe 14 iunie, el a trecut prin Akron spre Philadelphia şi Roebling, a fost în Bridgeport şi Woonsocket în primele zile ale lui august şi a ajuns în Montreal pe 11 august. A venit din nou în sud şi a făcut un al doilea tur spre Timmins şi Hamilton, trei zile în Washington, înapoi la Youngstown, Warren, Canton şi înapoi acasă timp de trei zile, pentru ca mai apoi să plece spre New York pe 10 septembrie. Peste tot mergea cu trenul, purtându-şi reverenda şi pălăria Quaker neagră cu borduri largi. Chiar mai târziu, când i s-a dat un automobil, nu a învăţat niciodată să conducă. Peste ani, oamenii îşi vor aduce aminte de prima lor întâlnire cu un episcop şi o vor consemna în albumul aniversar parohial. Era întâmpinat la gară cu steaguri româneşti şi ale societăţii, i se oferea pâine şi sare, vechiul simbol de bun venit şi subordonare faţă de un conducător, chiar şi pentru o singură zi de stat acolo. Copiii parohiei erau pregătiţi timp de săptămâni întregi pentru a-i cânta un cântec românesc. Bătrânii parohiei se întreceau în a pregăti casa în care va sta episcopul.

Policarp a sfinţit zeci de biserici deoarece până atunci nici una din America nu primise sfinţenia succesiunii apostolice. Acum pecetea oficială era peste ei ca să spunem aşa. Întâlnirile sale cu grupuri independente şi cu preoţi hirotoniţi în America erau amicale. Pentru moment nu a spus nimic despre intenţiile sale cu privire la cei din urmă. Se fotografia cu copiii, asculta plângeri, observa lucruri care-l tulburau, mai ales informalitatea lucrurilor. Lipsa de distanţă dintre preoţi şi oameni a considerat-o descurajantă.

La 12 septembrie, una din primele sale circulare a arătat multe despre abordarea sa. Policarp dorea ca preoţii săi să fie în bisericile lor "zi şi noapte" pentru a citi Ceasurile dimineaţa şi Tipicul (un rezumat al Sf. Liturghii fără canon), Ceasul nouă şi Pavecerniţa seara. Trebuia să se găsească ajutor pentru cântăreţi. Preoţii vor înceta să mai poarte veşmintele peste hainele de stradă şi întotdeauna să-şi poarte gulerele preoţeşti. Mai ales, preoţii nu trebuiau să părăsească parohiile, chiar şi pentru o zi, fără permisiunea protopopului lor. Dacă trebuiau să plece pentru mai mult de o săptămână, permisiunea trebuia să fie în scris şi erau nevoiţi să-şi găsească un înlocuitor în tot acest timp. De asemenea, preoţii care mergeau în alte parohii, chiar în cele vacante, pentru a sluji, nu trebuiau s-o mai facă. Doar când o parohie publica un concurs, un preot putea să-şi depună candidatura.

Va fi foarte greu pentru mulţi preoţi să urmeze nişte cerinţe atât de mănăstireşti care le cerea efort în plus. Unii lucrau în timpul săptămânii pentru New York Central Railroad. Alţii lucrau în fabricile de oţel din Sharon sau în fabricile de hârtie şi tuburi din New Castle. Părintele Trutza însuşi, când a venit prima oară şi a avut parohia din Gary, a lucrat într-o fabrică de oţel. Din nefericire, din cauza nevoilor economice şi acesta era adevărul, existau preoţi care-şi priveau rolul religios ca pe o a doua slujbă duminica pentru a avea un venit în plus. Acelaşi motiv a dus la amestecul în alte parohii. Erau greu de refuzat veniturile de la botezuri, cununii sau înmormântări dacă credincioşii cereau slujba şi preotul local era absent.

Episcopul nu se mai oprea. De la New York s-a întors la Farrell, apoi spre vest la Missouri şi Omaha, două săptămâni în Minnesota şi înapoi la Chicago pe 20 octombrie. A vizitat Armour şi Swift unde lucrau mulţi români. Mai departe la Fort Wayne, Indiana Harbor, Terre Haute, în jos spre Cincinnati, şi la est spre Newark şi Alliance, pentru a onora Ellwood City cu prezenţa sa pentru sărbătorirea Zilei Unirii la 1 decembrie. Încă un tur era deja încheiat.

Preoţilor li s-a spus să trimită copii ale contractelor şi aranjamentelor salariale biroului central, împreună cu copii ale proceselor verbale de la şedinţele consiliilor parohiale referitoare la taxele lunare. Preoţii nu s-au supus admonestărilor din septembrie referitoare la timpul petrecut în biserică sau la slujirea în alte parohii. Abordarea a devenit mai dură.

"Urmărim astfel de cazuri cu atenție.... vom aplica sancțiunile de rigoare. Ofensatorii vor fi supuși legilor organizării și funcționării pentru că intenționăm să introducem sistematizarea și disciplina". Desigur că nu știm câte procese verbale ale consiliilor parohiale au curs spre Cleveland, dar o astfel de cerere presupunea că aceste lucruri nu se făceau regulat. Cât despre cealaltă, o altă presupunere: cum că toate circularele erau ținute cu grijă în dosarele ordonate ale parohiilor.

În acest fel Policarp și-a arătat politica sa referitoare la preoții fără o pregătire teologică potrivită. Acestora li s-au dat o serie de întrebări "examinatorii" despre problemele teologice ale Bisericii și li s-a ordonat să răspundă în scris până la 1 ianuarie. De asemenea, trebuia să fie alăturat și un exemplu de predică pe o anumită temă. Preoții trebuiau să se pregătească pentru o examinare orală la care vor fi chemați mai târziu. Li s-a impus să ceară ajutorul preoților calificați în a-i pregăti pentru aceasta, să le împrumute cărți pentru studiu în Teologie Dogmatică, Morală, Pastorație, Liturghie, Legea canonică și bisericească, Istoria Bisericii, Apologetică și Religie comparată. Înștiințarea nu spunea câte luni erau permise pentru toate acestea. Un "ghid studiu" cu 243 de întrebări a urmat la puțin timp după aceea.

Acest efort a subliniat în cele din urmă remarca des citată a lui Policarp: "Vă accept așa cum sunteți, dar de acum încolo va fi ordine". Sunt mulți care au etichetat politica de a încerca să aducă la un loc pe toți preoții pe care i-a găsit prin a le cere ascultare, ca una din erorile fundamentale ale pastorației lui Policarp. Astfel episcopul s-a implicat într-o situație anarhică permițând întregului cler să creadă în eventuala lor acceptare, neluând în considerare pregătirea sau activitatea lor. Pe de altă parte, acei preoți care-și petrecuseră mulți ani de studiu în România au respins în mod natural să fie puși pe baze egale cu preoții făcuți la New York. Insistența asupra unei abordări autoritare nu a fost benefică. Preoții – chiar cei din România – erau obișnuiți să facă lucrurile în felul lor propriu și pierduseră orice contact, dacă într-adevăr îl avuseseră vreodată, cu autoritatea ierarhică. Unii nu văzuseră vreu un episcop până la instalarea din Detroit; nu-şi pierdeau timpul cu speculaţii dogmatice sau apologetice; niciodată în viaţa lor nu citiseră canoanele bisericeşti. America era o "ţară liberă". Dacă aveau divergenţe cu consiliul parohial, îşi împachetau lucrurile şi plecau în altă parte. Dacă nu le plăceau circularele de la biroul episcopal, le spuneau credincioşilor "nu avem nevoie de un episcop" sau vorbeau despre înfiinţarea de parohii "independente".

Susţinătorii acestei linii de gândire afirmau că Policarp ar fi trebuit să ceară preoţi misionari din România. La acea vreme existau trei facultăţi teologice, 5 academii teologice şi 37 de seminarii în ţară. Cu siguranţă ar fi putut fi găsiţi 25 de tineri care doreau să vină în America. De fapt, cereri pentru o parohie peste ocean venite din partea studenţilor români candidaţi la preoţie s-au strâns cu sutele în aceşti ani. Căutând şi reţinând clerul calificat pe care l-a găsit în America şi îndepărtându-i fără ezitare pe cei nechemaţi ar fi putut produce câteva deficite temporare, dar pe termen lung ar fi contribuit la un aşezământ solid.

Fără îndoială, o anumită înţelepciune poate fi găsită în decizia lui Policarp. După cum am văzut, câţiva dintre preoţii hirotoniţi în America aveau indiscutabil o chemare reală şi experienţă câştigată în mai mult de 10 ani de slujire până când a venit episcopul. Înstrăinarea acestora nu ar servi nici unui scop bun. Pe lângă toate acestea, încă o problemă majoră, tot timpul în mintea episcopului, era împuţinarea fondurilor şi era greu de crezut că Biserica Română va acorda banii necesari pentru a trimite alţi preoţi peste hotare.

Oricum am interpreta politica lui Policarp, faptul rămâne că multe din opoziţiile sale veneau din partea rangurilor preoţimii însăşi, care nu era obişnuită cu o autoritate mai mare. Prima deziluzie a venit din partea arhimandritului Ioachim S. Popescu care venise în America cu Policarp, cerând să-i fie permis să slujească românii din Canada. În schimb, Popescu a slujit mai mult de un an la biserica Sfânta Înviere din Warren, Ohio, devenind mult iubit de enoriaşii săi şi aducând numeroase îmbunătăţiri bisericii. În 1936 a început să pună sub semnul întrebării autoritatea canonică a episcopului şi a primit avertismente repetate de la biroul central să se supună. La 1 septembrie 1936 Policarp l-a suspendat şi Popescu a început să meargă la Cleveland, slujind la biserica Buna Vestire. El a anunţat că nu mai are nici o legătură canonică cu episcopul. În acest punct Policarp, în dorinţa sa de a da un exemplu de disciplină, a ignorat o petiţie semnată de 216 membri ai Bisericii Sf. Înviere care exprima dorinţa lor de a-l avea pe Popescu reinstalat. În schimb, Policarp a pornit procedura de caterisire a preotului. Mai târziu, Popescu a mers la biserica Sf. Nicolae din Alliance, care până în 1938 încă nu intrase în Episcopie şi până la urmă preotul dizgraţiat şi-a format propria parohie "româno–americană liberă".

Policarp şi-a petrecut ultimele zile ale lui decembrie 1935 şi aproape întreaga lună ianuarie a anului 1936 terminându-şi vizitele prin Ohio şi cu călătorii la Erie, Buffalo, Windsor şi Detroit. În total, călătorise prin 39 de localităţi. Apoi s-a oprit în Warren pe 26 ianuarie. În primăvara lui 1936 a început o a doua serie de vizite, pornind de la Detroit pe 5 aprilie şi oprindu-se la Kayville, Saskatchewan pe 12 iulie. În aceste călătorii istovitoare el a găsit multe lucruri care l-au minunat şi tulburat în acelaşi timp. A început să contraatace americanizarea crescândă a românilor, cerând tuturor grupurilor să contacteze "Consiliul Naţional" (Uniunea şi Liga) pentru programe culturale şi sărbători naţionale. Unde nu exista unul, credincioşii trebuiau să formeze un astfel de comitet. A specificat ca rugăciuni speciale să fie citite atât pentru sărbătorile naţionale americane, cât şi pentru cele româneşti. Consiliile parohiale ar trebui să ceară folosirea sălilor societăţilor seculare. Planurile pentru primul "Calendar" erau în derulare încă din 1935. Li s-a impus parohiilor să sprijine întregul proiect, deşi nimeni nu putea să ştie atunci ce forţă puternică va deveni această publicaţie anuală care continuă să apară şi astăzi, apropiindu-se acum de al 45–lea volum.

Pe de altă parte, episcopul a găsit de asemenea un regionalism intens de acasă supravieţuind în comunităţile româneşti. Bucovineni, transilvăneni, bănăţeni, macedoneni şi cei din vechiul Regat continuau să se lupte pentru dominaţie în Biserică şi în societate, iar alegerile parohiale adeseori produceau dispute interne prelungite. Acest fapt le-a deschis drumul grupurilor separatiste pentru a-şi forma parohii aparate şi le-a permis "extremiştilor" să dividă comunitățile. Nici "dezvoltarea spirituală nu reuşise să ţină pasul cu progresul material". Tinerii crau mai mult interesaţi de sport decât de educaţia religioasă. Şcolile romăne erau "aproape absente", iar sălile culturale erau folosite pentru dineuri şi întruniri. Episcopul a găsit parohiile care aveau biblioteci cât de cât, ca fiind dezorganizate, cu cărţi nedespachetate. Cititul se reducea aproape exclusiv la ziare printre generaţiile de bătrâni, deşi episcopul era bucuros să observe predispoziţia tinerilor pentru studii liceale. În general, intelectualii care veneau din România nu intrau în viaţa comunităţilor deja stabilite. Dihotomia dintre aceştia şi muncitori avea să ia ani întregi ca să se disipeze. Lipsa cărţilor bune a rămas la baza problemei educaţiei religioase în parohii. Părintele Stănilă nota în 1936 că sunt folosite cărţi din România, în special cele care privesc cultura generală şi educaţia morală. Deşi al IV–lea Congres s-a adresat tuturor în privinţa acestei probleme, totuşi nu se va rezolva în timpul lui Policarp.

De-a lungul primelor luni ale anului 1936 Policarp a depus eforturi continue pentru a regulariza viaţa religioasă şi pentru a face comportamentul preoţilor şi a parohiilor "canonic". În martie, a început să investigheze iregularitățile în privinţa antimiselor ce trebuiau să conţină sfinte moaşte pentru ca fiecare preot să poată sluji valid Liturghia. Multe au circulat nesemnate de nici un episcop, fiind astfel invalide, iar altele erau semnate de episcopi ruşi şi folosite de preoţi "vagabonzi" care treceau dintr-o parohie în alta. Acum antimisele trebuiau semnate de episcopul sub a cărui jurisdicţie canonică se găsea preotul. Apoi Policarp a observat că nu adusese destule antimise de acasă şi a trebuit să resfinţească câteva.

"Viaţa religioasă rămânea limitată doar la ritualul tradiţional", cu laici intrând si ieşind din altar, cu vânzări de obiecte ce se desfăşurau în biserică, în timp ce dincolo de iconostas se aduceau jertfe şi rugăciuni. Lipsa ordinii în slujbele bisericeşti n-a încetat niciodată să-l deranjeze pe episcopul formalist. În martie 1936 a ordonat ca nici o altă persoană în afară de preot, paraclisieri şi băieţii din altar să intre după iconostas. Preoţii nu trebuiau să iasă din altar şi nu trebuiau să se facă tranzacţii monetare. I-a grăbit pe preoţi să înceapă cercuri misionare cu conferinţe pastorale, să facă vizite în mod regulat la închisori şi spitale, să pregătească cântăreţii pentru slujbele bisericeşti în absenţa preoţilor. Membrii parohiilor trebuiau să plătească taxele către biserică. Cei cu adevărat săraci, aveau posibilitatea să ceară în scris consiliului parohial să fie scutiţi de această obligaţie, iar serviciile religioase nu le vor fi refuzate – dar în opinia lui Policarp prea mulţi au folosit sărăcia ca pe o scuză în a nu sprijini Biserica. Unde nu exista biserică oamenii trebuiau să folosească camere în casele particulare. Parohiile trebuiau să se înregistreze la stat şi să corecteze riguros statutele lor prin eliminarea tuturor articolelor care nu se conformau Statutelor unitare adoptate de Congresul din 1935. Ici, colo s-a făcut câte o mică concesie. Deşi Statutele cereau ca Adunarea Generală să fie ţinută în ianuarie, Policarp a recunoscut obiceiul de a le ţine în decembrie. Puteau să continue aşa. Dar parohiile trebuiau să trimită prin poştă listele cu candidaţii pentru consiliu pentru a fi aprobaţi oficial cu două săptămâni înainte de termen. Nu trebuiau să aleagă rude apropiate în acelaşi consiliu şi nu mai mult de trei persoane din acelaşi sat din România puteau fi alese în acelaşi an. Epitropii trebuiau să fie asiguraţi şi aleşi din rândul unor oameni realizaţi financiar şi nu puteau fi rude apropiate până la al şaselea grad. Astfel a încercat episcopul să regularizeze şi să schimbe practicile pe întreg cuprinsul vastei sale episcopii, să corecteze procedurile parohiale neconforme, înlocuindu-le cu reguli fixe. Desigur, multe astfel de abuzuri aveau nevoie de corecţie, multe dintre dictatele episcopului erau necesare. Efectul lor a fost cel al "fluieratului în vânt". Când a stabilit un termen limită, 1 mai 1936, pentru intrarea în Episcopie, nu a existat nici o grabă în a se conforma cineva. Congresul din 1936 a avut doar cu două parohii mai multe decât la întrunirea din anul precedent. Data finală pentru toţi preoţii neacceptaţi, ca să-şi prezinte actele biroului pentru a fi luate în considerare, a fost 20 aprilie. Din nou, n-a fost simţită nici o grabă în a se conforma. Astfel de ultimatumuri au rezultat în indiferenţă,

ostilitate nedreaptă sau în dizgrația membrilor Bisericii ai
căror preoți i-au convins că acest episcop nu-i va lăsa în pace.

Începutul furtunii

Vara anului 1936 l-a găsit pe Policarp obiectul atacului
venit din multe părți. Al doilea rând de vizite, în vestul Canadei,
l-a adus împotriva cercurilor restrânse ale stiliștilor, aceia care
doreau să continue folosirea calendarului iulian, care până în
secolul douăzeci ajunsese cu 13 zile în urmă față de cel
gregorian. Societatea română mai tradiționalistă și patriarhală din
Canada, mai puțin asimilată decât cea din Statele Unite, era în
bună măsură devotată vechiului calendar datorită influenței
rusești față de care fuseseră întotdeauna subordonați. Sub
masca calendarismului, preoții ambulanți ruși și chiar români
au tulburat Bisericile și au întărit rezistența lor pentru a nu fi
controlate de nici o organizație de la mare distanță din Statele
Unite. Mult mai vehementă a fost opoziția conducerii Uniunii și
Ligii și a organului său de presă oficial "America" față de
Policarp, o campanie intensificată de un nou episod al cazului
Podea, care a avut ca rezultat denunțarea violentă a episcopului
de către veteranii români din primul război mondial. Ar trebui
să observăm că în mare parte, relațiile dintre Bisericile
ortodoxe și societățile Uniunii și Ligii la nivel local stăteau
mult mai bine, general vorbind, prin anii 1930 față de cum
fuseseră mai devreme. Se foloseau în comun "sălile" de club
pentru activitățile Bisericii și facilitățile parohiale pentru
evenimente culturale la care luau parte cluburile. Membrii
Bisericilor și ai societăților erau în general aceeași oameni, iar în
cazurile în care Biserica și clubul se aflau în vecinătate pe aceeași
stradă, relațiile deveneau din când în când ostile. Erie, Ellwood
City și probabil Dearborn erau exemple notabile în acest sens.
Un oarecare preot s-a plâns că rămâneau deschise cluburile în
timpul Sfintei Liturghii sau că s-a bea în subsolul bisericii, deși
facilitățile erau în comun, dar acestea au rămas doar probleme
locale sau doar conflicte de personalitate. Lupta lui Policarp era
dusă cu conducerea națională a Uniunii și Ligii și a apărut din
cauze diverse din ambele părți.

Mai întâi, Uniunea şi Liga erau bineînţeles interesate de posibilitatea unei Biserici Ortodoxe puternice şi bine coordonate, ameninţând cu influenţa ei asupra unei părţi a comunităţii de emigranţi. Nu îi interesa bineînţeles competiţia cu mişcarea "Caritatea". În al doilea rând, la un anumit nivel organizaţia reprezenta opinia Uniaţilor, iar Policarp, venind din Transilvania unde sectarianismul însemna militarea pentru un preot ortodox, era direct şi câteodată dur împotriva Uniaţilor, aşa cum era împotriva multor lucruri neortodoxe. În cele din urmă, pe la mijlocul anilor 1930, Uniunea şi Liga erau sub preşedinţia lui Nicolae Balindu ale cărui orientări politice erau cu siguranţă de stânga. Balindu şi susţinătorii săi s-ar fi opus bineînţeles oricui ar fi reprezentat statul român în timpul acestui deceniu şi cel puţin, într-un sens figurativ, Policarp era în ochii lor un asemenea reprezentant. În timp ce este incorect să prezentăm regimul din România ca fiind fascist înainte de 1930, cu siguranţă sub conducerea lui Carol al II–lea guvernul era oricum de dreapta.

Câteva dintre criticile aduse lui Policarp şi le-a atras singur pentru că poziţia sa era prea limitată şi limbajul său era impulsiv de multe ori. Deşi a spus Congresului în 1936 că petrecuse mult timp cultivând relaţii bune cu alte grupuri religioase, el vorbea despre copiii români botezaţi în alte rituri ca suflete "pierdute" care nu vor găsi salvarea, iar atitudinea episcopului faţă de românii care frecventau "Biserici străine" sau care se bucurau de slujbele "preoţilor străini" era bine cunoscută.

Discutabilă în mod cert era declaraţia episcopului reprodusă de părintele Stănilă într-un articol din "Solia" târziu în iunie 1936. Policarp susţinea că luase Bisericile române "din mâinile speculanţilor şi ale celor care întreprindeau numai afaceri" în ele. Atunci, întreba "America", cum continuau astfel de practici despre care însuşi Stănila depusese mărturie. Ziarul nu era singura sursă de plângere că Policarp a privit în altă parte când neregularităţi s-au produs între proprii săi consilieri, că "elementele imorale şi criminale" erau insuficient eliminate din Biserică. Desigur au fost citate cazuri extreme. Era o parohie care strânsese 15,000 dolari pentru un plan de construcţii, timp în care preşedintele consiliului îşi construise şi pentru el patru case. Alta colectase mai mult de 20,000 dolari pentru renovarea bisericii şi avea chitanţe de 860 dolari cheltuiţi în acest scop şi doar 46 dolari rămaşi din fonduri. Băutul în subsolul bisericii în timpul slujbelor era întotdeauna motiv pentru a umple spaţiile ziarului, aşa cum era şi cântăreţul care ţinea o sticlă de ţuică la spate şi se mai oprea din când în când pentru a-şi curăţa gâtul. Mai apropiat de realitate a fost cazul a doi oameni ce au plecat în România cu treburi pentru ziarul "Viaţa Nouă" al părintelui Opreanu. Intenţia era de fapt să aducă 250 de automate de bani. Iată un om adus în faţa justiţiei care şi-a folosit preotul lui ca martor, depunând mărturie că aparţinuse Bisericii timp de doi ani. După achitare a plătit într-adevăr taxele pentru doi ani de membrie. Desigur, Policarp nu era responsabil de astfel de lucruri, nici nu le coordonase. Doar că zvonul despre curăţirea morală a episcopiei, înscrierea Bisericilor ca proprietăţi ale Sf. Duh şi ale sfinţilor părea puţin cam umflată în lumina vieţii reale a clasei muncitoare emigrante din anii 1930. Poate că era prea mult totuşi, ca "America" să-i sugereze episcopului să înmâneze următoarea factură de electricitate fiecărui sfânt care patronează bisericile, de vreme ce clădirile erau proprietatea lor. Pe lângă toate acestea, "America" a început o campanie pentru folosirea limbii engleze de către tinerii români, pentru relaţii de prietenie şi egalitate cu alte Biserici şi pentru un tratament corect faţă de Ioan Podea.

Acest ultim fapt a atras asupra lui Policarp mânia celor de stânga şi a veteranilor de război, o combinaţie curioasă, ceea ce reprezenta şi arăta sprijinul încă exercitat de către personalitatea duplicitară a lui Podea. În timpul anului 1935 Podea a fost invitat de către prieteni şi de către Legiunea Voluntarilor Români din America să-i viziteze şi să ia parte la diverse aniversări. De-a lungul întregii perioade de şase luni în care a stat, a fost atacat din toate părţile. Cererea lui Policarp pentru a vedea arhivele şi registrele Protopopiatului din timpul când preotul de la Braşov fusese responsabil de Bisericile americane, a încins atmosfera. Această ocazie a produs povestea lui Podea despre intrarea în forţă plănuită de consulul Angelescu în 1919, care a fost menţionată mai înainte. Policarp a menţionat apoi că "Podea a stricat ceea ce alţii făcuseră, a distrus ceea ce alţii au construit, iar în 1936 se zvonea deja că episcopul scrisese în 1935 în România cerând să i se refuze lui Podea paşaportul. La 6 decembrie, în Youngstown, Legiunea Voluntarilor Români, condusă de Rudi Nan, a adoptat o rezoluţie pe care au trimis-o ziarului "America", Legaţiei Române, patriarhului, ministrului de Externe român şi societăţii "Prietenii Americii" din Bucureşti. Se spunea în rezoluţie că Podea, în timpul anilor petrecuţi în America, a fost "un preot model" care a ridicat nivelul general al comunităţii române şi că fusese greşit îndepărtat în timpul anilor 1920. Episcopul Moruşca şi-a pierdut demnitatea când s-a pretat la astfel de atacuri, afirma Legiunea, şi că guvernul român ar trebui să ia "măsuri urgente" pentru îndepărtarea sa. Cât timp Policarp a fost criticat, veteranii de război au refuzat să primească decoraţiile şi premiile acordate lor recent de către Uniune şi Ligă. Dacă cineva s-ar fi gândit înainte de 1935 că un episcop american va acţiona ca o forţă mediatoare pentru a rezolva disputele constante din comunitatea română, se înşela amarnic.

Neobişnuitul Congres din 1936

Deşi, fără îndoială Patriarhia îi ceruse lui Policarp înainte de a pleca din România să aducă Statutele americane mai mult în linie cu autoritatea de la Bucureşti, opoziţia pe care a întâlnit-o i-a oferit un motiv de scuză. În lungul său discurs de deschidere a Congresului, Policarp a subliniat impresiile sale din vizitele canonice şi a discutat "critica destructivă" pe care o întâlnea. Disertaţia a fost bine structurată retoric şi psihologic pentru că a dus la un apogeu sub titlul de "episcopii independente". La mai puţin de o săptămână înaintea deschiderii Congresului, pe 29 august, *America* lansase din nou un apel pentru o episcopie americană independentă. Policarp a folosit această ocazie pentru a-şi convinge ascultătorii de posibila destrămare a tuturor eforturilor lor dacă nu vor sprijini propunerile lui. Era un test sincer de loialitate. Oare îşi vor repudia delegaţii propriul episcop? Policarp ghicise corect că nu o vor face.

Încă de la începutul anului el construise gradat acest lucru. Congresul din 1935, după cum se va aminti, a votat Statutele din 1932 cu mici variații, care au fost trimise prin poștă parohiilor în martie 1936. Nu erau același Statute. Policarp le-a trimis și o circulară la 20 martie, în care, în timp ce numea Statutele "un zid de apărare împotriva oricărui spirit străin", a dezvăluit că a făcut "câteva modificări în textul precedent cerute de Sf. Sinod și de legea care instaurează Episcopia misionară, împreună cu totalitatea Congresului bisericesc de aici, în conformitate cu necesitățile și situația Bisericii noastre din America". Poate că Policarp a crezut că această circulară este suficientă pentru a-l absolvi de orice acuză de înșelăciune când a apărut cu Statutele în fața Congresului din septembrie. De n-ar fi menționat el aceste "câteva modificări" cu șase luni înainte? Episcopul a presupus întotdeauna că parohiile citesc și rețin cu atenție circularele sale oficiale. La convocarea pentru Congresul din 1936, Programul sau Agenda cu 14 subiecte de discuții, n-a făcut nici o mențiune despre Statute ca subiect de discuție.

Așa că delegații țineau acum în mâini Statute de la 5 iulie 1935, dar pe care Policarp le prelucrase în martie 1936 și convinsese Consiliul Episcopesc să le aprobe la 26 mai. De fapt, ele anulau autonomia legilor originale din 1932 ale episcopiei. Policarp și-a concluzionat deschiderea Congresului cerându-le imperativ delegaților: 1) acceptarea totală a "Organizării Episcopiei Misionare" sub jurisdicția canonică a Sfântului Sinod; 2) recunoașterea în totalitate a statutelor revizuite; 3) recunoașterea și subordonarea canonică față de episcopul ales și trimis de Sf. Sinod. Statutele din urmă numeau Episcopia americană "o parte constitutivă a Bisericii Române, păstrând o legătură organică cu Patriarhia Ortodoxă Română și cu Congresul Național Bisericesc". Articolul 3 numea Sf. Sinod "forumul suprem în chestiunile de orice natură ale Bisericii". Articolul 6 a rezolvat ambiguitatea prelungită despre cine va alege episcopul pentru America. În nouă cuvinte simple Policarp a schimbat esența a ceea ce Statutele din 1935 cereau și a Episcopiei însăși. "Episcopul va fi ales de Sfântul Sinod". Fără să realizeze, el a oferit astfel motivul pentru cea mai aprigă luptă, timp de un deceniu, din istoria Episcopiei Ortodoxe Române din America.

Ce trebuia să facă Congresul când episcopul a concluzionat, "De răspunsul pe care-l veți da depinde continuarea sesiunilor... lucrările Congresului Bisericii...". Era aceasta o observație ușor deghizată cum că Policarp va trimite congresul acasă sau un apel pentru a evita o dezbatere prelungită? Mulți au interpretat-o ca pe o vorbă a episcopului, "Acceptați aceasta sau plec și Episcopia voastră va fi din nou fără episcop". Oricare ar fi înțelegerea, psihologia momentului nu a permis alt răspuns decât cel așteptat. "Congresul, ridicându-se în picioare, cu o voce solemnă categorică, a răspuns <<Da>> și a izbucnit în aplauze vii și prelungi". Încă o dată s-a perpetuat ficțiunea că delegații parohiilor veniseră la Congres după ce au studiat și s-au pregătit conștiincios pentru dezbaterile despre toate chestiunile anunțate dinainte. Prea puțină atenție s-a acordat "măsurii tradiționale de administrație" și clauzelor în aprobările de mai devreme ale Statutelor Bisericii Române. Policarp făcuse ceea ce i se spusese să facă aici: a schimbat Statutele după cum le vroia Biserica Română. El a folosit spectrul "Episcopiilor Independente" pentru a speria Congresul, apoi a apelat la loialitatea lor față de persoana lui care era atacată de forțe seculare fără de Dumnezeu și într-un final a amenințat cu plecarea sa dacă vor refuza dorințele lui. Restul Congresului din 1936 a fost anticlimactic.

O interpretare mai puțin pesimistă este desigur posibilă. Salariul episcopului de 450$ pe lună era plătit de statul român. Puțini erau cei care în 1936 ar fi vrut să renunțe la această subvenție și să găsească banii ei înșiși. Alocația din România nu crescuse și în mod regulat Policarp trimitea cereri să fie mărită, dar nu a întâmpinat nici un succes. Chiar înainte de Congres el ceruse o mărire adițională care ar crește venitul Episcopiei la 1000$ pe lună, dar acest lucru era improbabil când fiecare sesiune parlamentară aducea zvonul că Episcopia va fi omisă în totalitate din bugetul de stat. Modificând Statutele americane pentru a se conforma regulilor episcopiilor din România poate că va spori șansele unei finanțări continue. Totuși reacţia puternică a multor delegaţi faţă de ceea ce s-a întâmplat la Congresul din 1936, face să pară că erau în discuţie mult mai multe decât simplele griji financiare. Într-adevăr, dacă acesta era cazul, s-ar putea argumenta că ar fi produs chiar mai multe voturi negative, pentru că o centralizare mai mare şi implicit putere pentru episcop făceau să reapară vechea sperietoare a "folosirii banilor parohiilor". Inima problemei era că cei care continuau în opoziţia lor faţă de episcop, atât dinăuntru cât şi din afara eparhiei sale, suspectau că sărise peste cuvântul "autonom", deşi nimeni în afară de câţiva membri ai consiliului nu văzuseră multele notiţe scrise de mâna lui Policarp despre proiectul Statutelor. Literalmente, o făcuse. De asemenea, este interesant de notat că Patriarhia a aprobat setul revizuit de Statute şi l-a informat pe Policarp despre aceasta la 3 noiembrie. Luând în considerare ritmul în care se derulau de obicei astfel de proceduri şi cât timp era necesar pentru ajunge poşta din România, acest fapt sugerează puternic că Policarp le trimisese la Bucureşti chiar înainte de reunirea Congresului. De data aceasta aprobarea nu mai era doar provizorie.

Partea pozitiva

O parte a Congresului din septembrie a fost dedicată unei "Sesiuni Festive a Tineretului" ţinută a doua zi şi la care au participat un număr fără precedent de tineri. Ei au ascultat o mulţime de proeminente personalităţi ale Universităţilor române, ingineri şi profesionişti, care i-au sfătuit să se reunească sub steagul Bisericii şi naţionalităţii lor. După ce Francis Boian şi Victoria Muntean au vorbit la banchetul general în numele OCTRA, sesiuni cu grupuri mici au dezbătut formarea unei asociaţii generale a organizaţiilor de tineret. La acel moment Episcopia număra 15 cluburi de tineri cu aproape 500 de membri şi încă două trupe de cercetaşi numărând 46 de băieţi. Deja exista o largă Societate a Studenţilor Universităţilor Româneşti. Aceasta împreună cu OCTRA şi cu Uniunea Juniorilor aparţinând Uniunii şi Ligii, formau un cadru organizaţional cu potenţial pentru o mare societate de tineret, mai ales dacă toate corurile parohiale şi cluburile individuale de tineret s-ar putea aduna sub conducerea lor. Discursul lui Ioan Borza Jr., propunând o astfel de federaţie, a întâlnit o aprobare caldă, iar adunarea plenară a înfiinţat un comitet de acţiune pentru a implementa ideea. Un al doilea obiectiv major era o excursie în România în vara anului 1937, la care Legaţia Română a promis să ajute.

Desigur astfel de iniţiative aveau un scop dublu: acela de a ţine a doua generaţie în rândurile Bisericii şi a dezvolta simţul lor de conştiinţă naţională românească, o ţintă care nu lipsea niciodată din minţile multor conducători români, în special a lui Policarp. Modelul pentru cluburile de tineret româno-americane avea să fie modelul folosit în România sub egida Bisericii: cu preocupări religios–culturale, cu activităţi corale, atletice, educaţionale şi teatrale desfăşurate într-un cadru ortodox. Părinţii erau încurajaţi să-şi trimită copiii la studiu în instituţii de educaţie superioară din România.

Fără îndoială că, în ciuda unui număr mare de discuţii, nici o organizaţie naţională de tineret viabilă nu a apărut în aceşti ani din varii motive. Unul din motive a fost faptul că un astfel de ţel avea nevoie de o Episcopie organizată la nivel naţional. Cluburi de tineret au continuat să fie fondate şi să funcţioneze într-un număr impresionant de parohii, dar activităţile lor au rămas mai mult locale şi necoordonate. Excursiile în România nu s-au materializat, nici tineri româno-americani nu s-au înscris la şcolile româneşti. Desigur, lipsa banilor era o parte a problemei, dar mai importantă era lipsa atenţiei din partea conducerii Bisericii centrale. Problemele crescânde ale episcopului şi preocupările cu "Solia" şi cu nou–înfiinţata "Vatră", plus dificultăţile normale de administrare a unui asemenea domeniu, ocupau tot timpul lui Policarp în 1937. A făcut câteva eforturi totuşi. El a cerut în 1936 să-i fie permis educatorului român Miron Faur să vină în America pentru a organiza şcoli, dar ministrul Educaţiei nu i-a acordat o învoire lui Faur. Preoţilor li s-a spus să găsească absolvenţi de liceu pentru a preda în şcolile parohiale, iar părintele Traian Demian din Canton împreună cu Ioan Stănilă, temporar la St. Paul, au fost numiţi supraveghetori ai programului catehetic. La sfârşitul anului 1936 încă nu ajunseseră cărţile din România. Deşi cifrele oficiale privitoare la numărul şi înregistrarea în şcolile parohiale şi catehetice erau substanţiale, acestea reprezentau mai degrabă imaginaţia unora. Programele şcolare şi cluburile de tineret reuşeau acolo unde preoţii parohi calificaţi lucrau mult la ele. Programele naţionale aparţineau încă viitorului.

"Asociaţia generală" a lui Ioan Borza a rămas doar un ideal. La Congresul din 1938 Policarp a ridicat din nou întrebarea referitoare la tineri şi "cea mai esenţială problemă" a Bisericii. Din nou a făcut puţine dincolo de a vorbi despre ele. Părintele Opreanu a făcut mult mai multe decât episcopul pentru a actualiza oratoria. Deja crease OCTRA mai devreme în 1938, când i s-a dat sarcina de a forma "cercuri" de tineret în două secţiuni, pentru tineri şi femei separat, şi să efectueze legături organizaţionale între parohii. Propunerea venise în scris de la Opreanu şi nu de la biroul central. Dacă Policarp ar fi rămas în America mai mult decât a stat, poate că ar fi creat o adevărată organizaţie naţională de tineret pentru episcopie. Totuşi, în analiza finală, o astfel de noţiune este improbabilă. Tinerilor româno–americani le-a venit greu să se identifice cu episcopul lor. El era foarte român, foarte distant, chiar şi cu preoţii lui şi nu vorbea limba lor nici aşa şi nici la figurat. Chiar dificultăţile de traducere a cuvântului românesc "tineret", care în perspectiva celor mai bătrâni părea să includă toate persoanele de la gimnaziu până la vârsta de 35 ani, vorbea pe larg despre întreaga problemă a viitorului Bisericii. A durat încă 30 ani pentru ca cei născuţi în România să înveţe sensul american al cuvântului.

Era aceeaşi abordare, cu îndemnuri multe şi puţine realizări, aplicată eforturilor de a crea o organizaţie naţională pentru femeile Episcopiei, deşi se înregistrase un progres real în acest sens. 36 din 45 de parohii înregistrate în 1936 organizaseră "Reuniuni de femei" sau "Women's Auxiliaries", iar Policarp preluase sugestia Congresului din 1934 de a se forma o Asociaţie Naţională a Auxiliarelor Femeilor Ortodoxe. De fapt, o Asociaţie de Femei a Auxiliarelor Române Ortodoxe (SORA) fusese creată în 1934, dar eforturile acestei organizații au fost dezordonate în absența unei conduceri centrale. Totuși, existența însăși a unui anumit tip de organizație n-a dat prioritate sarcinii organizării de "Reuniuni". Fără îndoială că Policarp a acționat asupra acestei sarcini de abia în 1938, când într-un weekend din septembrie s-a produs reactivarea SORA sub numele de "Asociația Reuniunilor Femeilor Ortodoxe Române din America" sau ARFORA. Sub îndrumarea părinților Trutza și Stănilă, legile au fost adoptate și ofițerii aleși, iar preoteasa Victoria Stănilă a luat președinția. Era prea târziu totuși, ca ARFORA să contribuie la pastorația lui Policarp. În mai puțin de un an episcopul era plecat deja și noua Asociație a Reuniunilor Femeilor Române Ortodoxe din America a rămas adormită pentru un deceniu. În timp ce femeile au continuat să participe activ la desfășurarea activităților auxiliare în parohii, ca și proiectata federație a tineretului de altfel, tentativa unui asociații naționale a eșuat.

Lansarea unui organ episcopal oficial de știri era caracterizată de rezultate mixte. Nevoia unui astfel de organ era evidentă nu numai pentru a întări comunitățile, ci și pentru a integra episcopia răspândită. Dar și ca mijloc de răspuns la mulțimea de atacuri asupra episcopului și a Bisericii din partea ziarului "America" și a altor publicații românești. Policarp a apelat la parohii în 1935 pentru posibilitatea inițierii unui ziar. Răspunsul angaja un "sprijin total" pentru o asemenea aventură. Deși unii sugerau renașterea ziarului "Glasul Vremii" sau folosirea ziarului lui Opreanu (*Viața Nouă*) care deja funcționa, era mai convenabil apariția unei publicații noi cu un nume total nou. În perspectiva drumului greoi care se arăta, pentru gazetă ar fi fost mai bine să înceapă mai conservator, dar scrisorile de "sprijin total" au fost considerate , iar optimismul, ambiția și visele se pare că și-au adus contribuția în Episcopii la fel ca în alte instituții alcătuite doar de bărbați.

15 nume diferite au fost propuse pentru noul ziar, incluzând "Bunul Păstor", "Învierea", "Chemarea", "Pacea" și "Frăția". Policarp însuși s-a oprit la "Solia", eliminând în ultima clipă "Drum Drept". Deși episcopul ar fi preferat să conducă el însuși ziarul, programul său încărcat îl împiedica. Decizia de a stabili ziarul în Youngstown a fost una pragmatică

pentru că acolo se afla părintele Stănilă, fost editor al ziarului "America", cu experiență jurnalistică și abilitate. Acolo se afla și Youngstown Printing Company unde lucra Ioan G. Gaspar (1896–1965) și asta ar fi redus costurile de tipărire la minimum. Aici, în casa parohială a bisericii Sf. Treime, "Solia" a văzut prima oară lumina zilei din Ohio. A rămas aici până la vârsta de 7 luni.

Un set elaborat de rubrici a fost alcătuit pentru primul număr incluzând "Din țară" (România), "Fapte noi" (știri despre viața americană, însă doar lucruri frumoase), "Grija sufletului", "Vorbe înțelepte", "Probleme sociale" și altele asemenea. Schema editorială era minuțioasă, logică, sistematică, dar ignorată în prima ediție. Un ziar săptămânal de patru pagini era limitat ca spațiu și ca venit. Prima ediție a apărut duminica, 23 februarie 1936 și combina invocarea inaugurală a Duhului Sfânt a lui Policarp, precum și modelarea sufletelor românești cu juxtapunerea curioasă de proverbe din folclorul turcesc și din Benjamin Franklin. Știri de la parohii, comentarii despre vremea primăvăratecă din România erau puse alături de "De ce și-a lăsat Lincoln barbă". Prima pagină conținea anunțul senatorului William Borah despre candidatura sa la președinția Statelor Unite din partea republicanilor. "Solia" o pornise la drum. Primul editorial exprima speranța că gazeta Bisericii va "bate la ușile inimilor cititorilor ei", îmbunându-le viețile creștine românești. Într-adevăr "Solia" a bătut mult la ușile cititorilor în anii care au urmat, încercând să-i convingă să-și plătească restanțele la abonamente.

Cititorii ediției din 20 septembrie 1936, al 31–lea număr al ziarului, au observat că "Solia" fusese mutată la Detroit. După șapte luni de muncă voluntară și nu prea mult progres în construirea unui public cititor, Stănilă și Gaspar aveau nevoie de odihnă. Oricum părintele Opreanu dorise dintotdeauna să aibă grija ziarului. Preotul de la biserica Sf. Gheorghe își reorganizase fosta tipăritură "Viața Nouă" sub numele de "Solia Nouă" și a tipărit primul calendar al Episcopiei în 1936. Policarp spera într-un succes mai bun la Detroit, "cea mai puternică comunitate românească din America". La 9 noiembrie episcopul l-a angajat pe Dumitru Militaru din Cleveland ca administrator al ziarului pentru 15 dolari pe săptămână şi a plecat să se odihnească la mănăstirea Franciscanilor Mt. Sinai din Long Island. După trei săptămâni, Militaru l-a informat pe episcop că avea 17 dolari în registrul de încasări şi 8 dolari în buzunar, nu îndeajuns pentru a acoperi plata sa săptămânală. Scrisoarea sa era sub formă tipărită pentru că biroul rămăsese fără hârtie de scris, fără plicuri, chitanţe şi toate celelalte. O săptămână mai târziu, Militaru s-a adresat părintelui Trutza. Prima parte a ştirilor era că ultima factură pentru electricitate fusese plătită, de vreme ce compania ameninţa cu întreruperea serviciilor. Ziarul era trimis târziu la poştă pentru expediere deoarece materialul nu ajungea la timp şi astfel tipărirea se făcea cu o zi întârziere. "Oamenii promit multe, dar fac puţine", a fost concluzia lui Militaru. În luna următoare şi-a dat demisia.

Aproape pentru o jumătate de an Policarp însuşi s-a ocupat de administraţia "Soliei", deseori lucrând personal şi la conţinut. Consiliul Episcopiei a decis în vara lui 1937 să dea atât editarea, cât şi administraţia direct pe mâinile lui Ştefan Opreanu, asistat acum de părintele Gheorghe Lupu. În ciuda eforturilor de a avea o mai mare varietate în conţinut, împreună cu contribuţiile unui număr de preoţi, starea financiară precară şi epuizarea, produsă de către această operaţiune, s-a instaurat în totalitate până la sfârşitul anului. Criza economică americană îşi avea efectele sale desigur, iar abonaţii se plângeau în mod constant că nu primesc ziarul sau că nu-şi aveau plăţile înregistrate. Mai mult, nu doar că Episcopia nu avea fonduri, dar în 1937 "Vatra" era în plină desfăşurare şi aceasta a devenit o preocupare şi o prioritate maximă pentru Policarp. "Solia" a fost lăsată să se descurce singură. Cititorii au aşteptat în van numărul lor de duminica, iar la 18 septembrie 1938 au aflat că nu va mai apărea. "Solia" era suspendată.

Care a fost greşeala fundamentală aici? O conducere slabă, poate şi lipsă de varietate, plus împărţirea treburilor din când în când între Cleveland, Detroit şi Youngstown. Munca suplimentară a celor însărcinaţi cu ziarul a jucat cu siguranţă un rol important. Părintele Opreanu îşi avea propriile sarcini ca preot al catedralei, era responsabil şi de Calendarul anual şi era chemat deseori de către episcop ca sfetnic. Totuşi, Policarp a pus degetul pe rană în ceea ce privea "Solia". Oamenii lui nu o citeau, nici nu se abonau la ea, iar cei care o făceau erau de obicei în urmă cu plățile. Comunitatea româno-americană era, în general, neinteresată. A doua generație era preocupată de multe alte lucruri, decât de omiliile religioase și deja afișa o lipsă de dorință – și o incapacitate – de a citi un ziar în limba română. După Congresul Bisericesc din 1938, Policarp a pus problema foarte clar într-un mesaj pastoral.

"...din aproape 4,973 de membrii ai parohiilor noastre, doar 1,440 sunt abonați la ziar și dintre aceștia doar 467 sunt cu plata la zi. Mulți sunt în urmă chiar de la începutul apariției ziarului. Sunt delegați chiar la acest Congres care nu s-au abonat...Adevărul gol goluț este că din 43 de parohii cu 62 de organizații filiale, cu 32 de preoți activi și aproape 5,000 de membrii înscriși în listele parohiale, nu suntem în stare să susținem un ziar și-l abandonăm. Și aceia care îl primesc nu-l plătesc...Care poate fi cauza? Mie mi se pare că nu este lipsă de bani...ci de fapt dezinteresul față de un material tipărit. Bătrânii nu citesc pentru că mulți nu știu. Sau sunt interesați doar de scriitura polemică sau critică. Tinerii citesc doar ceea ce le este pe plac... ziarele nostime ...".

Realitatea "sprijinului total" de acum doi ani era nedovedită. De îndată ce ziarul a atins o fază de criză, retorica uzuală era iminentă. Congresul din 1938 a decis "să susțină Solia cu orice preț". Policarp a cerut Comitetelor de femei să conducă campania de obținere de noi abonați și de publicitate. Nu au reușit. Pentru aproape un an, Episcopia a fost din nou fără un organ oficial de știri.

Ferma cu turn cenușiu

"Înaintașii mei au venit din Scoția și s-au stabilit în Conneticut în 1710. Tata și mama   s-au căsătorit în 1835, părăsind imediat Sharon, Connecticut, pentru statul Michigan, trecând prin Erie Canal spre Buffalo peste Lake Erie spre Detroit. Aici au achiziționat o pereche de boi și o căruță și au urmat un convoi indian la vest de locul unde se află acum Turnul Cenușiu. Actul de proprietate asupra pământului tatălui meu, semnat de președintele Jackson, se află în posesia mea." Cabana de lemn construită de tatăl lui W.A. Boland în estul districtului Jackson pe urma prosperei frontiere de vest, la aproape două mile și jumătate sud–est de cătunul Grass Lake Centre și la opt mile est de satul Jacksonburgh, a fost începutul "Vetrei". Pământul era eliberat de abia atunci, după ce secole întregi fusese casă ancestrală a triburilor Ottawa și Chippewa. Târziu în 1949, o femeie scria în jurnalul ei că într-o singură zi a numărat 290 indieni trecând pe lângă casa ei din Grass Lake Centre, îndreptându-se spre rezervațiile din vest. Apariția căii ferate a adus cu ea violență și populație care s-a triplat în acea zonă până la Războiul Civil, iar conflictul a dat cale liberă perioadei turbulente a producătorului, a întreprinzătorului, a capitalistului Epocii Poleite. Un astfel de om era William A. Boland. Până în anii 1890 el extinsese cererea modestă de frontieră a tatălui său, cumpărată la prețurile Homestead de 1.25 dolari un acru, în acele zile ce nu vor mai reveni, la un domeniu de aproape 200 acri. A construit o casă victoriană spațioasă cu trei etaje și 23 de camere, cu lambriuri de lemn scump și vitralii, cu o verandă mare circulară și tavane cu grinzi solide. Era dotată cu toate conforturile moderne pe care le putea aduce epoca. De îndată ce clădirile dimprejur s-au ridicat și ele, moderna fermă Boland se născuse.

Boland și-a petrecut mult din timpul său la New York dezvoltându-și afacerea de transport interurban, dar a depus multă energie și la fermă, concentrându-se asupra laptelui și a creșterii de vite. A cumpărat una dintre cele mai bune cirezi cu coarne-scurte din Michigan. Pentru a-și adăposti cireada el a construit grajduri mari în două hambare imense, în plus un grajd mamut pentru cai și o casă pentru îngrijitorul său. Pentru a aproviziona cu apă un complex atât de mare, a construit înainte sau în timpul anului 1899, un turn de apă din lemn de vreo 25m înălțime care folosea puterea vântului pentru a distribui apă prin ţevi îngropate în pământ. Data precisă a construcţiei este necunoscută, dar cea mai veche inscripţie de pe acoperiş include data de 6 august 1899. Odată ce giganticul turn a primit o haină bogată de vopsea cenuşie, i-a dat numele fermei şi drumului adiacent. Astăzi doar patru astfel de turnuri au rămas în sud–estul Michigan-ului, unde cândva au fost o privelişte obişnuită pe vastele întinderi agricole. Alte două se aflau în Irish Hills, al treilea în Adrian.

W.A. Boland a rămas pe frontispiciul istoriei din Jackson County ca un promotor al liniilor de troleibuz interurban. Competiţia sa zeloasă cu compania Hawkes–Angus, prima care a legat Detroit şi Jackson printr-o linie electrică de tramvai, a urmat prototipul liniei facută de Union Pacific – Central Pacific de-a lungul preeriei. Obţinând în 1900 o autorizaţie de la Consiliul din Grass Lake pentru o cale ferată electrică, Boland a fost primul care a legat Jackson de Grass Lake la 20 iunie 1901. Toţi oamenii proeminenţi din district şi câţiva mai puţin importanţi s-au aflat în primul tramvai care a plecat din Jackson la ora două, cu Boland la volan. Au fost multe exclamaţii de ooh şi aah când au trecut peste un pod înalt traversând liniile de cale ferată Michigan Central după ce lăsaseră în urmă Michigan Center. Călătoria a durat 37 de minute. O mulţime de oameni erau prezenţi pe strada principală din Grass Lake în timp ce minunea mecanică a epocii moderne intra sunând în oraşul plin de fermieri ce ovaţionau. La întoarcere, tramvaiul s-a oprit la Grey Towers pentru un dejun festiv. Compania Hawkes şi-a întins liniile doar până la Chelsea în vest, venind de la Detroit. În ziua următoare aproape 7,000 de oameni au călătorit pe cele 12 mile ale noii linii într-o căldură de 36° C.

Boland a continuat să se extindă în ianuarie 1902. A concesionat 30 de acri din proprietatea lui B.F. Tuttle din Wolf Lake Shores învecinată zonei de odihnă cunoscută ca Aikens Landing, o veche staţiune pe o creastă împădurită. Teritoriul liniştit, dar bine populat din faţa lacului s-a transformat peste noapte într-un centru de agrement. Compania de transport a construit un pavilion cu trei etaje acolo, după ce compania Boland a început construcţiile pentru o linie de mare viteză din

Grass Lake spre lac în februarie 1902. Doar într-o singură duminică, 12 iunie 1904, până la ora 5 după-amiază, zeci de mii de Jacksonieni călătoriseră cu tramvaiul și cumpăraseră 4,000 de bilete la Wolf Lake. În mai, Boland a pus în circulație faimosul tramvai "36", o cursă care făcea călătoria de la Michigan Center până la lac în doar 12 minute. Odată ce grupul Hawkes a ajuns la Jackson, competiția a crescut înspăimântător și războiul prețurilor a izbucnit. Boland care a scăzut costul călătoriei la 5 cenți pentru cursa Grass Lake-Michigan Center. Ambele companii susțineau că atrag 3,000 de pasageri pe zi, chiar și în afara sezonului.

Boland și-a utilizat linia până în 1923, chiar și după ce un foc a distrus marele pavilion în 1913, care n-a mai fost reconstruit pe acel loc, ci înlocuit de unul la Aikens Landing. În timpul anilor 1920, după moartea lui Boland, acțiunile sale au fost achiziționate de către corporația Michigan Railway care a continuat să întreprindă excursii de vacanță ce treceau pe lângă proprietatea de la Grey Tower. Este foarte interesant că după aproape 50 ani foarte mulți oameni născuți în Grass Lake și în Michigan Center nu știu unde se află Grey Tower Road.

În anii 1930 ferma a devenit proprietatea lui Edwin W. Chandler și a soției sale, care în 1937 s-au dovedit a fi incapabili să achite ratele la bancă și taxele de proprietate pe ultimii ani din postura de noi proprietari. Clădirile se deterioraseră cu trecerea timpului și doar câteva reparații fuseseră făcute cât timp proprietatea a fost deținută de către familia Chandler. Ei au profitat din plin de oportunitatea de a scăpa de această proprietate atunci când niște străini au părut interesați.

"Avem nevoie de o mănăstire"

Încă din toamna anului 1935, gândurile lui Policarp s-au îndreptat spre achiziționarea unei proprietăți de către Episcopie potrivite pentru a găzdui o instituție monastică. Sejururile sale la mănăstirile americane din Long Island și din Ohio trebuie să-l fi făcut să-i fie dor de liniștea de la Hodoș Bodrog ce nu o avea în locurile frenetice în care trăia. Lipsa unei reședințe permanente și a unui birou central au dus de asemenea, la căutarea unei proprietăţi rurale. Chiar în primul număr din "Calendarul Solia" din 1936, într-un articol numit "Avem nevoie de o mănăstire", Policarp a descris acest vis ce cuprindea o listă cu şase motive pentru care ar fi benefică o astfel de instituţie: o mănăstire ar fi un loc de pelerinaje religioase şi misiune. Ar putea să cuprindă adăposturi pentru săraci, bătrâni şi pentru orfani; putea fi un loc de recreere pentru şcolari şi programe religioase de vară. Va adăposti a fabrică de lumânări ca să aducă ceva venit. Va fi un amvon pentru Episcopie şi o reşedinţă pentru episcopi. Mai târziu, avea să fie adăugată ideea unei tiparniţe şi a unui centru de publicaţii. Mai mult decât orice, să fie o "Vatră", o inimă românească, va fi în sens simbolic casa spirituală a unei întregi Eparhii, a tuturor românilor. Visul episcopului era să construiască o biserică de mănăstire frumoasă, aşa cum ar fi una bine ascunsă în văile Transilvaniei. Atât de intens îşi dorea Policarp o astfel de instituţie şi atât de adânc a reuşit să comunice acest plan credincioşilor săi, încât eforturile pentru a-l aduce la realitate au început aproape simultan cu venirea sa.

În ciuda situaţiei de cădere economică din 1937, el a trimis oamenii să caute un loc potrivit. Bugetul Episcopiei din 1937–1938 includea planuri de colectare a tuturor fondurilor datorate de parohii încă din 1935. Era de prisos să mai spui că banii veneau greu. Când Congresul din 1937 a fost programat la Philadelphia, părintele Popovici a fost nevoit să ceară un avans de 130 dolari pentru a pregăti facilităţile şi a-şi convinge enoriaşii să se ofere voluntari pentru a vărui biserica. Mare le-a fost consternarea când, din cauza lipsei de fonduri, la care s-au adăugat alte probleme, Congresul din acel an a fost anulat. Fără îndoială că episcopul a dus o campanie de colectare al cărei succes a fost o mărturie a stimei ce i-o purtau credincioşii obişnuiţi lui şi ţelurilor sale – iar dovada a cât de interesaţi erau de polemicile purtate în ziarul America, a fost numărul mare de oameni simpli ce s-au implicat. Mai mult, Policarp a afişat mai degrabă o atitudine cavalerească faţă de bani, agăţându-se de o încredere mare, dar poate naivă, că subvenţia sa de la guvernul român avea să crească în curând. În orice caz, până în iulie 1937, 2,815.82 dolari fuseseră depuşi la Cleveland Trust Company, dintr-un total de 3,700.76 dolari colectaţi pentru un schit care va fi construit, dar fără o proprietate încă achiziţionată. Policarp a plecat într-o vacanţă de aproape trei luni în România, împuternicindu-i pe părinţii Opreanu şi Lupu, împreună cu o echipă de laici, să cumpere, dacă pot, pământ pentru o "Vatră".

La 10 august 1937, cei doi preoţi împreună cu John Chiolock, Ioan Indreica şi Nicolae Dragoş au semnat un contract cu Edwin W. şi Ruth Day Chandler pentru achiziţionarea proprietăţii Grey Tower Farm de "aproape 200 acri" pentru suma de 25,000 dolari. Au căzut de acord să plătească o dobândă anuală de 6 % din restul de plată, după ce dăduseră două avansuri de 1,000 dolari pe 10 septembrie şi 10 noiembrie şi o plată de 2,000 dolari pe 10 mai 1938, urmată de una de 3,500 dolari la 10 noiembrie 1938. Şi-au asumat, de asemenea, două ipoteci: una ţinută de Federal Land Bank din St. Paul pentru 7,000 dolari şi una în favoarea Land Bank Commissioner pentru 7,500 dolari. Franklin D. Roosevelt pare să fi văzut o treime din naţiune prost adăpostită, prost îmbrăcată, prost hrănită înainte de acel 20 ianuarie, dar românii păreau că nu auziseră de aceasta. Policarp a plătit 2,600 dolari pentru călătoria sa în Europa şi a meţionat cumpărarea unui automobil nou când s-a întors pe 8 noiembrie.

Episcopul era odihnit şi într-o dispoziţie bună pentru că lucrurile mergeau mai bine. La întâlnirea Consiliului din 25 noiembrie, colecta pentru Vatra era de aproape 2,916 dolari. Policarp a anunţat o donaţie pentru acest proiect de 200,000 lei sau aproape 1,800 dolari de la Mitiţa Constantinescu şi Banca Naţională a României. Această donaţie părea să aducă ceva succes, mai ales că a apărut şi un împrumut de 2,000 dolari de la Ioan Mareş care deja avea planuri pentru a dezvolta un "Sat românesc" pe noua achiziţionată proprietate Wolf Lake. Consiliul a numit cinci administratori pentru "fermă" (aşa cum toţi au început să o numească de acum): Ciolac, Indreica, Dragoş, părintele Lupu şi Virgil Suciu. Este demn de notat că aceeaşi întrunire a Consiliului Episcopesc a decis ca de acum înainte, episcopul şi consilierii săi, să ignore atacurile din *America*. Acesta ar putea fi văzut ca un semn de încredere crescândă şi de maturitate. În realitate, era un rezultat secundar al unei noi preocupări – Vatra. De îndată ce a fost achiziționat locul, Policarp părea a gândi puțin altfel, devenind aproape total absorbit de realizarea viziunii sale despre instituție. Finanțele Episcopiei au început să se centreze pe întreținerea și expansiunea Vetrei ca scop singular, ceea ce nu-i mulțumea pe toți, mai ales pe cei din Ohio, Pennsylvania și New York, care cu greu puteau să înțeleagă cum un astfel de loc putea să le aducă vreun beneficiu. Policarp a continuat să repete că acesta nu trebuia să fie în mod necesar biroul central al Episcopiei, dar puțini l-au crezut. Oficial n-a fost până în 1952, dar oficialul n-a contat prea mult când asta a fost tot ce a scris și a vorbit episcopul timp de luni întregi, chiar și după întoarcerea din România în 1939. Părintele Trutza, în special, credea că episcopul protestase prea mult. Achiziționarea Vetrei era încă un element care îi deranja pe mulți. De aici înainte, întrunirile Consiliului Episcopiei și Congresele Bisericii vor continua să dezbată probleme religioase, dar acestea vor ocupa locul doi după vaci, porci și tauri.

Noii epitropi s-au avântat în sarcinile lor, îndemnați de episcop și urgentați de Mariș. Deja în ianuarie 1938 o serie obișnuită de întruniri ale administratorilor au început la casa lui Indreica în Detroit, cu procesele verbale ale lui Policarp scrise necitel, ocupându-și locul printre cele ale sesiunilor Consiliului. Cereri din parte bătrânilor soseau deja. Oamenii doreau să-și petreacă zilele de concediu la casa de odihnă care credeau ei că fi construită. Cinci persoane au fost acceptate la prima întâlnire ca să trăiască în casa îngrijitorului, dar cu condiția ca ei să lucreze la fermă și să-și cultive hrana. Lui Mariș, împreună cu G. E. Lebeque Company, i s-a acordat un contract de dezvoltare a loturilor de aproape 70 acri din fața lacului. Între timp, bărci vor fi închiriate împreună cu apartamente și cabine de baie. Instituția va plăti în curând pentru ea însăși. S-au realizat planuri pentru repararea unor clădiri și ridicarea altora. Luna următoare au fost împărțite sarcinile: Ciolac a devenit trezorier, Indreica era responsabil de "comerțul extern", Dragoș se va ocupa de facilitățile lacului, părintele Lupu va lucra ca secretar, iar Suciu ca revizor contabil. Suciu va fi ocupat până peste cap.

Luna mai a adus vestea unui cadou de 5,002 dolari de la Ministerul Român al Cultelor, care a fost folosit pentru a achita una din datoriile către Chandler. Părea că toți vor să ajute. Să fi fost doar o coincidență că la aceeași întrunire a administratorilor, la care această donație generoasă a fost anunțată, a apărut în procesul verbal o clauză de neînstrăinare? La suprafață era ceva inocent și destul de simplu. Se spunea că nimeni nu putea schimba scopul pentru care fusese creată Vatra, împreună cu toate folosințele dinainte stabilite ale tuturor clădirilor și facilităților ei. Nici măcar Congresul Bisericii nu putea să facă altfel. Orice astfel de deviere de la folosința inițială a proprietății va putea fi validă doar cu aprobarea Sf. Sinod al Bisericii Ortodoxe Române. Niciodată Policarp nu a părut să pună la îndoială înțelepciunea unor astfel de declarații ca fiu loial al ierarhiei sale. Dar implicația că, fie și într-un fel indirect, Sf. Sinod avea autoritate asupra Vetrei, va fi primul spirit care se va ridica din cutia Pandorei a întrunirii din 1950. Nimeni nu și-a făcut griji referitor la aceasta până la întrunirea epitropilor din 3 mai 1938. Dezvoltarea era în aer. Împrumutul de 500 dolari din fondul general al Episcopiei pentru a repara clădirile lacului a fost ușor acceptată și 1,400 dolari au fost transferați din fondurile Vetrei pentru a dezvolta loturile de lângă apă. Mariș a împrumutat cu generozitate administrația cu 450 dolari ca o garanție a comisioanelor sale pentru vânzarea loturilor și a mai dat încă 250 dolari pur și simplu ca o donație. În conformitate cu contractul său, trebuia să plătească Episcopiei 50 dolari pentru fiecare lot vândut indiferent de prețul pe care îl putea obține. O lună mai târziu a apărut un al doilea contract, dar s-a decis să se respecte originalul până când vor fi cercetate câteva "modificări" făcute de Mariș. Nu răspunsese scrisorilor recente. Astfel a început un joc care a durat ani de zile. Aceia care cunoșteau situația, zâmbeau ironic când se vorbea de Mariș și de contractele sale.

Nu era timp la acel moment să te îngrijorezi pentru toate acestea. Inaugurarea cerea multă atenție. Pe 4 iulie 1938

"Jackson Citizen Patriot" a publicat un titlu despre marea zi: "Priveliştea Grey Tower cu sărbătoarea de două zile ţinută de Episcopia Ortodoxă Română. Trei mii de oameni sărbătoresc ritul românesc". Demnitari bisericeşti aranjaţi, culorile americane şi româneşti, apariţia magnifică a episcopului Policarp, copii, femei în costume naţionale, coruri sub un baldachin de ramuri din lemn frumos mirositor şi un altar acoperit cu crengi de stejar, produceau o concertare de culoare şi splendoare. Talentul şi munca românilor erau dedicate noii aşezări. Era a treia aniversare a instalării lui Policarp. Lista ţelurilor şi a instituţiilor care vor fi înfiinţate la noul centru românesc continua să crească de fiecare dată când organizatorii Nicu Dragoş şi John Hoza dădeau un interviu. Cu o zi înainte, Policarp aşezase piatra de temelie a bisericii Schitul Maicii Domnului. Piatra poate fi văzută sub altarul de vară şi astăzi. Chiar şi vremea a cooperat la marea ocazie, astfel încât oaspeţii au putut dormi peste noapte în maşini. Au considerat planurile pentru colonizarea românească a zonei ca fiind o reuşită. Şi-au trecut de la unul la altul reclama pentru "Satul românesc" din "Calendarul" din 1938, purtând un portret oval a lui Mariş care anunţa 490 de locuri disponibile costând de la 100 la 250 dolari. El putea construi, de asemenea, căsuţe de vară sau o reşedinţă anuală permanentă pornind de la 300 dolari, doar ca românii să poată fi mai aproape de biserică, nota "Compania de dezvoltare Vatra". Nu s-a specificat că doar cu o săptămână mai înainte de festivităţi, epitropii au decis să angajeze un avocat în cazul contractelor lui Mariş care păreau să se înmulţească ca ciupercile după ploaie. Totuşi, dacă lucrurile la lac au mers puţin mai prost, nimeni nu putea să nege măreţia zilei de 4 iulie 1938 când Vatra şi-a deschis porţile spre viitorul incert.

Ultimul an

Prospectele pentru un birou central se schimbaseră, dar *plus ça change, c'est plus le même chose*. Al şaselea Congres Episcopesc s-a întrunit simultan cu ceremoniile de inaugurare. Raportul părintelui Bărbulescu despre organizarea generală a

Bisericii era sumar, pentru că doar şase parohii răspunseseră cu materialul cerut în "Solia" din 22 mai. La fel şi remarcile părintelui Stănilă, despre secţiunea treburilor Bisericii, erau bazate pe date trimise doar de 12 parohii. Părea aproape ironic să se discute despre stabilirea unui Birou Central Episcopal aşa cum era întocmit. Se planificase o "Carte comemorativă" şi pentru Congres. Nu a apărut pentru că parohiile nu au trimis datele necesare. Era o ectenie cunoscută.

Astfel noua Vatra şi banii dominau agenda. Policarp nu putea să creeze un Birou Central pentru că statul român plătea doar salariul episcopului, nimic mai mult. Taxele parohiale erau acum fixe într-o încercare de a garanta un anume venit regulat, 1% din venitul lunar net al parohiei plus 1% din salariul preotului, oricare ar fi fost acesta, amândouă fiind trimise Episcopiei. Pare că a fost puţină opoziţie faţă de aceasta, poate că nu însemna nici o creştere reală a taxelor membrilor, doar o reordonare a banilor. Mai târziu în acel an, o circulară anunţa că fiecare membru al Bisericii trebuia să fie şi membru al organizaţiei Vatra, plătind adiţional un dolar pe an pe lângă taxele sale bisericeşti anuale. Aceasta nu s-a acceptat la fel de uşor. Nici centrul nu şi-a câştigat suporteri când a deschis dezbaterea despre următoarea temă: dacă celora rămaşi în urmă cu datoriile parohiale ar trebui să li se reţină dreptul de a fi aleşi delegaţi la congres cu putere de vot. Poate că nu era adevărat că organizaţia era numai un căutător de bani aşa cum pretindeau opozanţii Episcopiei. Dar de multe ori, cu siguranţă părea aşa. Cu un an înainte, biserica Sf. Trei Ierarhi din Niles, Ohio fusese repusă în posesie de către Bancă. Acum părintele Opreanu a propus, iar Congresul a acceptat, instituirea unei parohii centrale Sf. Maria pentru proiectata biserică mănăstirească, pentru a sluji toţi românii ce urmau să se aşeze în districtul Jackson. Până când o astfel de comunitate va devenit o realitate, cine va plăti un preot şi va întreţine o astfel de parohie? Astfel de întrebări grele n-au fost puse. Nici un raport financiar nu a fost ataşat proceselor verbale ale Congresului. Discursul lui Policarp s-a limitat doar la Vatra şi la planurile lui pentru ea. În plus, faţă de toate celelalte, o şcoală de cântăreţi fusese acum adăugată listei crescânde de proiecte.

De altfel, Congresul urma căile obișnuite. Toată lumea a fost de acord cu faptul că trebuiau create școli bisericești, cursuri de educație religioasă sau cluburi de tineret în orice parohie, știindu-se bine că aceasta depindea de preoții locali și nu de ceea ce se hotăra în Congres. S-a decis să se creeze societățile "Caritatea" în toată Episcopia, dar aceasta nu s-a realizat. Propunerea repetată de a institui societăți de cumpătare în bisericile românești a fost amuzantă. Poate că cea mai bună decizie pentru membrii parohiilor, a fost încercarea din acel an de a forma un nou cvorum al adunărilor parohiale, care cerea jumătate plus unul din totalul membrilor.

Odată ce a trecut hiatusul entuziasmului acelui iulie timpuriu, Policarp a descoperit că administrarea rețelei de biserici e ca de obicei un fel de afacere. A găsit că este necesar să trimită încă o circulară înainte de sfârșitul anului, întrebând dacă parohiile sunt de acord cu decizia Congresului de contribuție cu 1% la trezoreria Episcopiei. Evident că mulți nu au respectat-o. El anunțase guvernul român în acel an despre achiziționarea Vetrei, cerând o creștere în subvenția Episcopiei, dar n-a apărut nici o mișcare în această privință. În septembrie "Solia" a fost suspendată din lipsă de fonduri. Nici un depozit nu este înregistrat pe anul 1938 în fondul general la Cleveland Trust Company, în timp ce fondul de construire al Vetrei avea 987.97$ în 9 noiembrie 1938. Aparent, cele două fonduri erau ținute separat, dar cheltuielile pentru reparații din timpul primei jumătăți a anului 1939 au redus rapid fondul la 506.94 dolari, astfel că ceea ce era presupus a fi un fond pentru construirea mănăstirii a devenit un fond general de cheltuieli. Lupta a devenit teribilă când a început achitarea ratelor ipotecare. Este cu adevărat dificil să deslușim finanțele Episcopiei din acea perioadă. Bilanțurile de control ale lui Policarp, chitanțele și ținerea unui registru general erau într-o dezordine incredibilă, cel puțin pe hârtie. Ce reiese, este impresia că banii erau puși într-un buzunar doar pentru a fi transferați într-altul atunci când veneau facturile, iar Sf. Petru era jefuit pentru a-l plăti pe Sf. Pavel. De asemenea, Policarp deseori nu a făcut nici o distincție între propriul salariu și subvenția Episcopiei din care trebuia să plătească cheltuielile generale. În mod regulat el trimitea bani prietenilor şi rudelor din România care s-au înmulţit cu timpul. Maşina sa era în mare parte cumpărată de dr. Leucuţia, dar el îşi plătea singur asigurarea. Ca un plus, era darnic în donaţii financiare pentru oricine care-i scria cerându-i ajutor. Totuşi, acest fapt a devenit neînsemnat când în 1937 a cheltuit cam 2,600 dolari pentru o călătorie de 4 luni în România. Salariul său de 360 dolari pe lună nu putea acoperi cheltuiala.

Animozitatea faţă de episcop nu a încetat, iar în ciuda rezoluţiei de a nu răspunde detractorilor lui, nici partea sa n-a adoptat o poziţie conciliatoare. Eforturile şi-au spus cuvântul asupra sănătăţii sale, iar pentru prima oară, în 1938, a lipsit de la o întrunire a epitropilor Vetrei. De fapt, câţiva au interpretat scrisoarea sa din 17 octombrie către Ioan Ciolac pentru "a conduce sesiunile viitoare" ca pe un semn că nu va mai veni la sesiuni de acum încolo. În realitate, el a plecat în Florida pentru odihnă, ajungând înainte de Crăciun şi rămânând acolo pentru tot restul iernii. După cum îi era obiceiul, nu a stat la hotel, ci cu românii de acolo, pentru a economisi bani. Prima dată a stat cu Nicolae Zernovean, cultivator şi transportator de legume din Florida care şi-a oferit ospitalitatea episcopului "pentru una, două sau mai multe săptămâni". Nu ştim ce-o fi zis Zernovean despre cele 12 săptămâni, dar s-ar părea că Policarp s-a mutat pe ici-colo. A ajuns chiar la timp în Miami pentru a primi o scrisoare de la Chicago cu ştirea că "inamicii săi spun că deja a plecat spre Europa, că va demisiona în curând. Le-am spus că nu este adevărat." Între timp profesorul Gheorghe Matei din România a scris o serie de articole în "Buna Vestire" apărându-l pe episcop de materialul defăimător despre el, împrăştiat prin Bucureşti. Nicu Balindu i-a răspuns public, spunând că Matei nu ştie ce vorbeşte. Matei i-a cerut lui Policarp să-i trimită "mai mult material", astfel că episcopul deşi încetase să polemizeze în America, încă folosea mijloace indirecte prin alţi vorbitori de acasă.

Este imposibil de spus dacă sau când Policarp a decis într-adevăr să demisioneze din postul său din America. Ce este sigur, e că gândul cu siguranţă i-a trecut prin minte de multe ori. Se poate presupune, cel puţin în anumite momente, că dacă i s-ar fi oferit lui Policarp o Episcopie în România, ar fi acceptat-o. Foarte convingător a fost discursul său înflăcărat intitulat "Rămâneţi cu bine şi la revedere", publicat în ajunul primei sale plecări spre România în iulie 1937. A cerut ca absenţa sa să fie un timp de "clarificare şi calmare a turbulenţelor prin care voi treceţi". El le-a dat oamenilor săi de ales, satirizându-i pe cei care "ne numesc hitlerişti şi fascişti pentru că altfel nu şi-ar putea justifica frontul antifascist, Frontul Popular, ale cărui ţeluri le ştim":

> "Dacă vreţi o Episcopie independentă cu parohii româno-americane, parohii independente ortodoxo-catolice ca acele bube care au apărut în Cleveland şi Pontiac şi care continuă să se întindă ca o urticarie în Alliance, Buffalo, Roebling şi o parte din Indiana Harbor, alăturaţi-vă lor şi rupeţi orice relaţie cu episcopul vostru şi nu-l faceţi să-şi piardă energia în van şi să-şi frământe sufletul fără folos".

Un an mai târziu, înainte de Congresul din 1938, el a arătat că "mi se pare că în loc să fie controlată de către lege, viaţa bisericească este ghidată de legea bunului plac" şi a condamnat preoţii care rupseseră relaţiile cu episcopul lor, numind actele lor ca fiind "lipsite de Duhul Sfânt", iar liturghiile ce se performau ca fiind "slujbe ale minciunii". Există evidenţe că în aceeaşi lună Policarp a făcut eforturi să "răscumpere" anumite proprietăţi din România, deşi acest lucru s-ar putea să nu aibă nimic de-a face cu planurile sale de viitor. Există dovezi ulterioare, pentru faptul că din întregul său sejur în America lipseşte un simţământ al permanenţei, un ton al ideii că niciodată nu s-a considerat stabilit definitiv acolo sau că aceasta era de acum casa lui. El nu a abandonat niciodată atitudinea sa de autoritate superioară, proprie unui ierarh român, aşa cum o vedea el. Astfel, controlul său asupra Episcopiei, care nu s-a apropiat niciodată de ordinea centralizată, a făcut ca atacurile asupra sa să continue şi petrecând atât de mult timp în afara contactului cu parohiile sale, s-a dat pe mâna celor care îl doreau bolnav. În 1937 a fost plecat în Europa timp de patru luni întregi şi trei luni în Florida (care nu era centrul parohiilor sale). Acest lucru a facilitat regula bunului plac în parohiile sale. În concluzie, în acest amalgam există o dovadă orală că Policarp era gata să plece definitiv în 1939. Dar chiar neluând în seamă acest lucru, important este faptul că atunci când a plecat, nu s-a mai întors. Timp de 40 de ani, informaţia standard, care a ajuns a fi ca un refren constant în întreaga literatură adunată despre istoria Episcopiei, este că "a fost prins de izbucnirea războiului şi astfel nu s-a mai putut întoarce". În a doua sa călătorie a ajuns în România pe 2 august, iar invadarea Poloniei de către Hitler, ce reprezintă o a doua mare perioadă nebună a secolului XX, s-a produs la 1 septembrie.

Nu trebuia să fii expert în relaţii internaţionale ca să-ţi dai seama că războiul stătea să înceapă în vara lui 1939. Exact de la trei săptămâni după venirea lui Policarp în ţară, a fost semnat pactul germano–sovietic Molotov–van Ribbentrop. Cât despre participarea activă a României la război, aceasta nu s-a întâmplat în 1939. Intenţia noastră nu este să discutăm izbucnirea celui de-al doilea război mondial, ci doar să spunem că în primul rând, era un timp foarte prost ales ca episcopul să călătorească în Europa şi în al doilea rând, odată ce a ajuns acolo şi a văzut evenimentele, de ce nu s-a întors imediat când încă se mai putea? Peste ani şi ani, când vom putea să studiem această problemă aflându-ne în Romania, vom putea şti mai bine. Policarp însuşi a continuat să insiste că se afla acolo pentru simplul motiv de a continua lobby-ul pentru o creştere a subvenţiei guvernamentale pentru Episcopia sa din America şi trebuia să rămână cel puţin până la întrunirea din toamnă a Sf. Sinod, după cum vom vedea. Pentru moment, concluzia este că a plecat în România chiar în ajunul războiului, iar mai apoi că a stat acolo prea mult – până când evenimentele, dincolo de puterea lui, într-adevăr l-au silit - dar pentru că aşa şi-a dorit el.

O întrebare mai relevantă poate este: de ce a stat în America atât cât a stat? Sunt două motive. Achiziţionarea Vetrei l-a încântat cu adevărat, devenind foarte absorbit de dezvoltarea ei, dorindu-şi s-o fondeze ferm. Spera că lucrurile se vor îmbunătăţi de îndată ce va avea un birou central şi o reşedinţă. Al doilea motiv este mai întemeiat. Nu urma să i se ofere o Episcopie în România. Era un episcop de gradul doi, care grad era bun doar pentru America. Tot cei mai rămăsese era să se întoarcă la Hodoş-Bodrog.

Ultima jumătate de an a lui Policarp a fost marcată de anumite consolidări, dar de fapt mai mult de dificultăţi. O Episcopie nu era construită în totalitate – era de-abia dincolo de procesul de formare. La Vatra, Ioan Indreica a închiriat o parte din fermă, cu stipularea să-i fie furnizate unelte şi să fie achiziţionate câteva vaci, fapt care a rămas nerealizat. Mai târziu, în ianuarie 1939 au fost lansate plângeri împotriva conducerii fermei, iar Policarp era nemulţumit de felul în care evoluau lucrurile. Ioan Trutza, responsabil de Consiliul Episcopesc în timp ce episcopul se afla în sud, a anunţat pe 11 ianuarie o întrunire şi a notificat că trezoreria era "goală în totalitate". Acest lucru nu era chiar adevărat, pentru că 438.69 dolari au rămas în contul din Cleveland, care cu dobândă a totalizat 487.47 dolari până la 30 ianuarie, dar această sumă nu era de ajuns pentru a acoperi cheltuielile, în timp ce Fondul "Vatra" de la Grass Lake Bank a scăzut în aceeaşi lună la 885.89 dolari şi continua să scadă. Construirea oricărei mănăstiri era în afara oricărei discuţii. Proprietatea de lângă lac, cel puţin, era achitată până acum şi Ioan Mariş reuşise să convingă Consiliul de bunele sale intenţii în măsura în care i se acordase o concesiune de 200 dolari pe an pentru Wolf Lake Dance Pavilion. Banii trebuiau să fie obţinuţi într-un fel. Părintele Opreanu dorea să înceapă aşezarea unui cimitir în cadrul "Vetrei" şi deşi Congresul acelui iulie a aprobat în prealabil acest lucru, nimic nu s-a făcut pe această linie. La 21 iunie părintele Laurenţiu Manoliu a fost numit preot paroh al încă fictivei parohii centrale Sfânta Maria de la Vatra.

Între timp, câteva parohii canadiene se aflau în proces cu preoţii ruşi care le slujiseră, iar stiliştii continuau să compromită. Autoritatea lui Policarp în acea regiune îndepărtată era practic inexistentă. După vizitele canonice iniţiale din 1936 în Vestul Canadei, nu s-a mai întors niciodată acolo. Mai exasperantă era reapariţia întrebărilor asupra problemei alegerii episcopului de către Congresul Bisericii. Având trei ani la dispoziție pentru a realiza exact ce au însemnat de fapt schimbările lui Policarp în Statutele din 1936, mulți dintre credincioșii săi, ca să nu-i mai menționăm și pe acei preoți cărora nu le convenea ca altcineva să se amestece în teritoriile lor, au reluat problema la Congresul din 1939, ținut pe 4 iulie la Vatra. Policarp a simțit că e necesar să țină unul dintre discursurile faimoase de clarificare acum, insistând asupra canonicității și asupra faptului că nu poate exista nici un compromis în acest caz. Părea mai mult decât o coincidență faptul că episcopul îmbrățișase o propunere adițională de a înregistra preoții Episcopiei într-un fond de pensii din România. A promis că va face eforturi în acest sens. Era un mod de a-i domoli și de a îngropa chestiunea alegerii, deci încă un motiv pentru o ședere prelungită în România de îndată ce va ajunge acolo.

Atunci, în mijlocul tuturor acestor lucruri, cu o sută de probleme nerezolvate, episcopul a făcut planuri să plece în țară la scurt timp după întrunirea celui de-al șaptelea Congres. De vreme ce nu poate fi dovedit în mod absolut, faptele sugerează că un număr dintre consilierii săi apropiați, inclusiv Trutza, au făcut să se înțeleagă foarte clar că plecarea sa era o idee foarte proastă. Problema banilor trebuia rezolvată, a fost replica lui Policarp la acestea, fiind hotărât să nu se întoarcă până când nu va avea succes cu ministerul Cultelor și alte agenții necesare în obținerea de angajamente financiare ferme și de creșteri pentru Episcopie. Cel puțin asta li s-a spus multora. Episcopul i-a cerut lui Trutza să-i fie vicar sau episcop delegat în absența sa, dar Trutza a refuzat. Preotul din Cleveland nu vroia să călătorească mereu 170 de mile până la Vatra. El nu uitase dezamăgirea trăită de parohia sa când Policarp n-a instaurat scaunul Episcopiei la Cleveland. Nici episcopul nu a urmat cu adevărat sfaturile lui Trutza și a modificat tonul imperativ. Trutza însuși era o personalitate puternică. Și este mai mult ca sigur că relația dintre cei doi oameni nu era una dintre cele mai călduroase. În orice caz, Simion Mihalțian, ca cel mai vechi membru al Consiliului Episcopesc, a fost numit înlocțiitor pentru a conduce temporar Episcopia. El avea avantajul de a fi mai aproape de Vatra, în Indiana Harbor. Deși nu era obișnuit cu funcțiile de autoritate, după cum nici Trutza nu era, a salutat cu căldură prestigiul care a apărut, de a deveni delegatul episcopului, chiar dacă nu i s-a dat gradul de vicar. Scena era aranjată şi fundalul a fost coborât pentru o tragico-comedie ce avea să dureze şapte ani.

Înainte de sfârşitul lui iulie, Policarp stătea pe peronul gării din Detroit, gata să plece în România. Nici un preot n-a fost acolo să-l conducă.

CAPITOLUL 6

Halloweenul îşi arată roadele,
1939 — 1947

"Iată ce bine şi plăcut e să fie fraţii împreună."

În dimineaţa duminicii de 30 aprilie 1939 porţile
World's Fair din New York s-au deschis larg. Tema
Expoziţiei era "Lumea de mâine". Ceremoniile de deschidere s-
au ţinut într-o vastă incintă numită "Curtea Păcii". Norii
muntoşi atârnau pe cerul albastru acoperind o mulţime de zeci
de mii dornici să vadă noua întrupare a visului american.
România trimisese şi ea o expoziţie remarcabilă, prezentând
atât trecutul ei istoric cât şi progresul modern. Pentru fiii ei
totuşi, ironia întrebărilor puse de cele două fraze ale Expoziţiei
va rămâne un subiect de reflecţie. Nu mai puţin era aceasta
adevărată pentru cei din America privaţi de episcop şi în curând
divizaţi în tabere partizane ce s-au angajat într-o luptă pentru
succesiunea lui Policarp, o dispută viscerală între îngrijitori,
carlişti şi vite pe de o parte şi versiunea proprie a Episcopiei
pentru octombrişti pe de alta.

A doua călătorie a lui Policarp în România, ca şi cea
din 1937, trebuia să dureze două sau trei luni cel mult.
Scopurile ei declarate erau să-şi vizeze familia, să
raporteze patriarhului despre starea Episcopiei din America şi
să facă un lobby puternic pentru o subvenţie financiară crescută
din partea guvernului român. Primele două ar fi fost îndeplinite în
câteva săptămâni; pe ultima a avansat-o ca un motiv de şedere.
După două luni şi jumătate, el îi scria lui Mihalţian: "Nici acum
nu pot spune când mă voi întoarce". El ceruse Sf. Sinod şi
ministerului Cultelor să includă salariile preoţilor lui în bugetul
statului, aşa cum făcuseră pentru preoţii români din Ungaria şi
Iugoslavia unde existau câteva Protopopiate. De asemenea,
vroia bani pentru un preot "referent", un secretar, un diacon şi îşi
vroia clarificat statutul său de episcop. "De două ori m-am

întors numai cu promisiuni" nota el, implicând că de data aceasta va merge până în pânzele albe. Policarp continua să se comporte ca un episcop, numind un paroh la New York și trimițând instrucțiuni pentru alte probleme. Cererile sale, în care ruga Consiliul să caute o casă care ar putea fi achiziționată înainte de întoarcerea sa, arătau că nu-și stabilise reședința la Vatra. Mihalțian i-a trimis episcopului un raport pe 15 octombrie despre starea Vetrei.

Înainte de plecarea sa, la sfârșitul lui iulie 1939, Policarp confirmase Consiliul Episcopesc nou ales și prezidat de către Mihalțian ca funcționabil în absența sa. Ioan Serb și Nicolae Buta erau auditori, împreună cu Andrei Moldovan ca secretar și Ivan Gaspar ca trezorier. Membrii clerului îi includea și pe părinții Opreanu, Constantin Juga și Ioan Popovici. Membrii laici erau dr. Leucuția, Virgil Suciu, Iancu Ardelean, Sava Socol, Ioan Indreica și Ilarion Morar, cu înlocuitorii: părintele Bărbulescu (unul dintre cei doi judecători clericali, împreună cu părintele Alexandru Cucu), părintele Marin Postelnic și laicii Paul Tomy, Nicolae Tulescu, Nicolae Dudaș și Ilie Stoia. Demn de notat este faptul că Trutza n-a fost reales în consiliu la Congresul din 1939, un fapt ale cărui interpretări pot fi variate. Diferențele de opinii cu Policarp ar fi un motiv. Probabil că vocea lui Trutza era una dintre cele mai puternice în opoziția față de călătoria episcopului în Europa. Refuzul lui Trutza de a fi numit vicar poate fi legat de aceasta sau de neînțelegerile generale referitoare la cum se conducea Episcopia. Nici tradiționalistul Policarp, nici Trutza nu erau personalități moi, iar șansa ca până în 1939 să se fi înțeles unul cu altul era destul de mică, din moment ce ni se spune că "Trutza era un om care putea domina orice întrunire la care lua parte, chiar și stând în colț". Pe de altă parte, un factor mai puțin contencios poate fi pus în discuție. Trutza fusese în primele rânduri ale tuturor muncilor din Episcopie încă din 1927 și nu numai că dorea, dar și avea nevoie de odihnă. Era obosit după călătoria sa la întrunirea de fondare a Congresului Mondial al Bisericilor de la Utrecht în toamna anului 1938 și poate că de acum sănătatea sa începea să prezinte probleme serioase. Necunoscut lui Trutza și familiei sale pe atunci, era faptul că el suferea de o boală congenitală la inimă, o situaţie cu siguranţă neuşurată de anii plini de presiune prin care încă avea să treacă.

Astfel, treburile Episcopiei au rămas practic în mâinile lui Simion Mihalţian pentru următorii opt ani până în 1947. Nu a fost o perioadă de mare progres, cu excepţia existenţei juridice neîntrerupte a Episcopiei şi a achitării Vetrei. În rest, Episcopia a degenerat în mod serios ca instituţie centrală zdrobită de scandalul politic, şi canări în posturi înalte şi deteriorarea a ceea ce existase ca unitate între parohii. O parte din vină pentru toate acestea trebuie pusă pe seama lui Mihalţian. Era un om bine intenţionat şi un preot paroh capabil şi conştiincios în Indiana Harbor. A fost flatat de onoarea de a fi numitul episcopului pentru a conduce Episcopia, dar într-un fel, biroul i s-a urcat la cap. Timp de ani întregi el, precum şi alţii, trăiseră în umbra lui Trutza, ceea ce a făcut situaţia mai de înţeles când provocări faţă de conducerea sa au venit de la preotul din Ohio, la care Mihalţian ar fi reacţionat peste măsură. Aşa a şi făcut, nu numai apucând un tun pentru a împuşca un iepure, ci şi permiţându-le celor din Consiliu să creeze o întreagă zonă muntoasă deşi existau doar dealuri mici. Pentru cei care l-au flatat, Mihalţian a dat mână liberă. Făcând astfel, a pierdut mult din controlul asupra celor din jurul său. Era un om inteligent, nefiindu-i greu să-i controleze pe cei isteţi, cum era Morariu. Mihalţian era onest şi astfel a refuzat să creadă că apropiaţii săi erau necinstiţi sau neonești. Poate că marginalizarea sa venită din partea consilierilor este mai uşor de înţeles astăzi, decât la acea vreme. A fost înconjurat de o echipă de oameni invidioşi de dominaţia lui Trutza, dintre care câţiva unelteau să folosească Episcopia pentru propriile scopuri, plus alţii cu ambiţii de a fi puterea din spatele tronului. Mihalţian n-a fost conştient de multe lucruri ce i-au fost puse în cârcă şi nici atât de ferm ca să cureţe casa atunci când a aflat. Dintre toate figurile istoriei acestor ani, odiseea lui Simion Mihalţian este una dintre cele mai tragice.

În timp ce îşi aştepta episcopul să se întoarcă, Consiliul a continuat să fie preocupat în principal de Vatra. Chiar în iulie, la ultima întrunire la care a luat parte şi Policarp, contractele lui Mariş au fost rezolvate după obicei. În ciuda obiecţiilor câtorva membri, concesiunile lui Mariş pentru majoritatea loturilor de la Wolf Lake au fost aprobate. În schimb, el a promis să furnizeze nu numai toate fondurile şi aranjamentele pentru banchetele de Ziua Americii şi de Ziua Muncii ţinute la Vatra, ci a mai adăugat şi alte ocazii. Deşi toţi au fost de acord cu ideea de a face ferma să se autoîntreţină, acest lucru nu era posibil. Din banii destinaţi iniţial pentru achiziţionarea de vite, 800 de dolari au fost luaţi de Policarp pentru călătoria în România, astfel încât această achiziţie a fost amânată până în primăvara lui 1940, când îngrijitorul Ioan Indreica a cumpărat şase vite şi câţiva porci. De asemenea, tot la acea vreme a fost angajat un fermier pe nume Vasile Stan, pentru 35 de dolari pe lună. Nefiind mulţumit cu cei 25 de dolari pe lună, incapabil să obţină cărbune şi depresiv din cauza singurătăţii iernii rurale din Michigan, Laurenţiu Manoliu demisionase. Familia Avram a fost adusă să aibă grijă de reşedinţa principală, în timp ce Indreica locuia în casa administratorului (astăzi clădirea ARFORA). S-a stabilit un aranjament prin care Indreica împărţea profitul provenit din vânzarea de pui de găină cu administraţia fermei pe principiul 1/3–2/3. Acelaşi aranjament era valabil şi pentru veniturile din lapte. Acestea au devenit sursă majoră de venit pentru Vatra. Zece la sută din banii de pe lapte erau reţinuţi de Indreica, zece la sută mergea la fondul fermei şi restul în bancă. Nicolae Dragoş a fost numit administrator în iulie 1939, dar a continuat să locuiască în Detroit, împărţind venitul de 50 dolari cu Indreica. De fapt, până la mijlocul lui 1940, Indreica avea deja un control aproape total, pentru că puţini oameni vizitaseră ferma de la marginea drumului. El a fost de capul lui acolo, cu excepţia scurtelor perioade când Consiliul Episcopesc se întrunea la Vatra sau când se ţinea Congresul din vară. În ianuarie 1940 i s-a permis lui Ioan Gaspar să se retragă din funcţia de casier al Vetrei, iar această sarcină a fost încredinţată lui Indreica.

Tot mai mulţi erau nemulţumiţi de felul cum mergeau treburile pe această proprietate şi de aceea administrarea lui Indreica a fost mai degrabă criticată. Avea scuza handicapurilor financiare serioase cu care trebuia să lucreze, dar se pare că nu şi-a devotat tot timpul sarcinilor trasate. În ianuarie 1941, a fost avansată o petiție către Mihalțian și către Consiliu purtând 19 semnături, în frunte cu cea a lui George Gavrilă (1883-1946). Între anii 1940 și 1941 o bună parte din porumb rămăsese nerecoltat. Stan plantase cultura, după cum Gavrilă notase, dar cultivarea, treieratul și o parte din recoltare au fost toate făcute de către cumnatul lui Gavrilă, Capați. Tot el a achitat și facturile de plată la electricitate pentru ca serviciul să nu fie întrerupt. Oamenii veneau de la Detroit în weekend-uri și se ofereau voluntari pentru a recolta cultura "care rânjea la noi pe câmp", dar mai mult de 1,200 de banițe s-au risipit pentru că nu existau animale care să le consume. Atitudinea lui Gavrilă era tipică pentru acele zile de început la ferma Vatra. Oamenii aduceau câini, oi, chiar și măgari și îi lăsau spre îngrijire, în timp ce Gavrilă și unchiul său achiziționaseră două scroafe din Akron pe care le-au transportat la fermă. Între timp Indreica se bucura de o subvenție de 250 dolari prin *New Deal's Agricultural Adjustment Act* din 1938 care descuraja producția. Astfel, credincioșii care își doreau să facă o întreprindere prosperă din ferma lor n-au putut, deoarece administratorul și agronomul fermei lor lucrau în scopuri opuse. Indreica a fost înlăturat la sesiunea Consiliului din 18 ianuarie 1941, dar lucrurile nu s-au îmbunătățit. Chiar înainte de plecarea lui Policarp, Episcopia a fost declarată oficial falită, datorându-i episcopului însuși 100 dolari pe care îi împrumutase fondului general, trebuind de asemenea să se scotocească pentru a găsi 300 dolari pentru a-l trimite pe Trutza la Utrecht. Banii Episcopiei trebuiau să fie ținuți separat de conturile Vetrei, dar acest lucru rareori se întâmpla. În aprilie 1939, 770 dolari erau deja investiți în proprietățile din jurul lacului. Încă o dată, o frumoasă donație din partea ministerului Cultelor a ajuns chiar la timp, dar majoritatea banilor din suma de 2,440 dolari a mers la Asociația Națională de Împrumut pentru Ferme pentru a acoperi o parte din ipoteci. Parohiile nu-și plăteau taxele și fiecare întrunire raporta că sute de dolari erau necesari pentru reparații la fermă. Câteva decizii eronate au fost luate sub presiunea temerilor financiare. Discuția despre sancțiunile împotriva parohiilor care nu-și plăteau taxele a servit doar la antagonizarea multora și a crescut atenția față de cei ca Trutza, care au început să considere Vatra nimic mai mult decât o sursă de cheltuială fără folos din casieria niciodată plină a Episcopiei. Mihalţian nu a fost de mare ajutor pentru că în timpul şederilor sale sporadice la Vatra, s-a înclinat în mod evident spre a le spune lucrătorilor ce şi cum să facă. A făcut un adevărat pas greşit atunci când a vrut să doarmă în camera lui Policarp, dar Gavrilă a refuzat să-i dea cheia.

Situaţia s-a înrăutăţit în 1941. Venitul lunar pe lapte era în jur de 85$. Pe lângă aceasta, venitul principal era alcătuit din câteva fonduri venite din creşterea pasărilor şi din vânzarea de locuri în cimitir pentru suma de 25$ fiecare. Acest venit nu era de ajuns în nici un fel pentru a acoperi datoriile de 1,980.50$ raportate la întrunirea din 18 ianuarie. Loturile de pe lângă lac se vindeau greu, încât prin aprilie Mariş a cerut să i se permită să le vândă "străinilor", adică neromânilor, printre care, spunea el, avea multe perspective. Au început temeri că Mariş încerca încă o dată să revizuiască contractele, iar Consiliul a refuzat cererea lui Mariş. Atunci el a anunţat că va aduce în discuţie această idee la Congresul din acel an. Ce a decis Congresul din 1941 asupra acestei idei este neclar, dar numele celor de pe schiţele lui Mariş sugerează că pentru moment vor continua să rămână o afacere complet românească. Acest lucru a dus la încetinirea vânzărilor. În septembrie 1941 Mariş a cerut permisiunea să vândă loturi sub preţul stipulat în contractul pe care îl semnase cu Paul Tomy şi cu părintele Opreanu. Deja colecta chirii de pe două căsuţe aflate pe pământul clar rezervat Episcopiei. De aceea Consiliul i-a spus lui Tomy să consulte din nou un avocat pentru a clarifica planurile lui Mariş. Încă o dată, problema a fost amânată pentru Congresul anului viitor. Această abordare garanta că, pentru cel puţin 11 luni din an, Mariş era liber să facă ce vrea. Astfel, zona Wolf Lake nu a adus decât o parte din venitul preconizat şi pentru care fusese destinată.

Unde este episcopul?

Pe 1 şi 2 septembrie 1940 Congresul Bisericesc anual s-a reunit la Farrell, cu 44 de delegaţi prezenţi. Rezultatele anului precedent arătau clar lipsa de participare. Chiar parohiile apropiate, ca de exemplu Canton, Ohio, nu-şi trimiseseră reprezentanţi. Părintele Trutza a intrat în miezul problemei când s-a ridicat să întrebe Congresul "dacă Episcopia noastră are sau nu un episcop", pentru că fusese informat că Policarp nu va putea să se întoarcă în America. Motivul? Policarp făcea propagandă cauzei naziste şi fusese denunţat în mai multe rânduri de-a lungul ultimului an de către oponenţi, atât din România cât şi din America. Mihalţian a răspuns în singurul mod în care putea, declarând că "avem un episcop până când autorităţile Bisericii de acasă ne informează altfel", şi precizând că un mare număr de memorii au fost trimise în România care cereau întoarcerea urgentă lui Policarp, lucruri foarte adevărate. Atunci el a cerut întregii audienţe să aducă o dovadă că episcopul era un susţinător al naziştilor, dar nimeni din cei prezenţi n-a scos nici un cuvânt. Astfel, Congresul a considerat acele acuze ca "nule şi fără sens". Acest fapt nu a făcut acuzaţiile mai puţin credibile, nici nu a anulat faptul că la bază ele erau folosite ca motiv declarat pentru a-l ţine pe Policarp în România.

Adevărul era că o campanie concertată fusese lansată împotriva episcopului din momentul în care a ajuns în Europa, care în multe feluri era o continuare a atacurilor pe care le suferise în cei patru ani cât a stat în Statele Unite. Timpuriu, la 10 martie 1940, Policarp i-a scris lui Mihalţian despre lipsa de acţiune faţă de fondurile Episcopiei din bugetul statului. Cheltuielile de război erau acum motivul declarat. El fusese chiar şi la Mareşalul Curţii şi la regele Carol însuşi pentru a afla de ce nu se ajungea la nici un rezultat. I s-a spus simplu să tacă în faţa acuzaţiilor aduse împotriva lui. La acel moment Policarp însuşi părea nesigur de surse. "E mâna cuiva în toate acestea, dar a cui?" îl întreba el pe Mihalţian, cerându-i ajutorul său să vadă dacă autorităţile de Emigrare şi Naturalizare din Statele Unite vor divulga identităţile "unor asociaţii de oameni" care îl pătau. Policarp a concluzionat scrisoarea cerând să fie trimis un act din partea Vetrei către Legaţia română din Washington, deoarece acuzatorii săi spuneau că "am cumpărat-o cu banii Bisericii pentru mine însumi". Totuşi, în acest moment existau puţine semne că nu se va mai întoarce. Corespondenţa sa cu Mihalţian şi cu Consiliul Episcopesc din timpul ultimelor luni ale anului 1939 includea fraze ca "după întoarcerea mea" şi folosea cuvintele "vă voi revedea curând". La un anumit moment, a fost gata să plece cu trenul spre Lisabona şi să zboare de acolo cu un avion transatlantic spre New York. La 10 noiembrie 1939, George Gavrilă a primit o carte poştală trimisă de episcop din Alba Iulia care anunţa acest plan, iar la 18 februarie 1940 Gavrilă i-a cerut lui Mihalţian să telegrafieze patriarhului să vadă dacă Policarp plecase deja din România. În ultimul minut, Policarp a descoperit că nu putea obţine viza. Apoi la 29 mai 1940, înştiinţarea sa către Mihalţian a fost: "voi face tot posibilul că să plec la mijlocul lui iunie cu vaporul Sulina". Încă o speranţă deşartă. Cortina a căzut devreme în 1940 când, pe ziua de 3 ale lunii, a anunţat Consiliul că "din înaltul ordin al regelui" i s-a spus să nu mai ceară întoarcerea în Statele Unite, pentru că astfel "ar deveni un lider al Gărzii de Fier de acolo, aşa cum au acuzat părinţii Cucu din Akron şi Balindu". Mai multe nu a putut să afle, în afară de faptul că i se spusese că vremurile erau prea periculoase pentru a călători. Mai devreme, Policarp declarase că dacă războiul va ajunge în România, va cere un post de Episcop al Armatei, dar după aproape un an de când se afla în România nu primise nici o funcţie oficială. Tot în această perioadă l-a informat pe Trutza referitor la noul impas, deoarece Trutza i-a menţionat intenţionat pe Cucu şi pe Balindu în discursul său către Congresul din septembrie, ca fiind principalii detractori ai lui Policarp şi a adăugat noul subiect, cum că cei doi trimiseseră scrisori împotriva lui Policarp, atât patriarhului cât şi regelui.

Ce se întâmplase de fapt, era că Policarp fusese prins la mijloc în lupta politică izbucnită în România între Stânga şi Dreapta în timpul perioadei critice în care Carol al II–lea încerca fără succes să reziste trecerii sub nemţi. Aceia pe care Policarp îi antagonizase în Statele Unite şi aceia din România care se opuneau simpatiilor sale faţă de Dreapta, au uneltit pentru a împiedica întoarcerea sa. Desigur, Policarp nu era în mod direct o figură politică. Totuşi, în zilele tulburi ale lui 1940, nici o persoană proeminentă din România nu putea să-şi asume o poziţie neutră. Nu avem cum să ştim în acest moment în ce acţiuni sau discuţii s-a angajat de fapt Policarp, iar limbajul voalat folosit de toţi în acele zile, face dificilă identificarea specifică a celor care unelteau cel mai tare împotriva sa, cu excepţia conducerii Uniunii şi Ligii şi a câtorva preoţi precum Cucu, care în 1942 se afla într-un lagăr de detenţie preventivă din California pentru activităţi politice. Pot fi blamaţi de asemenea, Glicherie Moraru şi părintele Opreanu pentru sprijinirea campaniei anti – Policarp. Primul ca să rămână nerestricţionat în manipulările sale în cadrul Episcopiei, iar ultimul pentru că era sigur că el însuşi ar putea fi un episcop mai bun. Aceştia doi, totuşi, nu au intrat în schemă până în primăvara lui 1941, iar dovezi despre implicarea lor timpurie în campania împotriva lui Policarp, nu sunt. Asta era clar. Episcopul a fost reţinut în România din ordinul regelui, pentru că într-adevăr Carol al II –lea credea că el va prozelita activ pentru mişcarea legionară, ceea ce s-a întâmplat între 1939 şi 1940. Cea mai puternică dovadă este că la 1 octombrie 1940, după abdicarea regelui de pe 6 septembrie şi după proclamarea "Statului Naţional Legionar" sub mareşalul Ion Antonescu la 14 septembrie, Policarp a scris din Craiva către Consiliu că "aştepta ca lucrurile să se aşeze" şi "doar pericolul călătoriei" împiedica acum întoarcerea sa în America. Într-o altă circulară din aceeaşi zi, el a sugerat că "aţi fi putut amâna ţinerea Congresului până la întoarcerea mea". De acum se presupunea că nu mai există nici o problemă în a i se permite să părăsească România, problema fiind doar când.

Totuşi, situaţia din România era departe de a fi liniştită şi doar 4 luni mai târziu, în ianuarie 1941, Antonescu a înlăturat Garda de Fier din guvernarea sa. La acest moment, Departamentul de Stat American preluase iniţiativa, după cum scria Policarp la 12 martie 1941, Consulatul Statelor Unite din Bucureşti refuzând să-i elibereze viza pentru America până când ostilităţile se vor încheia. Vapoarele şi avioanele spre Lisabona erau în afara discuţiei, iar obstacolele politice erau acum înlocuite de cele pur fizice, de vreme ce întregul continent va fi în curând în război. Aceasta poate să fi fost doar ce-i spusese Consulatul episcopului, pentru că oficialităţile de la Washington erau bombardate cu scrisori şi memorandumuri care cereau să nu-i fie permis lui Policarp să intre în Statele Unite. Secretarul Andrei Moldovan a vorbit doar despre "cinci editori", despre nevoia de "a expune" anumiți indivizi, dar din nou nu putem identifica vinovații cu precizie. Policarp scria în ianuarie 1941 despre "cei care încercau să saboteze lucrurile", în timp ce era informat în continuare despre situația Episcopiei prin corespondența cu Mihalțian și prin numeroase scrisori trimise de indivizi din America. Pană la sfârșitul anului, dispăruse orice șansă pentru credincioși de a-și vedea liderul spiritual din nou în Episcopia sa. Aceasta va rămâne pentru mult timp în stare latentă din cauza unui loc numit Pearl Harbor.

Dezintegrarea

Este trist de văzut, în ciuda speculațiilor despre întoarcerea sa, cum preocupările lui Policarp față de Vatra nu au încetat niciodată. Spiritele rezultate din misivele sale par să se fi aprins și stins, în timp ce știrile despre succes sau despre lipsă de progres îi erau transmise. Din nefericire, majoritatea știrilor erau proaste. Situația financiară a Vetrei servea într-un mod real ca barometru al crescândei lipse de coeziune și al nivelului luptelor interne într-o Episcopie ce a devenit din ce în ce mai mult divizată după temperamente și diferențe politice. Erau destule critici față de preocupările conducerii pentru agricultură și indiferenței lor față de activitățiile nepotrivite unei organizații religioase.

Congresul din septembrie 1940 a ascultat raportul trezorierului cu 602$ deficit în contul Vetrei pentru primele cinci luni ale anului. Banii pe care îi avea Indreica curent în mână erau aproape 14$. Apeluri către parohii "să facă un împrumut pentru Vatra" au ajuns la urechi surde în acel an, la fel întâmplându-se și cu sugestia lui Policarp făcută printr-o scrisoare, ca fiecărei parohii să i se dea o cameră undeva în clădirile de la Vatra și să plătească cu rândul ipoteca în fiecare lună. După cum am văzut, anul 1941 n-a fost mai bun, iar prima lună a anului 1942 a adus vestea că Episcopia era în urmă cu taxele pe proprietate către stat cu peste 238$, plata ipotecii apropiindu-se de 451.98$. Un împrumut din fondul general al

Episcopiei părea că n-o acoperea, pentru că în trezorerie nu se găseau decât 19.60$. Tractorul de la Vatra fusese confiscat din cauza neplăților. Desigur, nici o întrunire a Consiliului nu ar fi fost completă fără numirea unei comisii pentru a face un nou contract cu Ioan Mariș. Acest lucru s-a făcut până în februarie. "Solia" s-a confruntat cu o datorie de peste 416$. Chiar și după ce majoritatea banilor au fost la îndemână pentru calendarul din 1942, ziarul a rămas în minus cu 324.47$. Vatra nu se putea autofinanța. Organul oficial de știri era mai mult ca niciodată, un subiect de îngrijorare.

"Solia" a reapărut la 20 august 1939 după o suspendare de aproape un an și se afla acum din nou la Youngstown. Într-un articol pregătit dinainte de a pleca, Policarp spera că ziarul va fi primit ca în zilele în care-l scria părintele Stănilă și în timp ce-i mulțumea părintelui Ștefan Opreanu pentru munca sa, l-a îndemnat mai departe spre o colaborare continuă. Totuși Opreanu nu era mulțumit de mutarea din Detroit și pentru mult timp n-a scris nimic pentru ziar. Asemenea fapte erau mai mult decât o simplă problemă de rivalități regionale între preoți, deoarece controlul ziarului însemna o bună parte de putere în politica Episcopiei și un mijloc de venit în plus. Adresa Soliei a devenit acum Nr. 2 Kennywood Court, reședința tipăritorului Ioan Gaspar. În timp ce primea asistență din partea preoților Stănilă și Nicolae Moldovan, Gaspar însuși purta acum principala responsabilitate pentru umplerea paginilor și activa ca editor, culegător, reporter și scriitor. Abonamentele însă nu erau în raport cu mărimea Episcopiei și ca de obicei a fost nevoie de luni întregi pentru a colecta venitul de pe calendarul din 1940. Condițiile de muncă și programul aglomerat l-au condus pe Gaspar în mai 1940 la propunerea de a cumpăra o tiparniță pentru Episcopie. Ar fi fost folositoare, spunea el, pentru a combate toți inamicii care împrăștiau "idei subversive". Spera, de asemenea, să continue apariția ziarului în condiții mai bune, plătite de trezoreria Episcopiei. Problema a fost lăsată pentru Congresul din toamnă, dar finanțele erau astfel încât nu s-a întreprins nici o acțiune. Gaspar a luat el însuși inițiativa, spunând Consiliului la 26 aprilie 1941 că a plănuit să se mute la Detroit și să încerce să-și achiziționeze propria tiparniță. Într-un fel, Episcopia nu-şi putea permite să piardă serviciile lui. Se ocupa de o operaţiune de 5000$. Date fiind dificultăţile prin care trecea, chiar şi profiturile modeste ale bunurilor pe care era capabil să le arate din când în când, păreau miraculoase. S-a acceptat să ia "Solia" cu el. Astfel, la 31 august 1941, nr. 30 al ziarului a apărut din nou la Detroit. La început a fost tipărit în biroul "Adevărul", apoi la tiparniţa "Fireside", până când Gaspar şi-a achiziţionat propria tiparniţă în 1942. Mutarea a rezultat şi în confuzii administrative pentru o vreme. Timp de două luni adresele editorului şi a administraţiei erau trecute ca fiind atât în Youngstown, cât şi în Detroit. La întrunirea Consiliului din 20 septembrie părintele Opreanu a fost numit editor şi Gaspar şi-a asumat îndatoririle administrative, dar divizarea între cele două oraşe a continuat până în mai 1942, când a apărut adresa 10409 Eagle Avenue, Dearborn, locul noului birou a lui Gaspar. Uimitor, ziarul a continuat să apară în ciuda tuturor schimbărilor. Totuşi, în acelaşi timp, această întoarcere în Detroit a fost un punct major de cotitură în viaţa scurtă de şase ani a "Soliei" şi ce a urmat, a reflectat schimbările create în cercurile înalte ale Episcopiei. Munca editorială a părintelui Opreanu s-a reluat, continuând să producă articole profunde şi de calitate. Era până la urmă, unul dintre cei mai buni jurnalişti pe care îi cunoscuse Episcopia în istoria sa. Pe de altă parte, polemicile interne au început să apară tot mai mult în rândurile "Soliei" care, până în 1943, a ajuns la un stil destul de direct. Acest fapt a rezultat din conflictul în creştere dintre cele două tabere importante de preoţi, dintre care una controla organul oficial de ştiri şi îl folosea pentru a blama cealaltă tabără. De asemenea, a fost promovată de faptul că, la aceeaşi sesiune a Consiliului la care a fost numit editor Opreanu, părintele Glicherie Moraru a fost numit "director" al ziarului. Într-un singur an, "Solia" fusese transformată aproape total într-un organ personal de propagandă al acestui călugăr.

Glicherie Moraru (1899-1973) ar fi făcut o avere ca om de afaceri, dar chiar şi călugăr ortodox fiind nu o ducea aşa de rău. Dacă ar fi ajuns în America mai devreme, ar fi fost în stare să vândă şi muşchi de copac de la mormântul lui Hristos. În schimb, conducea un restaurant şi era implicat în diferite grupuri ce umblau după bani şi după femei. Nimeni nu ştia cu adevărat de câte ori a fost căsătorit – estimările începând întotdeauna de la trei şi ajungând până la cinci cel puţin. Aparent a fost caterisit de Policarp cu puţin timp ca episcopul să plece din ţară, dar cumva a continuat să adune şi să achiziţioneze mai multe titluri şi oficii. Dacă n-ar fi existat în rândurile clerului din Episcopie, ar fi trebuit inventat.

A ajuns în Canada târziu, în 1928, pentru a sluji parohia din Limerick, Saskatchewan, îndreptându-se până la urmă spre Montreal. Pentru un timp, Mitropolitul de la Iaşi a refuzat să-i acorde o gramată canonică din cauza acuzaţiilor ce erau investigate de către Consiliul Bisericesc Central. Fuseseră lansate împotriva lui Moraru de către firma fraţilor Block din Bucureşti. Chiar înainte de plecarea din România, unde reputaţia sa nu era prea bună, răspunsul părintelui Trutza a fost negativ faţă de întrebarea Consistoriului referitoare la dorinţa de a-l trimite pe Moraru în Statele Unite. El a venit oricum şi după nouă ani de activitate sfântă şi mai puţin sfântă, a făcut pasul spre Statele Unite, de îndată ce Policarp a plecat. În acest punct cronologia este oarecum neclară. Este limpede că Moraru a petrecut o bună bucată de timp în Detroit şi i-a scris naşei sale la 8 august 1939 de acolo în sensul că slujea cu părintele Opreanu la catedrala Sf. Gheorghe. Remarcile anti Policarp erau atât de clare, încât a concluzionat prin a-i cere adresantei "să nu spună nimănui despre ceea ce a scris". La fel de interesant era comentariul său, cum că o conferinţă de preoţi va avea loc în curând în Cleveland şi va cere demisia episcopului (aceasta la şase zile după ce Policarp ajunsese în România). În orice caz, Biserica Sf. Gheorghe era gata să părăsească Episcopia şi să formeze "Episcopia noastră autonomă cu părintele Opreanu ca episcop". Apoi, în septembrie, părintele Mihalţian a notat retragerea lui Moraru din jurisdicţia Episcopiei. În tot acest timp Moraru trebuie să fi fost doar temporar în Statele Unite, probabil cu o viză turistică. Se pare că el călătorea frecvent între Detroit şi Montreal, deoarece intervenţiile făcute pentru el cu doi ani mai târziu n-ar mai fi avut sens. În orice caz, el a devenit un asociat apropiat, dacă nu un prieten, al părintelui Opreanu şi cei doi au devenit legaţi de aceleaşi activităţi pentru aproape un deceniu. Până la urmă, ei au împărtăşit una dintre cele mai profunde experienţe pe care o pot avea doi oameni: au mers împreună la închisoare. Moraru a făcut următoarea sa mişcare în toamna anului 1940, când a cerut să fie numit la mănăstirea Sf. Maria de la Vatra pentru a intra în viaţa comunităţii. Singurul clar văzător dintre membrii clerului care a votat împotriva acestei cereri a fost Ioan Popovici. Pentru moment, Moraru nu putea să obţină o viză pentru a intra în Statele Unite. Asta din cauza implicării sale în activitatea politică în 1940, mai ales după abdicarea lui Carol al II–lea, activitate ce era bine cunoscută la Washington, ai cărui agenţi deja investigau preotul de la Montreal. La începutul lui 1941, Episcopia a aranjat ca Moraru să fie numit la catedrala Sf. Gheorghe din Detroit pentru a putea obţine viza necesară. Planul a devenit mai clar când părintele Marin Postelnic, care slujise la Vatra, a fost mutat în Dearborn. Acesta a fost începutul pentru implicarea Episcopiei în frontul "România Libera".

Părintele Moraru a fost prezent la o sesiune specială a Consiliului din 26 aprilie 1941 (chemat pentru a discuta problemele "marişiene") şi a vorbit pe larg despre nevoia ca Episcopia să ajute puternic din spate mişcarea pentru lupta României împotriva controlului Axei şi să restaureze guvernarea democratică. Cum deja era organizat în Canada de către Moraru, comitetul "România Libera" a fost prezentat ca o agenţie de propagandă pentru Aliaţi şi de sprijin moral şi financiar faţă de pământul românesc care se chinuia. Deşi Statele Unite nu erau încă în război, acest lucru părea doar o chestiune de timp, iar romano-americanii, ca întotdeauna, au urmat alte grupuri etnice americane în exhibiţii exagerate de patriotism. Se părea că toate relele fuseseră făcute. Consiliul a aprobat un "comitet România Liberă" cel puţin "în principiu" şi i-a numit pe Opreanu şi Andrei Moldovan, împreună cu Paul Tomy şi Ioan Gaspar în comitet. Ce nu ştia el de fapt, era că Moraru purta o corespondenţă cu Carol al II–lea, aflat acum în Coioacan, Mexic şi primea sume mari de bani de la regele exilat pentru a publica ziarele pro-Caroliste în Detroit şi în alte locuri. Ţelul suprem era desigur, acela de a-l readuce pe Carol la tron. La sesiunea Consiliului din 7 februarie 1942, a fost anunţat un mic dar de 1,000$ pentru Vatra din partea lui Carol, iar membrii au decis să-l invite pe rege la Vatra pentru festivităţile Congresului din 4 iulie. În acel an, a fost citită în cadrul convorbirilor o rezoluţie de "sprijin moral total pentru mişcarea România Liberă". Acum s-a introdus o opinie adiţională a Consiliului, aplaudând ziarele "The Free Romanian," publicat de Moraru şi Opreanu în engleză şi "Glasul Românesc" în română. Glicherie trebuie să fi avut puţin timp pentru a-şi pune în practică meditaţiile (era de curând instalat ca preot al parohiei centrale din Vatra), pentru că a călătorit mult. Avea să organizeze un Comitet România Liberă în Mid-West, să ţină întruniri în Chicago şi în alte locuri. Un alt eveniment a avut loc la sesiunea din 7 februarie: dr. Leucuţia a demisionat din Consiliu, spunând că nu are nimic de a face cu treburile politice. Politicizarea întrunirilor Consiliului Episcopesc era evidentă. Vechii "inamici", niciodată nominalizaţi, făceau acuzaţii împotriva "House Committee" prezidată de "Representative Martin Dies" în legătură cu activităţile neamericane. Acestea, împreună cu acuzaţiile de simpatii fasciste făcute de "Românul – American" la fiecare apariţie din 1941, au adus Consiliul în punctul de a trimite Washington-ului negări formale ale înclinărilor naziste.

O astfel de atmosferă, combinată cu deteriorarea generală a ordinii din Episcopie, starea Vetrei şi activităţile dubioase care aveau loc acolo, aduceau o dezmembrare la scară largă a Episcopiei. O scrisoare ajunsă la începutul lui 1942, anunţa formarea RADU (UDRA) — Uniunea Democratică Româno Americană, cerându-le tuturor preoţilor să i se alăture, scrisoare semnată de părinţii Trutza, Stănilă, Nicolae Moldovan, Traian Demian şi Traian Vintilă. Aici se afla cealaltă parte a spectrului, "un grup din Ohio", după cum am putea eticheta, care nu numai că negau orice legătură cu "România Liberă", dar sub influenţa lui Trutza se coalizau gradat într-o tabără organizată de opoziţie faţă de cei responsabili de Episcopie. "Calendarul" din 1942 editat în perioada când "Solia" încă se afla în Youngstown, conţinea un set caricaturi aţintite asupra lui Moraru şi Opreanu, cu versuri parodiind

"Luceafărul" lui Eminescu, referindu-se la stăpânul bărbos de la Sf. Gheorghe:

> În comitetul tău "Liber"
> Comuniștii ne vor critica
> În timp ce la Sf. Gheorghe eu sunt
> Nemuritor și rece.

Pentru Glicherie era scris pe melodia cântecului popular "Roata morii se învârtește":

> Roata morii se învârtește, pac, pac, pac
> Și Moraru se rotește, ceac, pac, țac
> "România Liberă" tipărește, ceac, pac, țac
> Și ce n-ar da sărmanul Davila
> Să aibă o pagină ca asta.

Cum se explică ascensiunea rapidă a lui Moraru în Episcopie? Sunt câteva motive. Nu numai că era o personalitate carismatică care știa bine să se bage pe sub pielea indivizilor flatându-i (un factor care a lucrat bine pentru Mihalțian și Andrei Moldovan), dar știa și cum să strângă bani într-o vreme când Episcopia se afla în mare nevoie de ei. Participarea părintelui Opreanu în Consiliul Episcopesc a fost intrarea lui, iar abilitățile sale au fost puse în funcțiune după aceea. În 1943 Moraru se afla deja în Consiliu. Mai mult, comitetul de la "România Liberă", la suprafață, arăta nu numai relativ inocent, ci patriot. Cel mai important lucru e că apariția lui Glicherie a produs aproape simultan un dar de 1,000 $ din partea lui Carol al II – lea. Aceasta trebuie să fi fost piatra de temelie. Sponsorizarea lui Moraru de către Opreanu, dacă se poate spune așa, este ușor de înțeles. Și Opreanu era un activist politic. Preotul din Detroit a avut și el destule probleme în timpul anilor 1940 și 1941, cu acuzații în justiție făcute împotriva lui de către soțul furios al uneia dintre enoriașele sale, o situație cu care Moraru era obișnuit. Mai mult, încă din 1939, Opreanu visa să devină episcop, iar sprijinul manipulantului Moraru părea unul dintre cele mai probabile moduri de a atinge acest ţel. Ca mulţi alţi oameni fundamental buni care au făcut alianţă cu duhurile rele, Opreanu fără îndoială a simţit că în cele din urmă îşi poate controla binefăcătorul.

Nimic din această situaţie prevestitoare de rău nu a fost vizibilă la Congresul din 1942 ţinut la Vatra pe 4 şi 5 iulie. În afară de problemele obişnuite de agitaţie continuă din partea stiliştilor din Canada şi în afară de plângerile despre salariile mici ale preoţilor, armonia părea să predomine. Secretarul Andrei Moldovan a pus evaluarea stării bune a Episcopiei pe seama faptului că "nimeni nu a fost supus sancţiunilor disciplinare în acest an", un criteriu interesant. Nevoia de cântăreţi era presantă, mai multe conferinţe preoţeşti trebuiau ţinute ca nimeni să nu poată spune că preoţimea noastră este divizată", iar preoţii ar trebui să fie mai curajoşi în "biciuirea păcatelor" enoriaşilor lor, fără frică.

Totuşi, Vatra suferise "pierderi semnificative". Părintele Paul Crăciun senior fusese deja instalat acolo de două luni ca îngrijitor. Paul Tomy demisionase din postul de administrator şi fusese înlocuit de Nicolae Munteanu din Chicago, care a acceptat să slujească fără a fi plătit. S-a sugerat desfiinţarea epitropilor de la Vatra pentru că majoritatea muncii de contabilitate era oricum ţinută de trezorierul Episcopiei. Fără îndoială tonul general al Congresului, curgând din procesele verbale oficiale şi din rapoarte, era că, în general, totul e bine. Dacă tinerii ar putea fi interesaţi mai mult de cărţile religioase decât de revistele "de dragoste şi poveşti adevărate", progresul ar fi asigurat. Credincioşii răspunseseră chemării "Soliei" pentru ca toţi "bunii români şi bunii creştini" să vină la Congres cu speranţă – un apel scris pentru ziar de către Moraru.

Un astfel de exerciţiu în relaţiile cu publicul este oarecum tipic felului în care instituţia Congresului devenise o scenă de armonie falsă. Chiar în timp ce Congresul se desfăşura, "Solia" nota la 5 iulie că atacurile Uniunii şi Ligii asupra Episcopiei intrau acum în al şaselea an. Părintele Trutza nu era prezent la Congres. Pe 19 iulie, Mihalţian scria despre "impedimentele puse în calea noastră de către fraţii din alianţă (RADU) care au împrăştiat zvonuri false despre noi către toate autorităţile". În altă parte, în aceeaşi chestiune, Alexander Suciu a vorbit despre demnitatea păstrată la Vatra de către toți cu excepția câtorva "suflete negre". O săptămână mai târziu, un alt editorial i-a asaltat pe cei care se opuneau planului de dezvoltare a pământurilor de la Vatra, în timp ce făceau reclamă pentru 70 de loturi din zona lacului. Din când în când editorialiștii – deseori părintele Opreanu – scăpau și foloseau un nume, dar chiar și așa era clar că Trutza și grupul din Ohio erau obscurantiștii fără imaginație care se opuneau progresului Episcopiei.

Nu atât de simplu de explicat era titlul mare al "Soliei" din 20 noiembrie 1942: Opreanu, Moraru și Zamfir arestați, acuzați fiind de violarea Actelor de Spionaj ale Statelor Unite, scria ziarul. "Trei români acuzați ca fiind agenți ai lui Carol", scrisese două zile mai devreme "Detroit Free Press". Preoții, împreună cu Zamfir, editor al ziarului mișcării România Liberă, "Vocea Românească", au fost luați în custodie de către Biroul Inamicilor Străini pentru "propaganda străină prin poștă fără să furnizeze copii guvernului, activând ca agenți ai unei puteri străine fără să se înregistreze ca atare la Departamentul de Stat". Acum devenea clar că un țel major al grupului "România Liberă" era să-i faciliteze lui Carol al II–lea și prietenei sale, Magda Lupescu, intrarea în Statele Unite. Se poate ca Moraru și Opreanu să fi primit 13,000$ de la ex-rege pentru a fi folosiți în cele două publicații ale lor. Mai era și problema a 15 milioane de dolari din averea personală a lui Carol care fuseseră înghețați de către Departamentul Trezoreriei Statelor Unite în 1940. În acele zile multe grupuri unelteau să pună mâna pe o parte din bani, iar majoritatea din ei riscau mult mai mult decât câțiva ani de închisoare. Ziarele erau de partea celor care au văzut acuzele împotriva celor doi preoți ca fiind pregătite de către oponenții lor din cadrul Episcopiei. Ele menționau continuu Alianța Româno–Americană pentru Democrație ca fiind rivalul principal al Mișcării "România Liberă". Era ușor acum să spui că "grupul din Ohio" își calomniase inamicii pur și simplu și îi denunțase autorităților atât pentru a discredita conducerea Episcopiei cât și pentru a câștiga controlul de partea lor. Pledând nevinovați și fiind eliberați pe o cauțiune de 10,000$, Moraru și

Opreanu au continuat să facă parte din Consiliu şi să conducă "Solia", în timp ce Mihalţian trimitea cereri către Departamentul justiţiei din Statele Unite în favoarea lor, de vreme ce investigaţiile cazului au trenat în timpul anului următor. Alte probleme asaltau Episcopia conştient-politică. La 31 ianuarie 1943 "Solia" nota că părintele Alexander Cucu fusese deja reţinut nouă săptămâni din cauza acuzaţiilor unor anume "Mr. A şi Mr. B", care au spus autorităţilor că Cucu era membru al Gărzii de Fier din România.

Despărţire de drumuri

Deznodământul dramatic al existenţei Mişcării România Liberă a cristalizat dihotomia fundamentală dintre clica Consiliului Mihalţian – Moldovan – Moraru şi banda lui Trutza din Ohio, cum a numit-o "Solia". Încă un catalizator care a condus la erupţia iminentă a fost adăugat la întrunirea Consiliului din 27 ianuarie 1943: venirea "inspectorului general al guvernului Federal", Nicolae Neamţu–Martin. Este greu de imaginat ce a spus Martin grupului despre poziţia sa pentru a merita un titlu atât de formidabil. Mai greu de înţeles era ce-l făcea pe un astfel de individ redutabil să-şi piardă timpul pentru a-i aştepta pe liderii unei Biserici etnice, relativ mică? Şi totuşi era acolo. I-a impresionat pe toţi. A fost numit "jurisconsult" al Consiliului Episcopesc, orice ar fi însemnat asta. Martin părea trimisul Domnului în aceste vremuri cu probleme juridice şi tulburări politice. Dacă ar fi urmat Universitatea Columbia, ar fi ştiut totul despre lege şi ar fi avut legături importante la Washington. De fapt, Martin nu terminase nici măcar şase clase la Sibiu. A fost foarte aproape de Universitatea Columbia doar atunci când a lucrat chelner într-un restaurant din New York. Probabil, Martin a văzut prin Episcopie o cale de a-şi spăla reputaţia în lumina acuzaţiilor recente, propunând ca o Rezoluţie de Autonomie şi Independenţă să fie făcută de toate Bisericile Episcopiei, rupând toate relaţiile atât cu Patriarhia Română cât şi cu guvernul Antonescu din România. De fapt, o astfel de mişcare fusese sugerată deja de câteva parohii, Sf. Treime din

Youngstown fiind una dintre ele. De fapt, Youngstown notase că dacă Mihalţian nu va face un astfel de lucru, credincioşii de acolo vor convoca ei un Congres.

Am putea să simpatizăm cu Mihalţian în ceea ce a urmat. Crezând că Rezoluţia este o idee bună şi dorind să înlăture orice acţiuni independente din partea preoţilor din Ohio, a anunţat în februarie un referendum cu întrebarea: ar trebui sau nu să se facă o astfel de declaraţie de autonomie? Reacţia din multe părţi a fost instantanee şi ostilă, mai ales din partea părintelui Bărbulescu şi a Bisericii Adormirea Maicii Domnului din Chicago care, în mod corect, a arătat că o rezoluţie pentru "ruperea legăturilor cu Antonescu implică faptul că avem unele legături". Mai mult, Chicago a refuzat să joace rolul schismaticilor de a se despărţi de Biserica mamă. Spre uimirea conducerii, chiar şi Youngstown a răspuns acestor sentimente, Sf. Treime suferind fie o schimbare de gândire, fie o reacţie naturală faţă de cacealmaua impusă de Mihalţian. În orice caz, zarva din multe părţi era atât de puternică, încât la 21 martie 1943 o mică notă pe prima pagină a "Soliei" declara că Referendumul a ridicat multe suspiciuni şi discuţii inutile încât Biroul îl anulează.

Suspiciunile au crescut de ambele părţi. În timp ce părintele Bărbulescu a cerut o copie *ad literam* a discuţiilor sesiunii Consiliului din 27 ianuarie, întrunirea care decisese asupra referendumului, părintele Gheorghe Lupu a atacat conducerea, la 4 martie şi 6 aprilie, în paginile ziarului "America" pentru ţinerea de "sesiuni secrete" şi producerea de rezoluţii pentru a le împrăştia asupra parohiilor naive. Mihalţian l-a acuzat pe Bărbulescu de duplicitate, pentru că iniţial Bărbulescu părea a fi gata să subscrie "cu ambele mâini" la rezoluţia de autonomie şi îşi schimbase decizia doar după ce se întâlnise cu un anume "Mr. X", agent a lui Antonescu în New York. În Ohio se spunea că Vatra era în ruine şi gata să fie vândută. Şi dacă nu-i aşa, oricum ar trebui să fie vândută. La Vatra, una dintre acuzaţiile preferate împotriva lui Trutza şi a prietenilor lui era aruncată din nou: că ei au dorit să dea episcopia grecilor, o referire la faptul că Policarp îi ceruse capului Bisericii Ortodoxe Greceşti din America, Athenagoras, să aibă grijă de nevoile ierarhice oficiale ale Episcopiei în absenţa sa, iar Trutza fusese în corespondenţă cu episcopul grec într-o serie de probleme.

Apoi, un scriitor anonim a acuzat lipsa de pregătire teologică a părintelui Lupu şi gramatica sa, în timp ce-l acuza de simonie ca răspuns la acuzele lui Lupu că o Episcopie fără episcop nu era capabilă de acte canonice legale. Astfel decurgeau lucrurile, câştigând un moment de răgaz. În timp ce vara trecea, devenea tot mai clar că Mihalţian nu avea de gând să convoace un Congres Bisericesc în acel an. Fie nu vroia să le acorde detractorilor săi un forum pentru denunţările lor despre starea proastă a lucrurilor, fie era pur şi simplu prea ocupat. Fie că el şi prietenii săi doreau să asculte cu adevărat rugămintea preşedintelui Roosevelt care cerea ca întrunirile şi conferinţele care nu sunt necesare să fie anulate în timpul războiului pentru a economisi combustibil. Dar acestea erau doar speculaţii. De asemenea, se pare că Mihalţian spera ca spiritele să se calmeze în absenţa unui forum general la care puteau fi ridicate chestiuni sensibile. În schimb, conducerea Consiliului spera să distragă atenţia de la toate politicile, lansând un nou strigăt de mobilizare pentru unitate. La începutul lui 1943, George Nedea îl înlocuise pe Nicolae Muntean ca administrator al Vetrei. La 13 iunie 1943 el a anunţat o nouă campanie provocatoare în paginile "Soliei": haideţi să achităm Vatra!

Cerând fiecărui bărbat, fiecărei femei şi fiecărui copil din Episcopie să devină un "Prieten al Vetrei", cotizând cu un dolar pe an pentru menţinerea ei, Nedea şi-a stabilit ţinta iniţială la 3,000 de membrii în primele trei luni. Acest fapt ar răspunde tuturor celor care pretindeau că Vatra se afla pe punctul de a fi vândută. Nu e nevoie să mai precizăm că cele mai mici contribuţii pentru campanie veneau de la parohiile din Ohio şi din Estul îndepărtat. Totuşi, faptul că au răspuns era important fără îndoială. Sf. Petru şi Pavel din Dearborn a colectat 120$ la o singură întrunire, iar Zilele Memoriale de la Vatra au adus 208$. În lunile ce au urmat, lista "Prietenilor Vetrei" a crescut, iar Consiliul şi-a îmbunătăţit imaginea prin această campanie, concepută atât pentru a insufla încredere în conducere, cât şi pentru a achita ipoteca pe proprietate. Nu pentru mult timp,

"Solia" s-a abţinut de la criticarea inamicilor săi. În luna august a început să se concentreze asupra a ceea ce se va numi simplu de atunci "un grup ortodox", care insista să facă declaraţii pro-Axa, în timp ce acuza fără ruşine Consiliul de politici militante. Mult mai sănătos era să contemplezi proiectatul Arc de Triumf de la intrarea Vetrei, cu numele donatorilor inscripţionate pe el. De asemenea, trei categorii de decoraţii au fost autorizate pentru donatori. Cei care dădeau o sută de dolari sau mai mult, primeau un lot cu patru locuri în cimitir.

Septembrie a adus ştirea că la o întrunire pe 8 iulie în Indora Park în Youngstown, "grupul ortodox" se alăturase oficial Alianţei Româno-Americane pentru Democraţie, iar Trutza împreună cu "consilierii" Rudi Nan şi Ilarion Morariu a fost numit al doilea vice-preşedinte. De fapt Trutza vorbise despre faptul că el sprijinea munca Alianţei ca simplu individ, cu nici o intenţie de a angaja Biserica sa. Publicitatea acordată evenimentului în presă şi la radio a făcut să pară altfel. "Solia" s-a repezit la ideea că autorităţilor federale li s-a spus că Episcopia era parte din Alianţă. A trecut prin dificultăţi mari în săptămânile care au urmat ca să nege acest lucru. Nu era necesar din moment ce toţi ştiau că Nicolae Balindu a fost primul ei vicepreşedinte şi multe societăţi ale Uniunii şi Ligii însăşi refuzau să se alăture. Oricare ar fi fost motivaţia reală a lui Trutza pentru sprijinul său competent faţă de Alianţă, nu era pentru a se alinia cu Balindu, ci mai mult pentru a exprima opoziţia faţă de regimul fascist din România. Astfel de subiecte, totuşi, au aţâţat focurile polemicilor intraepiscopale. Ce era mai mult la subiect decât activităţile din Indora Park, era demersul crescând al "grupului ortodox" pentru ţinerea unui Congres Bisericesc, o cerere cu care până în toamnă Mihalţian nu a fost de acord în nici un caz. La 10 septembrie a sosit o scrisoare pentru Consiliu semnată de părintele Stănilă, Ilarion Morariu, părintele Bărbulescu, Pantelimon Chima (pe care grupul Mihalţian îl vedea responsabil pentru soarta părintelui Cucu) şi de alţii din grupul Ohio, care declara direct că "totul merge prost" şi cerea convocarea unui Congres. Acum s-a trecut la aplicarea cunoscutelor obiceiuri româneşti împotriva acestor schismatici, care erau văzuți ca parte a unui complot de îndepărtare a conducerii Episcopiei. Mihalțian era satisfăcut cu respingerea indignată a acestor "reacționari", dar Andrei Moldovan a devenit tot mai paranoic cu fiecare demers. Procesele verbale ale Consiliului sunt un studiu psihologic interesant. Pe lângă denunțările stridente ale oponenților bârfitori care acuzau conducerea de rea intenție, erau rezoluțiile pentru "împrospătarea vieții bisericești de la Vatra", unde Glicherie Moraru era acum administrator, dar mai mult juca cărți, decât făcea administrație. În același timp, credincioșilor li se spunea să nu creadă poveștile nemuritoare că Vatra va fi vândută, mai ales pentru că acest lucru nu putea fi făcut fără consimțământul Sinodului, un argument care trecea ușor peste faptul că doar cu opt luni în urmă Consiliul a înaintat o rezoluție pentru ruperea tuturor relațiilor cu acest organism.

În aceeași circulară care conținea această părticică de reasigurare, Mihalțian a refuzat direct să țină un Congres în acel an. Trutza și Stănilă au fost etichetați ca sabotori care doreau să subordoneze Episcopia grecilor și în plus să vândă Vatra. Cu profitul vor să construiască o catedrală în Cleveland (ceea ce nu se realizase în timpul lui Policarp), astfel încât Trutza să poată să o umple cu obiectele de artă și cu exponatele pe care le luase de la Pavilionul Românesc din World's Fair – încă un fapt care nu a încetat niciodată să-i deranjeze pe mulți. Grupul din Ohio își convocase acum propriul Congres pentru a se întâlni la Cleveland pe 31 octombrie. Mihalțian le-a impus oamenilor săi să stea acasă și să nu meargă la această întrunire ilegală. Cu zece zile înainte de a se întruni, Mihalțian a apelat din nou la un boicot al întrunirii de la Cleveland. Nu pentru că, spunea el, nu ar convoca un Congres dacă erau probleme importante de discutat, ci pentru că acesta era doar lucrarea celor care fac greutăți. Încă o dată a fost invocat apelul lui Roosevelt de a nu se ține întruniri în timpul războiului. Nu numai că sesiunea de la Cleveland era ilegală, ci și nepatriotică, un argument pe care Andrei Moldovan îl va folosi în lunile ce au urmat aproape cu absurditate. Pe 17 ale lunii, câteva parohii din Vestul Mijlociu conduse de Indiana

Harbor, au condamnat întrunirea ilegală şi maşinaţiunile celor "care doresc să ne vândă grecilor".

Congresul de Halloween

Într-un fel, două episcopii paralele au funcţionat pentru un timp, pentru că începând din 1939 la conferinţele preoţeşti şi la întrunirile Protopopiatelor, grupuri de parohii şi nu numai cei din Ohio s-au întâlnit din când în când să discute problemele lor regionale şi să se plângă de conducerea Episcopiei. La 31 octombrie 1943 rebeliunea s-a mărit şi a dat frâu liber, iar de acum până în 1947 Episcopia avea să fie ruptă în două, fiecare tabără etichetând-o pe cealaltă ca anticrist. Iniţiativa pentru Congresul de Halloween a venit din partea a zece membri ai Consiliului Episcopesc, urmând cererea lor din 10 septembrie ca Mihalţian să convoace "un Congres Bisericesc imediat şi necondiţionat", ceea ce el a refuzat. Astfel părintele Stănilă, părintele Bărbulescu şi Virgil Suciu, Gheorghe Stănculescu, Ioan Nicodim, Toma Fleaca, Ilarion Morariu, Pantelimon Chima, Livius Nartea şi Nicolae Muntean au invocat clauza de urgenţă din articolul 146 al Statutelor, care prevedea că un Congres nu trebuie să fie ţinut numai o dată pe an, ci poate fi convocat oricând în sesiuni extraordinare de către Consiliul Episcopesc în absenţa episcopului. Desigur, Trutza nu era în Consiliu, dar prezenţa sa şi ţinerea sesiunilor la Sf. Maria din Cleveland erau suficiente pentru a indica influenţa pe care o exercitase în această problemă. Cincisprezece parohii au fost prezente, multe alegând şi trimiţând doi delegaţi. Pe lângă preoţii amintiţi, alţi clerici erau părinţii Traian Demian, Gheorghe Lupu, Grigorie Coste, Ioan Popovici, Petru Moga, Traian Vintilă şi Marin Postelnic. Alte zece parohii au trimis scrisori de aderenţă, iar altele nouă nu au răspuns convocării.

Mai mult de jumătate dintre parohiile Episcopiei erau de acord cu întrunirea, dar discuţia era oricum raportată la dacă era sau nu un Congres legal. Cel mai puternic argument această direcţie era că, de când plecase Policarp, toate Congresele fuseseră convocate oricum de către Consiliu. Fără îndoială că nu s-a strigat prezenţa pentru cvorum, pentru că s-a spus că la Congresul "oficial" din 1942 majoritatea membrilor delegaţi nu au fost prezenţi.

Ironia Congresului de Halloween era că a procedat la condamnarea nu numai a unui număr de practici care într-adevăr aveau nevoie de corecţie, ci încercarea de a rupe relaţiile cu România, care apăruse la întrunirea Consiliului din 27 ianuarie. Părintele Bărbulescu a citit un raport despre "procedura incorectă, abuzivă, autocratică şi ilegală" a lui Mihalţian şi a membrilor Consiliului în încercarea lor de a face trei lucruri: ruperea relaţiilor cu Biserica Română şi cu guvernul, proclamarea autonomiei Episcopiei, revocarea Statutelor din 1936 şi restaurarea celor din 1932 — care îl făceau pe episcop alesul Congresului Bisericesc şi nu al Sf. Sinod. În timp ce exista o oarecare grijă pentru natura schismatică a acestor lucruri, fără îndoială că nu era foarte clar că toţi cei din Cleveland li s-ar fi opus. În schimb, atenţia era concentrată asupra *manierei* în care Mihalţian intenţiona să le-o propună spre acceptare printr-un plan al unui referendum al parohiilor, fiecare trimiţându-şi votul prin poştă, decât să le supună unui Congres Bisericesc. Bărbulescu şi Chima, care au fost prezenţi la sesiunea din 27 ianuarie, pretindeau că dorinţele Consiliului erau ignorate. Oare într-adevăr un Congres Bisericesc, în vara anului 1943, ar fi aprobat astfel de declaraţii? Nu putem decât să speculăm. Sau era planul referendumului un mod de a asigura o schimbare rapidă a Statutelor în timp ce grupul de la Vatra era la conducere, astfel încât unul dintre ei să fie făcut episcop? Congresul din Cleveland se referea ameninţător la o întâlnire secretă pe 27 octombrie 1942 în Palmer House Hotel din Chicago unde se presupunea că s-a discutat ideea numirii lui Glicherie Moraru drept episcop al unei Episcopii "independente". Erau participanţii la Halloween într-adevăr atât de preocupaţi de chestiunile referendumului sau pur şi simplu nu erau pregătiţi să facă o astfel de mişcare până când propriul lor grup va ţine frâiele Episcopiei şi va putea asigura alegerea propriului lor nominalizat? De pe teritoriul îndepărtatei Vetre, s-ar putea eticheta cu uşurinţă o astfel de declaraţie ca fiind nimic mai mult decât efortul lui Trutza de a orchestra simfonia Episcopiei pentru a strica adagioul orbitor a lui Glicherie. În orice caz, este interesant să arătăm faptul că șapte ani mai târziu, Trutza, Stănilă și Bărbulescu au luptat pentru despărțirea de România, iar Mihalțian, Moldovan, Moraru și compania se zbăteau să mențină relația. Iar istoria se scrie de către cei ce câștigă.

Pe lângă condamnarea "complotului tendențios" al referendumului, Congresul de la Cleveland a aruncat guvernarea îngrijitorilor într-un rechizitoriu prelungit. Au dat "Solia" lui Opreanu și lui Moraru care l-au făcut un ziar politic. Au implicat Episcopia în Mișcarea România Liberă, iar liderii au organizat întruniri în parohiile lor, în timp ce au negat public orice legătură formală cu aceste eforturi. Procesele verbale ale Congresului din 1942 au fost luate din arhivele Episcopiei. Articole împotriva lui Policarp și-au găsit locul în "Solia". Sesiunile Consiliului erau ținute seara, în timpul săptămânii, tocmai la Detroit la ore la care puțini puteau să participe. Membrii erau numiți în Consiliu fără să fie aleși de un Congres – Martin este un exemplu, poate chiar și Moraru. Acuzația că grupul din Ohio dorea să vândă episcopia grecilor era total nefondată și bazată pe o singură scrisoare a lui Trutza pe care Policarp îi ceruse să o trimită lui Athenagoras. Propria scrisoare a arhiepiscopului care se referea la un astfel de zvon era anexată proceselor verbale de la Cleveland, în care nota întristarea sa "că astfel de lucruri total nefondate și iresponsabile sunt publicate". Pentru aceasta, anumiți membri ai Consiliului au fost puși sub cercetare, fără să fie numiți însă.

Aceasta nu era totul. Părintele Lupu pretindea că i se oferise 5,000$ pentru a se alătura Comitetului România Liberă. Secretarul Consiliului, Andrei Moldovan, nu fusese ales în acest post de un Congres, ci pur și simplu fusese numit de către Mihalțian, lucru total adevărat. În același timp, Moldovan era membru al Consistoriului Spiritual, ceea ce îl făcea incompatibil cu un al doilea post. Anexate dezbaterilor, au fost citite scrisori adresate lui Mihalțian de către preoți, ce erau pline de insulte și de remarci nedemne de o chemare religioasă.

Punctul culminant s-a schimbat imediat. Mai întâi, Ilarie Pintea din Erie a întrebat dacă scaunul episcopului era vacant. Răspunsul colectiv a fost da. Ca efect, acest lucru a desființat postul lui Mihalțian. Consiliul Episcopesc a fost declarat ca având autoritate supremă în toate problemele în afară de cele canonice. A fost înaintată o listă de denunțări împotriva lui Policarp făcută atât de cler cât și de laicii din Episcopie, atât pentru România, cât și pentru Serviciul de Emigrare și Naturalizare al Statelor Unite. Propunerea lui Gheorghe Stănculescu, secondat de Petru Moga, a constituit apogeul. Printr-un vot de 30 la 1, liderii Consiliului au fost declarați a fi îndepărtați din posturile lor și înlocuiți de oameni noi pe care Congresul din Cleveland a început să-i aleagă.

Încercările părintelui Demian de a eticheta această mișcare ca ceva diferit de o ruptură a Episcopiei, păreau anticlimatice. Mai convingătoare era remarca lui Rudi Nan că cei care fuseseră "îndepărtați" își anulaseră dreptul de a se apăra prin absența lor. De asemenea, veteranul entuziast din Youngstown a afirmat că mișcarea nu trebuie interpretată ca o ruptură, ci pur și simplu o corectare a unei situații alarmante. Victor Bărbulescu a fost apoi ales președinte al noului Consiliu Episcopesc, împreună cu Trutza, Stănilă, Postelnic și Popovici; membrii laici erau Ioan Nicodim, Ilarie Morariu, Pantelimon Chima, Rudi Nan, Virgil Suciu, Vasile Arsi și Ioan Pop, plus alți șase membri.

Nicolae Berar, care participase la Congresul de la Cleveland ca "observator" al "Soliei", a dat tonul reacției celor atacați și "demiși" într-un articol numit "Congres sau operetă?" din 7 noiembrie 1943. Trutza, spunea el, era actorul principal al acestui carnaval, cel care trăgea sforile. Într-un schimb valoros de metafore, era Hitlerul pentru care Rudi Nan juca drept Himmler. Restul actorilor erau nedemni de menționat, în afara de Ioan Nicodim care a sugerat formarea unei organizații politice noi împreună cu catolicii. Pentru mai mult de un an, publicațiile oficiale ale Episcopiei au fost dominate de atacuri asupra Congresului de Halloween, pline cu potpuriu de indignare, ridicol și apărarare pe tonul: "suntem acuzați pe nedrept". Multă vreme, au produs un jurnalism ieftin, dincolo de istețime, dar a devenit vulgar când Nick Martin și-a încercat norocul. S-a dovedit că nimeni nu putea insulta mai rău un român, decât un alt român și nimeni nu putea defăima un preot ca un alt preot.

În timp ce "Solia" compara întrunirea de la Cleveland cu Sinodul de la Trulan sau Sinodul Tâlhăresc și vorbea despre voodoo și despre "zombii" lui Trutza, vechiul Consiliu Episcopesc a revizuit cu ageritate procedurile de alegere a delegaților la un Congres în adunările parohiale, cu o aluzie mai mult decât subtilă față de credincioși că, dacă cineva participase la confabulația de la Cleveland, ei nu vor mai fi aleși pentru a lua parte la deliberările "legitime" ale Episcopiei. În timp ce alții notau că la Cleveland se vorbea despre răsturnarea episcopului până când unii, ca Nicolae Muntean, au insistat că scopul lor era să reformeze Episcopia, nu să o distrugă, "Solia" l-a descris pe Trutza în ianuarie 1944 ca ieșind din bârlog ca un urs supărat pentru că nu era conducătorul Episcopiei și ca un general a convocat un consiliu de război în jurul bucății de marmură pe care o așezase în curtea sa. Aluzia celor care s-au ridicat deasupra retoricii era caustică; multora din Cleveland le era frică că Moraru sau Opreanu vor deveni episcopi în locul unuia dintre ei. Războiul se va termina într-o zi și era important să arate cine se opusese Mișcării România Liberă. Apoi, nu toate criticile de la Halloween erau exagerate.

Consiliul a reacționat după cum se aștepta. În timp ce grupul Ohio a mers la tribunal pentru a încerca să câștige controlul asupra bunurilor Episcopiei, Consiliul s-a întrunit la 26 ianuarie 1944 în biserica Sf. Gheorghe din Detroit, într-o sesiune care a ținut până la miezul nopții, divizând timpul între întrunirea obișnuită și cea a Consistoriului Spiritual. Trutza a fost găsit vinovat de dezbinări majore și de violarea disciplinei și a fost exclus din Congresul Bisericesc pentru următorii șase ani. Stănilă a fost și el exclus și îndepărtat atât din funcția de protopop în Ohio, cât și din aceea de membru al Consiliului. Părintele Popovici și părintele Constantin Juga din Montreal au fost excluși din Congres pentru patru ani, iar Popovici a fost îndepărtat și din funcția de protopop al Philadelphiei. Preoții Coste și Lupu nu puteau să mai participe la Congres timp de trei ani. Asta a fost tot. Pentru moment nici o acțiune nu a fost întreprinsă împotriva niciunui laic care fusese la Cleveland, nici împotriva lui Bărbulescu, sugerând nu numai credința Consistoriului că majoritatea acționaseră pur și simplu sub carisma lui Trutza, ci și că o reconciliere ar putea fi posibilă dacă se calmează spiritele.

Este interesant de speculat pe marginea introducerii unui alt subiect pe ordinea de zi acestei întruniri a Consiliului: anunțul că, la 14 ani după stabilirea sa, Episcopia fusese în sfârșit incorporată oficial Statului Michigan, la 8 noiembrie 1943. Existase o încercare de a face un astfel de pas cu cinci ani în urmă, dar care din diferite motive nu fusese dusă la îndeplinire. Încorporarea la această vreme reflectă poate doar dorința de definitivare a statutului de organizație nonprofit a Episcopiei, în timp ce campania de achitare a Vetrei continua. Dar la fel de bine poate să reflecte temerile față de o verificare de către autorități, cerută de grupul din Ohio. Cred că cei care au înregistrat Episcopia și-au făcut ceva griji. Cu excepția începerii unei buletin de știri și de răspândire de zvonuri alarmante că Sf. Maria din Cleveland ar putea fi independentă, grupul din Ohio nu a întreprins un efort egal susținut pentru a lua controlul asupra Episcopiei, iar indivizii judecați de către Consistoriu au reacționat mai mult cu dispreț decât cu orice altceva. Se spunea că părinții Trutza, Stănilă și Moga refuzaseră de acum încolo să primească în bisericile lor ziarele "Solia" sau calendarele. Poate că au și spus oamenii lor că nu va fi publicat calendarul. Aparent, tacticile insurgenților erau de acum încolo de a ignora Episcopia și directivele sale, să aștepte sfârșitul războiului și să spere că îl vor putea aduce înapoi pe Policarp sau că situația se va clarifica. Nu știm cum și-a organizat Bărbulescu "noul" său Consiliu sau dacă a făcut-o, nici cum s-a dezvoltat această a doua Episcopie, pentru că nu avem date. Este posibil ca documentele existente să se fi pierdut în mare parte în focul care a distrus arhivele bisericii Sf. Maria cu ceva ani în urmă. În orice caz, din punctul de vedere al credincioșilor, numai dacă aveai contact direct cu unul dintre preoții insurgenți puteai înțelege, altfel era greu să fii mulțumit cu ce se întâmpla și greu să aduci argumente credibile. Cel puțin pe hârtie, trupa "veche" continua să achite Vatra, cumpărând vacă după vacă și respectând dorințele președintelui Statelor Unite de a nu avea prea multe întruniri. Dacă Andrei Moldovan n-ar fi insistat să tulbure apele de fiecare dată când a avut șansa, insurgența s-ar fi diminuat din lipsă de interes. "Solia" avea cel mult 950 de cititori. Totuși, în toamna lui 1944, chiar dacă finanțele se îmbunătățiseră, Episcopia nu era nimic mai mult decât o "Vatra" în expansiune în mijlocul unui amalgam de parohii, care la suprafață se întorseseră la o stare a lucrurilor de dinainte de 1935. Era un sat fără câini.

Congresul din 1944

Doar 35 de delegați reprezentând 30 de parohii din cele 42 ale Episcopiei s-au reunit la Vatra pentru Congresul de o zi din 16 iulie 1944. Nu avem procesele verbale, ci doar "Raportul" secretarului Andrei Moldovan. Era o piesă pusă în scenă frumos după un scenariu conceput pentru a îndârji inimile tuturor, chiar și a oamenilor buni și sinceri, împotriva defăimătorilor din Ohio ce contestau conducerea Episcopiei. Moldovan a început prin a le reaminti auditorilor pentru a o mia oară că singurul motiv pentru care nu s-a ținut un Congres în 1943 a fost deoarece Consiliul dorea să respecte rugămintea președintelui Roosevelt de a nu se ține întruniri ce nu sunt necesare. Întrunirea de la Cleveland nu era numai vrednică de dispreț, ci și nepatriotică până în capul oaselor. Congresul prezent era la fel de important ca cel din 1929 pentru că "lipsa de lege este în floare în Biserica noastră". Același grup a încercat să scape de părintele Mihalțian la Congresul din 1940, spunea Moldovan, deși datele care au rămas de la acel Congres nu spun nimic despre acest lucru. Din nou, vechile acuze despre planurile lui Trutza și ale sprijinitorilor săi, de a vinde Biserica grecilor sau anglicanilor și de a vinde Vatra, au fost reiterate și s-a notat răspunsul calm, nepasional și legitim al Consiliului dat revoluționarilor de la Cleveland.

Pentru o clipă a părut că, în spiritul frăției și al carității, Consiliul va face primii pași pentru a vindeca schisma. Părintele Demian era prezent și a înaintat o moțiune emoționantă: ca pedeapsa împotriva ofensatorilor să fie anulată dacă ei recunosc erorile și concomitent să se facă câteva reforme necesare în

Episcopie. Pe când majoritatea delegaţilor erau bine dispuşi, iar dezbaterea mergea în direcţia indulgenţei, un delegat a întrerupt aceste demersuri prezentând un pamflet distribuit de unul din oaspeţii de la Chicago.

"OAMENI BUNI AVETI GRIJĂ! Şarlatani mascaţi cu bărbi au confiscat conducerea Episcopiei voastre. Se pregătesc să achite Vatra că să poată pune mâinile pe ea ...vor să devină episcopi şi protopopi, Pfui! ... Jos cu huliganii din Episcopie! Aruncaţi şarlatanii afară din Episcopie!"

"Ca luminile puternice ale farurilor" ochii delegaţilor au căutat autorul acestei infamii. "Cine a distribuit această circulară?" a strigat o voce din conducere. "Omul ăla", a răspuns o femeie de la balcon arătându-l pe unul Sebeşan din Chicago. Delegaţii "s-au revoltat şi l-au aruncat afara" din Congres. Mai târziu, făcându-se expertiza, s-a putut observa că pamfletul era scris la aceeaşi maşină folosită pentru corespondenţa părintelui Bărbulescu cu biroul Episcopiei.

Că să nu rămână de o parte, părintele Mihalţian a intrat şi el în acţiune. El a adus un document ce pretindea a fi un extras (ce se afla şi în mâna lui Policarp) dintr-o scrisoare trimisă patriarhului de către ministrul român din Washington şi în care se spunea că "din fericire, nu mai este nevoie ca Sf. Sinod să trimită episcopul în America. Este aici o persoană foarte potrivită pentru a conduce Episcopia – părintele Trutza din Cleveland. Astfel putem economisi bani. Părintele Trutza va conduce cu succes Episcopia doar pentru 250$ pe lună". Apoi a venit o misivă asemănătoare către patriarh din partea consulului general Andrei Popovici, datată 17 mai 1941. Coordonarea era perfectă, scena construită cu exactitate pentru apogeul ei dramatic, în timp ce delegaţii, "care ştiau acum toate secretele", au votat în unanimitate susţinerea măsurilor disciplinare luate de Consiliu împotriva planurilor nefaste de la Halloween. Moţiunile de conciliere ale părintelui Demian şi ale altora au fost retrase imediat.

Congresul a început să umple posturile vacante create astfel în Consiliu, aducând în acest organism proprii tovarăși. Opreanu va fi pentru următorii doi ani "consilier referent pentru problemele Bisericii", la fel și Moraru pentru probleme economice și părintele Nicolae Moldovan pentru probleme culturale. De asemenea, Congresul a clarificat "statutul secretarului Andrei Moldovan, acordându-i în continuare dreptul de a încălca Statutele prin deținerea a două posturi. Nick Martin a fost reconfirmat ca membru Jurisconsult, în timp ce administratorul Vetrei, George Nedea, a trecut și el în rândurile Consiliului. Dănilă Albu și Nicolae Berar, ale căror stilouri mieroase au îmbogățit rândurile "Soliei", au fost aleși auditori. Părintele Nicolae Moldovan a fost numit cap al protopopiatului din Cleveland, înlocuindu-l pe Stănilă, iar lui Vasile Hațegan i s-a oferit protopopiatul Philadelphia. După un timp a renunțat, iar părintele Ioan Petrovici din Southbridge și-a asumat această funcție.

Centralizarea puterii a continuat. Unul dintre cele patru sectoare tradiționale ale funcțiilor a rămas să fie ocupat. Pe lângă Biserică, Economie și Cultură, mai era și secțiunea Administrativă. Decât să se aleagă o anumită persoană, s-a decis ca "Biroul" (ceea ce însemna de fapt președintele și secretarul Consiliului) să-și asume această funcție. Era o situație de "lateral arabesque" în care se invoca subtil neperformanța celui ce a deținut funcția de dinainte, fapt ce tot nu explica de ce nu se alegea unul nou. Mai puțin evidentă, dar cu o mai mare libertate de acțiune la vârf, era aprobarea unei emergency powers clause – deși nu a fost etichetată ca atare – ce dădea Consiliului de acum încolo autoritatea de a consulta delegații prin intermediul unui referendum poștal asupra măsurilor urgente necesare, deciziile urmând a fi ratificate ulterior de către Congresul anual. Metodologia anului precedent care produsese "suspiciuni și discuții inutile" era acum instituționalizată, justificată de distanțele pe care membrii erau forțați să le parcurgă și de nevoia, în aceste vremuri, de acțiuni rapide. Oricine care are cea mai mică noțiune despre cât de prompt obișnuiau să răspundă membrii Episcopiei la chestionarele și directivele biroului central, știa exact cum va funcționa acest referendum și pe cine va favoriza. Cei care cunosc o altfel de istorie îşi pot aduce aminte de Constituţia de la Weimar.

Că era nevoie de o direcţionare centrală mai mare, dacă nu chiar o centralizare a puterii, era în afara oricărei discuţii, deşi este greu uneori să atribui motive altruiste conducerii oricărei tabere din Episcopie în timpul acestor ani înfierbântaţi. În Canada, în ultimii doi ani, criza preoţilor a produs o mişcare generală de hirotonire a cântăreţilor. Consiliul a propus patru centre specifice, ca Regina şi Lennard, pentru a asigura canonicitatea acestui fel de hirotonii, dar aceasta nu părea să ajute. Problema calendarului a continuat să producă turbulenţe în Windsor şi de-a lungul provinciilor Saskatchewan şi Manitoba, iar preoţii ruşi perseverau în atacuri cu scopul de a câştiga parohiile din Canada. Preotul din Windsor, părintele George Nan, a rămas sub jurisdicţia rusească, în timp ce părintele Dumitru Erina (1882-1974) şi-a dat demisia de la Wood Mountain, incapabil să se opună influenţei preotului local rus. În acest timp, părintele Vasile Toma a raportat că "pierduse" Hairy Hill în faţa episcopului rus din Edmonton. Congresului din 1944 i s-a spus că stiliştii deţineau aproape 60% din credincioşii din Regina, sub rusul Simion Ivanof; aproape 75% în Boian, Alberta, conduşi de un basarabean, Elie Balica. Părintele Petru Avram avea aproape 65% în grija sa pastorală în Kayville, Saskatchewan, iar Limerick avea ceva mai puţin.

În alte părţi, deşi nu existau parohii vacante (aparent Canada nu era inclusă), cele din Newark, Ohio şi Mount Union, PA se aflau pe punctul de a fi dizolvate. Odată fuseseră 15 coruri active, iar acum puteai găsi doar trei sau patru ce erau pline de bătrâni. Şi în timp ce se făcea anunţul emoţionant că 15,000$, ipoteca pe Vatra, fuseseră strânşi chiar înainte de 1 iulie, nu apăruse nici un catehism general în uz de-a lungul Episcopiei pentru tinerii ei şi nici un plan concret nu se stabilise pentru a crea ceva. Cele care existau, nu erau în limba engleză. Cu excepţia platitudinilor obişnuite, continuarea dezvoltării claselor de catehumeni a fost lăsată în seama fiecărei parohii pentru a o înscrie în bugetul lor, în loc să fie stabilit un program de coordonare centralizată. Cel puţin, priorităţile erau clare. În schimb, erau abordate mai multe propuneri de a face bani pentru a direcționa fondurile către centru. A fost votată o nouă "Asociație Română Ortodoxă", cu taxă de un dolar, dar nici un scop nu s-a stabilit pentru o astfel de organizație. Se dădeau avertismente că dacă colecta anuală din Duminica Tomei nu era trimisă – parohiile își vor pierde dreptul de vot în Congres. De ce nu se grăbea nimeni să cumpere loturi în Satul Românesc și să se alăture "Prietenilor Vetrei"? Acum intenționam să construim o frumoasă mănăstire pe aceste pământuri. Este ce vroia Policarp. În sfârșit, înainte de a finalul Congresul, cei prezenți au aplaudat cu obediență atunci când părinții Opreanu, Andrei Moldovan și Moraru au primit distincția canonică de "stavrofor", după care au votat realizarea unor portrete în ulei ale lui Opreanu, Moraru și George Nedea. Au sfințit apoi poarta de intrare spre reședința principală de la Vatra. La mai puțin de șase luni după acestea, Opreanu și Moraru s-au aflat în "închisoarea federală".

Restul anului a fost folosit pentru punerea în practică a hotărârilor Congresului". În august, Consiliul l-a declarat pe Mihalțian vicarul episcopului, folosind ca precedent actul similar din 25 septembrie 1933 prin care Trutza fusese desemnat astfel. Diferența era că în 1933 aceasta fusese făcută la sugestia directă a patriarhului. De data aceasta, nimeni nu a găsit timp să-l informeze pe Policarp, decât după ce s-a hotărât. Andrei Moldovan a devenit acum protopop în Chicago, iar Moraru, cel care fusese caterisit, și-a adăugat un titlu nou, acela de "procuror ecleziastic", fără îndoială, pentru a fi sigur de buna purtare a preoților. Extinderea Vetrei a primit un nou impuls la sesiunea Consiliului din 24 august: nu numai că se vor adăuga o prisacă și un complex de producție a ciupercilor, dar s-a făcut și anunțul oficial că se lucrează la unul din planurile majore a lui Policarp. Se va construi o minunată biserică în stil bizantin. Campania a fost discutată în decembrie. Moraru a fost desemnat să conducă strângerea de fonduri. El a cerut un comision de 20% din ceea ce se colecta pentru a-și acoperi cheltuielile. Pentru moment, problema era rezolvată. Consiliul era oricum foarte ocupat încercând să readucă ordinea în Chicago și Philadelphia, parohii ce se aflau în tumult. Părintele Popovici a fost avertizat asupra scrisorilor sale insultătoare față de conducere și a fost amendat cu o sută de dolari, iar parohia sa risca participarea la Congres. Dacă se va continua în acest ritm, Congresul din 1945 va avea doar opt participanți. Părintele Petru Moga din St. Paul făcea și el probleme. Au venit plângeri că ținea o bună parte din Sf. Liturghie în limba engleză și acest fapt trebuia să se oprească. De asemenea, Moga publica o recenzie numită "Ortodoxia" în care îi ataca pe catolici. Enoriașii din Akron încă încercau să-l elibereze pe părintele Cucu. Era absolut necesar a-l da afara din Episcopie pe părintele Vasile Cohan. Apoi la 8 ianuarie 1945, în *U.S. District Court for the Eastern District of Michigan*, a venit punctul culminant al Mișcării România Liberă din Episcopie. Moraru a fost găsit vinovat de una din cele patru acuzații formulate împotriva lui, anume greșeala de a nu se fi înregistrat ca agent străin, după ce pledase *nolo contendere*. A fost condamnat la cinci ani închisoare și amendat cu 3,000 de dolari. Părintele Opreanu a primit patru ani și o amendă de 2,000$, în timp ce George Zamfir a fost condamnat la doi ani și amendat cu 500$. Regele Carol făcuse o lungă depoziție în favoarea lor în septembrie și s-a oferit să vină în Michigan să depună mărturie, dar Departamentul de Stat a refuzat să-i permită intrarea în țară. Aici erau alte dovezi despre cât de departe ar merge inamicii Episcopiei pentru a-și îndeplini dorințele.

În martie 1945, reprezentanții parohiei Sf. Petru și Pavel din Dearborn (parohia lui Moraru) au cerut Consiliului să declare vacantă parohia lor și să numească un nou preot. Nicolae Moldovan, Alexandru Suciu și Dănilă Albu erau unanimi în respingerea acestei cereri, spunând că este o greșeală, iar preotul lor se va întoarce în curând. S-a format o comisie pentru a calma parohia. Câteva sugestii au venit de la diferite Biserici, că acum era un moment potrivit pentru conducere să negocieze cu "Episcopia" lui Bărbulescu, o idee față de care câțiva consilieri erau deschiși. "Biroul" a refuzat. Nimic nu a apărut în "Solia" despre detaliile cazului Moraru și Opreanu până la o lună după proces, când au apărut cinci articole lungi de Alexandru Suciu – Sage din Chicago, constituind o apologie. "Solia" și-a continuat linia certăreață, ajungând chiar la un nivel mai sărac de idei, odată cu numirea lui Nick Martin ca editor la 21 martie 1945. I s-a adăugat titlul de administrator la 3 iulie. Adresa "Soliei" a devenit acum etajul doi al clădirii Triangle Company, 243 West Larned Street în Detroit, unde îşi avea Gaspar tipografia. Pentru prima oară au fost introduse două coloane în engleză, pentru tineri şi pentru femei, fiind editate de Maria Pavel. Noul aranjament nu a durat prea mult. Ziua V–E, 8 mai 1945, a adus sfârşitul celui de-al doilea război mondial în Europa. Dictatorii fanatici, cel italian şi german, erau morţi. Cu excepţia Japoniei, puterile Axei se predaseră pe toate fronturile. În exuberanţa momentului, preşedintele Henry S. Truman a dat o amnistie pentru cei încarceraţi sub acuzaţiile din timpul războiului. Dumnezeu era acolo sus. Glicherie s-a întors acasă după ce executase doar câteva luni din sentinţa sa. Vara l-a găsit din nou la conducerea "Soliei". La 3 iulie a fost numit administrator al Vetrei, împreună cu părintele Paul Crăciun Sr. ca asistent şi cântăreţ pentru 30$ pe lună. El era de asemenea şi preotul parohiei Sf. Maria de la Vatra care avea 150 de membri. George Nedea va rămâne administrator până când avea să se termine colecta pentru fondul mănăstirii, adică 1 ianuarie 1946. Părintele Petru Moga s-a grăbit spre Dearborn şi a fost ales preot la fosta biserică a lui Glicherie, Sf. Petru şi Pavel. Consiliul l-a suspendat pentru un astfel de comportament precipitat şi indecent şi a numit o comisie până când se va putea ţine o alegere validă sub propria-i egidă. Au fost aduse laude jurisconsultului Martin care era creditat atât cu eliberarea lui Opreanu şi a lui Moraru, cât şi a părintelui Cucu. Modest, Martin a spus puţine, lăsând "Soliei" sarcina descrierii modului în care el singur câştigase al doilea război mondial.

"În bună regulă"

Patruzeci şi cinci de delegaţi s-au prezentat, iar treizeci şi doi au absentat duminică, 2 septembrie 1945, când cel de-al treisprezecelea Congres Bisericesc s-a deschis la Vatra. Mulţi rămăseseră acasă să asculte desfăşurarea evenimentelor care se derulau pe puntea U.S.S. Missouri în Tokyo Bay. Aceia care formau 4286 în Grass Lake ţineau linia ocupată constant, în timp ce "clerul în frăţie cu oamenii s-a întâlnit să consolideze lucrarea Bisericii noastre mărind sfera activităţii sale". Un sfârşit al celui mai mare război din istorie, un sfârşit al disensiunilor, doar progresul stă în faţă, era tonul Raportului General al secretarului Moldovan. Amabilităţile acide ale Raportului său din 1944 dispăruseră, deşi s-a limitat în a nota orice încercări de reconciliere cu ticăloşii care se opuneau bunului curs al lucrurilor. Totuşi ar putea fi pace în Episcopie: la Paştile cailor.

Temele erau progresul şi îndreptarea. Aprobarea unei fabrici de lumânări pentru Vatra era un semn de iluminare. ARFORA va fi reorganizată. Cimitirul Vetrei fusese amenajat, 85 pe 27 metri în dimensiune, cu spaţiu pentru 600 de morminte, la preţul de 25$ fiecare, înconjurate de copaci şi de o poartă nouă, toate instalate doar cu o lună înainte. "Solia" mergea bine, preţul i-a crescut de la 3$ la 4$ pe an, iar circulaţia ei s-a extins. Cărţi de rugăciune erau trimise tuturor soldaţilor ortodocşi din forţele armate de către YMCA, cu asistenţa părintelui Haţegan. Planurile pentru mănăstirea de la Vatra avansau. Desigur că erau şi probleme. Episcopul rus din Edmonton, Alberta se "repezise" la bisericile din Boian, Hairy Hill şi Pierceland. Şcolile parohiale şi corurile aproape că "dispăruseră" din cauza părinţilor indiferenţi, pierderii limbii materne şi a mariajelor mixte. Protopopii nu şi-au inspectat districtele până acum, mai ales din cauza restricţiilor de călătorie din timpul războiului, dar acest lucru trebuia să se îmbunătăţească acum că pacea era restabilită. S-a încercat puţin o anume redresare în momentul în care părintele Eugen Lazăr din St. Paul a tradus Statutele Episcopiei în engleză şi când s-a impus ca "Şcolile de Duminică" să înlocuiască şcolile parohiale. Primul curs de vară s-a ţinut la Vatra în 1945, cu 14 studenţi care au participat la sesiunile privind tema "Credinţa Noastră Strămoşească", predate de Mihalţian, Andrei Moldovan, Opreanu şi Moraru. Într-adevăr, încă un plan de-a lui Policarp se realiza şi urma să fie extins.

Totuşi, nu se găseau soluţii pentru restabilirea unei rânduieli. Poate că de aceea ridicarea de clădiri la Vatra era atât de atractivă. Oferea semne concrete de avansare. Altfel, preoţii continuau să se mute aproape după bunul plac, căutând cele mai bune salarii. Absența academiilor teologice în America pentru a-i pregăti pe tinerii preoți era simțită în mod acut. "În viitor vom avea o mare criză în situația preoțimii", prezicea Moldovan și avea dreptate în multe feluri. Totuși, o anumită insuficiență atârna deasupra tuturor acestor lucruri. Aceleași probleme erau raportate an după an, etichetate ca atare, cercetate și lăsate pentru anul următor. Absența multora dintre cei mai capabili preoți și laici, cei care dezertaseră în 1943, nu ajuta lucrurile. Nici sentimentul clar al multora, că cei care îi conduc vor merge până în pânzele albe să-i permită cozii Vetrei să legene câinele Episcopiei și să folosească instituția nu numai pentru a-și ridica propriul prestigiu, ci și pentru a proteja puținii favoriți. Cu o lună înainte de Congres, la sesiunea Consiliului din 3 iulie, părintele Cucu a spus lucrurilor pe nume, ceea ce a fost descris ca o dezbatere lungă și "cinică" asupra numirii lui Moraru ca preot al parohiei centrale din Vatra. "Prevăd că într-un an va fi o ruptură în Episcopie", nota preotul din Akron în procesele verbale. Se înșela doar cu câteva luni. Adevărul era că Policarp fusese aici pentru prea puțin timp și disensiunile de la plecarea sa au fost prea volatile în anii care au urmat pentru a-i permite unei Episcopii Ortodoxe Române să devină puternică, coordonată și unită. Existau doar urme de activitate bisericească organizată, dar o Episcopie ca organism funcționabil viabil nu exista. Dacă părintele Balea putea să vadă rezultatul la sfârșitul anului 1942, cu siguranță și-ar fi revizuit metafora de acum 20 de ani. Acum, Biserica sa din America era un cap fără trup. Moțiunea părintelui Postelnic cum că, de îndată ce relațiile cu România vor fi restabilite de către Statele Unite, ar trebui să se ceară întoarcerea lui Policarp, a fost trecută cu simțul responsabilității și fără îndoială cu aceeași fervoare cu care parohiile garantau că în viitor toate rapoartele și taxele parohiale vor fi trimise la timp. Anul 1946 a fost dominat de impulsul de a construi Schitul Maicii Domnului la Vatra, un proiect deja rămas în urmă cu opt ani. Regula era separarea neapărată a acestui fond de alte venituri, ceea ce trimite la faptul că, în vremea problemelor ce vor veni, o parte din banii lichizi vor rămâne pentru a se lupta pentru ei. De fapt, finanțele erau una dintre puținele arii de optimism la începutul acelui an. Fondul General al Episcopiei se bucura de o balanță de 2,059.26$, ultimul calendar aducând 1.250$. "Solia" era în profit, iar discuțiile despre o fabrică de lumânări anticipau profituri noi. Doar veniturile lunare ale Vetrei păreau întotdeauna restante în comparație cu datoriile. Secretul managementului de zi cu zi încă rămânea de căutat pentru că 300$ trebuiau să fie împrumutați din alte fonduri pentru a-și balansa conturile. Motivul principal pentru aceasta era evident. Fermierii și îngrijitorii de acolo nu se ocupau de planificarea financiară, iar manageri ca Nedea se aflau rareori pe domeniu. Moraru, preot al parohiei centrale, petrecea de asemenea puțin timp acolo. Se afla la plimbare, bucurându-se de una din cele mai frumoase perioade ale sale.

Strângerea de fonduri pentru mănăstire a fost atât de reușită, încât părea să inspire o nouă încredere în Episcopia lui Mihalțian. Ca rezultat, a acționat în zilele ce aveau să vină, drept ceea ce poate fi numit decizie și perspicacitate. Registrul lui Moraru în privința colectei pentru mănăstire arată că s-a început colecta pe 3 septembrie 1945 și s-a încheiat la 1 august 1947. La prima întrunire a Consiliului Episcopesc din februarie 1946 a raportat promisiuni de donații de 36,130$ pentru biserică, din care a extras 3,084.20$ comisionul lui. Arhitectul Carl Kressbach a venit la Detroit și a oferit un proiect de biserică de 23/7 metri cu un altar de aproximativ 5 metri și cu o capacitate de 160 de persoane. S-a căzut de acord că biserica ar trebui să fie construită în etape, fără să se împrumute bani de la bancă. Rezervându-și dreptul de a schimba planul, Consiliul a decis în primul rând să se ridice o fundație la 1,5 m deasupra solului pentru suma de 12,000$ și mai apoi să se continuie în funcție de cum vin banii. Efortul a continuat și luna următoare, iar Consiliul l-a invitat pe episcopul Dionisye Milivojevich din comunitatea ortodoxă sârbească din Libertyville, Illinois să așeze piatra de temelie a bisericii la 4 iulie. Congresul Bisericesc va fi amânat din cauza acestui eveniment, dar va fi ținut "dacă biserica va fi terminată în acest an". Era o întoarcere la aceeași veche aroganță. Statutele spuneau clar că un Congres se va ține anual, iar când au ajuns plângeri despre această decizie la Birou, totul s-a schimbat. Un Congres a fost convocat pentru a coincide cu ceremoniile de aşezare a pietrei de temelie. Totuşi, munca la Vatra şi disciplinarea preoţilor părea a fi tot ce ştiau conducătorii să facă. Moraru vroia ca grajdurile să fie transformate în camere de oaspeţi şi casa Lee Road să fie reparată, în plus să se repare acoperişul spart al reşedinţei principale. Pavilionul de la lac avea nevoie de lucrări, în principal datorită faptului că fusese închiriat "străinilor", ceea ce Consiliul a decis că nu se va mai întâmpla. Acest lucru arăta că se învăţase încă o lecţie. Alexandru Suciu şi Gheorghe Bleahu au venit la Consiliu cu o cerere de sprijin pentru "mişcarea lor naţională", dar care a fost refuzată imediat.

Până la întrunirea Consiliului din 12 iunie, câţiva au început să-şi facă griji faţă de metodele lui Moraru. Părintele Nicolae Moldovan a raportat suspiciunile sale că Moraru folosea chitanţe nerevizuite şi îi scrisese regelui Mihai al României şi Patriarhului în numele Episcopiei. S-a decis asigurarea lui Glicherie pentru suma de 50,000 de dolari. Îşi va ridica comisionul doar din ceea ce colecta efectiv, nu şi din promisiunile de donaţii. De acum înainte cecurile vor fi contrasemnate de către preşedinte, trezorier şi Nick Martin, care va face un raport lunar. Moraru nu era prezent la această întrunire. A ratat şansa de a vota aceste restricţii şi concursul "Miss Vatra Românească". Acest lucru nu însemna nici o micşorare a planurilor extravagante pentru proiectul mănăstirii. Deja conducerea Uniunii şi Ligii plănuia să ridice o cruce memorială pentru Moise Balea la a 40-a aniversare a ziarului "America". Acum se plănuia punerea rămăşiţelor lui Balea într-un mausoleu din apropierea propusei biserici, cu o fântână, ca la Curtea de Argeş. Cum să îndeplineşti astfel de planuri măreţe fără omul care făcuse totul posibil? La 24 iulie, Moraru a adus Consiliului ştirea colectării a 53,828$ din promisiuni de donaţii, din care a încasat şi depus în bancă 38,628$, minus 8,000 $ comisionul lui. Nu i-a păsat de deciziile întrunirii precedente. Au fost toate revocate.

La suprafaţă şi în paginile proceselor verbale ale Consiliului întocmite cu servilitate de Moldovan, toate lucrurile arătau bine. Episcopia continua să se destrame deoarece zece oameni nu pot alcătui o Episcopie, iar Glicherie colecta, Martin făcea politică şi Mihalţian încerca să-şi găsească calea între Scylla oponenţilor săi de la Halloween şi Charybdis a clicii Moraru. Zvonurile scoase de indivizi ce se vedeau episcopi, curgeau liber pro şi anti corespondenţa lui Policarp, stricând armonia de suprafaţă. A ajuns tot mai deschisă pe măsură ce sfârşitul războiului a însemnat o reluare a corespondenţei cu Policarp şi o schimbare dramatică în regimul politic din România.

Furtuna ce se apropie

Policarp fusese ignorant faţă de majoritatea detaliilor din ultimii patru ani, dar ştia destul pentru a exprima o îngrijorare puternică de îndată ce corespondenţa a fost din nou permisă în octombrie 1944. Episcopul a fost numit Director al Institutului Teologic Radu Vodă din Bucureşti în 1941, apoi trimis în Basarabia ca vicar al episcopului Cetăţii Alba-Izmail până în 1944, când a fost numit Episcop al Maramureşului la Sighet. La 20 decembrie 1945 i se plângea lui Mihalţian despre creşterea facţiunilor între românii din America, referindu-se la acuzaţiile aduse împotriva sa de "o clică de reacţionari naţionalişti", deşi el "nu făcuse niciodată nici un fel de politică militantă". Oricare ar fi adevărul, campania împotriva lui a continuat, nota episcopul. Cât despre America, "discordia dintre preoţi va distruge tot ce am construit eu în patru ani". El dorea să primească o scrisoare colectivă, semnată atât de Trutza cât şi de Mihalţian, că se făcuse pace. Nu a primit-o. Percepţia sa, despre cine era exact în spatele propriei probleme în încercarea de a pleca din România, ar putea să fi fost ascuţită de un raport detaliat trimis lui la 19 martie 1946 semnat de Trutza, Bărbulescu, Moga, Stănilă, Popovici şi Lupu. Chiar permiţând o exagerare, episcopului i se dădea o imagine tristă a Episcopiei sale.

Clerul american era divizat, scriau Trutza şi ceilalţi, datorită "lipsei totale de autoritate din partea celor încredinţaţi cu conducerea" şi mai ales datorită anumitor "persoane necalificate care s-au propulsat spre vârf", dar "nu fuseseră niciodată membri ai Bisericii noastre de dinainte".

Trecând în revistă senzaționalismul și rezultatele proaste ale episoadelor "România Liberă", scrisoarea nota că cei doi preoți încarcerați nu își dăduseră demisia din posturile lor. Nici nu li se dăduse bine drumul din închisoare, că li s-au și acordat onoruri speciale. Cei care au protestat au fost imediat suspendați din funcțiile lor, pentru a se alătura rândurilor celor care semnaseră acest raport, toți suspendați. Grupul era îngrijorat "de numărul mare de activități de la Vatra nu foarte "religioase" prin natura lor... după proiecte speciale aduse din Montreal". Cel puțin o dată a fost chemată poliția pentru a-i ține afară pe cei care încercau să intre pentru întruniri. "Solia" s-a transformat doar în organ de calomniat. Ei îi cerusera lui Mihalțian să oprească aceste lucruri, iar el a replicat că "nu avea nici un fel de putere asupra lui Moraru și Opreanu care conduceau ziarul".

Cel mai puternic atac era acuzația că grupul Mihalțian îl denunțase pe Policarp lui Carol al II-lea, Magdei Lupescu și Departamentului de Stat pentru a împiedica întoarcerea sa ca "o persoană indezirabilă și periculoasă" și au lucrat zi și noapte să declare Episcopia autonomă, să aleagă un alt episcop, "cu Opreanu ca arhiepiscop la Washington și Moraru sau Moldovan ca episcop la Vatra". Trutza pretindea că șase zile mai înainte de asta, Martin plecase la Washington și în numele Consiliului, ceruse autorităților să împiedice întoarcerea lui Policarp și asta doar la puțin timp după ce Consiliul luase oficial act de mesajul Pastoral de Crăciun al lui Policarp, act ce exprima dorința episcopului de a se întoarce în Statele Unite. De asemenea, în săptămâna precedentă, "Consiliul a ținut o întrunire secretă pentru a-l asculta pe Neamțu (Martin) vorbind despre succesul său la Washington".

Ce trebuia să facă Policarp, se întrebau preoții retoric. Să trimită scrisori oficiale din partea sa și a Patriarhiei lui, declarând toate întrunirile Consiliului și toate Congresele din 1939 încoace nule și să suspende conducătorii temporari pentru a convoca un Congres special pentru a alege ofițeri noi. Mai presus de toate, să nu informeze Consiliul actual despre nimic din ceea ce avea acum în mână – Policarp trebuia să trimită materialul confidențial. "Vă asigurăm că avem motive serioase pentru a cere asta". Altfel, "suntem siguri că nu veţi avea nici o Episcopie la care să vă mai întoarceţi în America".

Este greu să alungăm toate acestea cu o simplă retorică a unui grup dizgraţiat. Chiar dacă întregul ton al acţiunii conducerii de până acum nu tindea să le dovedească, evenimentele din următorii trei ani au confirmat multe dintre ele. Cartea oficială de Protocol, conţinând procesele verbale ale Consiliului Episcopesc şi ale administraţiei Vetrei, nu conţine nici o înregistrare a vreunei întruniri între 10 martie şi 12 iunie 1946. Decizii importante care implicau exerciţiul puterii unui episcop, cum ar fi suspendarea lui Petru Moga, nu au fost comunicate lui Policarp de către Mihalţian. El şi-a asumat mai mult un drept de a acţiona după bunul plac, totuşi părea incapabil să le facă faţă lui Moraru şi lui Martin. Martin însuşi se lăuda constant cu legăturile sale din Washington şi cu prietenia sa cu senatorii americani din Michigan, Homer Ferguson şi Arthur Vandenberg. Desigur, nu era în interesul său să-l vadă pe Policarp întors. Nici în interesul lui Glicherie, pentru că acesta era episcopul care-l caterisise. Părintele Opreanu vroia într-adevăr să devină episcop. Cât despre Vatra, căpătase o reputaţie proastă, desigur, doar prin asociere cu cei care o conduceau adăugată la resentimentul "ipso facto" care inspirase întotdeauna în multe rânduri încă de la început.

La 12 iunie 1946, Policarp i s-a adresat lui Mihalţian, spunând că nu vedea nici o posibilitate de reconciliere într-o comunicare recentă pe care o primise de la Trutza. Episcopul i-a cerut ajutorului său (nu îl numea vicar) să explice activităţile chestionabile recente şi a notat că ceruse din nou să plece din România. "Aştept raportul vostru, dacă n-am plecat încă", încheia Policarp. În aceeaşi zi, totuşi, Policarp îi scria lui Trutza dând scrisorii sale acelaşi număr cu cartea sa de vizită ataşată. Ameninţarea episcopului cu demisia încă respiră din cuvintele sale după un sfert de secol: "Nu ştiu dacă vă voi mai vedea vreodată. Va doresc sănătate şi fericire. Dar vă implor să vă înghiţiţi mândria şi să salvaţi Episcopia şi Vatra". Nu spunea ce dorea să facă preoţii din Cleveland, dar timpul, ca întotdeauna, le va desluşi. Nu ştim nici dacă Mihalţian a răspuns scrisorii episcopului din 12 iunie. El nu a făcut nici o mențiune despre ea la sesiunea Consiliului din 24 iulie, dar poșta nu ajunsese încă. Totuși, dovezi interne sugerează că procese verbale ale acestei sesiuni nu au fost compuse de Andrei Moldovan până după 7 august cel puțin, pentru că a notat trimiterea rezoluției Consiliului în acea zi patriarhului Nicodim. Acesta nu era exact tipul de răspuns la care s-ar fi așteptat Policarp pentru chestionarele sale. Aceasta adăuga mai multă credibilitate acuzațiilor conținute în epistola din martie a lui Trutza și a celorlalți către Policarp. Consiliul s-a rezumat să informeze patriarhul că dacă în trei luni nu va putea să-trimită înapoi pe episcop, Nicodim ar trebui să declare locul lui Policarp vacant și să desemneze "pe cineva pe care Consiliul de aici îl va găsi potrivit" să devină noul cap spiritual al Episcopiei. Aici era mai mult decât coincidență, pentru că la aceeași întrunire din 24 iulie Moraru a propus ca cei din Consiliu să-l aducă pe arhimandritul Teofil Ionescu (atunci la Capela Românească din Paris) la Vatra ca stareț al mănăstirii Sf. Maria. S-a aprobat în unanimitate. Astfel au stat problemele tot restul anului, atât cu tabăra de la Vatra, cât și cu cea din Ohio, care spuneau oamenilor că celălalt grup îl ținea pe episcop în România. Omul cu impact politic care ar fi putut rezolva lucrurile avea sarcini mai importante. Martin a plecat la Conferința de Pace de la Paris ca reprezentant al "Soliei", primind permisiunea Consiliului pentru aceasta. Având un ziar cu mai puțin de 1,000 de abonați în spatele său, a obținut un pașaport de la Departamentul de Stat. A atacat Parisul furtunos, numindu-se purtătorul de cuvânt al comunității româno-americane, ceea ce însemna că vorbea în numele a mai mult de 100,000 de suflete.

Mai repede decât ai zice "Solia", Martin era în legătură cu numeroși refugiați de război români care populau capitala franceză și peste noapte a devenit directorul unei organizații numite "România Independentă" și vicepreședinte al Consiliului ei Național. În mijlocul acestor fapte a neglijat să se înregistreze ca agent străin.

Între timp Trutza făcuse pași concreți încă o dată pentru a asigura întoarcerea lui Policarp. În timp ce Mihalțian îi spunea episcopului că îl dorea înapoi și patriarhului fix invers,

Trutza a contactat avocatul de la Detroit, Joseph W. Solomon, pentru a încerca să se asigure că scrisorile sale vor ajunge la Policarp. Solomon a lucrat prin Departamentul de Stat al Statelor Unite în aceste luni dificile pentru a trimite scrisorile românești și înainte de 25 martie 1946 l-a informat pe Trutza de succesul său. O a doua copie a raportului din 19 martie trimis lui Policarp la Sighet fusese pregătită pentru a fi trimisă patriarhului, dar acest lucru nu era necesar. În același timp Trutza a adăugat un alt element la încurcătură, avertizându-l pe Solomon să aibă grijă cu folosirea misiunii americane din București. Exista temerea că doi tineri care lucrau acolo, puteau cumva să obțină scrisorile lui Policarp. Unul era numit simpatizant comunist din Salem, Ohio. Celălalt era unul din fiii lui Mihalțian. În același dosar se afla și o altă corespondență, arătând eforturile continue ale lui Trutza de a obține o viză permanentă pentru Policarp în mai 1947.

În curând, problema va fi forțată de evenimentele care aveau loc departe de Cleveland sau Grass Lake. Sfârșitul războiului a adus glorioasa Armată Sovietică "eliberatoare" în Estul Europei. La 6 martie 1945 s-a format la București guvernul Frontului Național Democratic al doctorului Petru Groza. Unsprezece luni mai târziu, la 5 februarie 1946, Statele Unite au recunoscut regimul lui Groza și au restabilit relațiile diplomatice cu România. După șapte ani de absență, o legație regală română se întorcea la Washington, condusă de profesorul în sociologie și membru veteran al Partidului Liberal, Mihail Ralea. În lunile care au urmat, noul guvern comunist al României a promulgat o serie de legi, dând regimului control total asupra bisericilor țării. Persecuția se întindea de la manevrele legale subtile până la încarcerarea nedreaptă a preoților recalcitranți. O metodă generală folosită era de a pune episcopi bătrâni să se pensioneze forțat și "alegerea" unora noi mai binevoitori cu statul. Policarp a fost una dintre primele victime ale noii ordini.

În America se știa foarte puțin despre toate acestea și nimic nu s-a auzit despre soarta lui Policarp în primele săptămâni ale lui 1947. Speranțele erau încă mari în anumite părți, cum că episcopul canonic se va întoarce la enoriașii săi. Fără îndoială, Consiliul Episcopesc a lui Mihalțian a mers mai departe cu eforturile lui de a găsi un înlocuitor atunci când nu sosea nici un răspuns pentru termenul limită, de trei luni, al rezoluției lor. La 8 ianuarie 1948, o comisie formată din trei oameni din Consiliu, a mers la Mihail Ralea cu o listă de posibili candidați pentru episcop, care probabil includea numele lui Teofil Ionescu, Teodor Scorobeț și alții. La un moment dat, a devenit clar că Legația își avea ordinele sale. Discuțiile de la întrunirea Consiliului din 15 ianuarie s-au centrat pe nevoia convocării unui Congres Bisericesc cât mai curând posibil, pentru că Episcopia era departe de a fi pregătită să primească un episcop. De asemenea, în acest moment, unii au început să-și facă griji că noua turnură a lucrurilor era menită să răstoarne planurile lor de atâția ani, de a face episcop pe unul dintre ei. Moraru însuși a sugerat la această sesiune fezabilitatea respingerii Statutelor din 1936, care dădeau Sfântului Sinod puterea de a numi episcopul pentru America și să se întoarcă la Statutele din 1932, care prevedeau alegerea sa de către Congresul Bisericesc de aici. Pentru moment, nu s-a făcut acest lucru. Cucu a subliniat că doar Congresul putea schimba Statutele. Opreanu a găsit o soluție ce a fost agreeată de toți. Consiliul îi va cere patriarhului să trimită pe episcopul Teodor Scorobeț pentru a conduce Episcopia pentru un an, ca să unifice organizația și s-o pregătească pentru tranziția la un nou episcop. Acesta era același Trandafir Scorobeț, preot misionar în America și consilier al Sibiului în 1929, care până în 1946 fusese ridicat în ierarhie ca Episcop Referent pentru Arhiepiscopia Sibiului. Doar Scorobeț, care cunoștea scena din America, putea face ordine cu adevărat. Astfel, au fost trimise circulare patriarhului, mitropolitului Bălan și lui Ralea, cu această cerere. Altfel, nimeni nu trebuia trimis, concluziona Consiliul.

La 17 februarie 1947, răspunsul de la Legația Română arăta cât de bine acționase Bucureștiul la sugestia lor:

"Avem onoarea de a vă informa că la recomandarea Preasfinției Sale Nicodim, Patriarh al României, Ministrul Cultelor a aprobat numirea episcopului Dr. Antim Nica, Episcop al Bisericii Ortodoxe din America. Vă rugăm să luați măsuri pentru primirea Preasfinţiei Sale, a cărui venire va fi anunţată la timpul potrivit. Rugăm să acceptaţi, d-le preşedinte, asigurările noastre de înaltă apreciere.

(semnat) Pamfil Riposanu, Consilier al Legaţiei."

CAPITOLUL 7

Marea schismă, 1947 — 1953

> *De ce, acum suflă vântul, marea se*
> *umflă şi vârtejul urlă? Furtuna*
> *s-a iscat şi totul e hazard!*

Şi astfel luptele dintre Atena şi Sparta s-au oprit înainte de tratatul din Est al puternicei Persii şi pentru câţiva ani, foşti inamici, şi-au alăturat forţele pentru a întâmpina pericolul comun; totuşi niciodată n-au uitat propriile diferenţe fundamentale care au rămas întotdeauna aproape de suprafaţă, gata să se ridice şi să sune trompetele războiului pentru a stabili stăpânirea tuturor pământurilor Greciei.

Camera Verde a hotelului din Detroit, 21 februarie 1947; Părintele Mihalţian cheamă la o sesiune specială a Consiliului Episcopesc, convocat în grabă, primeşte doi oaspeţi: părintele Ioan Trutza şi părintele Ioan Stănilă. "Îl acceptăm pe acest Nica, alegerea Legaţiei?" întreabă Opreanu. Nimeni nu răspunde. Martin a fost cel care a spus ceea ce mulţi gândeau, că trebuie să suspende Statutele din 1935 şi să numească o comisie pentru a le revizui. Jurisconsultul a fost numit să facă acest lucru, împreună cu Opreanu şi Trutza. Un Congres de urgenţă a fost convocat pentru 28 martie în Detroit. S-a compus o telegramă pentru patriarhul Nicodim Munteanu şi a fost trimisă trei zile mai târziu:

> "Consiliul Episcopiei, întrunit în sesiune specială … despre venirea episcopului Antim Nica, protestează categoric împotriva trimiterii oricărui episcop sau preot nesolicitat de noi. Decizia noastră se bazează pe drepturile prevăzute în Statutul Episcopiei noastre şi în conştiinţa datoriei noastre faţă de interesele vitale ale Bisericii noastre din America, precum şi în drepturile noastre ca cetăţeni americani. Vă

imploram să nu ignorați durerea noastră, astfel încât să fie evitate rezultate dezastruoase și consecințe ireparabile."

Sfatul jurisconsultului a fost bun. Apoi Moraru a fost cel care a adus ridicarea sancțiunilor asupra parohiilor rămase și asupra preoților suspectați după Congresul de la Halloween. Tot ce li se cerea era să-și plătească taxele, 1% din venitul parohiei sau din salariu, pentru ultimii trei ani. Părintele Trutza, vorbind în numele "celor delicvenți", a cerut să fie informați despre discuție. Era un mare pas spre vindecarea rupturii.

Desigur, veștile deja circulau. Pentru restul anului, undeva în Episcopie, oamenii așteptau un episcop, orice episcop, iar cei neinformați despre manevrele din culise priveau cu fericire spre un sfârșit al lungului interimat fără un cap spiritual. Cu zece zile înainte de întrunirea de la hotelul Leland, Mihalțian i-a scris lui Policarp că parohia din New York era pregătită să-l primească pe Antim Nica cu mare fast. În același timp l-a informat pe episcop despre sosirea dr. Teofil Ionescu la Vatra în ianuarie, pentru a sluji ca preot al parohiei mănăstirii de la Vatra. "Noi încă sperăm că vă veți întoarce", îi spunea vicarul lui Policarp. Știrea că episcopul Nica se afla într-o călătorie în Uniunea Sovietică a fost deconcertantă.

În afară de acest lucru, ce avea Episcopia împotriva lui Nica? Nimic cu adevărat. În alte vremuri și sub circumstanțe diferite, nu ar fi fost o selecție proastă. Avea doar 39 de ani în 1947 și pregătirea sa teologică era cu mult superioară celei a lui Policarp. Din 1935 Nica fusese director al unei școli teologice, preot al catedralei și mănăstirii Antim din București și profesor de teologie practică (o datorie *sine qua non* (obligatorie) peste ocean, mai ales în pragmatica Americă) la facultățile din Iași și București. Își primise sceptrul de episcop cu trei ani în urmă și era Episcop Vicar al Episcopiei Dunării de Jos. Evident, vina nu era a lui Nica, ci a încercării de impunere fără o consultare, ceea ce a cauzat reacția Episcopiei. Totuși Biserica Română nu a insistat. La 10 martie Sf. Sinod a răspuns protestului american. Mihalțian nu ar trebui să insiste asupra călătoriei lui Nica în Rusia, pentru că acest fapt era perfect normal. Sinodul, în lumina noilor condiții politice, poate fi iertat pentru minciuna care a justificat acest tur "Deja avem relaţii de prietenie" cu Rusia, spuneau ei. Mesajul spunea că Nica era trimis doar ca vicar sau locţiitor de episcop, până când va fi ales unul nou, deşi nu era clar cine îl va alege. Fără îndoială, referirea lui Nicodim la drepturile Sfântului Sinod, "care de asemenea trebuie respectate", indica fără îndoială opinia Bisericii mamă asupra acestui subiect. Chiar mai interesantă era fraza patriarhului că Sinodul nu l-a trimis înapoi pe Policarp, "pentru că nu v-aţi putut înţelege cu el".

A urmat un joc dublu şi curios în următoarele câteva luni. La suprafaţă, Consiliul lui Mihalţian a folosit poziţia de apărare a independenţei Episcopiei şi a făcut gesturi publice adiţionale pentru a-l aduce înapoi pe Policarp şi pentru a extinde, de asemenea, ramura de măslin până la grupul din Ohio. Ultimul, care poate nu credea în sinceritatea Consiliului, era dornic să se alăture acţiunilor oficiale, dacă acestea însemnau loialitate faţă de Policarp şi o poziţie anticomunistă. În realitate, Mihalţian a fost prins la mijloc, pentru că a devenit evident în curând că Moraru, Martin şi compania se foloseau de numirea lui Nica ca o scuză pentru a grăbi planurile lor de alegere a unui episcop propriu. De ce nu li s-a opus Mihalţian? Poate pentru că spera în secret că el "Vicarul", va fi alegerea lor. Totuşi păstorul din Harbor avea o altă consideraţie dificilă, una care presupunea dilema sa personală în următorii ani plini de probleme. Cei doi fii ai săi erau încă în România, ofiţeri în armată. Îi era teamă de repercusiunile asupra capetelor lor în ţara mamei lor, care devenea tot mai stalinistă pe zi ce trecea. În sfârşit, în ciuda a ceea ce putea să-i producă teamă în secret din partea celor din jurul său, Mihalţian până la urmă fusese "la conducere" în ultimii opt ani. Reputaţia şi mândria sa erau în joc, iar oameni mai puternici decât el ar fi găsit. E greu de admis că ei îşi pierduseră încrederea în alţii. În orice caz, zvonurile circulau că viitorul Congres extraordinar sau dacă nu, Congresul regulat din iulie, va lege un nou episcop. Când prima întrunire n-a făcut-o, devenea tot mai sigur că a doua o va face. De fapt, ceva era plănuit cu adevărat.

În primul rând, fundaţia juridică era pusă. Sesiunea specială a Congresului Bisericesc s-a convocat la Detroit în 28 martie

1947, poate cea mai importantă întrunire care a avut loc din 1936 încoace. Conducătorii nu au avut nici o dificultate în a-i convinge pe delegați, deja într-o stare mentală de anxietate față de evenimentele care aveau loc în România și indignați față de încercarea uzurpării drepturilor lor de a accepta în unanimitate propunerile Consiliului. Astfel, Congresul a declarat autonomia administrativă completă a Episcopiei Ortodoxe Române din America în toate relațiile sale cu Sfântul Sinod din România. A refuzat să-l accepte pe Nica, cerând întoarcerea lui Policarp la postul său și exprimând o încredere totală în conducerea sa. Desigur, erau numai minciuni. Fundamental pentru tot ce va urma, Congresul a ratificat decizia Consiliului de a restaura Episcopia după Statutele originale și Legile din 1932, astfel ca efect, abrogând pe cele impuse la Congresul din 1936 de către Policarp. Mihalțian a comunicat aceste decizii patriarhului la 11 mai. Pentru moment, Patriarhia le-a lăsat americanilor conducerea. Până la urmă, astfel de declarații hotărâte îi caracterizau pe americani în 1929. De îndată ce un episcop român era trimis, el putea, așa cum a făcut-o și Policarp, să scrie din nou Statutele cum trebuie. Chiar înainte de primirea comunicatului lui Mihalțian la 16 mai, Sinodul a trimis lista sa de candidați oficiali cerută de americani. Includea pe lângă numele lui Nica și pe cel al dr. Vasile Vasilache, stareț la mănăstirea Antim și pe cel al fratelui său Haralambie Vasilache, precum și pe părintele Petre Șerpe, consilier administrativ al Patriarhiei. Acum așteptăm alegerea voastră, nota Sinodul, după care vom lua în considerare aprobarea noastră. De fapt, Consiliul avea puțin interes față de oricare dintre acești oameni. Nici Trutza nu avea interes, care între timp descifrase planul de joc al grupului de la Vatra. Loialitatea față de Policarp și zădărnicirea planurilor clicii însemnau că viitorul Congres trebuie oprit de la alegerea oricărui episcop.

Lovitura de stat a lui Trutza

Congresul din 1947 s-a întrunit la Vatra pe 4 iulie pentru a-l asculta pe Mihalțian anunțând lista candidaților. Camera de primire a reședinței principale era martora unui aer de o gravitate neobișnuită, delegații erau nerăbdători pentru sesiunea de după amiază. Ştiau toţi că putea foarte bine să producă câteva surprize. În timpul mesei de prânz s-a văzut o cantitate neobişnuită de conversaţii învălmăşite şi de conferinţe imediate în doi, trei. Daniel Maxim, venerabilul călugăr canadian, pe care nimeni nu putea să-l acuze de complicitate pe oricare plan, a fost contrastul clicii Consiliului. S-a ridicat pentru a deschide sesiunea de după amiază avansând ideea ca numele lui Teofil Ionescu să fie adăugat listei candidaţilor. De fapt, Maxim vroia, probabil sincer, să sfârşească impasul inexistenţei vreunui episcop. La fel de onest, credea că Ionescu este o alegere decentă, mai ales că Ionescu se afla deja în America. Maxim fusese cel care propusese iniţial ca Ionescu să fie făcut stareţ al bisericii de la Vatra. Apoi George Stănculescu a scos în evidenţă că noul episcop, oricare ar fi el, trebuie să fie lipsit de legături politice străine sau de ideologii. Martin a luat acest fapt ca indicaţia sa, ridicându-se pentru a grăbi îndepărtarea numelui lui Nica şi secondând nominalizarea lui Ionescu. Scopul călătoriei sale la Paris, în afară de "îndatoririle" sale la Conferinţa de Pace, începea să devină mai clar. În ciuda efortului concertat care urmărea construirea unei trupe pentru Ionescu, câţiva au văzut lumina! Părintele Bărbulescu a întrebat de ce lista candidaţilor nu a fost trimisă delegaţilor înainte de Congres. S-a răspuns de către Mihalţian, cum că nu ajunsese la timp. După cum am văzut, lista a fost trimisă din România la 16 mai, ceea ce însemna, dacă e să-l credem pe Mihalţian, că i-a luat 49 de zile pe drum. Atunci Bărbulescu a anunţat că îşi rezervă dreptul de a protesta faţă de rezultatul oricărei alegeri, după cum prevedeau Statutele. Atunci Trutza a vrut să ştie ce se va întâmpla dacă Sfântul Sinod va respinge alegerea Congresului, iar Opreanu a replicat cu vitriol: "acelaşi lucru ca atunci când episcopul moare sau îşi dă demisia, vom alege altul în trei luni". Prin urmare, replica lui Trutza a fost: de vreme ce Policarp nici n-a murit şi nici n-a demisionat, îi facem un act de injustiţie. Dezbaterile s-au încins când părintele Alexandru Cucu (1908-) a propus un compromis: decât să alegem un episcop nou acum, să fie aleasă o Comisie Interimară pentru a înlocui Consiliul actual, al cărui termen expiră. Această comisie va face toate eforturile pentru a asigura întoarcerea lui Policarp. ÎMPOTRIVA STATUTELOR!

a strigat Opreanu. Când Cucu a sugerat ca Ionescu să-şi retragă numele, a fost întrerupt de alţii. "Nu m-am pus în faţă ca un candidat, astfel nu pot să mă retrag", a fost răspunsul complet nelogic al dr. Ionescu. S-au luptat pentru o tragere la sorţi şi au fost de acord atunci când Trutza a sugerat un vot secret pentru a decide asupra unei Comisii Interimare, cu prevederea ca Ionescu să fie preşedintele organismului ce se va crea. Mihalţian n-ar fi fost de acord cu un vot, dar nu avea de ales când a văzut mulţimea sobră şi insurgenţii hotărâţi. Moţiunea Cucu, cum a fost amendată de Trutza, a câştigat cu 54 la 7. Ca să nu piardă momentul, vechii participanţi la Halloween au forţat pentru un vot asupra membrilor Comisiei. Ionescu a fost ales conducătorul ei. Mihalţian a fost ales membru prin aclamaţii, iar lui Trutza i s-a dat un loc cu 51 de voturi. Următorul număr de voturi pentru un singur candidat a fost 18. Cu una sau două dezertări, blocul lui Trutza rămăsese compact.

Oare cum a reuşit bătrânul păpuşar? Nu era greu după ce aflase, fie cândva înainte sau în timpul Congresului, despre o afacere secretă între Teofil Ionescu şi Consiliul Episcopiei. "În cazul în care sunt ales episcop investit cu toate drepturile, mă oblig să menţin necondiţionat la conducerea acestei Episcopii administraţia care se află acum la birou, fără nici o schimbare. Promit că îl voi alege, după instalarea mea, pe părintele Ştefan Al. Opreanu ca episcopul meu vicar. Promit că voi alege un grup de consilieri intimi compus din doi preoţi şi doi laici dintre cei mai de seamă fii ai Episcopiei noastre. Promit că voi rămâne totdeauna recunoscător celor care şi-au pus încrederea în mine şi m-au sprijinit ca să pot deveni Episcop al românilor din America". Ionescu a comis o singură greşeală. Şi-a pus angajamentele pe hârtie.

Congresul din 1947 a fost astfel un punct de cotitură. Desigur, autonomia administraţiei nu însemna o rupere totală de Biserica mamă. Legăturile canonice şi spirituale rămâneau teoretic, nestricate. Chiar mai important decât acest fapt a fost succesul lui Trutza în răsturnarea conducerii Consiliului care dominase Episcopia din 1939 şi zădărnicia aranjamentului de perpetuare a clicii prin uneltirea alegerii lui Ionescu ca episcop. Unii interpreţi ai evenimentelor din acea vară vedeau punerea lui Ionescu în fruntea Comisiei Interimare pentru un an sau până la următorul Congres, ca o încercare de a-l pregăti să fie episcop, pentru a-i da o perioadă de probă că să zicem aşa. De fapt, era probabil altfel. Un compromis parlamentar necesar din partea forţelor lui Trutza pentru a atinge ţelul principal: izgonirea Consiliului. Dacă Consiliul lui Mihalţian ar fi fost încă la conducere în perioada 1949–1950, istoria Episcopiei astăzi ar fi radical diferită. Foarte posibil, nu ar fi fost nici o Episcopie Ortodoxă Română liberă despre care să se scrie.

A doua Comisie Interimară

Pe lângă Ionescu, Trutza şi Mihalţian, Comisia Ad-Interim care a guvernat din vara lui 1947 până în vara lui 1948 îi includea pe Ioan Stănilă ca secretar şi pe Virgil Suciu din Cleveland ca trezorier. Dumitru Strugari din Detroit şi Ioan Bobanga din Erie erau controlori. Îi mai includea pe Părinţii Cucu, Nicolae Moldovan, Daniel Maxim, Coriolan Isacu şi Ioan Popovici. Membrii laici erau Rudi Nan, Alexandru Suciu, George Bleahu, Pandely Talabac, Davila Albu, Nicolae Muntean, James Muntean, Paul Jurca, George Magda şi Andron Stan. Astfel, conţinea un amestec de membri bătrâni, cu o doză bună din insurgenţii lui Trutza. Atmosfera unui început proaspăt a dominat primele întruniri ale comisiei din august şi septembrie, în timp ce consilierii vechi şi noi au încercat conştient să pretindă că nu existau resentimente asupra trecutului recent. Totuşi acţiunile comisiei nu au lăsat nici un dubiu că reformatorii se aflau în birouri şi curăţarea casei era în ordine, iar asta nu numai fizic, ci şi simbolic.

Astfel, la sesiunea din 3 august, au apărut o serie întreagă de schimbări şi restaurări. Rapoartele financiare anuale vor fi întocmite şi trimise tuturor parohiilor cu 60 de zile înainte de un Congres. Preşedintele, secretarul şi casierul vor semna toate cecurile şi vor fi asiguraţi cu 5,000$. Toate procesele verbale ale Congresului şi cele ale Comisiei vor fi publicate în "Solia". Registre mari vor alcătuite pentru Vatra şi pentru proprietăţile lacului. S-a acceptat o ofertă din partea lui Ionel Furceanu de închiriere a pavilionului de la lac pentru 600$ pe an. Cum era şi normal, parohia centrală Sfânta Maria de la Vatra a fost declarată desfiinţată, un fapt care nu i-a mulţumit pe Moraru sau Ionescu. În acelaşi timp, părintele Stănilă a fost reinstalat ca protopop al Cleveland-ului şi Popovici protopop al districtului Philadelphia.

Începând din august 1947, "Solia" a intrat într-o nouă fază, cu numele lui George Zamfir ca editor şi a lui Iosif Drugociu ca administrator. Noul ton a fost imediat observat, polemicile interne dispărând, fiind înlocuite de o atitudine puternic naţionalistă şi anticomunistă. Conţinutul teologic şi acoperirea s-au îmbunătăţit când Ionescu a introdus regulat o coloană cu "Borne Spirituale". De-a lungul lunilor ce au urmat "Solia" a arătat o maturitate nouă a tonului şi o responsabilitate jurnalistică, urmărind îndeaproape evenimentele din România, publicând şi făcând campanie pro Iuliu Maniu, Regelui Mihai şi noului format Comitet Naţional Româno–American pentru Democraţie. Drugociu a făcut primele eforturi după ani de zile pentru a reorganiza şi a pune ziarul pe baze noi, cu ţinerea sistematică de registre şi realizarea de formulare standard, de abonamente şi chitanţe. De îndată ce şi-a înghiţit mânia faţă de întorsătura evenimentelor, părintele Opreanu a reintrat în rândurile "Soliei" şi a început să scrie obişnuitele sale editoriale bine organizate şi introspective sub semnătura (X) sau sub numele său. Până la 1 martie 1948 a devenit din nou editor. Fără îndoială, deşi "Solia" în 1947 şi în 1948 a devenit mai citibilă, atractivă şi meticuloasă ca acoperire cum nu fusese niciodată, dificultăţile financiare nu au încetat. Mii de oameni citeau ziarul, dar doar câteva sute plăteau pentru asta. La mijlocul lui 1948, deficitul gazetei era de peste 769$ şi a trebuit să fie împrumutaţi 1,500$ din fondurile episcopiei pentru a putea să apară în continuare.

Comisia Ad-Interim era ocupată cu finanţele. La întâlnirea din 1 octombrie a rămas o balanţă finală de 15,472.68 de dolari care fuseseră colectaţi pentru mănăstirea de la Vatra. Fundaţia propusei biserici fusese turnată în 1946, iar acum o serie de lespezi de beton, mai degrabă neterminate, ieşeau din pământ spre sudul reşedinţei principale, expuse la intemperiile vremii. Evenimentele din 1947 au întrerupt derularea proiectului şi comisia a decis acum că alte nevoi erau mai urgente. În special, Trutza împingea acum spre construirea de căsuţe sau de facilităţi de tip dormitoare pentru oaspeţi, pentru a-i acomoda pe vizitatorii congreselor. De asemenea, repararea clădirilor mai vechi care se deteriorau rapid. Pentru moment, proiectul mănăstirii a fost suspendat, banii au rămas în Farmers State Bank din Grass Lake, pentru a nu fi cheltuiți. Frumoasa reproducere a bisericii de la Curtea de Argeş nu se va îndeplini niciodată. Avea să mai treacă un deceniu până când orice fel de biserică a Vetrei se va ridica deasupra betonului de pe pajişte cicatrizat de vreme. Precauţia se arăta şi în alte moduri. Zamfir a fost desemnat să consulte un avocat pentru a examina atât carta Episcopiei, cât şi titlul Vetrei, pentru a vedea dacă existau clauze "care ar putea împiedica sau pune la îndoială dreptul exclusiv al Vetrei ca posesie a credincioşilor Episcopiei". În acelaşi timp, eforturi continue de obţinere a unei vize pentru Policarp erau întreprinse la Washington. Normal că nu tot din stilul zilelor trecute se putea schimba, căci trebuia să fie o continuitate. Poate că doar din motive nostalgice comisia a aprobat în octombrie să-i plătească 1,000$ lui Glicherie. Episcopia răscumpărase 20 acri din proprietatea Wolf Lake pe care el o poseda. Totuşi, noua mătură continua să lucreze. Părintele Moga a trecut o examinare teologică la Facultatea de Teologie Protestantă din Detroit cu o performanţă excelentă.

Dacă întoarcerea lui Policarp putea fi aranjată, lucrurile ar fi luat-o de unde rămăseseră în 1939, dar o privire aruncată titlurilor acestei vremi nu lăsa nici un dubiu despre zădărnicia acelui efort. Biserica din România era suprimată în mod sistematic, forţată să intre în linie cu regimul dominat de sovietici al lui Petru Groza şi Ana Pauker. La 1 septembrie 1947, Episcopia Americană a fost scoasă din bugetul statului şi s-au sistat toate plăţile pentru clerul de peste hotare. În martie 1948, Patriarhul Nicodim a murit sub circumstanţe misterioase cum sunt numite astăzi de unii. Acest fapt şi proclamarea Republicii Populare Române, urmând abdicării forţate a regelui Mihai la sfârşitul lui 1947, au afectat Biserica din România în mod dramatic. Ţelul comuniştilor nu era atât să distrugă Biserica, cât s-o convertească într-un instrument de propagandă comunistă şi de controlare a populaţiei. În 1947 Parlamentul a trecut două legi: una pentru pensionarea preoţilor şi a doua pentru redistribuirea conducerilor şi promulgarea de noi reguli pentru adunările episcopale, ceea ce permitea înlocuirea preoților recalcitranți. Peste 30% dintre preoții parohi au fost eliberați din posturile lor. Au fost aleși trei noi "Mitropoliți ai Poporului", iar grija Bisericii pentru clasa muncitoare a atins punctul culminant la 24 mai 1948 cu "alegerea" lui Iustinian Marina ca patriarh.

Marina era tânăr. Înainte de al doilea război mondial fusese un preot aproape necunoscut, la biserica Sfântul Gheorghe din Râmnicu–Vâlcea. În timpul războiului a adus servicii valoroase unor diverși lideri comuniști încarcerați. Imediat după ce armatele de ocupație rusești au intrat în Moldova, Marina a fost chemat la Iași și la 12 august 1945 a fost ridicat în ierarhie ca asistent al Mitropolitului Moldovei. În noiembrie 1947, Mitropolitul a murit. Convenabil pentru Marina căci a fost imediat "ales" în postul doi al ierarhiei românești. Cu siguranță existau candidați mai în vârstă, mai experimentați și calificați pentru funcția de patriarh în 1948, dar nici unul cu scrisori de acreditare politice mai bune. Creșterea sa spectaculoasă a fost încoronată la 6 iunie, când a fost instalat în palatul Parlamentului, în loc de catedrala principală a Bucureștiului. A plecat aproape imediat pentru a conduce o delegație romană într-o vizită de 30 de zile aranjată de patriarhul Moscovei și s-a întors pentru a publica o minunată carte distribuită în mii de exemplare numită "Treizeci de zile în U.R.S.S.", care lăuda "progresul" și "libertatea" găsite în Uniunea Sovietică. Una dintre primele sale lucrări oficiale era legată de formularea unei noi legislații asupra cultelor religioase din România, iar decretul său din 4 august 1948 a pavat drumul pentru noul statut al Bisericii Ortodoxe Române pe care Sfântul Sinod l-a aprobat în octombrie. Îi dădea patriarhului dreptul de a interveni în probleme rezervate doar episcopilor și mitropoliților. Cât despre Episcopia din America, Iustinian aproape imediat l-a trecut pe episcopul titular Policarp în pensionare forțată. Cererile pentru întoarcerea sa au rămas fără răspuns. Timp de luni întregi Policarp a fost ținut în întuneric, așa cum îi era soarta de fapt, iar comisia din America nu știa nici ea ce se întâmpla. Poșta era cenzurată, ajungea greu, deși ocazional episcopul putea să găsească căi pentru a strecura o scrisoare. În septembrie 1947 i-a scris lui Ioan Popovici că auzise de eforturile comisiei de la Washington pentru a-i obține o viză. Cândva, în acea toamnă, a primit apariţiile "Soliei" pe care Andrei Moldovan le trimisese, continuând cu detalii despre Congresul din iulie. A scris pe 8 decembrie. Acum Policarp "se stingea în Craiva" locuind împreună cu sora sa văduvă şi cu nepotul său, dar el cel puţin ştia realitatea situaţiei sale. Mai mult ca sigur, nu se va mai întoarce niciodată în America. Comentariile sale, cum că era sănătos şi că era destul de puternic ("pentru a fi gata să călătoresc peste ocean când mi se va deschide drumul"), erau prea optimiste, dar este puţin probabil că le lua în serios. El nota că în conformitate cu noile dispense date de statul român s-a hotărât dizolvarea Episcopiei şi pensionarea episcopului ei titular în conformitate cu Legea nr. 166/1947. Nu primise nici un salariu din aprilie. Chiar dacă ar fi primit permisiunea să plece, ceea ce era puţin probabil, nu mai avea bani să-şi plătească cheltuielile de călătorie. Totuşi, căruntul episcop era cel puţin fericit că ceva ordine fusese restaurată în Episcopie după opt ani atât de lungi şi l-a dojenit pe Trutza să rămână la cârmă. De asemenea, îl certa pentru propriul rol în complot. "Dacă ai fi rămas de la început după plecarea mea, multe greşeli, spectacole publice ruşinoase şi activităţi dăunătoare puteau fi evitate, dar poate că lucrurile pot fi îndreptate acum. Fie că mă întorc sau nu, rămâi la conducere, ai grijă de Episcopie să nu mai fie niciodată în mâinile celor nechemaţi."

Fără îndoială, în ciuda opţiunilor sale diminuate, Policarp a căutat să-l ajute pe Trutza ca Episcopia să facă tranziţia la un nou episcop într-un mod legal şi să evite interferenţele guvernului român. Nu închisese de tot uşa întoarcerii sale, poate deliberat, *pro forma*, pentru a îndepărta apariţia de noi încercări de a apuca scaunul episcopului. În iulie 1947 declarase sincer, "până când Congresul Bisericesc declară altfel, mă voi considera episcop al românilor ortodocşi din America". Aceasta a devenit ţinta lui Trutza. Nici o mişcare nu s-a făcut pentru a alege alt episcop în 1948 sau 1949 în speranţa că situaţia din România s-ar putea îmbunătăţi. Totuşi, în lumina politicilor oficiale, a devenit mai imperativ decât niciodată siguranţa că Statutele Episcopiei garantau libertatea de acţiune. În acelaşi timp, Episcopia trebuia să fie canonic şi juridic în bună ordine, gata să facă tranziţia fie spre întoarcerea lui Policarp, fie spre orice aducea viitorul în acele vremuri nesigure. Astfel, în aprilie 1948, Policarp a autorizat Comisia Ad-Interim să-i ceară Arhiepiscopului Athenagoras al Bisericii Greceşti din America să fie pentru moment capul canonic – spiritual al Episcopiei, reamintindu-le membrilor că "lăsase instrucţiuni pentru acest aspect al plecării sale". Acestea erau desigur bazele vechii acuzaţii de a vrea să vândă Episcopia grecilor şi era încă în picioare. Trutza a legalizat scrisoarea lui Policarp şi la 18 mai i-a scris lui Athenagoras despre cerere. Între timp, Teofil Ionescu şi-a dat demisia din funcţia de preşedinte al Comisie Interimare, invocând motive de sănătate şi lipsă de familiarizare cu viaţa americană până la acel moment. Poate că acestea erau motivele lui valide, dar trebuie să fi fost ceva tensiuni, deoarece slujise împreună cu cei ce îi periclitaseră şansele de a fi episcop. Ionescu se va muta în curând la Detroit, într-o clădire modestă de pe John R. Street şi va sluji parohia Sfântul Simeon. Trutza l-a înlocuit ca preşedinte al Comisiei. Comisia pentru revizuirea Statutelor şi-a terminat lucrarea în acea primăvară şi astfel toate erau pregătite pentru Congresul de pe 4 iulie.

Întărirea defensivei

Congresul din 1948 a fost momentul principal pentru a îndeplini ceea ce fusese început la vremea numirii lui Nica. Scopul său era să construiască un bastion important în jurul Episcopiei pentru a respinge orice asediu al regimului comunist român. De asemenea, avea şi un al doilea sens. Va alege un nou Consiliu Episcopesc pentru o perioadă de trei ani, căci de natura acelui Consiliu depindea însăşi existenţa Episcopiei. Două lucruri au fost evidente până când a căzut ultimul gong: Trutza era capabil să-şi păstreze intactă coaliţia reformistă şi acest lucru se datora nu numai propriilor sale abilităţi, ci şi dezgustului continuu al multora pentru certurile şi atitudinea celor de dinainte de 1947.

Era un Congres ce avea sens şi care a trecut direct la treabă. Chestiunea scrisorilor de acreditare ale delegaţilor era de obicei doar o problemă formală. De data aceasta s-a luat foarte în serios comitetul de validare. Condus de părintele Bărbulescu, imediat a pus sub semnul întrebării selectarea lui Spiro Pappas din Cincinnati "din cauza ideilor sale politice". Apoi Pappas s-a retras. A venit rândul lui Nicu Martin, prezent ca delegat al catedralei Sfântul Gheorghe din Detroit. În mod evident că Martin în timpul ultimului an a dat frâu liber mâniei sale față de faptul că fusese acuzat în mod concis. "Pentru atitudinea sa ostilă și pentru activitățile împotriva intereselor Episcopiei", Martin se descalificase pentru a fi delegat, spunea comitetul scrisorilor de acreditare. Lui Martin i s-a permis să vorbească, dar în loc să se apere el a citit cu voce tare o "declarație", criticând Comisia Ad-Interim și cerând ca declarația să fie inclusă în procesele verbale. E păcat că n-a fost inclusă pentru că nu-i știm conținutul, dar cineva, atunci, a notat că nu era semnată. Martin a semnat cu o mâzgâlitură. Apoi comitetul a refuzat să-l accepte și s-a ajuns la vot. Congresul și-a susținut comitetul "cu o majoritate absolută". Împotrivă a votat doar părintele Opreanu. Apoi, încă un delegat al parohiei Sf. Gheorghe a fost invalidat. A venit și rândul parohiei Indiana Harbor al cărei reprezentant, Alexandru Suciu-Sage , a fost de asemenea pus sub semnul întrebării, dar de data aceasta Congresul a trecut peste comitet și l-a admis pe Suciu. Din tabăra lui Trutza a fost sacrificat Zamfir și așa mai departe, oprindu-se înainte de a atinge proporțiile unei epurări la scară largă. Totuși, cei care au rămas erau gata să accepte acum raportul Comisiei asupra Statutelor.

Mai întâi a fost noul articol 2, care reafirma declarația anului precedent despre autonomia ecleziastic-administrativă completă a Episcopiei americane. Privind "aspectele spirituale, canonice și dogmatice, Episcopia își păstrează unitatea cu Biserica Ecumenică din Est în general și cu Biserica Autocefală a României în special". Împreună cu aceasta era și articolul 4, dând Episcopiei "control suprem" în treburile bisericești–administrative, culturale și financiare ale parohiilor, mănăstirilor și ale tuturor celorlalte instituții din Episcopie. "Toate bunurile mobile și imobile ale Episcopiei constituie patrimoniul comun al credincioșilor. . . și nu pot fi vândute sau înstrăinate sub nici o formă de către nimeni decât cu consimţământul Congresului Bisericesc", spunea articolul 8. În sfârşit, articolul 10:

"La conducerea Episcopiei stă episcopul ca lider spiritual canonic. Episcopul este ales prin vot secret de către Congresul Bisericesc al parohiilor, într-o sesiune electorală specială convocată expres pentru un astfel de scop cu 30 de zile înainte de data întrunirii".

Pentru a fi siguri că nimeni nu va înţelege greşit, procesele verbale de atunci precizau:

"Aprobând această Constituţie cu 14 articole, Congresul declară ca nule şi nemaiavând nici o forţă legală primele 14 articole ale Statutelor din anii 1935 şi 1936, prin care Episcopia era condusă până la suspendarea acestui Statut de către Congresul Extraordinar din martie 1947".

Încă un punct ţintea spre consolidarea controlului noii conducerii. S-a propus o modificare a articolului 76, schimbând metoda reprezentării parohiilor la Congres. În loc de doar doi delegaţi de parohie, s-a avansat un nou sistem de reprezentare proporţională bazat pe mărimea parohiilor, cu un delegat pentru fiecare 50 de membri ai parohiei. Acest lucru nu va fi doar un stimulent pentru preoţi pentru a colecta taxele şi a atrage noi suflete, ci va tinde să facă parohiile mari mai puternice la vot – parohii ca Sfânta Maria din Cleveland, unde preotul avea un bun control şi relaţii bune cu oamenii săi. Folosind criteriul membrilor, decât pe cel de simpli comunicanţi, chiar şi parohiile mari – ca Indiana Harbor sau Detroit – vor trebui să menţină buna ordine şi să îndeplinească obligaţiile financiare. Această schimbare nu a fost votată în Congres, ci programată pentru un vot prin referendum. La fel, un referendum se va ţine în Adunările Parohiale Speciale conduse de Consiliul Episcopesc, în cazul în care se discuta îndepărtarea unui preot. În ciuda mâinii aparent ferme în centrul diligenţei Episcopiei, hangii de peste tot încă hoinăreau pe unde vroiau.

În sfârşit, a venit şi alegerea noului Consiliu, care a fost cântărită mai mult decât oricând pe partea reformei. Membrii Comisiei Interimare se aflau pe val mai mult ca niciodată, iar facţiunea Mihalţian decădea. Trutza şi-a luat încă o dată postul pe care-l lăsase cu un deceniu înainte, cu Stănilă secretar şi Virgil Suciu trezorier. Nicolae Cârstea, Dumitru Strugar, Teodor Pulca şi Ion Sabău erau auditori, iar Mihalţian, Bărbulescu, Nicolae Muntean, Andrei Moldovan şi Marin Postelnic membrii clerului. Membrii laici erau Joseph Crăciun, Nicolae Muntean, Nicolae Silaghi, George Gavrilă Jr., George Bogdan, Nicolae Dudaş, Toma Fleaca, Alexandru Suciu-Sage şi alţi şase ca alternativă, unul dintre ei, Ioan Bobanga, care mai fusese în Comisia Ad-Interim. Luaţi împreună, erau piatra de căpătâi a statutarei defensive şi ecoul final al revenirii lui Trutza.

Acum era în vizor sarcina renaşterii unei Episcopii viabile, dar mulţi erau împotriva noului Consiliu. Vechii inamici rămăseseră, iar alţii noi apăruseseră mai ales în ultimii doi ani. Mult mai important decât controlul noii conduceri erau evenimentele din Romania. Încă o dată, decizia de a amâna orice discuţie despre un nou episcop a reieşit din Congresul din 1948, iar eforturile pentru restaurarea lui Policarp vor continua. Era o vreme cu zvonuri constante şi false speranţe. Pe prima pagină a "Soliei" din 16 noiembrie 1947 era marea ştire că patriarhul (Nicodim) aprobase restaurarea lui Policarp în poziţia sa din America şi făcea un nou apel către guvern pentru a-i permite episcopului să plece. Mai mult, autorităţile pentru vize ale Statelor Unite au informat Comisia Ad-Interim că de acum nu vor mai fi probleme în admiterea lui Policarp în ţară. În timp ce cititorii au devorat articolele ziarului Episcopiei lor în următoarele săptămâni, totuşi nu au văzut nici o urmare a articolului. Bucureştiul era ocupat cu îndepărtarea lui Iuliu Maniu şi ignora cererea lui Nicodim. Subiectul a dispărut din paginile "Soliei". După Congresul din 1948 s-au făcut noi eforturi pentru a clarifica situaţia episcopului. La 30 iulie, însuşi Policarp a adus răspunsul. Cu şase săptămâni în urmă, pe 15 iunie 1948, nr. 136 al Monitorului Oficial publicase un decret asupra episcopului titular al Americii şi al statelor din

Vest. Era prin urmare "retras din serviciu şi din funcţia pe care o ocupa" de la acea dată. Chestiunea părea închisă, dar consiliul Trutza a refuzat să considere chiar şi acesta ca ultim cuvânt de la Policarp. Pentru moment, nu au făcut nimic, continuând să spere, aşa cum o făceau milioane de est-europeni de-a lungul lumii vestice în acest an al ajutorării Berlinului şi al planului Marshall, că într-o zi, într-un fel, ţara lor va fi eliberată, că situaţia politică se va schimba. Desigur istoria României de-a lungul secolelor şi mai ales în ultimii 20 de ani, a demonstrat că şi coaliţiile politice pot fi izgonite peste noapte dacă se găseau combinaţiile corecte. De aceea au aşteptat pentru o vreme. În camere liniştite din Detroit, Indiana Harbor şi Akron alţi oameni, care nu mai erau la conducere, se întrebau cum ar putea întoarce retragerea forţată a lui Policarp în avantajul lor.

Loturile de la lac, concesionările şi lamentările

1949 a fost anul în care Harry S. Truman şi-a început mandatul, deşi nimeni nu s-ar fi aşteptat să fie preşedinte, de vreme ce F.D.R. era etern. În acest timp, Deweyiţii şi Dixiecraţii se furişau pentru a-şi linge rănile. A fost un an al comitetelor româneşti pentru ajutor faţă de victimele secetei din România, pentru lobby-uri faţă de revizuirea normelor emigranţilor, pentru modificări în Actul Persoanelor în Şomaj, anul generalului Nicolae Rădescu, al Comitetului Naţional Român din Washington şi al Romanian Welfare Inc., în Forest Hills, New York. Româno-americanii ascultau transmisiunile radio "One Great Hour", citeau versurile uneori amuzante ale lui Mili din "Solia" sau se relaxau la Balkan Club pe East Kirby Street dacă locuiau în Detroit sau se duceau la Little Ted's Loop Restaurant şi Show Bar dacă locuiau în Cleveland. Williams "Unsurosul" a jucat sârba la festivităţile celei de a 20-a aniversări a parohiei Sfinţii Petru şi Pavel. Ediţia de Crăciun a "Soliei" a fost tipărită în verde. Noul calendar al episcopiei avea pe copertă o hartă a României cu Basarabia clar marcată, "furată de Rusia". Oamenii încă vorbeau despre replica ambasadorului Mihail Ralea dată unui reporter care l-a întrebat despre "Blocul de Est" – "Nu ştiu de existenţa lui.

Rusia este numai un vecin al României". Dacă locuiai în New York, puteai să achiziționezi un pachet cu 11 discuri românești pentru 1.25$ de la Cristea's Romanian Record Company. În capitala Republicii Populare Române, un bătrân obosit de la Alba – Iulia a ajuns la Biroul Ministerului Cultelor pentru a depune două cărți de cecuri bancare: unul de la National Bank din Detroit și celălalt de la Farmers Bank din Grass Lake. Unul arăta depozite de 1,669.03$, care erau bani alocați pentru un automobil pe care nu l-a cumpărat niciodată. Mai târziu, i-a scris lui Ioan Stănilă: "Nu poți măcar să-l convingi să-mi lase lucrurile în camera de la Vatra?" 1949 ar putea răspunde întrebării lui Theodore Andrica în felul lui obișnuit greșit gramatical: "Are Biserica noastră viitor în Statele Unite?" Doar vastul lanț de evenimente similare a format ceea ce oamenilor le place să numească istorie. Aceasta deținea răspunsul și deocamdată nu vorbea. Doar Umbra știa.

Din când în când, era ca și cum Episcopia era înapoi în zilele de demult, când vacile și nu comuniștii erau principala ei grijă. Într-un articol numit "Vatra Românească și viitorul ei" din calendarul din 1949, părintele Mihalțian a schițat o scenă fructuoasă. Toate clădirile erau reparate și vopsite, grajdurile pline de vaci cu lapte, cele două case din apropierea reședinței principale erau complet construite. Cu toate datoriile plătite, o fundație de mănăstire așezată, sistemul de încălzire al casei principale complet refăcut, iar cărbunele era acum disponibil; o bucătărie de vară bine organizată, loturile lacului aproape toate vândute, ce se putea cere mai mult? Unii au răspuns prin a întreba de ce nu se scoate la vânzare proprietatea? Alții au întrebat când vor putea scăpa de fermierul Alexander Sipoș, pe care-l numeau incompetent. Iar alte suflete necaritabile vroiau să știe de ce, cu atât de multe loturi vândute, Episcopia nu făcea niciodată bani de pe urma proprietății. Acești osânditori aveau curajul să-l critice din nou pe Ioan Mariș cu contractele sale. Congresul din 1949 a avut multe dintre elementele unei vechi întruniri "Dezbateri despre Vatra", de vreme ce conducerea a încercat să răspundă celor care pretindeau că imaginea pictată în roz a lui Mihalțian era de fapt exagerată.

54 de delegați s-au întâlnit la 2 iulie pentru a rezolva printre alte lucruri, problemele Vetrei. S-a decis numirea unui preot care

să slujească la Vatra şi să fie şi administrator, care ar putea de asemenea să slujească temporar în parohii ca înlocuitor. Salariul său va fi de 150$ pe lună. Alexandru Sipoş trebuia să plece din funcţia de fermier al proprietăţii, dar cum să-l facă să plătească cei 700$ pe care-i datora Episcopiei şi să returneze diverse unelte pe care le avea în posesie? I se va cere să semneze o hârtie şi dacă va fi nevoie, vor angaja un avocat. Pavilionul Wolf Lake fusese închiriat în 1947 unui anume Theodor Cârje – Balogh pentru cinci ani. El obţinuse atunci o licenţă de băuturi alcoolice în numele unui "Club al Prietenilor Vetrei", care a părut multora ruşinos. Congresul a votat anularea contractului, iar Cârje trebuia să plece până în octombrie. Loturile lacului au luat mai mult timp de gândire. Mai devreme, Consiliul decisese că preţul minim al unui lot să fie de 1,000$. Mai apoi a devenit elocvent faptul că având 30 de parcele încă nevândute din 75 de acri, Episcopia nu primise nici măcar suma de bani cerută iniţial pentru a cumpăra pământul. Congresul a fost informat de un "contract special" cu Ioan Mariş care încă mai avea trei ani de derulare. Atât cabana Episcopiei, cât şi pavilionul se aflau în condiţii de degradare, iar cel din urmă avea să alunece uşor spre lac, dacă nu se construia un zid de întărire de 4,000$. Mariş a informat Episcopia că ar anula contractul pentru o suma de 3,935.62$, care includea compensaţia pentru "drumurile" pe care le construise, un termen aplicat gratuit de Mariş câtorva tăieturi de buldozer printre copaci. Altfel, întreprinzătorul se gândea că va trebui să meargă la tribunal. Era o ameninţare. Acest lucru era menit să stârnească mânia Congresului. Nimeni nu dădea Episcopia în judecată. Pentru că nu aveau cum să câştige. Delegaţii au ignorat oferta lui Mariş şi au spus că vor "apăra interesele Episcopiei prin toate mijloacele legale posibile". George Dragoş din Detroit s-a oferit să plătească cheltuielile luptei cu Mariş şi audienţa l-a crezut pe cuvânt. Apoi lucrurile au mers mai departe: angajarea tânărului Albert Sharron ca fermier la Vatra pentru 25$ pe săptămână, ascultarea raportul lui Dănilă Albu de 799.47$ ce se aflau în contul Vetrei. Unificarea tuturor fondurilor Episcopiei într-o singură administraţie a fost de asemenea un pas înainte, însemnând că trezorierul Episcopiei va ține de acum încolo contabilitatea Vetrei.

Șase luni mai târziu, era necesar să plătească taxe juridice de 680$, încercând să-i obțină pe cei 700$ promiși de Sipoș. Cârje a părăsit pavilionul, care a fost închis, căsuța a fost reparată pentru noi chirii de 30$ pe lună și casa Lee Road – având acum curent electric – aducea 40$ lunar. Consiliul a cumpărat un tractor nou, luând o ipotecă (împrumut în rate) de 1,050$. De asemenea, i-a plătit înapoi 50$ lui Petru Florea din Detroit pe care îi împrumutase Vetrei în 1938.

Nu toate însemnau afaceri imobiliare și agricultură. Pentru prima dată după mulți ani, 1949 a fost martorul unui efort mai puțin decât superficial pentru a restaura o atenție asupra lucrurilor religioase și asupra instituțiilor bisericești cărora li se permisese o decădere de-a lungul anilor. Congresul a stabilit un comitet pentru a pregăti un chestionar pentru parohii, în special pentru tineri, precum și dezvoltarea unor programe mai puternice, cu organizații de tineret în toate bisericile, împreună cu noul concept al unui Club de "Cupluri de tineri căsătoriți". Au fost hotărâte conferințe pentru grupul de adolescenți și din 31 iulie până în 7 august în acel an s-a ținut primul program educațional religios pentru profesorii școlilor duminicale, la Vatra, unde au participat 17 studenți la sesiuni ținute de preoții Trutza, Opreanu, Hațegan și de către Victoria Moldovan și Cornelia Hațegan. Chiar mai important, s-a luat decizia de a reforma organizația de tineret OCTRA și de aici a ieșit o instituție permanentă și impresionantă în anii care au urmat.

Și astfel, după cinci ani de rezoluții care au eșuat în a produce ceva, noua înțelegere din 1949 a adus ARFORA înapoi la existență. Întrunirea de revitalizare s-a ținut la Detroit pe 4 septembrie, care a ales membri temporari pe bazele vechilor statute din 1938, conduși de Sabina Trutza, cu Victoria Stănilă ca vicepreședinte, Paraschiva Popescu, Maria Imbrea, Elisaveta Cojocar, Valeria P. Moga, Eugenia Moldovan, Maria N. Dragoș și Mary Chelar Clingenpeel reprezentând diverse protopopiate și parohii. Ele au decis ca auxiliarele să contribuie cu 3% din venitul lor anual ca taxe pentru organizația centrală și au stabilit un sprijin total pentru școlile de duminică și pentru "Solia", ca două țeluri primare. În tot acest timp, în ciuda apelor tulburi ce aveau să vină, ARFORA se va susține singură.

"Solia" nu o ducea la fel de bine în noul mers al lucrurilor, iar surprinzător e faptul că a rămas la înălțime în ciuda anarhiei financiare și administrative ce prevala. Opreanu a continuat ca editor, dar în toamna lui 1948 Iosif Drugociu a fost numit "director general al gazetei". Ca director și contabil, Drugociu era un tipăritor excelent. Când s-a mutat la Cleveland în noiembrie al aceluiași an, preoții Moga și Cucu au preluat administrația "Soliei", un aranjament care a ținut 11 luni și a adus deficitele ziarului la cote alarmante. La 1 septembrie 1949, Trutza, care din când în când părea a fi oricum un om al Episcopiei, a preluat de asemenea slujba de administrator al ziarului. Cu blândețe spus, el a găsit listele cu abonați în haos. Pentru șase luni, timp în care "Solia" se tipărea la Detroit și era condusă de la Cleveland, s-a luptat să facă ordine. Aranjamentul acesta de la distanță era mult prea dificil. Devreme, în martie 1950, nr. 8 al "Soliei" a apărut la Cleveland, unde a și rămas de acum încolo. Trutza a trimis facturi pentru plăți neonorate, dar a primit scrisori peiorative cum că au fost plătite. Chitanțele nu erau de găsit. Pentru restul anului el a adoptat pur și simplu regula de a crede pe oricine care pretindea că a plătit și le scria prietenilor că aceasta era una dintre cele mai nebune perioade din întreaga sa viață. Fără îndoială, în conținut "Solia" a avut curaj și avea nevoie de pași înainte. În prima ediție sub îngrijirea sa directă, la 5 martie 1950, Trutza a introdus o pagină în limba engleză, puternic orientată spre tineret, completată cu o serie de lecții de limbă română și știri despre școlile duminicale, progresul eforturilor organizatorice ale AROY și poezia lui Eminescu în original și în versiunea engleză. "Solia" a dedicat săptămânal trei pătrimi din a treia pagină textelor în limba engleză și acest lucru a ținut opt luni pană când dezbaterea Moldovan a ocupat toate coloanele "Soliei". Pentru prima dată, conducerea Episcopiei făcea pași concreți pentru a ajunge și la noua generație. Vara anului 1950 a găsit ziarul stabilizat încă o dată, chiar dacă nu profitabil, iar grupul editorial care fusese pus împreună, era unul dintre cele mai bine coordonate după mulți ani. Părintele Stănilă scria

"Evanghelistul de Duminică", George Anagnostache producea "Întrebări actuale" şi Ted Andrica avea importanta muncă de compilare a paginii în engleză. Nicolae Petra a fost editor până în septembrie 1950. Cu toate acestea, Trutza nu scria pentru ziar – spunea că urăşte să scrie, dar avea destule la care să se gândească. Erau şi alte motive decât cele organizatorice pentru mutarea ziarului la Cleveland. El nu vroia ca ziarul să devină din nou un instrument al politicilor interne şi aici putea să-l observe mai îndeaproape. Un alt motiv bun, agenţi din Legaţia Română oferiseră "unui anume preot din Detroit" o subvenţie consistentă lunară pentru a coopera cu linia comunistă.

"Totul începe în mistică şi se termină în politică" a scris Charles Peguy. Zvonuri ca revelaţiile din Detroit aduceau aminte că dedesubtul suprafeţei bucolice şi maşinaţiunile persistau în cadrul Episcopiei, iar aceia care doreau să acapareze controlul organizaţiei nu erau numai cei de peste ocean. Chestiunea episcopului a rămas nerezolvată, iar unii încercau să forţeze o decizie asupra acesteia, tulburaţi că problema nu se afla pe agenda Congresului din 1949. Raţiunile se schimbau pe ici, pe colo, sloganurile erau puţin modificate dar, *mutatis mutandis,* esenţialul rămânea acelaşi, aşa cum era şi oportunismul celor care doreau să facă un episcop local dintre ei. La deschiderea Congresului, parohia Sfântul Gheorghe din Detroit, prin părintele Opreanu, a cerut ca delegatul George Gavrilă să fie înlocuit de Nicu Martin. Congresul a refuzat printr-un vot de 31 la 13. La întrunirea Consiliului care a precedat deschiderea Congresului, Glicherie Moraru, care părăsise jurisdicţia Episcopiei în 1947, a cerut să fie readmis, împreună cu parohia Sf. Treime din Detroit. Consiliul a ignorat cererea când a auzit că Glicherie era gata să se căsătorească din nou.

Consiliul s-a agăţat de procedurile legate de chestiunea episcopului, totuşi pentru că mai trecuse încă un an, era clar că trebuia să vină şi o schimbare. Era mai bine dacă se făcea o schimbare direcţionată de conducerea legală, decât o soluţie adusă asupra lor. Astfel la Congres, aproape neobservată în mijlocul unei agende pline, a fost ratificată o decizie a Consiliului din 26 mai 1949, care crea o comisie pentru a pregăti o listă de posibili candidaţi pentru scaunul de episcop. Până când acest grup s-a pus cu adevărat pe treabă la începutul lui martie 1950, venise o vorbă de câteva luni cum că mitropolitul Visarion Puiu din Paris pretindea că Policarp îl numise înlocțiitor. Mitropolitul Visarion era un membru marcant al Sfântului Sinod al României, fost mitropolit al Bucovinei și ierarh al Transnistriei în timpul războiului. În august 1944 se afla în Croația exact în momentul în care România a plecat din tabăra germană și s-a alăturat Aliaților cu armatele rusești, avansând adânc în pământurile ei. Puiu a decis să nu se întoarcă în România. S-a mutat la Viena, apoi în Italia și în sfârșit la Paris unde s-a stabilit în Capela Românească de acolo și a început să se comporte ca și cum era episcop al tuturor ținuturilor din afara României. Nu avea un mandat special sau jurisdicție, dar a strâns în jurul său un număr de exilați români, atât laici, cât și prelați și a început să viseze la o Episcopie care să cuprindă românii ortodocși din toată lumea. Regatul său din Europa exista doar pe hârtie, totuși. Existau câteva grupuri răzlețe de credincioși în exil în Franța și Germania. În America, Visarion a devenit o figură puțin umoristică odată cu trecerea anilor. Se spunea că dacă cineva dorea să devină stavrofor sau arhimandrit sau chiar episcop și nu putea să găsească pe nimeni care să-i ofere astfel de onoruri, cel puțin "putea să-l pună pe Visarion s-o facă". Pentru Ștefan Atanasie Opreanu nu era nici o glumă. În iarna dintre 1949-1950 el a mutat. La sesiunea Consiliului din 3 martie 1950, părinții Cucu și Postelnic au raportat că niște întruniri fuseseră ținute recent în Detroit, la care au participat Andrei Moldovan, Opreanu și Petru Moga, împreună cu Glicherie Moraru și Ioan Spăriosu, ce nu aparțineau Episcopiei. Cel puțin două dintre aceste sesiuni au discutat consacrarea părintelui Opreanu ca episcop fără a aștepta nici un Congres. Astfel de vești au urgentat planurile comitetului de nominalizări. S-a decis să-i scrie imediat lui Policarp, întrebând hotărât dacă episcopul se gândea că va putea fi capabil să se întoarcă. Dacă nu, Consiliul va declara scaunul vacant și-l va deschide candidaților. Pentru a îndepărta planuri ca cele din Detroit, Consiliul a declarat că nu va permite nici unui preot, indiferent de grad sau titlu din Statele Unite sau Canada, să se înscrie pentru post. Două săptămâni mai târziu, realizând contacte cu

Visarion, părintele Opreanu a fost tuns călugăr, primul pas spre pregătirea lui de a fi episcop. În scurt timp a devenit arhimandrit și Visarion, care a văzut o oportunitate de a câștiga un loc sigur pentru el însuși peste ocean, l-a numit "Vicar pentru America" și i-a spus lui Opreanu să vină la Paris "în cel mai scurt timp posibil" pentru a fi ridicat în ierarhie. Când Consiliul l-a informat pe Opreanu că ei interzic un astfel de pas, părintele Moga, care făcuse multe pentru realizarea operațiunii, a început o campanie foarte gălăgioasă de numire a Episcopiei necanonice și ilegală, de vreme ce îi lipsea un episcop. Mai mult, Moga a început să epureze membrii propriei parohii din Dearborn care nu sprijineau planurile sale. La două săptămâni după publicarea știrilor că Visarion fusese răsplătit de către Sfântul Sinod al României, "Solia" a publicat o listă "oficială" a întregului cler de sub jurisdicția Episcopiei, dar numele lui Opreanu lipsea. Era mai mult decât un indiciu subtil pentru bătrânul preot de a se îndrepta, fără să mai ia în seamă sirenele Moga și Moraru. Și enoriașii săi i-au cerut să se reconcilieze cu episcopia lor. La congresul de la Philadelphia din 2 iulie, Opreanu a declarat că se înșelase și a cerut iertare. I s-a acordat iertarea, cu condiția să nu tindă niciodată spre funcția de episcop și nici să nu accepte nici un titlu ca vicar al lui Visarion. Nici nu avea voie să folosească titlul de arhimandrit. O cerere bine întocmită a fost autorizată a fi trimisă lui Puiu cerându-i să se oprească de la toate interferențele în treburile Episcopiei. Pentru Petru Moga și pentru parohia Sf. Petru și Pavel era prea târziu. Preotul își trecuse parohia sub jurisdicția lui Puiu, când Biroul Episcopiei i-a cerut să se explice, el nu a răspuns, nici nu a semnat declarația de loialitate cerută tuturor parohiilor. Astfel el și biserica sa erau excluse. Sărmanul Opreanu fusese folosit și îi părea rău. Un ultim articol trebuie să-l fi convins de asta. Știrile de la 17 mai spuneau că un alt "Congres Bisericesc" convocat în secret, format din șase persoane, a încorporat o nouă episcopie și se pregătea să-și transforme unul dintre prietenii lor într-un episcop. Ar fi fost mai bine pentru Opreanu și pentru ei – dacă ar mai fi așteptat încă puțin.

N-a optat şi nu optează

"Sunt episcopul Episcopiei Ortodoxe Române din nordul şi sudul Americii."

"Există un singur episcop pentru nordul şi sudul Americii?"

"Doar unul."

"Sunteţi părintele Moldovan, corect?"

"Numiţi-mă cum doriţi, dar sunt episcop."

"Bine, atunci când aţi fost nominalizat pentru episcop?"

"Am fost nominalizat pentru episcop cândva în mai — aprilie sau mai."

"De către cine?"

"De către un grup de clerici şi laici."

Cine era acest grup? A fost Consiliul Episcopesc?

"A fost un grup de preoţi care vroiau să aibă un episcop."

Un grup de preoţi care vroiau să aibă un episcop?

"Şi laici care vroiau să aibă un episcop."

"Nu a fost nici un organism oficial al Episcopiei Misionare Ortodoxe Române din America care v-a nominalizat ca autoritate?"

"Acesta este răspunsul: ce este acolo."

"N-a fost nici un organism bisericesc autorizat; nu făcea parte din Episcopia Misionară Ortodoxă Română din America grupul care v-a nominalizat pentru funcţia de episcop, nu-i aşa?" "Nu, dar vreau să spun. . . . ."

"Acum, spuneţi că opţiunea unor preoţi din această ţară, nu un organism autorizat de către Episcopia Misionară Ortodoxă Română din America v-a ales ca succesor sau v-a ales în postul vacant de episcop, nu-i aşa?"

"Da."

"Când v-au ales?"

"Cred că în 17 sau 15 mai, - Nu pot să-mi amintesc prea bine această dată."

"Cine erau preoţii?"

"Nu sunt sigur cine sunt."

Bine, atunci cine sunt, dacă ştiţi?"

"Sunt atât de mulţi că nu pot să-mi amintesc."

Buletinul oficial al Patriarhiei României explica astfel:

În apele tulburate de tot felul de pasiuni, intrigi şi interese personale, exploratorii capitalişti şi noii aţâţători de război au început să pescuiască. Ei au încercat să-i prindă pe românii din America în plasele propagandei lor politice nelegiuite şi să-i folosească împotriva regimului democraţiei populare care conduce în prezent Republica Populară Română. Ei vor să facă din aceşti fii ai naţiunii noastre mercenari angajaţi în serviciul intereselor lor imperialiste, să-i manevreze pentru a acţiona împotriva intereselor legitime ale naţiunii române.

Dar Patriarhul Iustinian, dăruit cu o intuiţie sclipitoare şi cu putere de penetrare atât de caracteristică lui, a văzut imediat realitatea dezastruoasă ... care ameninţa unitatea religioasă şi viaţa armonioasă a acestor fraţi ai noştri de departe. Şi soluţia a fost găsită chiar de către fraţii noştri români de peste ocean. La 2 februarie 1950, preoţii ortodocşi din America împreună cu delegaţii laici ai parohiilor, au hotărât să reînnoiască legăturile lor cu Biserica Ortodoxă Română a Republicii Populare Române. Congresul Bisericii ţinut pe 17 mai 1950 la Detroit, Michigan l-a ales pe văduvul preot Andrei Moldovan, din Akron, Ohio pentru a ocupa scaunul vacant de episcop al Episcopiei Autonome a românilor ortodocşi din America.

"Marianna, fiica de zece ani a Dr. şi a d-nei Musta, a făcut o remarcă în urmă cu câteva zile ...Spunea ea <<E ceva la părintele Trutza care atrage oamenii şi îi face să-l urmeze>>".

"Adevărul gol goluţ este că nici un Congres Bisericesc al Episcopiei Ortodoxe Române din America nu s-a întrunit pe 17 mai 1950 nici la Detroit, Michigan, nici în orice alt loc."

1950 a fost un an interesant.

Trutza era bolnav. La întrunirea Consiliului din 9 decembrie 1949 i se acordase un permisie de la preşedinţie pentru o perioadă nelimitată şi nu şi-a reluat postul până la 3 martie 1950. La Congresul din Philadelphia, în iulie, a cerut să fie eliberat din funcţie, deşi încă mai avea un an din mandatul său. Mihalţian a fost cel care i-a cerut cu consideraţie, în numele Congresului, să rămână. A făcut un lucru bun şi este ironic că a făcut-o Mihalţian, care ajutase însuşi la crearea situaţiei de criză în Episcopie. El a insistat asupra figurii centrale să rămână, atunci când era cea mai mare nevoie de el. Nici un om nu este indispensabil. Unii sunt produşi de timp şi alţii îşi formează propriul timp. Trutza, împreună cu Bărbulescu şi cu alţii, şi-l formaseră pe al lor. Rămâne adevărat, indiferent de opinia noastră despre preotul din Cleveland, că Trutza – deseori certăreţ, uneori arogant, o personalitate dominantă, ferm, din când în când dictatorial, alteori blând, un preot, totuşi până la urmă, o fiinţă omenească. Trutza, în zilele frenetice ale anilor 1950 şi 1951, a luptat singur pentru a proteja Episcopia Ortodoxă Română.

Problema nu a fost imediat observată când Congresul Bisericesc s-a întrunit la Philadelphia în iulie 1950. Consiliul ştia că Moraru, Moga, Martin şi compania puneau iarăşi ceva la cale, dar nu erau siguri ce. La întrunirea Consiliului din ajunul Congresului, discutând cazul Moga, s-a votat trasarea unei noi Episcopii, numită "Episcopia Ortodoxă Autonomă Română a Americii de Nord şi Sud", dar acest lucru putea fi văzut ca parte a întregii afaceri ce-l implica pe Opreanu şi care era aproape de a fi rezolvată. Articolele de asociere ale acestei "Episcopii" erau datate 5 iunie 1950, cu o adresă la 1799 E. State Fair, Detroit şi semnate de Moraru ("Very Rev. Fr."), părintele Ioan Spăriosu, Moga, Martin, Arcade Seserman, Paul Slobadean, George Bodea, Stephan Farco şi Ioan Oprea. Mai enigmatică este referirea lui Iustinian la îmbunătăţirea relaţiilor cu Biserica mamă din România pe 2 februarie, pentru care nu avem nici un document, dar care probabil, era încă o consecinţă a unei serii întregi de întruniri ale anturajului lui Glicherie în primele luni ale anului 1950. În orice caz, situaţia Congresului de la Philadelphia nu părea critică, pentru că în semiorganizatul mediu numit istoria Bisericii Române din America, cineva întotdeauna fonda vreun fel de Episcopie "nouă" sau "independentă" care înflorea pentru un anotimp şi apoi se vestejea pe viaţă. Fără îndoială, pentru că problema unui episcop devenea tot mai intensă cu fiecare zi, din cauza atentatului lui Ionescu și afacerii Opreanu, Consiliul a trimis declarații de loialitate și subordonare față de jurisdicția Episcopiei înainte de întrunirea Congresului, pe care parohiile le-au semnat și returnat. Parohia Dearborn nu trimisese nici o declarație și Congresul a decis să înființeze un consiliu parohial special pentru a le da congregației și lui Moga încă o șansă pentru a îndrepta abaterile. Aceasta era toată atenția dată noii mișcări de independență din zona Detroit. În sfârșit, problema episcopului era rezolvată. Congresul a decis în unanimitate că îl consideră pe Policarp ca fiind liderul său titular și a ordonat să se facă toate eforturile pentru a obține întoarcerea sa. Dacă acest lucru nu se putea face în cursul unui an, "Congresul (cel care se va ține în 1951) va fi convocat să decidă asupra cazului, în conformitate cu interesele Episcopiei noastre." Era o clarificare a situației de mult dorită, pentru că aproape toți au interpretat acest fapt, că cel puțin până în 1951 va fi ales un vicar a lui Policarp. Majoritatea delegaților au plecat acasă satisfăcuți că tensiunea cazului Opreanu se disipase, că cei câțiva intransigenți fuseseră potoliți, că situația episcopului era clarificată și se puteau bucura de sărbătoarea de pe 4 iulie. Nici n-au trecut două săptămâni, că Trutza a primit o telegramă la Cleveland de la Patriarhul Iustinian Marina.

"Sfântul Sinod a aprobat autonomia Episcopiei românilor din America de Nord și de Sud. Stop. S-a aprobat alegerea părintelui arhimandrit Andrei Moldovan în scaunul vacant de episcop, el trebuind să se prezinte cât mai curând posibil la București pentru a fi hirotonit în ierarhie. Stop. Chemăm toți preoții să se unească în jurul noului episcop încetând orice separatism."

Trutza nu știa că pe 17 martie, la casa lui Moraru din Detroit, Glicherie, Opreanu, Moga și Martin, Seserman și părintele Spăriosu (cu unul sau doi în plus, nu știm exact) deciseseră să încorporeze o nouă Episcopie și să-l facă pe Andrei Moldovan episcopul ei. Acesta era punctul culminant, nu începutul negocierilor cu Patriarhia română care se derulau de ceva timp şi care fără îndoială s-au intensificat când planul Opreanu a căzut. Această întrunire de 6 sau 8 oameni, din care cel puţin unul nu aparţinea Episcopiei, a fost Congresul Bisericesc care l-a ales pe preotul Moldovan din Akron. E greu de imaginat că grupul nu l-a informat atunci pe Moldovan despre acţiunea lor, cu siguranţă cel puţin până la vremea când Congresul s-a întrunit la Philadelphia pe 2 iulie, ceea ce înseamnă mai mult de trei luni după "alegerea" sa. Astfel, Moldovan ştia ce va urma, dar a participat totuşi la Congresul de la Philadelphia şi deşi a văzut că parohia sa a returnat declaraţia de loialitate Episcopiei şi a votat pentru întoarcerea lui Policarp, şi nu a spus nimic.

Trutza i-a telefonat lui Moldovan de îndată ce a primit mesajul de la Sfântul Sinod pe 17 iulie. Moldovan a spus că nu ştia nimic despre acest mesaj. Trutza i-a cerut să treacă această declaraţie în scris. Moldovan a trimis o telegramă spunând: "Nu am luat nici o opţiune şi nici nu intenţionez să o fac".

Astfel Stănilă a fost desemnat, ca secretar al fostului Congres, să-i răspundă lui Iustinian, ceea ce a şi făcut pe 18 august. Revizuind pentru patriarh deciziile întrunirii de la Philadelphia, Stănilă a cerut cu hotărâre întoarcerea lui Policarp. Referindu-se la comunicarea din 17 iulie şi sugerând că cineva îl "dezinformase" pe Iustinian, Stănilă scria:

". . .vă facem cunoscut că, până la această dată, Congresul Bisericesc al Episcopiei noastre nu a declarat vacant postul episcopului său titular şi, în consecinţă, nu a ales o altă persoană pentru a ocupa acest post, iar astfel nu l-a ales pe părintele Andrei Moldovan ca episcop."

În timp ce această misivă era pe drum, la 25 august Moldovan a primit o telegramă de la patriarh care îi spunea să vină la Bucureşti cât mai curând posibil pentru a fi hirotonit. Fusese trimisă nu pe adresa lui Moldovan din Akron, ci pe adresa East State Fair Avenue din Detroit. Evident că liderii Episcopiei East State Fair sugeraseră Sfântului Sinod că hirotonirea lui Moldovan să fie făcută în Statele Unite de către un alt episcop ortodox, dar Bucureştiul a refuzat acest lucru, preferând să transforme hirotonirea într-o exhibiţie orientativă de camaraderie şi grijă pentru fraţii americani. Nu era pentru prima dată când Moldovan era informat de acceptarea sa de către Sfântul Sinod. Primise o telegramă aproape identică cu cea trimisă lui Trutza cu trei zile mai devreme decât a acestuia, pe 14 iulie. Moldovan continua să aştepte. La 29 septembrie Consiliul Episcopesc s-a întrunit şi a cerut ca în 10 zile Moldovan să trimită o declaraţie Biroului că a refuzat să primească numirea ca episcop. Poate că acest lucru a forţat mâna lui Moldovan. El nu a trimis declaraţia, dar a obţinut un alt fel de act oficial: un certificat medical de la Hopkins Clinic din Cleveland datat 10 octombrie 1950.

Către cine e interesat:
Preotul Andrei Moldovan are nevoie de trei săptămâni de odihnă pentru tratarea artritei sale.
Cu sinceritate ai dumneavoastră,
Hopkins Clinic, Inc.
R.D. Gardner, M.D.
Medical Director

Moldovan a informat enoriaşii din amvonul bisericii Întâmpinarea Domnului din Akron că trebuia să-şi ia un concediu medical şi că era recunoscător Consiliului parohial pentru că-i permisese acest lucru. A plecat din Akron în după amiaza acelei duminici de 29 octombrie şi a mers la casa lui Moraru din Detroit. A fost condus la Windsor, de unde a luat un avion spre Montreal. De aici a zburat spre România, ajungând pe 2 noiembrie la ora 5 p.m. pe aeroportul Băneasa din Bucureşti. În ziua următoare, 3 noiembrie, Dumitru Szilagy a mers la căsuţa sa poştală de la adresa 2328 Mogadore Road din Akron, Ohio şi a găsit o carte poştală de la Hot Springs Naţional Park, Arkansas. "Vă mulţumim foarte mult pentru bunătatea dumneavoastră. Vă voi vedea pe toţi în curând. Dumnezeu să vă binecuvânteze familia." Ce frumos din partea părintelui Andrei să-şi aducă aminte de preşedintele Consiliului său parohial. George Trutza, omul de serviciu la biserica din Akron a primit şi el o carte poştală în aceeaşi zi. "Vă salut din acest loc minunat", spunea, locul fiind băile de la Hot Springs. George Tzoglow, dascăl la biserica

Întâmpinarea Domnului, a primit şi el o vedere. "Acum nu pot să spun că am vreun rezultat, dar timpul ne-o va spune." Şi într-adevăr aşa se va întâmpla.

Moldovan a fost primit ca o mare personalitate în România, cu cele mai înalte oficialităţi eclesiastice şi civile luând parte la ceremoniile hirotonirii sale în treapta de episcop. Pe 5 noiembrie, la mănăstirea Neamţ, a fost tuns în monahism şi făcut arhimandrit. A fost primit de către mitropolitul Iaşiului la 8 noiembrie, a făcut turul mănăstirilor din Moldova şi la 12 noiembrie a fost hirotonit de către mitropolitul Nicolae Bălan în catedrala Sibiului, iar la 19 noiembrie, înapoi în Bucureşti la catedrala Patriarhiei, a fost investit în postul său şi i s-a dat Gramata. O scrisoare de la Policarp, "pensionat din motive de sănătate" îi mulţumea lui Moldovan pentru tot ajutorul pe care i l-a dat de-a lungul anilor şi i-a chemat pe românii din America să se adune în jurul episcopului Andrei, ca succesor al lui Policarp şi singurul lor episcop canonic. Pe 21 noiembrie, episcopul Andrei era înapoi la Windsor, Ontario.

Între timp, biroul Sfântului Sinod pregătea preluarea Episcopiei de către Moldovan. La 11 noiembrie Mihalţian a fost informat de către Iustinian că Trutza şi Stănilă, "pentru complotul lor împotriva conducerii canonice a Episcopiei", sunt suspendaţi din posturile lor de preoţi până când îi vor preda lui Mihalţian nu numai arhivele, ci toate bunurile mobile şi imobile ale Episcopiei". Dacă refuză, Mihalţian va informa Bucureştiul pentru a putea începe procedurile de caterisire. Simultan, Trutza a primit ordine de aceeaşi factură. Cinci zile mai târziu, Consiliul Episcopesc s-a întrunit într-o sesiune de urgenţă la Cleveland, cu Mihalţian prezent pentru a lua în considere "acţiunea cea mai odioasă, intransigentă şi distrugătoare" care a fost întreprinsă vreodată împotriva bunei ordini de către un grup de preoţi. "Nici măcar nu vreau să răspund acestei telegrame din partea patriarhului", a declarat Mihalţian, în timp ce Nicolae Moldovan a insistat ca arhivele Episcopiei să fie aduse imediat de la Vatra la Cleveland. Bărbulescu, Postelnic şi Cucu au fost de acord. Ceilalţi au respins cererea ca o impunere nedreaptă din partea Bisericii române şi a guvernului. Nicolae Silaghi a vorbit; aşa a făcut şi Nicolae Dudas, Teodor Pulca şi George Bogdan. Stănilă a scris rezoluţiile: protestăm împotriva acestor interferenţe din parte Bucureştiului, refuzăm să recunoaştem orice episcop neales de către Congresul nostru bisericesc. Aceasta era poziţia Episcopiei. I s-a spus lui Virgil Suciu să ia banii Vetrei şi fondul general al Episcopiei din Grass Lake. O săptămână mai târziu, se aflau în siguranţă în filiala de pe Franklin şi 25th Street a Cleveland Trust Company.

Nr. 27916

Andrei Moldovan era un om simplu. Îşi devotase viaţa preoţiei, începând prin a fi preot militar în România în timpul primului război mondial. Ca preot, în special la biserica Pogorârea Sfântului Duh din Gary, Indiana în timpul anilor 1930, a fost iubit şi plin de succes. Timp de 8 ani a fost secretar la Consiliul Episcopesc şi a ajuns să se identifice cu ţelurile şi activităţile anturajului lui Mihalţian, chiar şi când au devenit îndoielnice. Indiferent de gândurile sale personale, nici una din scrierile sale rămase nouă nu arată altceva decât o încredere totală că Moraru, Martin şi compania erau sarea pământului, lucrând cu zel pentru interesele Domnului. Moldovan era un discipol. De asemenea, el avea acea calitate filosofică caracteristică, împărtăşită de mulţi alţi preoţi români, de a-şi separa spiritualitatea de polemicile în care era implicat. Milostenia creştină şi dragostea frăţească nu-şi aveau locul sau puteau fi foarte bine puse deoparte atunci când venea momentul să se opună detractorilor unuia. Aparent, nu îl deranja să-şi eticheteze opozanţii de orice fel drept ticăloşi şi gunoiul pământului. Din punct de vedere calvinistic, pentru Moldovan, opozanţii nu numai că se înşelau, ei erau chiar răul în persoană, astfel orice tactică de îndepărtare era justificată. Mai mult, procesiunea, arsenalul şi flatările pe care le-a primit în România nu puteau să-l ajute decât să i se urce la cap. El era un episcop în mâinile celor mai înalţi ierarhi ai Bisericii mamă. Ceva din maniera în care îi concepea pe cei care îl hirotoniseră este arătată de răspunsul său dat unui avocat care l-a întrebat dacă Iustinian era capul întregii Biserici mamă. Moldovan şi-a arătat percepţia sa asupra lucrurilor, dacă nu, chiar cunoştinţele despre organizarea Bisericii, când a spus că patriarhul era "Capul întregii Biserici mondiale".

Sunt câţiva care pretind că dacă Moldovan ar fi folosit diferite tactici după întoarcerea sa în America, dacă ar fi rămas calm şi n-ar fi încercat să se impună Episcopiei, ar fi reuşit în timp să fie acceptat, chiar dacă era ştiută duplicitatea sa. Aceasta este puţin probabil pentru că în primul rând Patriarhia Română era aceea care de fapt conducea lucrurile şi care a dictat aducerea Episcopiei în tribunal, iar în al doilea rând Moldovan nu avea forţa personală de a nu urma sfaturile lui Nicu Martin de exemplu, care era în primul responsabil de campania incredibil de vicioasă care a urmat împotriva lui Trutza şi a prietenilor săi. Exista un element final care poate depăşea chiar şi aceste evenimente. La începutul anilor 1950, în Statele Unite, în mijlocul erei McCarthy, comunismul era cel mai discutat subiect. Dreapta deţinea puterea şi persecuta stânga. De îndată ce Trutza a identificat cu succes Episcopia lui Episcopul Andrei cu comunismul, şansele ei de tranziţie spre putere erau practic nule. Contraatacul lui Moldovan, că Trutza şi candidatul său pentru episcop erau fascişti şi nazişti, pur şi simplu nu a avut acelaşi impact în 1951, când fascismul era înfrânt în Europa şi comunismul se întinsese de-a lungul Europei de Est într-un val acaparator de "Democraţii Populare". Acesta includea şi ţara de baştină a româno-americanilor. Până la urmă, oamenii simpli ai Episcopiei nu l-au sprijinit pe Moldovan pentru că au văzut un astfel de sprijin uşor de interpretat ca neamericanism şi acest lucru poate era cel mai mare factor dintre toate şi cel mai puternic semn că, după jumătate de secol, românii de acasă nu înţelegeau fraţii de peste ocean.

Astfel s-au format fronturile de luptă, iar strategiile s-au întocmit la Bucureşti şi la Cleveland. La 19 noiembrie 1950, Iustinian, fără să aştepte un răspuns la prima scrisoare trimisă lui Mihalţian, s-a adresat din nou preotului din Indiana Harbor, repetând instrucţiunile de preluare a proprietăţii şi arhivelor Episcopiei de la Trutza, să pregătească Vatra pentru Andrei şi să fie gata pentru instalarea sa la Sfânta Treime din Detroit. Până la venirea episcopului, "recunoaştem ca lider al Episcopiei pe părintele vicar Simion Mihalţian, ales de Consiliul Episcopiei la 2 septembrie 1945". Dacă Trutza şi

Stănilă refuzau, Mihalţian era îndreptăţit să întreprindă acţiuni legale. Astfel, nu a fost Moldovan cel care a decis asupra trimiterii în judecată. Un alt factor al abordării Sf. Sinod a fost arătat când acest mesaj s-a referit la alegerea lui Moldovan în conformitate cu articolul 6 al Statutelor Episcopiei votate la 5 iulie 1935 în Congresul din Detroit. Astfel, suspendarea de către Consiliu a Statutelor din 1936 în martie 1947 şi reîntoarcerea Congresului din 1948 la Statutele din 1932, au fost ignorate. Desigur, mai era încă o problemă cu poziţia lui Iustinian. Statutele votate la 5 iulie 1935 au fost revizuite de Policarp în 1936 şi datate în urmă precum am văzut. O altă problemă minunată se anunţa în perspectivă.

Acum, cel puţin consiliul ştia că întoarcerea lui Policarp era în afara oricărei discuţii şi că fusese pensionat cu 3 ani mai devreme. Trebuia să se găsească un episcop vicar. Două feluri de corespondenţă au ajuns de la Policarp în acele luni târzii ale lui 1950 şi în anul următor: scrisori în care i se cerea să le scrie şi cele pe care dorea el să le scrie şi care trebuiau, cumva, să iasă din ţară. La 9 septembrie 1950 i-a spus lui Trutza că Mihalţian nu a fost numit vicar episcopal în 1945 şi că nu avea documente de nominalizare. Trutza a primit această înştiinţare abia în iulie 1951. Pe de altă parte, un articol din buletinul oficial B.O.R. din noiembrie/decembrie 1950 asupra numelui lui Policarp spunea că el nu recunoscuse niciodată pe Trutza ca preşedinte al Episcopiei şi în 1947 acuza "uzurparea conducerii". *"Declar nule toate congresele şi consiliile ţinute de el"* striga episcopul. *"De asemenea, declar că sfinţia sa Andrei Moldovan este succesorul canonic legal al postului meu şi trebuie să intraţi în posesia Vetrei şi să schimbaţi actul după numele dumneavoastră."* Era mult prea evident. Mai ales când Policarp i-a scris Martei Gavrilă din Detroit, cu care a menţinut o prietenie apropiată pentru tot restul vieţii sale, la 31 mai 1951, numindu-l pe Moldovan "cel neales" şi sperând că viitorul Congres de la Chicago va clarifica lucrurile. El a concluzionat prin a nota că "am fost obligat să scriu şi să semnez tot ce mi s-a cerut". Plicul avea un timbru turcesc.

Totuşi, înainte de a găsi un episcop, prima sarcină a lui Trutza era să reziste la pretenţiile lui Moldovan. El a început pe 26 noiembrie. Pagina pentru tineret în engleză a "Soliei" a dispărut pentru moment. "Planurile comuniste împotriva Episcopiei noastre!" a înlocuit-o, apărând pe pagina a 3-a. Telegramele, cărţile poştale, încercările de mituire a echipei de la "Solia", tot tacâmul era acolo. În curând s-a aflat că parohia lui Moldovan din Akron a refuzat să-l primească. Articolele au continuat în săptămânile următoare relatând "gloriile" vieţii din România sub stăpânii lui Moldovan. Mitinguri de protest au acaparat Detroit şi Cleveland în timp ce veteranii, Comitetul Naţional Român şi Societăţile Uniunii şi Ligii îi denunţau pe lacheii comunişti. Declaraţii de loialitate faţă de Episcopie au început să curgă spontan. Pe 10 decembrie 1950, într-o circulară marcată "strict confidenţial şi urgent", Trutza cerea declaraţii categorice ale poziţiilor fiecărei parohii. Conţinuturile şi forma erau lăsate în seama lor. Acestea au fost apoi folosite în "pagini de solidaritate" din "Solia". Unul dintre primii care a răspuns a fost Mihalţian la 29 decembrie 1950, care a asigurat că biserica Sf. Gheorghe Nou din Indiana Harbor este loială Episcopiei legale. Alexandru Cucu a semnat pentru Pogorârea Sf. Duh din Detroit, părintele Maxim a tunat din Canada împotriva "hienelor" care fărâmau Episcopia şi aşa mai departe. În curând ziarul "America" şi Uniunea şi Liga li s-au alăturat. Părăsindu-şi conducerea de stânga şi aflându-se acum sub preşedinţia lui Joseph. J. Crăciun, Biroul central al societăţilor româneşti s-a găsit în curând atacat de către Martin şi de către clubul East State Fair. În martie 1951, Episcopia din Detroit a dat ziarul "America" în judecată, cerând 300,000$ sub acuzaţia de calomnie. În decembrie 1950 "America" a tipărit "declaraţii solemne de protest" care puteau fi decupate şi trimise înapoi Biroului pentru a mări campania împotriva lui Moldovan. A devenit oarecum evident că cei din Consiliul Episcopesc al lui Trutza nu intenţionau să se culce pe-o ureche. La 19 decembrie 1950 avocaţii lui Moldovan au completat o plângere împotriva lui Trutza şi a conducerii Episcopiei în tribunalul districtului Northern Ohio – Eastern Division din Statele Unite. Între timp, gândindu-se că posesia reprezintă mult în faţa legii, ceea ce nu era de fapt, Moldovan a călătorit spre Vatra şi a luat proprietatea în prezenţa lui Moga, Martin şi a soţiei înlăcrimate şi speriate a îngrijitorului. "Intru în posesia Vetrei Româneşti astăzi 12 decembrie 1950", scria el în cartea de oaspeți. Totuși, nu și-a stabilit reședința acolo, ci a continuat să locuiască în Detroit. Era doar o preluare simbolică a bunurilor impusă de către învățatul jurisconsult.

Audierile pentru o hotărâre judecătorească preliminară au avut loc pe 10 ianuarie 1951 la Cleveland. În timpul celor 3 zile de mărturii, Moldovan nu a putut aduce nici un proces verbal al Congresului care îl alesese, nici nu a putut numi complet clerul și laicii care l-au ales. Chiar dând la o parte problemele mari de traducere și interpretare care au asediat audierile, era clar că episcopul era vag, contradictoriu și confuz. Petiția pentru o hotărâre judecătorească preliminară a fost anulată și avocații lui Moldovan, Oscar Brown și Ion Vintilă, au primit dreptul de a îndosaria o plângere amendată. În timp ce revendicările și contra revendicările au mers mai departe în lunile următoare, un singur lucru era clar: Episcopia a ales să-și susțină cazul în primul rând în justiție, în timp ce Moldovan credea că stresul, atacul personal asupra inamicilor săi și maiestatea Bisericii Române ar trebui să învingă. Primise niște sfaturi foarte proaste din partea lui Nicu Martin. Trebuie adăugat că avocații lui, după cum reiese din transcrierile procesului, erau semnificativ inferiori lui William Strangward, șeful avocaților apărării Episcopiei. Reclamanții din acest proces ciudat au uitat punctul fundamental și au pierdut excesiv de mult timp căutând să dovedească că Moldovan era episcop. Nimeni din tabăra lui Trutza sau din altă parte nu a negat că episcopul Andrei era într-adevăr episcop. Ei argumentau doar că "nu e episcopul nostru; nu l-am ales noi". Și acest fapt era adevărat. Moldovan însuși avea să realizeze că avea un caz subțire. De cel puțin două ori, înainte de 12 ianuarie 1951, s-a oferit să facă pace sau vreun fel de compromis cu Trutza. Îl va face pe Trutza vicarul său, spunea el. Răspunsul a fost "nici gând".

Candidații

Puțini oameni din America, chiar dintre româno-americani, auziseră de Viorel Dionisie Trifa la începutul lui 1951. Era editorul și administratorul "Soliei" din septembrie

1950 şi se afla în Statele Unite doar de şase luni. Church
World Service strămutase persoana cu numărul 84. Avea 36
de ani şi nu ştia aproape deloc engleza, dar avea o puternică
experienţă în jurnalism. Totuşi, era nevoie de mai mult de atât
pentru a face "Solia" viabilă. Situaţia ziarului era precară, ca
de atâtea ori. Nicolae Petra, editorul, a lucrat fără salariu.
Chiar şi aşa, datoriile din peregrinările administrative ale
ultimilor doi ani creşteau. La sesiunea Consiliului din 3 martie
1950 s-au văzut nevoiţi să împrumute bani "Soliei" din fondul
general al Episcopiei şi se spera ca deficitele de la calendarul
acelui an să fie achitate. Erau doar 540 de abonamente plătite din
cele 1200 de ziare trimise săptămânal. S-a cerut un efort major
pentru a strânge fonduri şi a câştiga abonaţi. Când Petra s-a
mutat din Cleveland în septembrie, Trutza i-a oferit lui Trifa,
care venise iniţial să lucreze la "America", dar acum nu mai avea
slujbă, postul de la "Solia" pentru 30$ pe săptămână, ceea ce
Consiliul a aprobat la 29 septembrie. La acea întrunire, Trifa a
prezentat primul său raport despre situaţia ziarului. În cele trei
luni precedente ajunsese la un deficit de aproape 800$. Trifa n-a
făcut schimbări majore, cu excepţia unui accent mai mare pus pe
populaţia de refugiaţi români. El a trimis 250 de exemplare
gratuite dintr-un total de 986 trimise prin poştă, într-un efort de
îmbunătăţire a distribuţiei. Dintre acestea, doar 519 erau plătite.
Totuşi, a reuşit să crească venitul din publicitate şi a făcut o
încercare curajoasă de a recupera fonduri. Se ofereau acum
comisioane de 25 cenţi pentru oricine care obţinea un abonament.
Pentru prima dată după mulţi ani, un fel de sistem părea să fie în
perspectivă pentru greu încercatul ziar. La 1 septembrie, Trutza şi
Trifa au trimis un apel parohiilor, îndemnând la un aport personal
din partea preoţilor pentru a revigora finanţele "Soliei",
contribuind cu articole scrise. Prea mulţi îşi trimiteau ştirile
la "America", care era publicată de trei ori pe săptămână.
Astfel "Solia" trebuia să tipărească ştiri noi. Ei au cerut ca
"Săptămâna Solia" să aibă loc în fiecare parohie. Era de
asemenea o accentuare mai mare ca niciodată în acea toamnă
asupra ajutorului pentru refugiaţii de război şi pentru
emigranţi, cu lansarea unui "Fond de Caritate al Acţiunilor
Ortodoxe". Economia României era jecmănită de către
cererile de împărţire ale Rusiei, iar era asocierii

întreprinderilor industriale şi agricole româno–ruse, "SovRom-urile" erau în plină putere. Exproprierea guvernamentală masivă a facilităţilor productive, acompaniată de doi ani de secetă severă, au însemnat foamete pentru mii de oameni ai ţării, mai ales în Moldova. Proviziile alimentare americane ce ajungeau la Constanţa erau distruse ori se demonstra împotriva lor de către diferiţi agitatori, ca fiind mite capitaliste nedorite. Administraţia oraşului insista că acestea erau manifestări spontane ale populaţiei iubitoare de libertate. "În vara anului 1949, guvernul a anunţat un surplus bugetar (!) care va fi folosit pentru începerea construcţiei Canalului Dunăre Marea Neagră". Preoţii condamnaţi vor fi folosiţi la muncă forţată pentru a satisface cerinţele regimului socialist progresiv. În America, oamenii îşi făceau griji pentru rudele lor din Transilvania şi se întrebau cum putea episcopul Andrei să primească sprijin de la un astfel de regim. Astfel de condiţii, ca şi noua administraţie a lui Trifa, justifică dublarea abonaţilor "Soliei" în aceste şase luni. De asemenea, au asigurat că şi Trifa va fi acuzat în plângerea întocmită de Moldovan în decembrie. Audierile căutau să arate campania anti Moldovan ca fiind în totalitate a părintelui Trutza şi că Trifa a lămurit totul în ziar cu Trutza dinainte. În acelaşi timp, declaraţia editorului a scos la iveală controlul exercitat asupra Bisericii romane de regimul politic, oferind dovezi despre acuzaţiile pe care le publicase. Audierile, desigur, i-au adus lui Trifa publicitate şi l-au făcut cunoscut în Episcopie, în general. La 16 martie 1951, Consiliul a aprobat munca lui Trifa de la "Solia" şi conţinutul ziarului, în timp ce avocaţii lui Moldovan căutau o hotărâre juridică permanentă pentru a-i interzice publicaţia. La 1 februarie, Moldovan a început publicarea unui ziar "oficial" al propriei Episcopii, numit, de asemenea, "Solia" cu adresa 141 Atkinson Street în Detroit. Editorul şi managerul general era Nicolae N. Martin. Deja una dintre stratagemele majore ale lui Martin era vizibilă: "Solia" lui Trutza—Trifa era folosită ca un organ de discreditare a episcopului Andrei, pentru a-i distruge credibilitatea şi pentru a prejudicia procesul în justiţie, o temă la care "Solia" lui Moldovan se va întoarce mereu, mai ales atunci când Moldovan a pierdut cazul. De la început, jurnalismul lui Martin şi tonul diverselor publicații era la un nivel elevat. "Lacheii Truțiști dictează Uniunii și Ligii", era titlul organului oficial al celui mai canonic episcop, la 15 martie 1951. Pentru o atracție mai mare, câteva articole erau în engleză, de o calitate excelentă. Coloana lui Emil Idu se ridica la înălțimile unei splendori filologice și filosofice. O redare cuvânt cu cuvânt este suficientă:

> ". . . asaltul jurnalistic nedemocratic cel mai îndrăzneț care a avut loc vreodată în ultimii ani în unul dintre diversele ziare românești....Nebunia însăși a erupt cu furia unui vulcan în timp ce lava sa de urâțenie umană curgea arzând și incontrolabilă."

Acestea, desigur, erau îndreptate spre "America". Când s-a aflat în camerele editoriale ale lui Martin că Trutza și Consiliul Episcopesc se deciseseră pentru unul dintre candidații lor pentru a deveni episcop vicar, un astfel de reportaj ar părea aproape dulceag în comparație cu vehemența ce va urma. De fapt, considerația serioasă a conducătorilor Consiliului Episcopesc pentru Viorel Trifa ca potențial episcop, era aparent păstrată tacit până la Congresul din iulie 1951, pentru că presa lui Moldovan nu-și lansase cele mai grele atacuri până în acea toamnă.

Nu se poate spune când i-a apărut ideea părintelui Trutza de a-l aborda pe Trifa pentru a candida în poziția de episcop sau dacă într-adevăr gândul a pornit de la el. El corespondase cu Trifa când acesta se afla încă în Italia, dar echipa editorială a "Americii" a fost cea care a semnat actele lui de cerere de emigrare, promițându-i o slujbă de asistent editor pentru 50$ pe săptămână, iar călătoria i-a fost achitată de Organizația "Church World Service". Episcopia sau poate Trutza însuși i-a dat lui Trifa bani de călătorie, însă numai de la New York la Cleveland. Nici acest fapt nu era deloc neobișnuit, pentru că Episcopia era activ implicată în ajutorarea refugiaților români, atât în timpul, cât și după război. Doar după ce s-a realizat că experiența educațională și profesională a lui Trifa era puternic bazată pe studii teologice, probabilitatea slujirii sale în Episcopie trebuie să fi apărut la Trutza. Oricum, înregistrarea documentară cea mai timpurie a unei candidaturi a lui Trifa este cea a unei întruniri la care a participat Trutza, pe 6 ianuarie 1951, cu președintele Comitetului Național Român, Rudi Nan, la care au fost prezenți părintele Stănilă și părintele Ioan Spătariu, lider al catolicilor români americani. A fost o sesiune de strategie la care toți au fost de acord că nu era suficient să se riposteze pur simplu împotriva încălcării de la București. O soluție pozitivă putea fi alegerea unui vicar care să slujească ca episcop până la întoarcerea lui Policarp sau până când poziția sa va fi clarificată. Ei erau convinși că declarațiile oficiale despre "pensionarea" lui Policarp erau falsuri. S-a luat în seamă decizia Congresului precedent, care cerea să nu fie ales nici un preot din Episcopie. În acest moment ei au decis să-l întrebe pe Trifa. El a spus nu.

Totuși Trifa știa destul despre Episcopie până acum ca să realizeze că era într-adevăr nevoie de un episcop. În conformitate cu obiceiul Episcopiei, Trifa a fost cel care a sugerat în schimb numele Arhimandritului Ştefan Lucaciu, atunci la capela românească din Paris. Trifa îl cunoștea din România. Lucaciu vroia oricum să vină în Statele Unite, iar după ce a fost contactat cu oferta, răspunsul lui a fost afirmativ. Apoi, continua aceeași sursă, "s-au făcut eforturi pentru publicarea a unor articole ale Arhimandritului Lucaciu în "Solia" pentru a putea fi cunoscute printre credincioșii din America". Acest lucru trebuie să fi fost făcut foarte discret, pentru că o privire asupra paginilor "Soliei" din ianuarie până în iulie 1951 arăta o mică importanță dată numelui său. Acest lucru se poate să fi fost deliberat de fapt, pentru a nu arăta inamicilor planurile Episcopiei. Sau ar putea fi interpretat, cum o fac unii, că Trifa a fost tot timpul candidatul, că Lucaciu a fost supus la vot, ca să zicem așa, doar pentru a oferi o alternativă. Sau să se facă să pară astfel, cu convingerea că prezența sa la Paris făcea puțin probabilă candidatura sa ca foarte viabilă. Acestui fapt trebuie să-i fie contrapuse, totuși, câteva alte considerații. Există dovezi că Trifa, într-adevăr, nu vroia să devină episcop. Se pregătise ca misionar laic. Deși avea licența în teologie la Facultatea de Teologie din Chișinău, niciodată n-a încercat să fie hirotonit în România, ceea ce este un punct concludent. Mai mult, intențiile sale pe când se afla în Italia și se gândea să emigreze în Emisfera Vestică, ținteau spre Brazilia ca primă destinație, apoi Canada și abia în al treilea rând Statele Unite. De asemenea, la sosirea în Cleveland, poate întâmplător, a fost foarte bucuros să vadă o oarecare tânără doamnă printre cei care l-au întâmpinat la gară. Din păcate, era măritată.

Pe aceeași linie de gândire este faptul că, până la întrunirea Consiliului din 16 martie 1951, nu avem o menționare directă a numelui lui Trifa ca și candidat pentru episcop împreună cu Lucaciu. Totuși, se pare că nu era un lucru stabilit, pentru că la mai puțin de două luni după aceea, la sesiunea din 16 mai, Consiliul a decis să ceară fiecăruia dintre candidați să pregătească un "curriculum vitae" și să trimită fiecăruia o scrisoare oficială a nominalizării sale. Părintele Bărbulescu și-a modificat moțiunea cu remarca "dacă acceptă candidatura". În acea primăvară, Trifa n-a fost scos în față în "Solia" mai mult decât Lucaciu.

În sfârșit, de îndată ce s-a oferit formal o nominalizare ca episcop, Trifa și-a condiționat acceptarea cu un lung șir de schimbări care vor trebui să fie făcute în Episcopie – aproape o listă de cereri, ca Episcopia să înceteze a mai fi ce era. El va lua cârma dacă pot fi garantate ordinea, disciplina și stabilitatea financiară. El a cerut "o constituție și legi pentru a detalia în cei mai preciși termeni relația dintre episcop și cler". El vroia "indisolubilitatea relațiilor dintre parohii și Episcopie prin limitarea sau negarea dreptului unei parohii organizate să se retragă din Episcopie după capriciile unui grup" care putea prevala în orice moment. El vroia "asigurarea unui buget permanent". Vroia ca dreptul de a vota să fie dat tuturor membrilor de peste 18 ani, inclusiv femeilor! Avea dreptate, desigur, în concluzionarea "fără îndoială că este în detrimentul Episcopiei ca o episcopie să funcționeze fără un episcop, dar și în detrimentul credinței să aibă un episcop fără episcopie". Răspunsul lui Trifa, pe scurt, a subliniat ceea ce Episcopia nu fusese capabilă să devină în aproape 40 de ani, începând din 1912. Desigur, câțiva bătrâni trebuie să fi zâmbit ironic la această corespondență puțin prea îndrăzneață și au bombănit despre visele tineretului. . . . Poate că unii, în adâncul inimii lor, se poate să fi renunțat la candidatura tânărului editor pe loc, pentru că astfel de lucruri dorite de el nu se vor putea realiza vreodată. Ordine şi disciplină în această Episcopie? Vai! Mai târziu, desigur, detractorii şi rău voitorii vor spune că Trifa, în această scrisoare ca şi în alte lucruri, era doar purtătorul de cuvânt al lui Trutza şi niciodată n-a gândit pentru el. Cât de mult se înşelau.

Se născuse la 28 iunie 1914 în văile şi dealurile platoului Transilvan, în Câmpeni, judeţul Alba, Transilvania. Primii patru ani ai vieţii sale a fost parte a Austro-Ungariei. Tatăl său, Dionisie şi mama lui, Măcinica Motora Trifa nu erau bogaţi, dar deţineau un şeptel şi aveau un trai decent împreună cu alţi ţărani fruntaşi din regiunea Ţării Moţilor. Viorel era cel mai mare dintre cei şapte copii care-şi ajutau tatăl la fermă şi la tăiatul lemnelor în modesta sa afacere cu cherestea. De asemenea, Dionisie Trifa preda gramatica atât la şcoala locală, cât şi acasă pentru primii patru ani de şcoală elementară. Ocupaţia lui Viorel, când nu se afla la pupitru, era să ducă turma de oi să pască pajiştile dealurilor şi să cosească fânul la momentul potrivit.

Nu era nici un liceu în apropierea casei familiei, aşa că în 1924, la vârsta de 10 ani, Viorel a fost trimis, cum se cuvenea, la gimnaziul Horea din Câmpeni. Nu erau destui bani pentru a plăti internatul şcolii din oraş, aşa că exceptând iernile, băiatul mergea pe jos la şcoală în fiecare zi aproape cinci mile. În toamna anului 1927 a intervenit o mutare determinantă în viaţa tânărului. A intrat la liceul Gheorghe Lazăr din Sibiu şi s-a mutat la unchii săi, Constantin şi Iosif Trifa. Nu numai că se afla într-unul din cele mai bune licee din ţară, dar unchiul său era preot cu înaltă reputaţie şi o personalitate unică. Sub oblăduirea Arhiepiscopiei Ortodoxe a Sibiului, părintele Trifa a editat şi publicat două ziare săptămânale, "Lumina Satelor" şi "Oastea Domnului". Al doilea ziar era organul unei mişcări de reînnoire religioasă fondată de Iosif Trifa după primul război mondial, o mişcare care pe la mijlocul anilor 1920 avea mii de iubitori de-a lungul întregii naţiuni.

Aşadar, la o vârstă la care era foarte influenţabil, Viorel Trifa se găsea într-o atmosferă stimulatoare, atât spiritual cât şi intelectual. Venise la Sibiu gândindu-se să studieze agricultura şi să se întoarcă acasă pentru a îmbunătăţi avutul familiei. Şederea lui în oraşul cu ziduri vechi a schimbat toate acestea. Cu o bibliotecă vastă la dispoziţie şi cu şansa de a întâlni figuri religioase importante din toată ţara în casa unchiului său, ţelurile sale s-au întors spre teologie. Seminariile biblice, cântatul în comunitate, absenţa fumatului şi a băutului în timp ce-şi croia drum prin anii săi de liceu, l-au transformat aproape într-un ascet. Iosif Trifa, ca mulţi clerici ortodocşi din Transilvania, era militant în teologia sa practică. Unul dintre scopurile organizaţiei "Oastea Domnului", altul decât elevarea spirituală a ţărănimii, era să contracareze concurenţa pentru revitalizarea religioasă şi incursiunile făcute de către protestanţi şi de alte biserici sectante din această zonă. Cândva în această perioadă, când Viorel a absolvit liceul în primăvara lui 1931, s-a decis printr-un acord mutual între unchi şi nepot că băiatul va urma studii superioare şi îşi va asista unchiul în viitor, mai ales în jurnalismul organizaţiei. Talentul său de a scrie era deja vizibil, abilitatea sa de a se apropia de ţăranii simpli în contactele sale personale şi vorbirea păreau să-l eticheteze ca misionar laic. Tânărul Trifa era foarte inteligent, acest lucru fiind combinat cu o intensitate împărtăşită de mulţi din generaţia sa. Un ultim element al personalităţii sale, printre cele cunoscute în cultura Europei de Est, este mult prea evident pentru a mai fi menţionat: naţionalismul său românesc neîmblânzit, un devotament adânc implantat pentru pământ şi oameni, pe care băieţii români îl inhalau de la prima răsuflare. Ca mii din generaţia sa, Viorel va milita pentru îmbunătăţirea societăţii româneşti prin morală individuală şi regenerare spirituală. Însăşi mătuşa sa era o nepoată a lui Avram Iancu. Acelaşi sânge fierbinte din 1848 a curs prin venele celor din această primă generaţie că să vadă formarea României Mari devenind realitate.

Unde ar trebui să studieze? Academia Teologică Andreană se afla chiar în Sibiu, dar câţiva factori au împiedicat ca Viorel să meargă acolo. Unchiul său cunoştea personal majoritatea profesorilor de acolo, puteau fi ridicate acuzaţii de favoritism, pentru că Viorel îi cunoştea, din casa lui Iosif Trifa. Mai mult, stricteţea regimului şcolii în reglementarea vieţii studenţilor conducea în mare măsură la sustragerea studenţilor de la reguli. În acelaşi timp, personalitatea lor putea fi înăbuşită. Chiar în această perioadă, o nouă Facultate Teologică se deschidea în Basarabia, la Chişinău, ca ramură a Universităţii din Iaşi. Doi factori importanţi făceau şcoala recomandabilă. Conţinea câţiva dintre cei mai buni profesori din România, nu numai în teologie, ci şi în alte domenii, oameni ca arhimandritul Iuliu Scriban, Valeriu şi Cicerone Iordăchescu, părintele Vasile Radu, Nichifor Crainic, I. Popescu Prahova, Constantin Tomescu, Toma Bulat, Gala Galaction şi alţii. La fel de important pentru familia Trifa era disponibilitatea burselor, iar Sibiul nu avea nici una. Dionisie Trifa plănuise, de asemenea, să-şi mai educe alţi doi dintre fii săi, Constantin şi Dominuţ, iar banii nu erau îndeajuns. Trifa s-a înscris pentru una dintre cele 20 de burse de la Chişinău oferite pentru 40 de candidaţi şi a fost al 16-lea pe listă. A plecat spre Basarabia. În următorii patru ani ca student, din 1931 până în 1935, s-a distins atât în studiile sale, cât şi în activităţile Universităţii. El a urmat Teologia ortodoxă, Liturgica, Apologetica şi Istoria Bisericii, împreună cu Iconografia şi Arta bizantină. A citit foarte multă filosofie, teorie politică, istorie românească şi europeană şi şi-a însuşit ceea ce era, pentru vremea şi locul său, o înţelegere relativ mare a tradiţiei religioase din vest şi a locului deţinut de ortodoxie în schema universală a lucrurilor. Când a absolvit în 1935, a făcut-o Cum Laude. Avea mulţi prieteni, dar nu era un petrecăreţ sau un om de societate. Totuşi a fost un student activ, un lider, aşa cum fusese încă din liceu. La vârsta de 14 ani era preşedinte al unei societăţi literare studenţeşti care sponsoriza programele publice de seară din Câmpeni. În liceu fusese preşedinte al Societăţii "Sfântul Gheorghe", care coordona activităţile religioase pentru studenţi. Aproape din momentul în care a intrat la Şcoala Teologică din Chişinău a devenit preşedinte al Asociaţiei Studenţilor Teologi; în vremea ultimului an, în 1934–1935, a fost ales preşedinte al Societăţii Studenţilor Universitari din întreg oraşul. Între timp, el şi familia sa discutau despre hirotonirea sa în preoţie, de îndată ce luase licenţa în teologie. I s-ar fi putut da cu uşurinţă în acel moment orice parohie dorea din zona sa natală sau chiar una în Sibiu. Trifa nu-şi abandonase intenţia de a se alătura unchiului său şi de a împrăştia cuvântul "Oastei Domnului". Nu vroia să fie legat de o parohie, care i-ar fi limitat mişcările. De asemenea, îi datora unchiului său ceva pentru tot timpul pe care acest om merituos îl investise în el. Trifa s-a întors la Sibiu ca să lucreze ca asistent editor al ziarului mişcării şi ca manager al tipăriturii. În acelaşi timp a călătorit mult de-a lungul ţării, predicând în sate, vizitând bisericile locale, începând unele noi. Era ceea ce făcea cel mai bine: să citească, să scrie, să organizeze, să îndemne, să ghideze. Astfel de muncă, de asemenea, a reîmprospătat cunoştinţele sale despre mizeria în care trăiau zeci de mii de compatrioţi şi despre corupţia incredibilă a regimului politic al regelui Carol al II-lea.

Aceia care evocau visând despre "zilele bune din trecut" în România dinaintea celui de-al doilea război mondial şi despre stilul liniştit de viaţă savurat de toţi, sunt asemănători americanilor care tânjeau după veselii ani "90 şi ignorau faptul că majoritatea deceniului era împodobit de o criză economică lungă. Lucrările lui Henry Roberts, David Mitrany, Charles şi Barbara Jelavich, Eugen Weber, Stephen Fischer-Galati şi ale altor savanţi despre istoria română modernă, documentează amplu sărăcia ţărănimii şi exploatarea celor mulţi de către cei puţini. Unul din cinci copii murea în familiile celor săraci înainte de a împlini un an. Interesele afacerilor străine deţineau majoritatea industriei româneşti, mineralele şi producţia de petrol. Orice era de vânzare pe un preţ bun. 70 % dintre jurnalişti nu erau români de origine. Trifa a văzut oameni sărmani în zona sa natală, dar Basarabia era cu adevărat deschizătoare de ochi. Deseori îşi petrecea vacanţele şcolare la mănăstirile din regiune sau în casele ţăranilor din districtele Lăpuşna şi Soroca. În curând avea să descopere că mulţi alţi studenţi universitari din timpul anilor 1930 se luptau cu condiţiile dezastruoase care asediau ţara.

Mai întâi, Trifa şi-a dat seama că avea nevoie de studii mai multe. După un an de lucru intens pentru "Oastea Domnului" în toamna anului 1936, s-a înscris la Facultatea de Teologie a Universităţii din Bucureşti, pentru a începe lucrarea unui doctorat în teologie. Simultan, frecventa cursurile Şcolii de Litere şi Filosofie. Pentru o vreme a făcut naveta între Sibiu şi Bucureşti, dar acest lucru era nepractic şi în anul următor s-a mutat la Bucureşti pentru a-şi termina teza şi pentru a continua să studieze filosofia. Între timp, reputaţia sa devenea cunoscută. În decembrie 1936, Trifa a fost ales vicepreşedinte al studenților la Litere și Filosofie și la puțin timp după aceea, președinte al Centrului Studenților Universitari din capitală. Aici a rămas pentru următorii doi ani, în centrul problemelor tot mai mari de pe scena politică românească, în timp ce țara era din ce în ce mai mult presată din afară de politicile expansioniste ale Germaniei hitleriste, de activitățile subterane ale comuniștilor nativi dinăuntru și de evanghelismul chiliastic al Mișcării Legionare care prevedea ideologii fixe de purificare individuală ca mijloc de regenerare națională. Experiența educațională a lui Trifa și toate înclinațiile sale l-au condus natural spre sprijinirea unui astfel de milenarism. Poziția sa în societatea studenților l-a pus în legătură cu bine cunoscutul legionar transilvănean Ion Moța (1902–1937), care era președintele studenților de la Universitatea din Cluj. Ani întregi această figură baironiană a predicat și luptat pentru drepturile românilor transilvăneni. "Fiecare era un extremist de dreapta și noi nu puteam fi nimic altceva dacă vroiam să ne păstrăm naționalitatea", scria tatăl lui Moța. Sprijinul lui Trifa față de Mișcarea Legionară era bine primit, având în vedere poziția sa influentă printre studenții din România. Mai mult, cu timpul, a devenit clar că doar două forțe majore în țară erau capabile de opoziție deschisă față de regimul carlist: clasele muncitoare și studenții. Activismul celor din urmă a dus la închiderea Universității din București pentru diferite intervale în 1937 și Trifa și-a văzut studiile întrerupte, intensificându-și frecvent munca sa politică ca președinte al studenților. În 1937 Moța a fost omorât luptând în Spania și pentru câteva luni Trifa a preluat conducerea ziarului său din București, "Libertatea". Apoi, la 27 februarie 1938, guvernul a promulgat o nouă constituție. Cea veche a fost pur și simplu abolită. S-a instaurat o dictatură regală. A crescut represiunea asupra opoziției. Arestările, bătăile și încarcerările liderilor studenților s-au înmulțit. Universitatea a fost închisă și numele lui Trifa se afla pe lista celor care trebuiau arestați. În aprilie, a început o masivă coagulare a membrilor Mișcării Legionare și a sprijinitorilor ei. Legăturile apropiate ale lui Trifa cu Mișcarea, precum și credința sa în țelurile ei, l-au transformat într-o amenințare pentru noua conducere. După o razie, într-o dimineață devreme, în care unul dintre prietenii săi a fost luat la Poliție, Trifa a fost "invitat" să se prezinte el însuși la prefectul Poliției în ziua următoare. A făcut contrariul și în următoarele nouă luni a stat ascuns. În ianuarie 1939 i s-a ivit ocazia să plece din țară. A trecut granița în Polonia împreună cu trei dintre camarazii săi. În două luni era deja în Germania, în exil din propria-i țară la doar 25 de ani. În Berlin, a sperat că ar putea obține o bursă la Universitatea de acolo din partea Bisericii Luterane, dar nu a putut. S-a înscris la Universitate pe cont propriu și prin a fi tutore și făcând diverse munci a reușit să rămână acolo, studiind istoria și jurnalismul pentru aproape un an.

Regimul regelui Carol de la București a căzut în septembrie 1940. Puterea a fost luată de către "Statul Național Legionar" sub generalul Ion Antonescu, care a format un guvern de coaliție, combinând propria-i echipă militară cu legionarii conduși de Horia Sima. Trifa s-a întors în țară după o absență de 17 luni și imediat a fost ales președinte al Uniunii Studenților Creștini. S-a implicat în munca de ajutorare, asistând mii de studenți refugiați de la Universitățile din Cernăuți și Cluj care erau strămutați de Dictatul de la Viena din 1940. A devenit administratorul burselor, reședințelor studențești și al asistenței medicale. Coaliția tulbure dintre Antonescu și Legionari n-a durat pentru mult timp. În ianuarie 1941, Antonescu și-a început mișcarea de eliminare a lui Sima și a sprijinitorilor săi din guvern și a luat puterea în propriile mâini. În acest proces, el l-a concediat pe Ministrul de Interne, generalul Ion Petrovicescu, care era un sprijinitor ferm al organizațiilor studențești. În acest timp, Trifa era președintele Uniunii Naționale a Studenților Creștini Români. La 20 ianuarie 1941, el a condus o demonstrație în masă a studenților, din Piața Universității până la Consiliul Miniștrilor, cerând ca Petrovicescu să fie repus în funcție. Deși ziua s-a încheiat într-un mod liniștit, următoarea zi a produs concedieri cu toptanul ale lui Antonescu în guvern și Legiunea s-a răzvrătit. Acestă acțiune era mult mai mult decât la ce se tocmiseră studenții. Trifa s-a ascuns din nou și pe cât de implicat a fost în demonstrația serii precedente, "Trifa n-a mai dat nici un alt ordin și n-a mai jucat nici un rol în evenimentele care au urmat". La 13 martie, ajutat de câțiva ofițeri germani, care mai târziu au sfârşit în lagăre de concentrare pentru nerespectarea ordinelor, Trifa şi aproape 50 alţii au putut să treacă în Germania. Aici ei erau ţinuţi, într-un fel, pentru a-i ajuta pe germani să asigure cooperarea lui Antonescu, pe viitor. Unii au fost mutaţi la Rostock din Berkenbrueck şi puşi în domiciliu forţat în aprilie, iar mai târziu interogaţi de către Poliţia securităţii din Berlin. Când Horia Sima a dispărut din Germania, cei care au rămas în urmă au fost trimişi în lagărul de concentrare din Buchenwald şi puşi în celule. În martie 1943 Trifa a fost trimis la renumitul Dachau. Nu de puţine ori li s-a spus prizonierilor că, dacă Sima nu se va preda sau nu va coopera de îndată ce va fi găsit, vor fi împuşcaţi în masă. Din fericire pentru ei, Sima a fost găsit şi arestat la 30 august 1944, România a capitulat sub invazia armatelor ruseşti şi Trifa a fost eliberat.

Lui Trifa i s-a stabilit reşedinţa la Viena, acolo unde guvernul german spera să formeze un guvern român în exil. Trifa, student în teologie, misionar laic şi reformator, se săturase. A refuzat să coopereze. "Ar fi uşor să vă punem înapoi în lagăre", i s-a spus. Chiar în acest timp, Mitropolitul Visarion Puiu se afla la Viena, încercând să înfiinţeze o Episcopie Ortodoxă Română în afara României. Trifa i s-a alăturat Mitropolitului ca secretar al său şi astfel a reuşit să rămână în Austria pentru încă câteva luni. În martie 1945 primea scrisori de ameninţare cu moartea. Aliaţii se apropiau de al treilea Reich, iar el nu dorea să rămână pentru *Gotterdamening-ul* ce avea să vină cu siguranţă. Trifa s-a furişat peste graniţă şi s-a îndreptat spre Italia, ajungând în aprilie şi găsind adăpost temporar într-o mănăstire romano-catolică. După aceea, a completat actele de la Crucea Roşie Internaţională pentru a emigra spre vest. Era nevoie de oameni cu profesiuni practice – nu de teologi sau de lideri studenţeşti. Astfel, Trifa a fost trecut în ordinea de zi şi a rămas în Italia pentru următorii cinci ani.

Ianuarie 1946 l-a găsit învăţând italiana şi suplinind ca profesor la Colegiul Misionar Catolic San Guiseppe, ţinând cursuri de istorie, geografie şi limbi străine. Şcoala era mulţumită de munca sa. Calmul relativ şi frumuseţea Italiei, chiar distrusă de război, au fost bine venite după zilele şi nopţile înfierbântate ce trecuseră. Totuşi destinul, în timp ce ne lasă în pace pentru o vreme, doar aştepta momentul potrivit ca să ne mute. Momentul a venit când, într-o dimineaţă din 1949, poşta lui Trifa i-a adus o copie a "Soliei" trimisă de un prieten care reuşise să ajungă în America. El încă spera ca eventual să emigreze şi a văzut numele şi adresa unui anume preot Trutza din Cleveland, Ohio. N-ar fi fost rău să-i scrie şi să îl întrebe pe acest om dacă ştia ceva despre anumite rude ale lui Trifa care trăiau în Ohio. (Trifa era încă tipic român. Dacă trăiai în America, trebuia să-l cunoşti pe vărul tău Vasile, fost ofiţer, în Chicago, chiar dacă persoana implicată locuia în Vermont.) Astfel, Viorel a scris o scrisoare încrezătoare, adresându-se părintelui Trutza. Preotul i-a răspuns, "Ohio este un stat mare", şi a vrut să ştie imediat dacă tânărul era rudă cu faimosul Iosif Trifa. Astfel, s-a iniţiat o corespondenţă. Când "America" căuta un editor, câteva luni mai târziu, Trutza le-a pomenit lui Iosif Drugociu şi altora despre tânărul teolog român cu o experienţă ziaristică vastă în Italia. Serviciul Mondial Bisericesc, nemaifiind acum atât de împovărat cu refugiaţii ca înainte, a înaintat actele. La vârsta de 36 de ani, în 1950, Trifa a urmat calea bătută de mii dintre compatrioţii săi de-a lungul deceniilor, în speranţa unei vieţi noi. A navigat spre Statele Unite ale Americii.

Mai apoi, acesta a fost unul dintre cei asupra cărora a căzut sarcina apărării Episcopiei Ortodoxe Române, asediată din toate părţile. În ciuda tuturor detaliilor menţionate mai înainte, Trifa avea un avantaj inestimabil faţă de Arhimandritul Ştefan Lucaciu. Se afla acolo, la faţa locului, iar Lucaciu era la Paris, departe. În timp ce campania anti Trutza şi anti Episcopiei îşi mărea ritmul, cum rezultatul judiciar rămânea în suspans, a crescut necesitatea imperativă de acontare a unui episcop co-ajutor pentru Policarp, cât mai curând posibil. Munca lui Trifa la "Solia" şi mai presus de toate, implicarea sa în audierile Tribunalului Federal din Cleveland, i-au făcut numele cunoscut în comunitatea românească. La urma urmelor, Lucaciu era o persoană necunoscută. Desigur nu mai puţin important, poziţia ideologică a editorului era clară: se opunea tuturor amestecurilor de la Bucureşti în treburile Episcopiei.

Deşi Trifa nu era "omul" lui Trutza, era alegerea lui Trutza. Editorul a plecat la Chicago cu şanse favorabile.

Întrunirea celei de-a doua separaţii

> *"Hai să avem întâlnire*
> *La Chicago, cu grăbire*
> *Să ne facem datoria*
> *Mântuind Episcopia".*

62 de delegaţi cu drept de vot s-au întrunit în Camera Pompeiană a Templului Masonic din Chicago pentru sesiunea Congresului din 2 iulie 1951. Erau puţini cei care nu ştiau de titlul "Soliei" din ziua precedentă, "Soarta Episcopiei se află în mâinile voastre". Tema era legalitatea şi dreptul legitim de succesiune lui Policarp de către oricine va fi ales de Congres. Erau încă mulţi care aveau îndoieli, dar acestea erau probabil motivate, cel puţin parţial, de dorinţa lor de a pune pe unul dintre candidaţii lor favoriţi în postul de episcop. S-au ridicat întrebări la tribună despre ce se va întâmpla dacă Congresul va alege pe cineva, iar mai apoi Policarp se va întoarce. Alte moţiuni au căutat să respingă decizia nepermiterii preoţilor din Episcopie de a fi candidaţi. Această propunere a căzut cu un vot de 53 la 8. Interesant, Teofil Ionescu a ridicat întrebarea dacă Congresul era competent să aleagă un episcop vicar – dacă nu cumva aceasta era doar puterea episcopului titular. Fără îndoială, Ionescu însuşi avea gânduri să devină vicar, probabil prin prietenia sa cu Visarion Puiu şi dorea să lase portiţa deschisă. Congresul era gata de alegeri. A rezolvat imediat "în unanimitate" că într-adevăr avea competenţa de a alege un vicar, aşa cum sigur putea să aleagă un episcop. Patru ani jumătate de turbulenţe au impus o astfel de rezolvare. Mulţi doreau pur şi simplu să se termine cu toate acestea. A urmat o altă moţiune şi a fost dezbătută imediat, ca această sesiune să înceapă alegerea. Ceea ce a urmat, dezvăluie în puţine cuvinte mai mult decât se poate scrie în multe volume despre caracterul fundamental al Episcopiei. Părintele Nicolae Moldovan, secondat de Alexandru Buliga, a înaintat o rezoluţie ca toţi delegaţii să fie de acord în a recunoaşte persoana aleasă

chiar înainte de votare şi că nimeni "nu va nutri nici un resentiment acestei alegeri". Astfel a început votarea. Trifa a părăsit sala.

Ca un scenariu de noapte din palatul dogilor, oamenii din Youngstown, Akron, Sharon, Detroit şi Indiana Harbor au păşit spre pupitrul din faţă şi şi-au depus voturile în urna tradiţională, conştienţi de importanţa actului lor. Emigranţi şi fii de emigranţi s-au întors la locurile lor şi au aşteptat să audă rezultatele efortului lor de a salva instituţia religioasă pe care ei şi preoţii lor o stabiliseră pe aceste tărâmuri. Părintele Stănilă şi controlorii s-au strâns în jurul voturilor, numărându-le. Apoi i-au dat un bilet lui Trutza care s-a ridicat şi a anunţat: 26 de voturi pentru Lucaciu; un vot în alb; un vot anulat; 34 de voturi pentru Trifa. Dr. Nicolae Neagoe s-a ridicat imediat urmat de alţi cinci oameni şi au cerut ca votul să fie unanim, iar Trutza a fost nevoit să citească cu o voce ridicată moţiunea peste strigătele de "Da!" şi peste aplauzele unei mulţimi în picioare, deja aplaudând şi ovaţionând. A tot continuat, în timp ce Trifa a fost anunţat şi readus în sală. "Avem o Episcopie şi avem un episcop!", trâmbiţa următoarea ediţie a "Soliei". După 12 ani de secetă fără recoltă, ploaia cădea în sfârşit peste români.

Desigur, au fost mai multe la Congresul de la Chicago, dar în acel moment, în mijlocul emoţiei, era uşor de omis ceva. Pentru că de fapt Congresul de la Chicago a fost nu mai puţin de o revoluţie tăcută care avea loc în Episcopie. Chiar înainte de alegerea unui episcop, cele 24 de parohii prezente au clarificat pentru totdeauna relaţia lor cu România şi cu Biserica mamă. Ele au declarat Episcopia ca fiind complet autonomă: nu numai administrativ, cum se afirmase în 1948, ci şi în treburile canonice, astfel "Liberă de toate regulile, regulamentele, ordinele, decretele etc., emise de patriarh sau de Sfântul Sinod al României". Era Youngstown 1918 reînviat. Era o ruptură completă, de vreme ce româno-americanii au adus la punctul culminant tendinţa evenimentelor care se pregătiseră nu numai printre ei, ci şi în alte Biserici etnice est europene de la sfârşitul celui de al doilea război mondial. Împreună cu aceasta, au venit încă două rupturi majore cu trecutul. Alte amendamente au fost aduse legilor care, în sfârşit, dădeau drepturi femeilor ca membre ale parohiilor. Acest fapt concura ca importanţă cu atenţia specială dată în sfârşit, după mult timp, tineretului şi celei de-a doua generaţii. Tânăra organizaţie AROY şi-a făcut simţită prezenţa la Chicago, mai ales prin mesajul către Congres dat de preşedintele John Limbeson. Acum, după noile legi, nu numai că AROY avea delegaţi la Congres, ci preşedintele ei devenise membru ex-officio al Consiliului Episcopesc. Impactul scrisorii de acceptare a lui Trifa şi condiţiile ei au fost evidente în această privinţă, la fel ca şi în definiţia mai clară dată responsabilităţilor şi puterilor funcţiei episcopului. În esenţă, Chicago a aşezat o ghidare limpede pentru o Episcopie a viitorului, s-a despărţit de trecut şi şi-a trasat un curs nou. Acum fiecare parohie putea alege, pentru că dacă nimic altceva, ambiguitatea privind Episcopia era în mare măsură îndepărtată. Acest lucru este important de reţinut în încercarea de a înţelege cum în următorii câţiva ani, Trifa va câştiga un atât de ferm şi neabătut sprijin şi respect din partea oamenilor săi. Era pe de o parte contextul timpurilor – noul episcop şi cei care îl sprijiniseră reprezentau o opoziţie faţă de comunismul care implantase rădăcini adânci în sentimentul patriotismului american şi care s-a infiltrat în comunitatea română. Pe de altă parte, era vârsta sa tânără ce simboliza viitorul şi în sfârşit se părea că acum tinerii Bisericii aveau pe cineva cu care puteau să se identifice, după decenii întregi de retorică a celor bătrâni care ajungea la urechi indiferente. Era, de asemenea, chiar sentimentul schimbării şi al determinării care plutea în aerul Congresului de la Chicago. "Reforma" era mereu discutată, dar până acum nu se acţionase asupra ei. Erau toate acestea şi chiar mai multe, deoarece în anii care au urmat, însuşi noul episcop a arătat seriozitate înaintea tuturor celorlalte lucruri. El acţiona, în timp ce alţii vorbeau. Să spună inamicii ce doresc, plângă cei nemulţumiţi, vom lăsa în urmă vitele şi comuniştii şi controversele şi vom construi de azi înainte Episcopia noastră proprie. Trifa va suferi multe piedici în anii care vor urma, multe dintre problemele fundamentale nu vor fi rezolvate. El însuşi a avut eşecuri care au exacerbat, în loc să uşureze câteva lacune dăinuitoare din Episcopia sa. Fără îndoială la o analiză finală, noul ales venise în America cu aceeaşi credinţă puternică şi cu aceeaşi hotărâre care motivaseră şi generaţiile tovarăşilor săi emigranţi. El a făcut ceva miraculos în mai puţin de trei decenii, anume crearea unui întreg care era mai mare decât suma componentelor sale.

Desigur, nimic din toate acestea nu erau evidente în 1951, iar în raportul lui Trutza prezentat Congresului părea că ruptura de trecut nu era completă. Vatra era în posesia lui Moldovan ca să zicem aşa. La 2 aprilie episcopul şi prietenii săi intraseră din nou în reşedinţă, de data aceasta schimbând lacătele. Consiliul a mers înapoi la tribunal pentru un ordin de restricţie şi evacuare, dar avocaţii săi l-au convins pe judecător să-i permită lui Moldovan să folosească jumătate din casă, de vreme ce nu avea alt loc unde să stea. I s-a cerut să lase ferma şi pământul neatinse, dar el şi-a permis să angajeze un îngrijitor şi să aducă patrulă pentru teritoriu, fapt care i-a adus o citaţie de sfidare a tribunalului. Interzicându-i-se să publice orice ziar cu numele "Solia", Martin a produs în curând "Episcopia" şi până în septembrie 1951 aceasta a devenit "Tribuna", care în primul titlu l-a etichetat pe Trifa ca impostor, un episcop fals. Taxele juridice pentru toate acestea se apropiau de sume astronomice, în timp ce sume modeste veneau în Fondul Apărării. În curând, cei care nu înţelegeau contabilitatea Biroului Central, au început să creadă ce citeau în presa opoziţiei, spunând că banii din fondul mănăstirii transferaţi recent de la Grass Lake la Cleveland erau folosiţi pentru avocaţi, ceea ce nu era adevărat. Trutza a trebuit să publice recenzii în "Solia" care declarau clar că Vatra nu va fi vândută. Între timp, Ioan Mariş a dat în judecată Consiliul la tribunalul din Jackson pentru contractele pe loturile sale de la lac. De asemenea, se făceau încercări de alcătuire de statistici despre Episcopie pentru publicaţii ca *Anuarul Bisericii Americane,* dar cifrele, ca de obicei, erau eronate pentru că doar cu puţin mai mult de jumătate dintre parohii îşi trimiteau datele. În altă ordine de idei, a sosit ştirea că Glicherie Moraru se căsătoreşte din nou. Cel puţin această faţă a Congresului de la Chicago era ca pe vremuri. Un nou soare se părea că răsare pe cerul Episcopiei, dar un cer predominant noros se prevedea.

Drumul lui Sisif

Adeseori conţinuturile coloanelor partizane se citesc *cum grano salis*, dar la 29 aprilie 1952, editorul anonim al paginii AROY din "Solia" a articulat un adevăr de netrecut. "Dr. Trifa a fost şi încă este victima celei mai maliţioase asasinări de personalităţi care a fost vreodată prezentă în experienţa oamenilor de descendenţă română din America." Singurul lucru fals era că Trifa nu era "doctor".

Chiar şi Bucureştiul trebuie să fi fost jenat de slaba campanie împotriva lui Trifa care a urmat după alegerea sa. Ce putea face Biserica Română? Avea doar oameni de calibrul lui Moldovan, Martin şi Alexandru Suciu care să acţioneze ca pionii săi în încercarea de câştigare a bisericilor americane. Chiar forţându-l pe Policarp să trimită telegrame "de condamnare a rebeliunii conduse de preotul caterisit Ioan Trutza" şi negând că Trifa era succesorul său, ceea ce Bucureştiul făcuse în ajunul Congresului de la Chicago, păreau acte blânde în comparaţie cu jurnalismul mincinos al "Tribunei". În cursul toamnei anului 1951, cititorii ei au aflat nu numai că Trifa era un dezertor din armata Română, ci şi că îşi abandonase soţia şi copiii în Italia – sau în România pe undeva. Trifa nici nu era membru al Bisericii Ortodoxe, pentru că fusese excomunicat. Alegerea sa în Templul Masonic din Chicago dovedea natural că era mason. Trifa nu era numai membru al infamei Gărzi de Fier, ci unul dintre comandanţii ei de vârf, declara clar "Tribuna", publicând fotografii şterse din ziare europene arătând pe cineva care era, chipurile, Trifa în uniformă. Trifa nu era numai legionar, ci era cel care iscase sângeroasa rebeliune din ianuarie 1941. Nu era numai antisemit, ci un lider al pogromilor. Nu era numai un criminal, ci unul în masă. El omorâse sute de evrei numai în Bucureşti, vroia "Tribuna" să ştie cititorii ei, în interesul siguranţei publice. Sau omorâse mii? Editorul şi publicistul Nicolae N. Martin s-a întrecut pe sine în ediţia din octombrie 1951, când "l-a expus pe Trifa," publicând trei fotografii vagi cu cadavre în noroi şi zăpada. Nimic din imagini nu indica locul. În ultimele zile ale celui de-al doilea război mondial acestea puteau fi făcute oriunde în Europa, din Norvegia până în Italia sau din Franţa până în Rusia. Trebuia, pur şi simplu, să te încrezi în titlurile editorului, că acestea erau fără îndoială "Victime ale Revoluţiei provocate de Viorel Trifa". Desigur, nu trebuia să consulţi doar "Tribuna". Walter Winchell însuşi, într-o transmisie din 9 septembrie 1951, a spus că Trifa era un criminal şi Walter Winchell niciodată n-ar fi spus aşa ceva dacă n-ar fi cunoscut faptele, nu-i aşa? Ediţia ulterioară a acestui ziar religios editat în numele singurului episcop valid canonic, Moldovan, conţinea atacuri similare şi a tot continuat. Doar cu excepţia descrierilor primirii episcopului Andrei la Ellwood City de către mase largi de credincioşi cu piepturile umflate şi cu "lacrimi de bucurie", care i-au spus lui că poate unul sau maxim doi oameni în fiecare parohie erau cu banda lui Trutza şi Trifa. Totuşi, câteva rânduri au fost rezervate pentru a arăta că Trutza era un lingău, deşi nu prea multe rânduri, pentru că regula de aur a planului editorial era să-l includă pe Walter Winchell cel puţin la fiecare al treilea rând.

Şi "Solia" a adus câteva lucruri nepoliticoase despre episcopul Andrei, acuzându-l de crime odioase ca aruncarea vaselor şi a mâncării pe geamul reşedinţei din Vatra şi de ignorarea ordinului tribunalului de a nu se amesteca în operaţiunile clădirilor şi ale firmei.

În ciuda ironiei constante a "Tribunei", Trifa, Episcopia şi "Solia", nu au răspuns niciodată la întrebări sau acuzaţii, nedorind să-i înnobileze cu răspunsuri. Nu a fost un gest de amabilitate atunci când l-au dezminţit indirect pe Martin în corespondenţa din interiorul Episcopiei. În principiu, Trifa avea dreptate când a notat într-o lungă circulară trimisă preoţilor săi la 13 septembrie 1951 că aceasta era o formă mai virulentă a aceleiaşi campanii începute împotriva capului Episcopiei în vremea lui Policarp, continuată împotriva lui Trutza de-a lungul anilor 1940 şi acum aţintită asupra sa. Era rândul său să suporte asaltul împotriva Episcopiei, asalt al celor care nu trecuseră peste alungarea lor din 1947. De asemenea, se afla mult adevăr în remarca vicarului ales că, dacă altcineva ar fi fost ales la Chicago, acea persoană ar fi devenit imediat un "criminal fascist" şi el, Trifa, ar fi fost lăsat în pace. El a repetat ce spusese Congresului de la Chicago: "Nu am comis nici o crimă în viaţa mea, nu am omorât pe nimeni, nici măcar un pui, n-am făcut parte din nici o acțiune criminală. N-am fost niciodată căsătorit, nu m-am convertit niciodată la catolicism, fie în România sau în Italia, și nu m-am angajat în nici o acțiune politică, nici acolo, nici în America. De fapt, Trifa spusese clar Congresului că nu se va angaja, ca episcop, deloc în politică și acest lucru nu i-a mulțumit pe toți. Era într-adevăr ironic că opozanții și-au proclamat cu tărie anticomunismul în timp ce se luptau cu toată puterea pentru a îndepărta din capul Bisericii pe cineva care era, nimic altceva, decât un simbol anticomunist. "Aceasta este cea mai mare și ultimă luptă a Episcopiei; dacă pierdem, nu va mai fi", spunea Trifa. De asemenea, demnă de notat în această comunicare, era oferta sa de a lăsa locul oricăruia pe care oamenii săi l-ar fi crezut mai bine calificat, deși este îndoielnic că se aștepta ca cineva să-l ia în serios. În sfârșit, a insistat că întârzierile în formalitățile consacrării sale, cum că toți îl considerau un ne-episcop, erau pentru că "noi căutăm calea cea mai bună pentru a ne păstra autonomia".

Acest lucru era cel puțin parțial adevărat: alegerea unui episcop rezolva doar jumătate din problema găsirii unui lider spiritual pentru Episcopie. Trifa trebuia să fie hirotonit ca preot, apoi consacrat ca episcop de către un ierarh ortodox legitim și acest lucru nu era ușor de făcut. Se părea că nimeni nu vroia să atingă problema, datorită presiunilor politice și canonice din partea Patriarhiei Române sau din partea altor grupuri de presiune. Rezultatul procesului Tribunalului Federal rămânea necunoscut și pierderea cazului putea fi rușinoasă pentru un episcop ortodox care ar fi creat un episcop fără Episcopie până la urmă. Timp de aproape un an după alegerea sa, problema hirotonirii părea de nerezolvat.

De vreme ce nu erau alți episcopi români în America (era Moldovan) și era improbabil că vreun prelat ar veni din România pentru a-l hirotoni pe Trifa, prima încercare s-a făcut cu Arhidioceza Greacă a Americii de Nord și Sud. În 1939, Policarp îi ceruse episcopului Athenagoras să ofere Episcopiei asistență spirituală în timpul absenței sale. Athenagoras s-a conformat, chiar hirotonise unul dintre preoții români din New York, Vasile Hațegan, în 1941, și a sfințit capela care a devenit mai târziu biserica Sfântul Dumitru din Manhattan. Acum în 1951, Athenagoras era Patriarh Ecumenic al

Constantinopolului, iar conducător al grecilor din America era arhiepiscopul Michael. I s-a adresat o cerere, dar răspunsul din partea Patriarhului său a fost negativ. "Politica lui Athenagoras de menținere a bunelor relații cu alte Biserici Ortodoxe Autocefale poate fi o oprelişte față de acceptarea cererii Episcopiei Române din America", i s-a spus lui Michael, care i-a trimis acest răspuns lui Trutza la 23 iulie 1951.

Apoi Consiliul a încercat la mitropolitul Visarion Puiu, gândindu-se că relația sa cu Trifa la Viena îl va convinge pe bătrânul episcop. Visarion a fost forțat să spună nu la 16 august. Atât de multă opoziție fusese ridicată "de către politicieni şi .... de furia grupului opus" împotriva tendinței sale inițiale de accepta cererea Episcopiei, încât se temea că acceptarea sa va intensifica şi mai mult problema, decât ar rezolva-o. Anticipând că Puiu ar putea ceda, se făcuseră contacte şi cu mitropolitul Anastase din Sinodul Bisericii Rusești din afara Rusiei. Când Visarion a refuzat, la fel a făcut şi Anastase, care considera toate bisericile românești din afara României sub jurisdicția Parisului.

Şi astfel ei au încercat la Episcopia Siriano-Antiohă condusă de Mitropolitul Anthony Bashir. El nu a răspuns oficial la scrisoarea Consiliului, dar a sugerat să întrebe la Mitropolitul Leonty al Mitropoliei ruse din Statele Unite. Mitropolia rusă se stabilise la New York în 1917 după revoluția bolşevică şi rupsese legăturile cu Biserica mamă din Rusia, dar totuşi rămânea în comuniune cu Patriarhia Ecumenică şi cu Biserica Ortodoxă Greacă din America. În afară de asta, multe parohii ale Episcopiei fuseseră odată sub jurisdicția Mitropoliei, mai ales cele din Canada. Negocierile au dat roade până la urmă la 19 octombrie, când întrunirea Consiliului de episcopi al Mitropoliei din New York a fost de acord să accepte Episcopia Română cu câteva condiții, multe dintre ele erau minore şi includeau în principal renunțarea la cuvântul "Misionară" din titlul Episcopiei, dând rapoarte bianuale Mitropoliei şi participarea episcopului la întrunirile Consiliului de episcopi. Consiliul şi Trifa au acceptat. Ceremoniile de hirotonire au fost stabilite pentru sfârşitul lui noiembrie la Detroit. La scurt timp după aceea, Mitropolia a schimbat locul la Youngstown pentru 22 noiembrie. Părintele Eugen Lazăr (1914-1978), care preluase în acel an postul de secretar al Consiliului de la Stănilă, a început să trimită invitații și să facă pregătiri. Cu șase zile înainte de data stabilită, Trutza a primit o telegramă:

"Din cauza bolii mitropolitului Leonty, cu regret vă informez că ceremonia de hirotonire va trebui să fie amânată."

Leonty, într-adevăr era bătrân și oarecum infirm. Totuși, câțiva nu au văzut aceasta ca o cauză reală. Apoi la 30 noiembrie, Hațegan a aflat că o altă întrunire a Consiliului Mitropoliei decisese că Leonty "nu va putea discuta chestiunea consacrării episcopului român până când vor primi rapoartele guvernamentale necesare".

Desigur, rapoartele erau cerute din cauza campaniei pline de ură. Episcopia East State Fair a trimis un val de telegrame și scrisori speciale în care îl numeau pe Trifa eretic, spunând că Congresul de la Chicago a fost constituit doar din laici și restul. Pentru a adăuga greutate la acestea, Moldovan personal a apelat pentru asistență la Federația Română a Evreilor din New York și acolo consilierii episcopului l-au găsit pe dr. Charles Kremer, un dentist, care să-i ajute. S-au realizat dosare și au fost prezentate Biroului Districtual de Emigrare și Naturalizare din New York. Leonty a fost contactat prin telefon și i s-a spus că Trifa va fi deportat în câteva săptămâni și sfințirea sa va fi oprită. Trifa s-a oferit voluntar să fie supus unei examinări sub jurământ și timp de trei zile, de pe 4 până pe 6 decembrie, a fost anchetat de către Biroul de Emigrări din New York. Cei responsabili au concluzionat că nu există nici un motiv pentru a aduce orice fel de acuzație. Cazul era închis. Consiliul i-a cerut lui Leonty o nouă dată. El a tergiversat. Lui Trutza i s-a spus că fiecare parohie să depună o petiție la Mitropolie cu dorința de a se alătura jurisdicției Bisericii Ruse. Arăta foarte mult ca o încercare de trecere peste Consiliul Episcopesc, astfel implicit nerecunoscând Episcopia ca o entitate legal organizată, dar Trutza le-a cerut parohiilor să se conformeze . New York-ul nu era mulțumit cu maniera petițiilor. A trimis formulare speciale pentru a fi completate și trimise. Consiliului îi era de ajuns. Era acum martie 1952. Trutza și Trifa au participat la Consiliul episcopilor din 1 aprilie, au fost primiți pentru câteva minute și informați apoi că Mitropolia "a consimțit să primească sub jurisdicția ei canonică parohiile ortodoxe române, dar găsește imposibil, în momentul actual, să-l sfințească pe d-l Viorel Trifa ca episcop". Mai mult, mesajul era adresat "parohiilor românești" și nu Consiliului Episcopesc, nici numele Episcopiei nu era menționat în Soborul Episcopilor.

Faptul că Patriarhia de la București convinsese Constantinopolul să împiedice Mitropolia din New York să se conformeze cererii românești, era un factor major al unui joc frustrant. Dar era și mai mult decât atât. De asemenea, în discuție era faptul că Episcopia din Cleveland cerea multe și oferea puține din punctul de vedere al subordonării canonice și jurisdicționale. Pe scurt, stăruia speranța că Policarp se va întoarce într-o zi sau că situația politică din România se va schimba și relațiile vor fi restabilite încă o dată. Ruperea totală din Chicago fusese dictată de evenimente. Erau mulți în conducere care sperau că o astfel de situație nu era numai temporară. Când un grup de români a avut o întrevedere cu președintele Truman de la Casa Albă și l-au auzit spunând că România va fi liberă într-una din aceste zile, ei au crezut pentru că așa vroiau. Era dorința adânc ținută și doar pe jumătate exprimată a inimilor miilor de oameni din comunitățile etnice americane și din populația refugiată la începutul anilor 1950. Rezultatul a fost că cei din Consiliu doreau să obțină ajutor de la alte jurisdicții ortodoxe din America fără să intre în nici o relație permanentă sau angajamente pentru viitor, un caz definit de savurare a proverbialei "piece of cake". Astfel, adversarilor Episcopiei li se dădeau pârghii adiționale, iar Bucureștiul a realizat și a profitat de acest fapt. Atunci, într-un sens foarte limitat, poziția în care era Episcopia a forțat-o să se îndrepte spre Biserica Ortodoxă Ucraineană ca o ultimă resursă, cu toate eventualele consecințe negative pe care le putea stârni acest fapt. Totuși la o analiză finală, nu exista o altă șansă, pentru că alegerea lui Trifa nu putea fi anulată și ales un alt om. Acest gând nu era numai nepractic, ci într-adevăr, inconștient. Și apoi, nu era omul cel care împiedica evoluția lucrurilor, ci situația. Martin nu făcea altceva decât să scoată la iveală mai multe fotografii cu atrocități.

Normal că organul de ştiri al lui Moldovan a produs în mare parte incapacitatea Episcopiei de a-l hirotoni pe Trifa, imputând acest lucru în întregime canonicităţii lui Moldovan şi ilegalităţii poziţiei lui Trifa. Utilizarea termenului de "canonic" din partea celor care conduceau presa episcopului devenise aproape umoristică. Atât de mult era folosit. Nici o referire la Andrei, nici un discurs, predică, pastorale sau circulare către credincioşi, ci doar căuta să creeze o legătură indisolubilă între "episcopul Andrei" şi "canonic", pentru că într-adevăr aceasta era trăsătura lui cea mai puternică. Când a trebuit să adauge termenul "legal", stăpân al episcopiei şi succesor al lui Policarp, atunci vehemenţa s-a înmuiat. Problema canonicităţii, fără îndoială, avea să necăjească păstoria lui Trifa pentru următorii opt ani. Opoziţia faţă de el nu venea doar din partea oportuniştilor. Erau puţini a căror conştiinţă era tulburată sincer de problema canonicităţii. Acest fapt, adăugat situaţiei propriilor fii în România, poate explica parţial alegerea lui Mihalţian, până la urmă, de a trece parohia sub Moldovan. Până în 1952 bătrânul cleric din Indiana Harbor devenise vicarul episcopului Andrei. Astfel de motivaţii pe baza convingerilor sunt mult mai greu de atribuit secretarului sachelar a lui Moldovan, Petru Moga, a cărui carieră împiedicată era la fel de constantă cum era Glicherie faţă de soţiile sale.

Părintele Ioan Popovici din Philadelphia a fost cel care a stabilit primul contact în legătură cu problema hirotonirii cu Mitropolia Bisericilor Ortodoxe Ucrainene din Statele Unite, condusă de mitropolitul Ioan Teodorovici. De fapt, la 3 martie 1952, Teodorovici l-a informat că Biserica Ucraineană era gata să-l hirotonească pe Trifa şi a stabilit ca dată a doua săptămână din martie la Philadelphia. Consiliul Episcopesc i-a mulţumit mitropolitului, dar a cerut o amânare a datei din două motive. În primul rând, negocierile cu ruşii încă nu erau terminate şi în al doilea rând se ridicau întrebări asupra statutului canonic al ucrainenilor. S-a întocmit o comisie de studiere. Trifa a avertizat că nu vroia nici o ruptură majoră în instituţia ortodoxă americană. Ceea ce recomanda cel mai mult oferta ucraineană, era absenţa condiţiilor. Haţegan a fost desemnat să corespondeze cu Mitropolia în problema autonomiei şi canonicității ucrainenilor. Biserica Ortodoxă Ucraineană din Statele Unite includea peste 100,000 de membrii şi se autoconsidera autonomă, despărţindu-se de Biserica mamă, aşa cum o făcuseră şi ruşii din America, după revoluţia bolşevică. Această autonomie nu era recunoscută formal, totuşi, de alte biserici ortodoxe de pe mapamond. Teodorovici însuşi era etichetat constant ca *samosfeat,* un episcop "autohirotonit" sau autofăcut, pentru că îşi obţinuse locul în ierarhie în 1921 de la un alt ierarh hirotonit prin aşezarea mâinilor colectivului preoţilor bisericii sale, de vreme ce nici un episcop nu era disponibil să-l consacreze. Clarificarea acestui lucru era obligatorie. Până la urmă comisia Episcopiei a decis că, deşi autonomia canonică a Bisericii Ucrainene putea fi pusă la îndoială, Succesiunea Apostolică a ierarhilor ei putea fi urmărită de la Sfintele Ordine ale mitropolitului Dionysius al Varşoviei, capul Bisericii Ortodoxe Autocefale din Polonia, care se afla în comuniune cu Patriarhul Ecumenic al Constantinopolului şi de asemenea cu Biserica Ortodoxă Română din România. S-a aflat că Teodorovici însuşi, recunoscând problema, şi-a asigurat statutul printr-o hirotonire oficială în 1949. Doi alţi ierarhi ucraineni au fost desemnaţi să ia parte la ceremonii: arhiepiscopul Mystyslaw Skrypnyk şi arhiepiscopul Hennady Shyprykewicz, amândoi primindu-şi hirotonia de la episcopi hirotoniţi prin Biserica Ortodoxă Poloneză.

Hirotonia a fost stabilită pentru 27 aprilie 1952 la biserica Pogorârea Sfântului Duh a părintelui Popovici de pe 723 North Bodine Street din Philadelphia, cu cei doi stâlpi albi şi linii clasice, cumpărată de la Biserica Episcopală în anii 1920. Toţi erau ocupaţi cu planificarea zilei solemne. La fel era şi echipa episcopului Andrei. La 18 martie, Mihalţian şi Moga i-au trimis o telegramă mitropolitului John pentru a-l sfătui să nu "comită acest act de simonie fără ruşine pentru a vinde Sfântul Duh unui om proclamat criminal la radio de către Walter Winchell". Orice episcop ortodox care-l va hirotoni pe Trifa va fi imediat "demis şi excomunicat de către Sfântul Sinod român" şi toate celelalte Patriarhii vor ratifica sentinţa. "Mai multe explicaţii" vor urma.

Mai multe explicaţii au apărut într-adevăr, în timp ce Trifa a ajuns la Philadelphia şi şi-a început pregătirile spirituale. Episcopii însărcinaţi cu sfinţirea erau hărţuiţi cu scrisori anonime şi telefoane. Dr. Kremer a fost contactat de Moldovan sau de unul dintre "preoţii săi români" la 23 aprilie 1952, cu patru zile înaintea datei şi i s-a dat ştirea. Imediat el a trimis o telegramă din partea Uniunii Evreilor Români din America către Serviciul de Emigrări. Acum numărul evreilor omorâţi în România în 1940 şi în 1941, pentru care Trifa era responsabil, a sărit la "zeci de mii". Kremer a cerut Serviciului de Emigrări să oprească hirotonirea programată pentru Biserica Ortodoxă Ucraineană, de pe 128 Grace Road, în Bala Cynwyd. Oficialităţile de la Emigrări au refuzat să se amestece. Chiar dacă ar fi vrut, ar fi fost dificil, pentru că Kremer avea locaţia greşită.

Vineri seara, 25 aprilie, seria de trei zile cu slujbe religioase a început la North Bodine Street cu Vecernia. După scurt timp de la începerea ceremoniei, în biserică au intrat şerifii federali, însoţiţi de avocaţii lui Andrei Moldovan, întrerupând slujba cu un ordin de restricţie al Tribunalului Federal, semnat de judecătorul Allan K. Grim de la Tribunalul Districtului Pennsylvania de Est, Statele Unite. Au urmat consultări rapide cu un avocat Maximilian J. Klinger, folosit de părintele Popovici în treburile juridice ale parohiei sale. Acesta a încercat să-l contacteze pe judecătorul Grim, care plecase pentru weekend. Klinger a chemat alţi colegi şi judecători să se consulte şi apoi a rostit cuvintele care pentru totdeauna îi vor onora numele în istoria Episcopiei Ortodoxe Române din America. "Continuaţi hirotonia. Acest ordin este o violare a Primului Amendament al Constituţiei Statelor Unite. Se amestecă în libera practicare a religiei". Şi aşa au făcut. Viorel Trifa a devenit episcopul Valerian, duminică 27 aprilie 1952, sub mâinile mitropolitului John şi ale ajutoarelor sale, iar Episcopia, lovită, rănită şi atacată se pare din toate părţile, era din nou întreagă după 13 ani. Trupul părintelui Balea avea din nou un conducător. Totuşi, povestea de la Philadelphia nu era chiar terminată. La 30 aprilie, Teodorovici, Trutza, Trifa şi Popovici apăreau în faţa judecătorului Grim pentru a afla dacă vor fi citaţi pentru sfidarea tribunalului. Avocatul Klinger, după ce a declarat că hirotonia s-a ținut ca urmare a sfatului său, a fost alăturat acuzaților. El a depus mărturie:

"Am luat acest fapt cu temeinicie în considerare. L-am cântărit. Am cântărit actul. Știu ce poate însemna actul. Trebuia să-mi reconciliez obligațiile față de acest Tribunal ca un funcționar. Trebuia să-mi reconciliez obligațiile ca om față de Dumnezeu, nu ca membru al aceleiași credințe, domnule. Acest fapt, din nefericire sau din fericire, vorbind idealist, m-a silit să fac pasul pe care l-am făcut și vă spun d-le judecător foarte respectuos că dacă ar trebui să fac acest pas încă o dată, mă tem că mi-ar dicta conștiința să-l fac."

Klinger era evreu.

Invazia

A durat mai mult de doi ani să se analizeze cazul împotriva lui Klinger și al clericilor. La 28 septembrie 1954 s-au anulat toate acuzațiile. Legea încă nu o terminase cu Episcopia, totuși, de vreme ce planurile pentru instalarea episcopului Valerian au mers mai departe. Aceasta s-a ținut, normal, la Catedrala Sfântul Gheorghe din Detroit, duminică 6 iulie 1952. Acest ultim act al dramei va dăinui implacabil.

Sunt interesante descrierile izgonirii episcopului Andrei Moldovan și a tovarășilor săi din Vatra, citite la 25 de ani după eveniment. O relatare a unui ziar descria "măcelul" care a erupt când "aproape 200 de membri din grupul rival au invadat proprietatea". Totuși ziarul a luat detaliile de la John R. Vintilă, avocatul șef al lui Andrei Moldovan, care și-a expus foarte mișcător îngrijorarea sa pentru siguranța femeilor și a copiilor. Howard Blum face ca tevatura să fie citită ca un raid de comando Dieppe. De fapt, începând cu ediția din 1 iunie 1952, n-a fost implicat nici un element de surpriză. Cu mai mult de o lună înaintea evenimentului, "Solia" a început să tipărească pe prima pagină cu litere mari "Convocarea", anunțând instalarea lui Valerian pentru 4, 5 și 6 iulie la Detroit. Primele două zile, vineri şi sâmbătă, vor fi dedicate ceremoniilor religioase şi simultan se va ţine Congresul Bisericesc anual – la fel ca în 1935. Pentru duminică dimineaţa, 6 iulie, la 10:30 a.m., concluziona anunţul, se vor ţine slujbe religioase la Vatra, urmate de un picnic românesc. Acelaşi anunţ a fost tipărit pe prima pagină a ediţiei din 22 iunie şi din 6 iulie.

Într-un anumit punct, în timp ce instalarea se apropia, s-a decis o uşoară schimbare a programului, slujbele religioase, care până la urmă erau punctul central al instalării, se vor ţine duminica dimineaţa la Detroit, pentru ca să poată participa toţi cei care nu puteau să facă drumul până la Vatra pentru picnic. După aceea probabil 200 de oameni s-au alăturat noului lor episcop într-o cavalcadă motorizată care a ajuns la Grass Lake abia pe la ora 3 după amiaza. În acest moment Valerian a rămas în maşina sa pe Grey Tower Road, la aproape 200 de yarzi nord de intrarea principală a Vetrei, pentru că maşinile erau trimise înapoi, neputând să meargă până acolo. Porţile de la şosea erau încuiate; tractoare şi echipament de la fermă fuseseră trase în faţa porţilor ca o baricadă. Două gărzi angajate de Moldovan se aflau la datorie.

Părintele Trutza se aşteptase la acest lucru şi a venit pregătit cu copia unui ordin de tribunal emis în anul precedent de către judecătorul Freed de la Tribunalul Districtual al Statelor Unite, restricţionându-l pe Moldovan să folosească doar partea de nord a casei principale. De fapt, din când în când, Trutza sau membrii din Consiliu vizitaseră Vatra în ultimele luni pentru a se asigura că ordinea era respectată. Trifa şi un grup de femei ale Bisericii au vizitat ferma în februarie, şi "fermierii" lui Moldovan le-au dat de furcă femeilor, pentru că aparent ei le preveniseră să nu intre în unele dintre clădiri. La acest moment Trutza a arătat ordinul tribunalului, dar gărzilor li se spusese desigur să nu lase pe nimeni să intre. Au urmat două evenimente, care în principala relatare publicată ale acestei zile au rămas ignorate sau au fost omise. Mai întâi, s-a făcut o fotografie în care erau părintele George Lupu şi cinci dintre credincioşi stând în faţa porţii încuiate. Garda de cealaltă parte a porţii a pozat şi ea. Lupu arăta posomorât, ca de obicei, dar una dintre doamne zâmbeşte larg. Atât de furioasă, sălbatică şi spontană a fost invazia mulţimii în Vatra. S-au oprit să facă fotografii, aşa cum ar face orice grup bine antrenat de comandoul militar. De asemenea au făcut o fotografie a unui tractor. Al doilea eveniment a avut loc în casă, unde episcopul Moldovan, părintele Mihalţian, părintele Moga, Ştefan Feraru şi câţiva alţii priveau pe fereastră. Ei au chemat poliţia. Multe s-au spus în relatarea din 1976 a acestei zile despre faptul că linia telefonică a fost tăiată sau că telefonul nu mergea. Probabil a fost deconectat – mai târziu, după ce oamenii au intrat pe teritoriu, dar nu în acest moment. Cum explicăm altfel faptul că doi ajutori de şerif din Districtul Jackson şi patru poliţişti statali au ajuns repede la faţa locului, un fapt relatat de însuşi avocatul lui Moldovan, Ioan Vintilă, care era prezent? Singura altă explicaţie este că cineva din casă a părăsit locul cu maşina şi a mers să aducă poliţia. Aşa s-a întâmplat de fapt; Moga şi Vintilă probabil s-au suit în maşina parcată în spatele turnului şi au plecat. Dar cum? Prin porţile încuiate după ce au mutat tractorul? Apoi porţile au fost închise din nou şi n-a mai intrat nimeni? Răspunsul este că acest lucru s-a întâmplat târziu după amiaza când, alarmaţi de încăierările şi de ţipetele şi de mărimea mulţimii, grupul Moldovan a chemat poliţia a doua oară. Această ieşire a lui Moga şi Vintilă pentru a aduce poliţia a fost după ce mulţimea din Detroit intrase. Valerian se afla acum şi el la Vatra. Au fost mult insultaţi şi huliţi când cei doi au ieşit. Până acum telefonul putea foarte bine să fi fost deconectat, pentru că linia intra în casă printr-o cutie din partea de nord-est a casei şi în spiritul lor incitant – şi mânie – cineva putea să fi scos firele. Dar nu prima oară, la ora trei. Ei au aşteptat în afara porţilor. Toţi în afara de câţiva mai nervoşi. Ei au făcut tot acest drum pentru picnic şi pentru a sărbători instalarea, iar episcopul comunist din casă încă le făcea probleme. Era de ajuns că parohiile cheltuiseră mii de dolari pentru taxe în justiţie. Ei au sărit peste gard. Fără îndoială, acest lucru a dus la primul telefon de chemare a ajutoarelor şi poliţiei. Când aceşti oameni ai legii au sosit, Trutza a arătat ordinul tribunalului. Porţile au fost descuiate, oamenii au intrat, s-au împrăştiat pe pajişti, în jurul casei şi au început să desfacă coşurile pentru picnic şi să aranjeze mesele de afară. Oamenii legii i-au avertizat pe lideri să nu facă probleme şi apoi au plecat. Era cel puţin 4 după-amiaza acum.

Astfel, s-a mâncat şi s-a vorbit, s-au plimbat prin jur şi sute de oameni au umplut curtea. Femeile au format un mare cerc sub copaci, cineva a început să cânte şi au început să joace străvechea *Hora Unirii* românească, sărbătorind evenimentele din primăvară, bucurându-se şi simbolizând victoria lor. Desigur, mulţi s-au învârtit pe lângă casă şi au strigat vorbe celor dinăuntru, doar cum românii ştiu s-o facă. Unii erau încă destul de mânioşi. Relatarea din 1976 îl descrie pe părintele Opreanu bătut până la inconştienţă când el "a păşit pe prispa din faţă "şi s-a gândit să ţină un discurs pentru a-i calma pe toţi. Greşit. Acest fapt sugerează că se afla în casă cu Moldovan încă de la început. Părintele Opreanu venise cu caravana de la Detroit. El era preotul Catedralei Sfântul Gheorghe, unde a avut loc instalarea şi normal că era responsabil de multe detalii. Părintele Opreanu la un moment dat s-a suit pe prispă, cu intenţia evidentă de a intra în casă. Oamenii din jurul său, mai ales enoriaşii săi de la Sfântul Gheorghe, inclusiv Marta Gavrilă, au întrebat unde se duce, de ce merge să-i vadă pe comunişti, era cu ei? Şi aşa mai departe. Opreanu i-a spus cuiva că trebuie să meargă la toaletă. Mai târziu le-a spus altora că vroia să vorbească cu Moldovan, să fie mediator şi să vadă dacă ei vor pleca în linişte pentru a calma lucrurile din acea zi. Mulţi dintre enoriaşii săi nu au fost mulţumiţi de Opreanu, nu numai din cauza încercării sale de a fi făcut episcop în 1950, ci pentru că ştiau că el îi tipărea lui Moldovan calendarul. În orice caz, vorbele s-au încins, cineva poate într-adevăr l-a smucit pe Opreanu de barbă, altcineva poate l-a tras de braţ şi admiţând cea mai liberală interpretare a lucrurilor, preotul poate să se fi împiedicat pe scări sau a alunecat pe iarbă şi a căzut. Asta a fost tot. El s-a ridicat şi este greu de imaginat că în acel moment nimeni nu l-a ajutat pe preotul mic şi fragil să se ridice. A spune că a fost înconjurat de oameni "împingându-l, lovindu-l cu pumnii şi picioarele" şi că acum el era bătut deliberat până la inconştienţă, este pur şi simplu un nonsens. Dacă firele telefonului au fost scoase, acest lucru s-a întâmplat probabil în timpul acestui episod. Moga şi Vintilă s-au dus după poliţie a doua oară. Ei s-au întors şi le-au cerut părintelui Trutza şi episcopului Valerian să garanteze siguranţa celor din casă. "Pot să plece oricând vor" a fost răspunsul.

Moldovan, Mihalţian şi ceilalţi din casă s-au suit în maşinile lor şi au plecat printre oamenii aflaţi de o parte şi de alta a şoselei care i-au hulit şi i-au înjurat lamentabil şi poate au aruncat şi câteva pietre spre maşini în timp ce plecau. Mulţimea entuziastă din Detroit, fără îndoială, nu avea cel mai bun comportament, dar se poate lua în considerare ce reprezenta Moldovan pentru ei. În general, a fost o zi regretabilă. Apoi poliţia a plecat şi asta a fost tot. Trutza a angajat gărzile lui Moldovan pentru a rămâne la Vatra pentru următoarele 24 de ore. Nu ştim cu cât au fost plătiţi, dar se presupune că au avut destulă mâncare.

Aceasta este povestea "atacului nelegiuit asupra Vetrei" a lui Howard Blum, care este înflorită instantaneu când citim despre "pajiştile verzi fin tunse". Vatra, după aproape 15 luni de ocupaţie sub Moldovan, era un dezastru. Acesta este actul lui Blum, pe care el l-a reconstruit cu meticulozitate, când "episcopul Moldovan n-a avut altă alegere decât să se predea", ceea ce a şi făcut, ironia sorţii, "De Ziua Independenţei – 4 iulie 1952", la Grass Lake, Michigan. Numai că era 6 iulie în Grass Lake.

"O transcriere adevărată şi exactă"

"Dovezile stabilesc clar că o astfel de autonomie a existat prin legile din 1932 şi că o astfel de autonomie a fost recreată de acţiunile oficialităţilor competente în 1947 şi în 1948.

Repet, tot ce trebuie să stabilească acest tribunal este dacă Episcopia din Statele Unite posedă autonomie administrativă sau nu pentru a-şi alege episcopul.

Dovezile sunt copleşitoare referitoare la legile în exerciţiu care au fost adoptate cum trebuie la vremea când reclamantul pretindea că pentru a ajunge în funcţie se cerea ca episcopul să fie ales de către Congresul Episcopesc.

Prin urmare, reclamantului Andrei Moldovan îi va fi pentru totdeauna interzis să se prezinte pe sine ca preot sau ca episcop al Episcopiei Ortodoxe Române din America...".

Judecătorul Emerich B. Freed l-a amendat pe episcopul Andrei cu 200$ pentru sfidarea tribunalului. Era 8 iulie 1952. Decizia a fost imediat apelată la Curtea de Apel a Statelor Unite, circumscripția șase din Cincinnati.

"Grupul inițial stabilit în 1929, deși autonom, a fost dornic să accepte autoritatea Sfântului Sinod ... în...1936, dar în 1947 a descoperit că aveau de-a face nu cu Sfântul Sinod și cu patriarhul, ci cu guvernul comunist al României, care dicta numirea episcopului lor....

A descoperit că grupul principal și cel care controla, cu privire la înțelegerea din 1935 – 1936, era total diferit de cel cu care se credea că au de-a face.

De asemenea, credem că această concluzie este în acord cu spiritul, dacă nu cu scrisoarea cazului Kedroff, care declara că <<Libertatea de a alege clerul, unde nu se dovedesc nici un fel de metode improprii de alegere *** trebuie acum să aibă protecție constituțională federală ca parte a exercitării libere a religiei împotriva interferenței statului.>> De vreme ce acest lucru este adevărat față de protecția împotriva interferenței unui stat individual american, credem că ar trebui să fie la fel de adevărat față de protecția împotriva dominării și interferenței unui stat străin.

Aceasta este Judecata Tribunalului Districtual."

Era 3 iulie 1953. Cazul Episcopiei Misionare Ortodoxe Române din America împotriva lui Ioan Trutza și ceilalți nu era numai încheiat, dar stabilise un nou precedent fundamental de o importanță incalculabilă pentru legea bisericească din America. O petiție de rejudecată trimisă Curții Supreme a Statelor Unite a fost respinsă la 10 octombrie 1953.

CAPITOLUL 8

În căutarea ordinii, 1953 - 1960

Quant au courage moral, il avait
trouvé fort rare . . .
c'est-à-dire le courage
de l'improviste

Exista un total de 200$ în "Fondul Apărării" pentru a acoperi taxele juridice de 14,531.46$. La 17 ianuarie 1953, trezoreria Episcopiei conținea 6.69$. Fuseseră puțin mai mulți înainte de Crăciun, dar 1,000$ trebuiseră să fie împrumutați pentru a ajutora "Solia". Oferta avocatului șef al apărării, William Strangward, de a reduce cu 4,000$ taxele sale, a fost acceptată cu gratitudine, iar el a fost compensat fiind declarat sfătuitor juridic permanent al Consiliului cu salariu fix de 100$ pe lună, dar acest lucru era totuși modest. David Zaharia, fermierul lui Moldovan, încă se afla la Vatra după șase săptămâni de la decizia Curții din Cleveland și refuza să plece. A fost nevoie să se facă pași legali împotriva lui. Noului episcop i s-a votat un salariu de 200$ pe lună plus o casă și întreținerea, dar în primul an și jumătate după alegerea sa din 1951 nu a avut un loc permanent unde să locuiască, astfel încât a rămas la 5909 Detroit Avenue în Cleveland. Congresul de la Chicago a decis ca Biroul Central al Episcopiei să fie în Detroit și episcopul ales a început să caute o casă împreună cu părintele Cucu. Ei au găsit o frumoasă și veche căsuță pe Boston Boulevard la prețul de 22,000$ și au fost de acord să depună 500$ pentru ea. Când au realizat că nu pot strânge această sumă, au fost nevoiți să abandoneze ideea. După consacrarea sa, Valerian a făcut primele sale vizite canonice în parohiile sale cu o mașină donată. De abia în ianuarie 1953 oamenii săi au putut să-i cumpere un Oldsmobile din 1952 și, chiar și atunci, el a fost atât de impresionat, încât a fost jenat de dar. În sfârșit, normal că zorii anului 1953 l-au găsit pe Ioan Mariș încă dând în judecată Episcopia în legătură cu contractele sale.

Pe când Dwight D. Eisenhower îşi asuma preşedinţia Statelor Unite, imaginea Episcopiei Ortodoxe Române din America era aproape pretutindeni unul dintre nenumăratele obstacole de învins. Valerian era "sui juris" după legea Statelor Unite, dar era necanonic în ochii multora. Nu putea exista un astfel de lucru ca o Biserică Ortodoxă "Independentă" – acesta era tema a nenumărate pronunţări ale Episcopiei de-a lungul anilor. Prin urmare, era puţin posibil un astfel de lucru, ca o Episcopie independentă să nu fie supusă canonic nici unei autorităţi ierarhice. Presa lui Moldovan, chiar unii dintre preoţii săi, continuau să-l considere pe Valerian ca *samosfeat*. Războiul era unul nu numai al cuvintelor. De Rusalii, în 1952, câţiva dintre partizanii lui Moldovan au intrat în Biserica Sfântul Gheorghe din Dysart, Saskatchewan, l-au atacat pe bătrânul Arhimandrit Daniel Maxim şi l-au aruncat afară din biserică în mijlocul Sfintei Liturghii. Cazul împotriva asaltatorilor a ajuns în proces abia în 1953 şi, deşi vinovaţii au fost pedepsiţi, astfel de incidente au fost simptomatice ostilităţii pe care decizia tribunalului nu putea s-o şteargă. Între timp au venit rapoarte că atât Romano-catolicii, cât şi Greco-catolicii din diferite oraşe, purtau o ofensivă de convertire a noilor refugiaţi şi profitau de loialităţile divizate din multe parohii pentru a câştiga noi membri dintre români. Detroit era scena eforturilor a doi preoţi. Petru Moga de la Sfântul Petru şi Pavel din Dearborn şi Alexandru Cucu de la Pogorârea Sfântului Duh încercau îndepărtarea enoriaşilor lor de la a adera la jurisdicţia lui Trifa. Ambele situaţii se vor înrăutăţi mai degrabă de a se îmbunătăţi.

Luând în considerare o astfel de stare a lucrurilor, este aproape miraculos că în mai puţin de un deceniu Trifa şi principalii săi sprijinitori Eugen Lazăr, John Toconiţa, Victor Bărbulescu, Ioan Stănilă, Nicolae Muntean, Nicolae Dudaş, Alexandru Buliga, John Limbeson, Dimitrie Vinţan, Vasile Haţegan, Daniel Maxim, Marin Postelnic, pentru a numi doar câţiva dintr-o listă foarte lungă – au putut să stabilizeze şi să regularizeze Episcopia. Putem spune chiar că ei au creat-o din nou de la temelie, pas cu pas, restaurând ordinea, restaurând Vatra într-un birou central modern şi permanent, rezolvând problema vitală a canonicităţii şi făcând ceva care nu fusese obţinut niciodată până atunci: realizarea stabilității financiare. O mare parte a meritului trebuie atribuită însă episcopului, pentru că Trifa este într-adevăr "sui generis". Totuşi, un lider este la fel de bun ca cei cu care se înconjoară. Istoria este făcută nu numai de cei din mijlocul scenei, ci şi de către nenumăraţi indivizi fără nume, ale căror vieţi şi muncă de zi cu zi sunt canalizate către cauze în care ei cred. Credincioşii Episcopiei speriate de lupte au început să construiască organizaţia.

"Trifa vinde vaci şi îşi cumpără maşină", striga "Tribuna" în octombrie 1952. "Vatra Românească în lichidare totală". Nu chiar, dar exista o problemă a "lichidării" – nimeni nu ştia ce se întâmplase cu toate cecurile de pe lapte, până când episcopul le-a găsit îngrămădite într-un colţ al lăptăriei pentru că Zaharia le colectase de la Pet Milk Company fără să spună nimănui.

În august 1952, Consiliul a decis să vândă toate animalele de lapte de la Vatra, plus echipamentul şi uneltele legate de ele, din două motive: în primul rând era nevoia presantă de bani şi ferma oricum nu-şi mai plătea datoriile. În al doilea rând, lui Valerian niciodată nu i-a păsat de accentul pe şeptel şi de aporturile sale şi i-a spus scurt Consiliului că poate fi un episcop sau un cowboy, dar nu amândouă. Vacile au adus 4,200$, care au fost destinaţi în principal achitării datoriilor locale făcute de Moldovan la Grass Lake şi Jackson, după ce creditorii săi au prezentat declaraţii că Moldovan refuza să le plătească. Consiliul a văzut acest fapt ca pe o chestiune morală şi apoi, reputaţia Vetrei şi a rezidenţilor ei era destul de scăzută în comunitatea dimprejur, un factor care va lua ani pentru a fi învins. A fost angajat un fermier să însămânţeze terenurile proprietăţii anual, o treime din grâu fiind dată Episcopiei, un angajament care astfel a scos Consiliul şi administraţia din afacerea cu animale după o perioadă de 14 ani. În curând, tacticile faimosului – sau nefaimosului – Secretar de stat pentru agricultură, Ezra Taft Benson, au produs Soil Bank Program, ceea ce ar însemna un venit în plus odată ce Episcopia va fi de acord să lase necultivate câteva dintre pământurile ei.

În ciuda temerilor unora, totuşi Vatra nu va fi abandonată. Dimpotrivă, starea financiară a lucrurilor care a fost cauzată de lipsa de management din trecut, forţa acum soluţia de a face reşedinţa episcopului şi astfel Biroul Central al Episcopiei. Deşi sesiunea Consiliului din 16 august 1952 a desemnat-o doar ca "reşedinţă temporară" pentru Trifa, episcopul însuşi a stabilit ca prioritate pentru următorii câţiva ani, scăparea Episcopiei de datorii – şi în acelaşi timp restaurarea şi îmbunătăţirea Vetrei, ca mijloc de a arăta oamenilor că el producea concret rezultate. Când a venit vorba de cheltuieli pentru propria-i persoană sau, mai bine zis, pentru episcop ca individ, economisirea era extremă. El avea o casă, cât mai simplă posibil şi n-a fost de acord cu cheltuirea banilor pe o reşedinţă nouă în altă parte atâta timp cât erau facturi de achitat şi proiecte mult amânate de împlinit. Într-un fel, "pur şi simplu s-a întâmplat aşa" ca, atunci, Vatra, casa episcopului şi Biroul Central să devină una şi aceeaşi.

Statutele de la Canton

Primul Congres Bisericesc convocat sub conducerea lui Valerian s-a întrunit pe 3 iulie 1953 organizat şi găzduit de părintele Traian Demian (1900-1967) de la Biserica Sfântul Gheorghe din Canton, Ohio. Acest Congres avea multe în comun cu acela din 1948 pentru că reprezenta o consolidare a defensivelor statutare ale Episcopiei – de data aceasta nu numai împotriva Bucureştiului, ci şi a "celeilalte Episcopii". 25 de parohii au trimis delegaţi, 19 preoţi au fost prezenţi, în timp ce alţii au trimis scrisori de aderenţă. Pentru moment, era încă loc de îndoială faţă de câte parohii deţinea exact Episcopia. Câteva dintre cele prezente, cum era biserica părintelui Cucu, aveau relaţii tensionate cu Episcopia. Două parohii fuseseră acceptate abia în anul precedent, nou organizatele Sf. Constantin şi Elena din London şi Sf. Înviere din Buenos Aires. Al 25-lea "Album aniversar" din 1954 al Episcopiei conţinea articole scurte despre 34 de parohii, dar nota că mai erau şi altele, mai ales în Canada, care nu-şi trimiseseră informaţiile la timp pentru a fi publicate. Este chiar mai puţin exact să consultăm calendarul "Credinţa" pe 1954 al lui Moldovan, pentru că suita de la East State Fair a publicat numele tuturor parohiilor şi ale preoţilor sub titlul "Localităţi cu parohii în America de Nord", lăsându-l pe cititor să creadă că acestea se aflau sub jurisdicţia lui Moldovan. De fapt "Credinţa" a făcut o listă cu doar şase preoţi sub jurisdicţia Consiliului Episcopesc şi aceasta era probabil cifra clerului lui Moldovan, cu aproximativ şase biserici cel mult în acel moment. Aceasta însemna că Valerian conducea aproape 41 de parohii şi probabil 10,000 de credincioşi. Oamenii episcopului Andrei, totuşi, au rămas zeloşi în prozelitismul lor. Nu au spus cu adevărat nimănui niciodată "de ce" ar trebui să adere la episcopul Andrei, ci doar accentuau de ce "nu" trebuiau să-l urmeze pe Valerian.

Situaţia de mai sus era evidentă în Canton. În ajunul Congresului, la tradiţionala întrunire a Consiliului, o scrisoare conciliantă a fost citită de la părintele Mihalţian, sugerând un fel de "modus vivendi" cu biserica Sf. Gheorghe Nou din Indiana Harbor. În ciuda sprijinului din partea părintelui Nicolae Moldovan (care desigur era sincer îngrijorat de separare şi de statutul necanonic al Episcopiei), Rudi Nan şi preşedintele AROY, John Limbeson, au impus categoric ignorarea uverturii lui Mihalţian, iar Consiliul a fost de acord. Apoi a venit ştirea că părintele Cucu era de aici înainte îndepărtat din funcţia de protopop administrativ al Detroit-ului şi din Consiliu "pentru sabotarea autorităţii Episcopiei". Lui Cucu i s-a dat o şansă prin a promite că se va supune Statutelor şi va fi iertat. El a spus că nu poate să facă o astfel de promisiune. Prezenţa Arhiepiscopului John Theodorovich la Congres, rugat de Valerian să facă o prezentare preoţilor săi despre statutul canonic al Bisericii Ucrainene, aducea aminte de o mare grijă.

Cu trei zile înainte de întrunirea delegaţilor la Canton, Nicholas Martin a venit în oraş pentru a vorbi cu liderii "American Legion Post No. 44", a cărei săli o închiria Episcopia pentru adunare. S-au prezentat documente de la "Credinţa", de la "un ziar evreiesc din New York", şi din alte părţi. Desigur Walter Winchell a venit şi el la Canton. Nesurprinzător, dovezile lui Martin arătau că Trifa era nazist, Episcopia un grup de revoluţionari şi aşa mai departe. Conform reportajului lui Ioan Calatorul, comandanţii Legiunii au investigat imediat acuzaţiile.

Au aflat că Walter Winchell, când a fost contactat personal, "nu se afla în poziția de a dovedi ce spusese la radio", și nici că FBI, nici Serviciul de Emigrări "nu aveau nici o plângere împotriva persoanei episcopului Valerian sau a Episcopiei". Nu se știa de bisul lui Martin. Probabil că se ocupase în timpul congresului cu citirea mesajului colegului său către tineret din calendarul "Credința" al lui Moldovan. Apoi a fost pregătit pentru presă, unde Alexandru Sage îi sfătuia pe tineri și pe femei să "iubească dreptatea, să uite greșelile, să fie sinceri și onești, să apere libertatea, să facă fapte nobile, să cultive optimismul, onestitatea și curajul, să se opună cu toată puterea ipocriziei și să lupte împotriva neonestității, lașității și prefăcătoriei."

Astfel, un nou set complet de Statute și Legi au fost adoptate de către adunarea de la Canton, ca opuse înlocuitoarelor specifice din 1948. Efectul general al Statutelor din 1953 a fost dublu, reîmputernicind autonomia completă a Episcopiei, iar simultan centralizând puterea la vârf, căutând să regularizeze relațiile parohiale și supunerea față de centru. În primul rând, numele oficial de Episcopia Ortodoxă Română din America a fost fixat în Articolul I, renunțându-se formal la fostul termen "Misionară", care implica că Episcopia era un avanpost de peste ocean al Bisericii Române. În acest moment Moldovan și-a numit Episcopia "Biserica Ortodoxă Română din America". Articolul indica noua direcție în treburile canonice și dogmatice, notând că Episcopia "își păstrează unitatea cu Biserica Ortodoxă din Est prin comuniune cu Bisericile canonice existente în America de Nord". Canonicitatea viitoare a Episcopiei va privi spre America, nu spre Europa.

"Toate proprietățile imobiliare și personale ale Bisericilor... formează bunurile comune ale credincioșilor actuali, trecuți și viitori" și nu pot fi înstrăinate sub nici o formă, spunea Articolul IV, în timp ce episcopul era declarat în secțiunea următoare "autoritatea religioasă supremă", cel puțin atâta timp cât absentează o jurisdicție canonică mai înaltă. Legi au continuat pentru a defini parohia ca instituție, drepturile și datoriile ei, cu realizarea majoră din Articolul IV: "Orice persoană, bărbat sau femeie, va fi considerată un membru al parohiei de la vârsta de 21 ani...". Totuși femeilor nu li s-a dat dreptul de a vota în Adunarea Parohială, cu excepţia văduvelor sau a femeilor nemăritate care erau şi membre ale Reuniunii Doamnelor sau ale unui grup AROY. Elementele centralizatoare se aflau în articolul VI al legilor care dădeau Consistoriului spiritual al Episcopiei autoritate ratificatoare peste preoţii aleşi prin concurs şi asupra proceselor verbale ale adunărilor electorale trimise Episcopiei "ca un contract între preot şi parohie". Disputele dintre preoţi şi enoriaşi vor fi aduse în faţa Consiliului pentru decizii. Astfel şi în multe alte feluri, cel puţin teoretic, disciplina şi ordinea trebuiau să fie introduse. Episcopul Policarp s-ar fi bucurat la rândul care spunea: preotul nu va absenta din parohie fără consimţământul episcopului şi al Consiliului parohial. În acelaşi timp totuşi, preoţilor li se garanta un concediu plătit de trei luni în caz de boală şi două săptămâni de vacanţă în fiecare an.

Ca şi cum noile Statute nu erau de ajuns, legile stabileau de asemenea autoritatea centrului, cerând fiecărei parohii "să recunoască irevocabil autoritatea religioasă canonică" a Episcopiei. Dacă un astfel de lucru ca o Episcopie "independentă" era posibil, într-adevăr acest capitol fundamental adoptat la Canton susţinea acest lucru. Trebuie, totuşi, să ţinem minte că o relaţie canonică cu o ierarhie ortodoxă era mereu în minţile lui Trifa şi ale Consiliului. Până când acest lucru putea fi obţinut, un astfel de set de Statute era o măsură necesară de tranziţie pentru a uni Episcopia şi a se opune cântecelor de sirenă ale East State Fair. Articolul din Constituţie asupra proprietăţilor Bisericii conţinea o clauză interesantă legată de acest lucru:

> "În cazul părăsirii credinţei adevărate ortodoxe prin erezie sau schismă, partea parohiei care rămâne loială Statutelor Episcopiei şi ale parohiei va reţine titlul tuturor proprietăţilor parohiei, atât imobiliare cât şi personale. În cazul în care întreaga parohie cade în erezie sau schismă toate proprietăţile vor fi cedate imediat Episcopiei".

Aici se poate vedea mâna dibace a avocatului Joseph J. Crăciun, membru al Consiliului. Deşi clauza este ţintită desigur spre situația contemporană din 1953, este aproape ca și cum cuvintele ei pot străpunge viitorul, anticipând principiul "minorității credincioșilor" pe care tribunalele îl vor folosi în disputatul caz Iancu peste 26 de ani.

Astfel, ca o urmare a Canton-ului, un nou sentiment de încredere era evident de-a lungul Episcopiei. Un sentiment de a fi trecut în mare măsură faza de criză era simțit de mulți. Gardul din jurul proprietății a fost ridicat acum, solid și neînduplecat. Ușa a fost lăsată deschisă pentru oricine dorea să intre și să ajute, să locuiască și să reparare casa episcopală. Clădirea era pe punctul de a fi făcută din nou, regulile casei erau atât de clare și neechivoce pe cât se putea aștepta cineva să fie.

Prioritate: Solia

Organul oficial a trecut prin ape tulburi în anii revoluției lui Moldovan. În ciuda îmbunătățirilor din timpul lui Trifa între 1950-1951, mai puțin de un an nu a fost de ajuns pentru a rezolva problemele de lungă durată, iar după alegerea sa nu a mai fost destul timp să se dedice ziarului. La 26 iunie 1951, Trifa a dat ultimul raport detaliat ca laic despre starea "Soliei", avertizând că în două luni ziarul s-ar putea suspenda dacă starea financiară nu se va îmbunătăți. Pentru moment nu existau îndoieli, dar acest fapt se datora unei subvenții de 2,000$ din partea Episcopiei. Costurile tipăririi și ale hârtiei crescuseră cu 22 % în ultimul an, până în octombrie prețul abonamentului a ajuns la 5$, iar calendarul costa acum 1.50$. Totuși era evident un sistem mai bun: a fost introdusă contabilitatea cu dublă intrare, numele celor care primiseră ziarele ani de zile fără să plătească au fost în sfârșit eliminate, în timp ce s-au introdus chitanțe prin carte poștală, iar adresele deținute au fost puse în ordine. Accentul lui Trifa asupra refugiaților din Diaspora era evident. A trimis pentru început 1,000 de copii, număr care a crescut în câteva luni, în Africa, Australia și America de Sud, cât și în România. S-au făcut 350 de noi abonamente, sporite nu numai de chestiunile majore ale vremii, ci și de contabilitatea îmbunătățită. De asemenea, au fost adăugate pagini speciale pentru refugiați în Calendare. "America" era fericită pentru că în sfârșit "Solia" își plătea cheltuielile de tipărire la timp. Trifa a adus şi el un serviciu istoriei făcând prima colecţie a ediţiilor trecute ale ziarului de la conceperea sa, folosindu-se de dosarele părintelui Trutza. Cu toate aceste îndepliniri, membrii obişnuiţi ai Episcopiei nu citeau prea mult sau cel puţin nu doreau să plătească pentru cititul lor. Pe cât pare de incredibil, cu o lună înainte de încrezătorul Congres de la Chicago, editorul "Soliei" a raportat un număr de 105 de abonamente în Cleveland şi aproape 125 în Detroit, care avea trei biserici ortodoxe romane şi mii de româno-americani.

După Chicago, John Sibişan din Cleveland a editat ziarul pentru o vreme, dar studiile sale juridice l-au împiedicat să continue munca administrativă. A fost ajutat de părintele Ioan Surducan, abia ajuns din România şi asistent la Sfânta Maria din Cleveland. În 1952 Surducan a devenit preotul care l-a înlocuit pe Andrei Moldovan la biserica Întâmpinarea Domnului din Akron şi nu a mai putut să continue munca. Încă un exilat român a fost adus din Italia, Nicolae Iliescu, care a condus "Solia" pentru aproape un an, în mare parte a anului 1952. Dumitru Teodorescu a fost angajat pentru a-l înlocui la 1 ianuarie 1953 şi a rămas doar până la 20 decembrie. Pur şi simplu "Solia" nu-şi permitea să-i plătească unui director un salariu adecvat pentru un om care să-şi ocupe timpul doar cu această slujbă. Spre sfârşitul anului 1953, din nou părintele Trutza făcea aproape toată munca de la ziar, cu ajutor voluntar din partea parohiei din Cleveland. Măsuri urgente şi radicale erau imperative. Pentru o vreme, Trutza s-a gândit serios să mute ziarul la New York City, unde credea că ar putea obţine un birou fără chirie. Acest fapt ar avea de asemenea avantajul unor contacte mai apropiate cu Bisericile ortodoxe americane şi ar ajuta la respingerea acuzaţiilor pe care el le dictase Episcopiei. Totuşi, aceşti ani erau prea aglomeraţi pentru a permite o astfel de mutare şi era considerat a fi mai bine să nu se întrerupă apariţia ziarului într-o vreme când comunicaţiile în Episcopie erau foarte vitale.

Abia spre sfârşitul anului 1954 s-a finalizat noul curs al "Soliei". Pentru ultima oară va fi mutat înapoi la Detroit, nu numai pentru a fi în apropierea tiparniţei lui Gaspar , ci pentru a fi aproape de Vatra, pentru că un comitet editorial compus de episcop era responsabil de ziar de acum încolo, în timp ce Traian Lascu a devenit acum administrator pentru următorii 10 ani. S-ar fi putut şti că, având în vedere trecutul său, Valerian nu putea să stea departe de jurnalism pentru mult timp. Totuşi, exista de asemenea şi un motiv mai practic. Realizând majoritatea scrierilor şi a planificării pentru "Solia" la Biroul Episcopal, nu erau implicate nici un fel de salarii; astfel era eliminată o cheltuială majoră. Ziarul a schimbat şi formatul, fiind redus la 4 1/2" în lungime şi cu 5" în lăţime de la prima ediţie revizuită din 21 noiembrie 1954. Totuşi, această nouă formă mai practică şi-a dublat numărul de pagini, de la patru la opt, pentru a compensa schimbarea spre o publicaţie bisăptămânală. Ediţia din 19 decembrie conţinea 12 pagini, dar spaţiul în plus era datorat unor ştiri pe care nimeni nu ar fi vrut să le audă vreodată: Ioan Trutza decedase în Cleveland cu opt zile înainte. Nici mii de pagini nu erau suficiente pentru a-l plânge.

Acest aranjament al "Soliei" a continuat pentru tot restul deceniului fără nici o întrerupere. În următorii cinci ani a reuşit să balanseze bugetul şi n-a mai avut nevoie de ajutor de la fondurile Episcopiei. Din nou, acest fapt era datorat nu numai conducerii mai bune a lui Lascu, ci şi faptului că nici un colaborator n-a primit nici o compensaţie. Filosofia lui Valerian a devenit vizibilă în tendinţa tematică modificată a ziarului şi în tonul lui în general. Teoria era să facă "Solia" un organ nu numai al Episcopiei, ci şi al Ortodoxiei Româneşti, mai ales în lumina luptei continue cu influenţa comunistă de peste hotare şi de asemenea, din Statele Unite. Astfel, ziarul a continuat să trateze chestiunile locale, dar s-a extins să discute problemele ortodoxe de competenţă naţională. Chestiunile erau evitate cel puţin în sensul că "Solia" nu se angaja în nici o dezbatere a personalităţilor, în timp ce avansa argumente în apărarea Episcopiei bazate pe documente şi poziţii bine definite. Contribuabilii constau dintr-un grup relativ mare, pentru o publicaţie a unei Eparhii mici, iar "Solia" a devenit mai literară şi mai provocatoare ca niciodată. Vasile Haţegan scria pagina în engleză AROY, prinţesa Ileana din România trimitea articole de natură spiritual – meditative în ambele limbi, părintele Coriolan Isacu scria o coloană în care explica credinţa tinerilor şi fiecare preşedinte succesiv AROY aducea partea sa de material.

Părintele George Preda scria pentru "Pagina pentru suflet" de doi ani, profesorul D.C. Amzar o ținea înainte cu "Frăția ortodoxă" și preoții Ion Dinu, Victor Bărbulescu, George Zmed, Ioan Surducan erau donatori frecvenți pentru coloanele Soliei. Fără îndoială că în acești ani ziarul s-a îmbunătățit atât în format, producție tehnică și acoperire, chiar dacă nu fiecare schimbare era spre mai bine. În anumite aspecte, în timp ce ziarul se extindea în alte arii, a retrogradat în încetarea de a tipări procesele verbale ale Congreselor Bisericești, substituind cu articole populare tip reportaj. Istoricii vor continua să se plângă că "Solia" împărțea cu alte ziare ale altor biserici și etnii o mare insuficiență când venea vorba de formele bibliografice și de citatele pentru documente, presupunându-se a aduce un argument sau altul. A devenit un ziar bun de lecturat, dar nu neapărat ca ziar care publica rapoartele.

Prioritate: Vatra

Toți cei care văd astăzi locurile curate și ordonate de la sediul Episcopiei de pe Grey Tower Road din Grass Lake, Michigan, uită cu ușurință că a fost nevoie de aproape 40 de camioane pentru a căra pur și simplu grămada de gunoaie, bălegar și materiale aruncate din spatele proprietății unde au fost grajdurile cu vaci. Exista o baie interioară pentru folosul sutelor de oameni care veneau la Congres, iar canalizarea nu se mai efectuase din anii 1930. Fotografii ale Vetrei de atunci arătau garduri dărâmate, acoperișuri sparte, copacii neîngrijiți și pământuri neamenajate. Fundația de ciment a propusei mănăstiri se ivea ușor din pajiște, o bună parte din izolația de smoală dispăruse, iar îmbinările erau umflate și sparte. În cursul primilor cinci ani, Valerian a întreprins munci enorme de renovare, curățare și reconstruire. Nici o zi nu a trecut fără ca muncitorii să nu strice clădirile nefolosibile, modernizând canalizarea sau măsurând și planificând. Ideea folosită inițial de George Dobrea în anii 1940, a "Prietenilor Vetrei", a fost reînviată ca "Sprijinitorii Episcopiei" în 1953 și oamenii au răspuns. La fel de importante erau AROY și ARFORA. Aceste organizații și-au căpătat propriul statut în anii 1950, devenind sprijinitori financiari și morali inegalabili ai Episcopiei ale cărei proiecte garantau fonduri de zeci de mii de dolari pe timp ce trecea. Congresul din 1952 a adus 1500$, cel puțin aceeași sumă fusese donată și la instalarea de la Detroit. A fost puțin uimitor când Valerian a putut raporta Congresului de la Canton că de fapt Episcopia plătise facturile și că era fără datorii. Un vânt nou sufla peste pământurile ortodocșilor români din vestul mijlociu, un nou țel pulsa pe drumurile Episcopiei atunci când episcopul și oamenii s-au unit să-și transforme moștenirea și să depășească ravagiile și lacunele trecutului.

Chiar în august 1952 Valerian l-a angajat pe arhitectul Ernest Tamplin ca să recomande ce putea fi făcut imediat. Era nevoie de 300,000$ pentru a reface și folosi fundația mănăstirii și pentru a construi biserica proiectată. Fondul construcției rămas de la colecta lui Glicherie — 13,693.82$ și de care nu se atinsese nimeni, de-abia dacă o acoperea. Construcția bisericii a fost astfel amânată. În schimb, de vreme ce planurile de așezare a unui cimitir formal în zonă se aflau deja în discuție, episcopul s-a îndreptat spre ridicarea unei capele modeste pe teritoriul cimitirului la nord de restul reședinței, care va costa 30,000$. Acest lucru s-a dovedit a fi foarte ambițios, pentru că alte cheltuieli erau mai urgente. Mai mult, de îndată ce cimitirul a fost gata, atât de mulți au dorit să cumpere spațiu încât acesta s-a extins rapid în acea zonă, iar capela a rămas neconstruită. De asemenea, Tamplin era disperat să reconstruiască clădirea mare a grajdurilor și a cerut să fie dărâmată. Într-o zi din 1953, soția diaconului Theodor Sideraș, care lucra ca menajeră la reședință, l-a informat pe episcop că se află un preot la telefon, cerându-l pe Valerian. "Cum îl cheamă ?" a vrut să știe episcopul. "Iov" a fost răspunsul. "Iov ?" a întrebat episcopul. "Nu știu nici un preot cu numele ăsta". "Așa a spus el", a insistat doamna Sideraș, "Mi-a spus că vă sună popa Iov".

Ioan Popaiov era același respectat pionier român din prima generație care mergea înapoi până în anul 1906 și împreună cu Ilie Martin Sălișteanu era unul dintre fondatorii inițiali ai Uniunii Societății Românești de Binefacere din Homestead, Pa. Într-un fel, el era un Moise Balea al societăților seculare, pentru că el călătorise neobosit în acele zile de început, fondând, predicând, organizând comunitățile românești. Era un om tăcut, modest și acum după aproape jumătate de secol vroia să facă ceva pentru Biserica sa. L-a întrebat pe Valerian dacă poate veni la Vatra să muncească la orice era nevoie în schimbul unei simple camere şi a unei mese. A acceptat. Timp de săptămâni întregi Popaiov a tras şi a bătut cu ciocanul şi a măsurat grajdurile cailor, a îndepărtat compartimentele, a ridicat acoperişul, a reîntărit pereţii, de dimineaţa până seara. Învăţase multe meserii de-a lungul vieţii sale, iar acum îşi punea experienţa şi energia în serviciul Vetrei. Când a terminat clădirea, arăta salvată şi transformată. Au apărut câteva adăugări în plus, vopsea gri şi sala Avram Iancu de astăzi, cu bucătăria ei de vară, o zonă mare pentru ospeţe şi dormitoare la etaj. Apoi Popaiov a plecat la Jackson, s-a suit într-un tren, plecând la fel de tăcut precum venise.

Apoi a venit rândul ARFORA. După reorganizarea ei din 1949, organizaţia centrală auxiliară a crescut rapid, cu congrese anuale regulate şi cu un număr crescând de grupuri de femei ce au fost organizate. Foarte puţine parohii din Episcopie nu aveau o societate de ajutor la vremea instalării noului episcop. În Cleveland, la Congresul din 1950, ARFORA a acceptat responsabilitatea financiară pentru taberele de educaţie religioasă de vară. Se adunau fonduri substanţiale din profiturile bazarelor şi din desenele de la întruniri. Când Congresul ARFORA s-a întrunit la Vatra în toamna anului 1951, s-a vehiculat ideea unei clădiri speciale pentru organizaţie. Mai mult, de vreme ce membrii lucrau în fiecare vară pregătind mâncare pentru tabere, sfătuind şi îngrijind, camerele de locuit au devenit o necesitate. Nici un Congres nu s-a ţinut în 1952, dar în anul următor a apărut o decizie importantă. Congresele viitoare vor fi găzduite de organizaţiile locale din diferite parohii, iar în fiecare an profiturile reţelei vor fi date biroului central. Din acest fond mare de lucru, ARFORA va dona în viitor mii de dolari Episcopiei. Un Comitet Executiv din şase membri a fost apoi adăugat conducerii în 1953, iar Marta Gavrilă a fost aleasă preşedinte. La vremea când adunarea anuală din 1954 a venit la Chicago, ARFORA a donat 1,500$ pentru a termina instalarea duşurilor pentru taberele de vară sau a dat şi mai mulţi bani pentru sărbătorirea celei de-a 25-a aniversări. Cu donaţiile pentru Vatra urcând până la 1,400$ şi "Sprijinitorii Episcopiei" producând 3,700$ până la Congresul din 1954 şi cu 5,500$ alocaţi îmbunătăţirilor din bugetul acelui an, a doua clădire majoră a Vetrei a fost reînviată, în timp ce casa fostului îngrijitor din sudul sălii Avram Iancu extinsă şi modernizată, a fost în scurt timp numită casa ARFORA şi a primit cu bucurie haina de vopsea gri. Episcopul avea dreptate în etichetarea ultimelor 12 luni drept "anul Vatra". Au urmat alte îmbunătăţiri, iar anul 1955 a adus parcelarea frumos făcută, cunoscută acum ca Cimitirul Vetrei. Fuseseră trei înmormântări mai devreme la Vatra. Mormintele părintelui Balea şi al Stellei Opreanu fuseseră aşezate în sudul reşedinţei unde se afla acum capela. Rămăşiţele unui laic, Pavel Crăciun, se aflau mai departe spre sud pe pământul care găzduieşte acum Heritage Center, pentru că se pare că exista o ierarhie chiar şi după moarte. Aceştia trei au fost mutaţi în noul loc şi i s-a alăturat o a patra persoană pentru că la 9 aprilie 1955 Ioan Mariş a fost îngropat în noul cimitir al Vetrei. Mariş murise la Phoenix, Arizona, exprimându-şi dorinţa de a fi adus înapoi în locul unde şi-a petrecut zilele sale cele mai fericite şi al contractelor celor mai ademenitoare. Imediat Valerian a fost de acord să se uite trecutul şi pentru ultima oară Episcopia i-a dat un lot omului de afaceri. Capitolele se închideau peste tot. Doamna W. H. Boland a murit în acel ianuarie la Cincinnati, la vârsta de 96 de ani. Un roman din miile care veniseră în America, căutând un loc, l-a găsit în 1954. John Brancu din California a dat cea mai mare donaţie individuală Episcopiei. De abia au acceptat-o când el şi-a anunţat intenţia de a dona Bisericii toate profiturile din mineritul aurului. La început au venit 2,000$, apoi 250$ pe an pentru sprijinitorii Episcopiei. Povestea sa poate fi citită pe piatra sa de mormânt de la Vatra, în timp ce meditezi asupra naturii vaste şi variate a bărbaţilor şi femeilor care au văzut în Episcopia lor o cauză demnă de sacrificiu.

Una dintre chestiunile majore ale Congresului din 1954 a fost ce vor face cu vechea fundaţie pentru biserica din 1946. Au apărut multe idei, dar toţi au fost de acord că planul iniţial pentru o mănăstire complexă era impracticabil şi dincolo de mijloacele financiare disponibile. În schimb, s-a aprobat pentru a fi construit pe fundaţia existentă un paraclis cu un pavilion deschis şi cu un altar de vară. Vor interveni alte priorități care vor amâna avansarea proiectului. Totuşi a rămas o sursă de anxietate, atât pentru episcop, cât şi pentru Consiliu pentru că, dacă Vatra trebuia să fie un loc de rugăciune, de retragere spirituală, era nepotrivit că nu exista nici un loc pentru slujbe religioase şi unul care să primească măcar grupuri modeste de oameni. În 1954, Nick Tekushan, pe atunci preşedinte al AROY şi un arhitect experimentat, a studiat posibilitățile folosirii fundaţiei pentru a îndeplini decizia Congresului. Până la urmă a fost respinsă de Congresul din 1955 ca fiind prea costisitoare şi după negocieri de durată şi consultări cu arhitectul John F. Cross din Detroit, Consiliul a aprobat un plan în sesiunea din 3 decembrie 1955. Construirea bisericii pavilion Sfânta Maria a durat 2 ani după aceea şi executarea ei a fost un bun exemplu al felului în care Valerian şi conducătorii Consiliului se luptau pentru o tranziţie amicală între "noua" şi "vechea" Episcopie. Mulţi membrii obişnuiţi ai parohiilor nu erau foarte pasionaţi în a dona pentru un astfel de proiect. "De ce să dăm pentru o biserică pe care noi n-o vom folosi?" era întrebarea des auzită. Era un lucru să construieşti o biserică nouă într-o parohie anume, un altul să ridici una la sute de mile depărtare şi pe care o familie putea să o viziteze o dată pe an sau chiar mai rar. Mai mult, doar simplele discuţii despre săpăturile la dedesubtul fundaţiei existente i-au tulburat pe cei care îşi dăduseră banii cu bună credinţă în timpul anilor 1940. Partea pragmatică era un alt factor. Majoritatea timpului, biserica va adăposti doar grupuri mici, astfel o capelă relativ mică ar fi fost de ajuns. Totuşi pentru taberele de vară şi pentru congrese era nevoie de mult spaţiu. Astfel de consideraţii s-au ivit una după alta. Fundaţia existentă era reţinută şi folosită. Atât o capelă mică, cât şi o sală mare erau combinate într-o clădire. În sfârşit, argumentul "izolării" a fost alinat de accentuarea rolului bisericii – pavilion ca un "Pioneer Memorial Chapel", un monument central şi o casă de rugăciuni pentru toţi oamenii botezaţi în credinţa ortodoxă. Nu era o "Biserică Vatra", nici o "Parohie Vatra", ci o biserică memorială a întregii Episcopii, un punct central al credinţei. Valerian nu a făcut greşeala lui Policarp: el a declarat clar că "Vatra nu înseamnă Episcopia şi Episcopia nu este Vatra". Totuşi cei în viaţă aveau o datorie faţă de primul episcop şi faţă de cei care, din 1937, se sacrificaseră pentru a avea o instituţie simbolică centrală. În anii care au urmat, alte elemente ale planurilor iniţiale vor fi şi ele actualizate. Detroit, desigur, era mai uşor de convins decât Philadelphia. Oamenii s-au adunat din nou. Colectările au început în martie 1956 şi în şapte luni de zile se strânseseră 50,000 de dolari. Consiliul a împrumutat restul pe termen scurt de la Banca Naţională din Jackson — punctajul Episcopiei era bun din nou. În timp ce credincioşii se strângeau pentru ceremoniile impresionante de sfinţire la 4 - 5 mai 1957, ei au văzut lucrarea făcută de North Construction Company şi a lui John F. Cross, care terminaseră o clădire dublă, folosind o parte din vechea fundaţie pentru capela memorială sub nivelul pământului, având şi un altar, iar deasupra ei o sală mare deschisă, sau pavilion, cu un altar de vară în partea de est şi cu spaţiu pentru 400 de persoane. Capela de dedesubt fusese construită sub forma unei cruci bizantine, cu două braţe laterale, pereţi din lemn roşu de California şi cu icoane şi picturi în stilul neobizantin aparţinându-i lui Elie Christo-Loveanu. Iconostasul, sfanta masa, tronul episcopului, strana cântăreţilor sunt sculptate din stejar de esenţă tare de sculptorul Constantin Antonovici. De-o parte şi de alta a uşilor împărăteşti sunt simbolurile potrivite ale celor care au făcut multe pentru realizarea proiectului: steagurile AROY şi ARFORA. Totul a costat 105,376$, toţi banii venind din darurile credincioşilor. După ezitarea iniţială, nimănui nu i-a mai păsat de forma finală pentru că în sfârşit, biserica lui Policarp de la Vatra — în stilul modificat al lui Valerian — umplea de Duh pajiştile Grey Tower Road.

În următorii trei ani, toate liniile fundamentale ale sediului modern al Episcopiei au fost trasate complet. În 1957 casa din colţul Grey Tower Road şi Lee Road a fost modernizată, divizată în două apartamente renovate şi pregătită pentru a fi casă a clerului pensionat. Încă unul dintre planurile iniţiale pentru Vatra era îndeplinit, în timp ce părintele Pavel Crăciun Sr. a fost primul dintre cei care au locuit în noul sediu. În 1958 grajdul mare din spatele turnului a fost transformat într-o sală şi dormitoare, iar clădirile dinspre sud, care odată adăpostiseră oi şi porci şi unde erau crescuţi tauri, a fost distrusă. Întreaga zonă a fost nivelată pentru un teren de joacă unde s-au construit până la urmă leagăne, tobogane şi o imitaţie a unui sat românesc. Vatra a ieşit din afacerea cu ferma şi a intrat cu totul în aceea a educaţiei religioase şi s-a transformat într-un rai pentru tineri şi bătrâni deopotrivă. În 1958, de Memorial Day, AROY a adus un ultim aport prin aşezarea unei troiţe mari în spatele reşedinţei principale.

Două nu sunt de ajuns?

Progresul n-a fost în totalitate liniştit. Au existat şi lupte şi pierderi. Schisma indusă de Moldovan a zguduit din temelii câteva parohii ale Episcopiei, producând rupturi interne şi animozităţi, mişcări separatiste şi ranchiună ale căror efecte vor fi simţite mai bine de un deceniu. Unele au fost sfâşietoare, altele complet violente, născute din pasiuni şi din ideologii sau filosofii personale ori politice care treceau dincolo de simplul fapt al aderenţei la episcopul Andrei sau la episcopul Valerian – mai degrabă erau născute din instituţiile independenţei parohiale şi egalitarismului preot – laic, vechi de o jumătate de secol în America românească.

Micuţa parohie a Sf. Arhangheli Mihail şi Gavril, din Ft. Wayne, Indiana, făcea parte din trista categorie amintită. Timp de 38 de ani, din 1912 până în 1950, părintele Mihalţian călătorise la Ft. Wayne aproape în fiecare lună pentru a ţine slujbele în mica sală improvizată de pe 2509 Greater Street. El a cinat cu fiecare familie din acea parohie, mai des cu Ioan şi Maria Micu. Duminicile, Sfânta Liturghie, credinţa ortodoxă şi părintele Mihalţian erau sinonime în acel oraş. Dintr-o dată Mihalţian era vicarul unui episcop despre care Episcopia spunea că este o unealtă comunistă. Pe cine să crezi, ce era de făcut într-o comunitate bisericească mică şi închisă? Mihalţian era ocupat după 1950, alergând la Detroit, scriind manifeste, scoţându-şi din Episcopie propria biserică Sfântul Gheorghe Nou. Tot ce vroia Ft. Wayne era să aibă liturghie o dată pe lună. Părintele Eugen Lazăr s-a oferit să vină de la Gary şi a fost bine primit. El desigur, avea propriile idei despre corectitudinea lucrurilor. A fost nevoie de trei ani de indecizii, până în ianuarie 1953, când Consiliul a aflat de decizia Ft. Wayne-ului de a se lega ferm de Episcopie din nou. Astfel de lucruri erau tipice pentru luptele spirituale din multe parohii, pentru că decizia este uşoară doar pentru omul primitiv şi fără înţelepciune. Este înceată şi dureroasă pentru cel gânditor şi care reflectă.

În iunie 1951, biserica Sfântul Ioan Gură de Aur din Niles, Ohio, l-a informat pe episcopul Moldovan că nu i se va alătura pentru moment, ci preferă neutralitatea în luptă. Totodată, nu a ales nici delegaţi pentru Congresul de la Chicago care avea să-l aleagă pe Valerian. Nu a făcut nici o ruptură formală faţă de Episcopia lui Trutza, dar nici nu a participat la evenimentele primilor şase ani ale episcopului Trifa. Probabil că drumul dificil pe care-l parcurseră credincioşii din Niles încă de la fondarea parohiei lor, i-a făcut pe oameni prudenţi în controverse. În orice caz, până în 1958 nu a reintrat în viaţa Episcopiei.

Aceste parohii, cel puţin, şi-au făcut alegerile în linişte. În altă parte era o altă poveste. Am menţionat deja scena de la biserica Sf. Gheorghe din Dysart, care a trebuit să fie rezolvată la tribunal în 1953. Trei ani mai târziu, episcopul Moldovan l-a caterisit pe arhimandritul Daniel Maxim. Bătrânul războinic scorţos nu s-a clintit niciodată. El a folosit chiar verso-ul scrisorii ce îl informa despre "excluderea" sa din preoţie pentru a i se adresa lui Moldovan, numindu-l "cel mai canonic episcop din lume" şi informându-l deschis pe Andrei ce poate face cu pronunţările sale. Sf. Gheorghe a rămas în Episcopia din 1929. Nu la fel de uşor au fost ţinute la un loc alte parohii canadiene. Unii s-au spălat pe mâini de trista afacere din sudul graniţei şi au aderat la ierarhii ruşi din Edmonton sau Winnipeg, cum o făcuseră şi în trecut. Cel puţin o parohie majoră din vestul Canadei s-a supus în această eră jurisdicţiei East State Fair. Nici în alte părţi sciziunile nu erau atât de frumoase. Părintele Petru Moga şi-a continuat peregrinările jurisdicţionale şi spirituale şi a scos din Episcopie parohia sa, Sf. Petru şi Pavel din Dearborn. Sf. Petru şi Pavel nu s-a stabilizat până în 1955, când parohia a putut să-l concedieze pe Moga. Acest fapt s-a datorat în mare măsura părintelui Ioan Surducan, care a devenit următorul preot în Dearborn. Recunoscând că ultimii cinci preoţi produseseră divizări adânci între membrii parohiei sale, Surducan nu a grăbit lucrurile. El a reorganizat biserica şi i-a plătit datoriile, a creat organizaţii auxiliare noi, a dat sfaturi, şi-a controlat propria personalitate irascibilă românească, dar a favorizat relaţiile cu episcopul Valerian, o poziţie reîntărită de scrierile sale pentru "Solia". La consiliul parohial din 20 ianuarie 1957, Dearborn a reintrat în jurisdicţia Episcopiei.

Pogorârea Sf. Duh din Detroit are propria poveste. "Am auzit despre multe cazuri Cucu în toţi anii mei în acest Consiliu", spunea Nicolae Muntean din Chicago, "toţi au venit înaintea noastră ca nişte miei inocenţi". Cazul Pogorârii Sfântului Duh era un bun exemplu despre cum un preot căzut în dizgraţie, combinat cu propaganda Episcopiei lui Moldovan în acelaşi oraş, au servit la dezbinarea unei parohii care putea, de altfel, să nu aibă nici o problemă în a rămâne în Episcopie. Ca unul dintre corespondenţii săi grosolani, Petru Moga, care după demiterea sa de la Sf. Petru şi Pavel a devenit până la urmă catolic, Cucu avea anumite înclinaţii spre romano–catolicism. Unul dintre motivele pentru care a fost pedepsit în martie 1953 era acela că se presupunea că ţintise spre o funcţie catolică şi făcuse în public remarca cum că "dorea să trăiască destul de mult pentru a-i vedea pe toţi românii sub Roma". Mai mult, subordonarea sa faţă de disciplina bisericească era cel mult tendenţioasă şi acest fapt, împreună cu tendinţele sale politice din anii 1940, aduseseră suişuri şi coborâşuri în cariera sa, inclusiv o perioadă de încarcerare dată de Enemy Alien Board în timpul războiului. După relatările lui Valerian, la rândul său Policarp a fost gata să-l trimită pe Cucu în faţa Sfântului Sinod pentru a fi judecat. În orice caz, în 1953, Cucu avea probleme de natură personală despre care episcopul ştia. Cucu dorea să se căsătorească şi să rămână în continuare în preoţimea ortodoxă, ceea ce era împotriva canoanelor. În acelaşi an de fapt, un alt preot, Ilie Moţu, din St. Paul, se afla în proces de a fi exclus din Episcopie pentru că vroia să se recăsătorească fără permisiunea episcopului. Fără îndoială, suspendarea din martie a lui Cucu nu avea nimic de a face cu asta, ci implica declaraţiile sale publice împotriva Episcopiei şi a Ortodoxiei. În vara lui 1953, totuşi, Cucu era îngrijorat că situaţia sa maritală va fi transformată într-o problemă gravă de către Valerian. Dar aceasta nu era metoda episcopului de a rezolva astfel de cazuri, nici intenţia sa. El dorea doar să păstreze biserica lui Cucu în Episcopie.

Desigur că orice preot în orice parohie are câţiva susţinători apropiaţi. Cu puţini dintre aceştia Cucu a început să lucreze asupra enoriaşilor săi. El le-a spus că a rămâne cu "noua" Episcopie însemna taxe mari, pierderea drepturilor femeilor şi eventualitatea pierderii proprietăţii parohiei lor în favoarea Episcopiei sub noile Legi de la Canton. "Trântorii" de la Vatra "mănâncă bani", le spunea Cucu, iar "AROY este o bandă de-a lui Trifa pentru a colecta bani" pentru un lider care este evident un criminal de război. Cucu se afla în legătură cu Moldovan şi spera să câştige o poziţie înaltă cu Episcopul Andrei printr-un astfel de discurs. În orice caz, presa lui Moldovan a început să-l laude pe acest preot curajos care văzuse lumina. În cele din urmă, Cucu a aranjat o Adunarea Generală parohială convocată în grabă pentru 30 august 1953 pentru a vota dacă parohia va părăsi Episcopia sau nu. Probabil neştiut de preotul său, preşedintele Consiliului parohial l-a informat pe Valerian, nu numai ca o chestiune de protocol şi în acord cu regulile Episcopiei, ci pentru că el anticipase puterea zdrobitoare a lui Cucu. Din cei 320 de membri ai parohiei cu drepturi de vot, doar 120 erau prezenţi în biserică în acea dimineaţă de duminică. Nu numai că fuseseră ignorate Statutele privind convocarea unei Adunări Generale, dar o jumătate plus unul dintre membrii necesari pentru a încheia treburi valide, nu erau prezenţi. Valerian a ajuns pentru a lua parte la Sf. Liturghie şi ce a urmat nu este absolut clar, dar esenţa a fost că Cucu l-a tras pe episcop de guler şi i-a spus în faţă că are trei minute să iasă din altar şi din biserică. Valerian a rămas. Până la urmă, Liturghia a fost încheiată şi a început Adunarea Generală. Sprijinitorii exuberanţi ai lui Cucu au refuzat să-l lase pe episcop să vorbească. Trifa s-a ridicat şi a cerut cuvântul ca drept al său. L-au aşezat la loc cu strigăte. S-a ridicat din nou, refuzând să aprobe adunarea. L-au aşezat la loc în strigăte. "Eu sunt episcopul aici!" tot spunea Cucu şi îl numea în mod repetat "d-l Trifa". La un moment dat, cineva a făcut o mişcare pentru a apuca servieta episcopului. El s-a luptat s-o scoată din mâinile lor. Alţii s-au ridicat pentru a-l ajuta, aducând ruşine asupra intruşilor incitanţi. Şi în timp ce Valerian protesta, Pogorârea Sfântului Duh s-a votat în afara Episcopiei. Nu era întotdeauna uşor să fii episcop, mai ales un episcop român. Pentru restul deceniului Pogorârea Sfântului Duh a rămas "independentă" şi a aderat de bună voie la organizaţia lui Teofil Ionescu. Doar în 1961 ruptura a fost vindecată odată cu plecarea lui Cucu, dar a mai fost nevoie de încă doi ani pentru a găsi un preot permanent şi pentru a stabiliza parohia.

Consiliul s-a luptat pentru a menţine ordinea, pentru a umple posturile vacante şi pentru a păstra Episcopia la un loc. Presiunea lui Moldovan şi imposibilitatea de a stabili legături canonice clare cu o ierarhie ortodoxă, erau în mod clar handicapuri. În ianuarie 1954, Arhimandritul Ştefan Lucaciu a fost acceptat în Episcopie, dar venirea sa în America fusese amânată doi ani de către poliţia franceză, care ordonase sechestrarea sa la Paris şi refuzase să-i acorde o viză. Lucaciu a ajuns prin toamnă, încă lăudându-se cu o falsă telegramă trimisă lui la Paris de către părintele Graţian Radu ca o glumă, spunându-i că va fi ales episcop de către Congresul de la Chicago. Adevărul era că Lucaciu chiar credea că trebuie să fie episcop şi până în octombrie 1954 sesiunea Consiliului a aflat că el vorbea împotriva Episcopiei în faţa enoriaşilor săi din Akron. Doar după ce părintele Ştefan Feica a fost adus de la Biserica Ucraineană şi a devenit preot la Akron în 1956 a scăzut tulburarea. La Biserica Întâmpinarea Domnului, Lucaciu s-a preocupat cu scrierea unei cărţi pentru a arăta că Valerian era necanonic.

Între timp, părintele Nestorian Cicala îşi făcuse parohia Sfântul Gheorghe din Windsor, Ontario "semi-independentă". Aici se afla un alt preot caterisit pentru că fusese propus pentru episcop. În Pontiac, Michigan părintele Vasile Cohan a stabilit o "Biserică Catolico–Ortodoxă Română independentă" în 1953, ce-o mai fi însemnat şi asta. Arhimandritul Martinian Ivanovici venise în Canada din Franţa pentru a-l ajuta pe părintele Cicala. El dorea să intre în Episcopie, dar nu putea obţine o viză pentru Statele Unite în acest moment. Şi apoi mulţi s-au opus acceptării sale pentru că îi cununase pe regele Carol al II-lea cu Magda Lupescu în Spania. Propunerea din Consiliu ca lui Ivanovici să i se permită să concureze pentru locul vacant de la biserica Sf. Simeon din Detroit nu a reuşit să treacă.

De ce nu avea Sf. Simeon un preot paroh? Arhimandritul Teofil Ionescu (1896-1975) îşi anunţase demisia în septembrie, după ce slujise parohia frustrat fiind de eforturilor sale de a deveni episcop în 1947. El a slujit biserica destul de bine timp de şapte ani şi a rămas cu Episcopia în vremurile grele, cu aproape 140 de credincioşi ca membri. La 14 noiembrie 1954 Consiliul parohial i-a invitat pe toţi la un banchet în onoarea preotului lor cu ocazia pensionării sale. Nimeni nu a pus la îndoială "motivele sale personale şi de sănătate" în căutarea unei schimbări, nimeni din parohia sa. Episcopul şi Consiliul suspectau altceva. Era ştiut că târziu în 1949, Ionescu, care nu rupsese niciodată legăturile sale strânse cu mitropolitul Visarion Puiu din Paris, a fost numit vicar al presupusei Eparhii din diaspora lui Puiu, dar acest lucru ar putea fi trecut cu vederea ca titlu onorific. Înainte de plecarea sa din 1954, totuşi, el i-a sugerat episcopului Valerian stabilirea unei noi Eparhii în Canada – probabil pentru a acţiona ca mediator între Moldovan şi Episcopia lui Trifa cu noţiunea că amândoi i se vor subordona într-un fel lui – un astfel de plan nu era departe de gândirea lui Visarion Puiu sau a lui Ionescu. Consiliul a respins noţiunea ca distrugătoare şi în afara competenţei sale. Ceea ce mulţi suspectau acum, s-a şi întâmplat. Aşa cum îi scria mai târziu Policarp lui Teofil Maxim la Timmins, "Am auzit că plănuiţi stabilirea unei episcopii în Canada. Două nu sunt de ajuns?" La o zi după Crăciun în 1954, Ionescu a fost făcut episcop de către mitropolitul Visarion şi încă doi ierarhi ruşi la Versailles. S-a întors în Statele Unite şi până în toamna lui 1955 a început să recruteze cu hărnicie pentru episcopia sa. Dacă Teofil credea că atât Biserica lui Moldovan, cât şi cea a lui Trifa îl vor primi cu braţele deschise ca pe un lider de compromis, se înşela amarnic. I-au trebuit următoarele 18 luni pentru a garanta suficienţi supuşi, astfel încât după "inaugurarea" oficială a episcopiei sale în februarie 1957, a părut ceva mai mult decât ficţiune. De fapt noua Episcopie Misionară Ortodoxă Română din Canada şi din Emisfera de Vest apela în principal la oportunităţi sau la cei care pentru varii motive nu doreau să se alăture sau să rămână cu una dintre cele două tabere principale. A fost o încercare reală, dar nu a fost niciodată luată în serios.

A produs totuşi o nouă parohie de proporţii pentru o vreme, Sfântul Nicolae din Detroit. În toamna anului 1955, episcopul Teofil, ajutat de preşedintele Societăţii Gheorghe Lazăr, Nicolae Bogdan şi de un număr de credincioşi care continuau să-l urmeze pe Ionescu în urma anilor săi de la Sfântul Simion, au cumpărat o mică clădire rectangulară cu etaj pe John R Street şi au convertit-o în biserică. Aceasta a devenit "Mănăstirea Sfântul Nicolae" sfinţită de episcop şi de părintele Vasile Cohan în octombrie 1956, după renovări extinse. Teofil, în absenţa oricărei case parohiale, a continuat să trăiască în propria-i casă din Highland Park, chiar şi după ce Episcopia sa a fost trecută în carta oficială la 24 februarie 1957. Biserica Sf. Gheorghe din Windsor, Ontario a devenit catedrala sa de pe 1960 Tecumseh Road East, iar până la mijlocul anului 1957 regatul episcopului Teofil a crescut atât cât i-a fost destinat. Părintele George Nan era preşedintele Episcopiei, aducând cu el şi biserica Pogorârea Sfântului Duh din Windsor. Nan, până la începutul lui 1954, s-a aflat sub jurisdicţia episcopului rus Iosafat din Canada, iar apoi a fost primit în Episcopia lui Valerian după ce căzuseră de acord să nu insiste asupra folosirii calendarului pe vechi. Acum era din nou în afara episcopiei şi mai degrabă o ruşine pentru fratele său Rudi Nan, stâlpul Episcopiei lui Trifa. Secretar al Episcopiei lui Ionescu era părintele Nestorian Cicala, căruia nu i-a plăcut să fie chemat în faţa Consistoriului Spiritual de către Valerian în 1954, care era ambiţios şi ale cărei aptitudini antreprenoriale în afaceri erau asemănătoare faimei lui Glicherie Moraru. Desigur, nu în cele din urmă, părintele Cucu care a venit preot la Pogorârea Sfântului Duh din Detroit. În septembrie 1956, noua Eparhie a publicat prima ediţie a ziarului ei oficial, "Glasul Poporului", editat şi condus de Gheorghe Stănculescu, care până în ianuarie 1957 i-a schimbat numele în "Foaia Poporului" şi a etichetat-o ca fiind în al 46-lea an. De fapt, ziarul mergea înapoi până în 1913, când a văzut pentru prima dată lumina zilei ca o foaie de ştiri a clasei muncitoare din Cleveland. Stănculescu l-a avut în proprietate între anii '30 şi 1956 şi avea o puternică înclinaţie spre greco-catolicism. Reapariţia ziarului la Detroit în 1957 l-a găsit mai polemic, dar nu avea nici fondurile, nici cititorii care să-l susţină şi a încetat publicarea înainte ca anul să se termine.

Episcopia Canadei şi a Emisferei de Vest nu a crescut niciodată mai mult de cele patru biserici iniţiale, deşi a atras câţiva devotaţi din populaţia de refugiaţi care a continuat să vină în Hamilton, Windsor, Toronto şi Kitchener la sfârşitul anilor 1950. În ciuda retoricii ocazionale a lui Cicala, filosofia ei nu era foarte militantă. Accentua ruperea tuturor legăturilor cu comunismul, iar în acelaşi timp îl eticheta pe Valerian ca fiind un eretic şi un *samosfeat*. Astfel, se înstrăina de ambele Episcopii. Ruperea legăturilor cu Episcopiile din Statele Unite apela de asemenea într-o anumită măsură la un sentiment de naţionalism canadian. Cu o astfel de filosofie totuşi, orice noţiune de a fi o forţă mediatoare pentru unitatea ortodoxiei româneşti era în afara discuţiei pentru episcopul Teofil, iar târziu în 1963 "Episcopia" sa a murit din cauze naturale, lăsând doar amintirea ei să dăinuie în mijlocul grohotişului întinsei sale episcopii, deasupra graniţei americane.

Între timp, Episcopia Ortodoxă Română a pierdut câteva parohii, dar a şi câştigat altele noi sau le-a extins pe cele deja fondate. Acest fapt se datora nu numai schimbării demografice din Statele Unite după al doilea război mondial, cu români alăturându-se multor altora în exodul către Florida şi California, ci şi lui Valerian însuşi. Mai ales în primii câţiva ani, omul părea inepuizabil. Pe deasupra programului intens de reconstruire de la Vatra şi a încrucişării săbiilor cu toţi Cucii din lume, el a găsit timp să facă ceea ce păreau a fi vizite canonice fără sfârşit, pe lângă nenumăratele călătorii pentru sfinţirea noilor biserici, resfinţindu-le pe cele vechi şi instalând preoţi. Între septembrie 1952 şi mai 1954 el a făcut 24 de călătorii de această natură, traversând naţiunea de la Los Angeles la Rhode Island, de la St. Paul la Philadelphia. Mai mult, era prezent la fiecare convenţie AROY, Congres ARFORA şi la alte asemenea întruniri. Nimeni nu putea să-l acuze de retragere în lux la Vatra. Această impresie de comunicare neîntreruptă, de a fi omniprezent mai mult decât orice altceva, a solidificat puterea sa asupra Episcopiei, i-a făcut pe oameni să se identifice cu el şi să se raporteze la el şi să-i accepte conducerea. În câţiva ani, ca Napoleon, el ştia după nume pe fiecare om din armata sa, până jos la nivelul detaşament. Îi întreba despre familiile lor, despre copiii lor, demonstra o înţelegere a mentalităţii româno-americane aşa cum puţini oameni au putut dobândi. Scopul lui, spre deosebire de abordarea East State Fair-ului, era nu să exorcizeze, ci să aprecieze, nu să excomunice, ci să comunice. Majoritatea oamenilor săi au ajuns să cunoască că pot să-l abordeze, ceea ce era cel mai esenţial lucru. Răspundea la fiecare scrisoare, confirma fiecare corespondenţă. Dacă cineva îi trimitea o carte poştală din locul unde-şi petrecea vacanţa, el îi răspundea. O slăbiciune majoră a lui ca lider era tendinţa de a încerca să facă totul singur, chiar până în cel mai mic detaliu, iar oamenii au început să le treacă cu vederea în timp, pentru că reuşea atât de multe. Dacă cumva se temeau că se va autoepuiza, aceasta nu avea să se întâmple odată cu trecerea timpului. Mai mult, persoanele grijulii vedeau asiduitatea sa ca pe un indicator pentru ceea ce trebuia să aibă un lider spiritual: capacitatea de a accepta teoriile cosmice şi în acelaşi timp de a nu ignora mizeria păpădiei.

Construind pentru viitor

Preoţi noi, seminarişti, organizarea parohiilor şi extinderea au marcat deceniul început spre sfârşitul lui 1954. Aici au fost trasate liniile de bază ale Episcopiei moderne, cu majoritatea bisericilor şi clerului actual avându-şi originea în acest moment. O privire asupra Calendarului Episcopiei din 1963 indica vastele programe de reconstrucţie în mai bine de jumătate dintre parohiile Episcopiei. Un punct de cotitură a fost atins în comunitatea ortodoxă româno-americană atunci când s-a depăşit tranziţia de la prima la a doua generaţie, de la vechile cartiere din oraşele centrale şi ale districtelor cu fabrici, spre suburbii. Faptul că multe parohii au început nu numai să se mute din locurile lor iniţiale, ci şi să se angajeze în investiţii ajungând până la sute de mii, era desigur o dovadă a încrederii în viitor. De asemenea, a rezultat din prosperitatea relativă a anilor Eisenhower şi din faptul că episcopul lor împingea, îndemna şi impunea. Multe parohii erau precaute, iar nu numai o singură adunare parohială s-a găsit divizată între sprijinitorii programelor ambiţioase de expansiune şi cei care se mulţumeau să lase lucrurile aşa cum erau. Până la urmă, încă mai existau biserici unde bătrânii primei generaţii continuau să refuze să folosească noile bănci de îndată ce erau instalate, preferând să stea în picioare, dorind să continue aşezarea bărbaţilor în faţă şi a femeilor în spatele bisericii. Episcopul a luat parte la numeroase Adunări Generale ca un avocat al extinderii. El a prelucrat o "formulă a treimii". Dacă parohia reuşea să strângă o treime din banii necesari pentru a începe construcţia, atunci ei erau în stare să strângă şi o a doua treime în timpul lucrărilor de construcţie, iar apoi să finanţeze doar treimea rămasă. Multe parohii au făcut astfel, unele angajând colectori de fonduri profesionişti, având angajaţi coordonatori pe bucăţi. Aveau slogane ca "faza I" şi "50 de mii în 50 de săptămâni". Până la începutul anilor '60 s-a schimbat aspectul fizic a jumătate din bisericile Episcopiei. În locul bisericilor mici de oraş, din cărămidă sau din lemn, din timpul lui Franklin Roosevelt s-au ridicat complexe noi uimitoare combinând bisericile moderne ataşate sălilor spaţioase ale parohiei, cu facilităţi pentru clase, bucătărie şi casă parohială. Odată început, rezultatul a fost uimitor.

Pentru a numi preoţi, atât pentru parohiile vechi, cât şi pentru cele noi, Consiliul a încurajat nu numai venirea şi acceptarea de preoţi tineri şi de vârstă medie din România (cu timpul şi un număr mare de preoţi români din Banatul iugoslav), ci şi un program specializat de pregătire a tinerilor, cunoscuţ sub numele de proiectul Seminarului Andrei Şaguna. Astfel în 1954 două parohii româneşti din Toronto au fost reunite în biserica Sfântul Gheorghe şi tânărul părinte Nikolai Zelea a fost numit preotul ei. În urma unui raport al investigaţiei făcute de Coriolan Isacu, a fost organizată biserica Sfânta Treime din Miami. Părintele George Preda a venit din Hamilton pentru a-l înlocui pe Moţu la Sfânta Maria din St. Paul şi un nou preot macedo-român, Sterie Mihadaş, a preluat postul în Southbridge, Massachusetts, eliberat de părintele Ioan Petrovici. În 1955 Florian Gâldău a ajuns la New York venind de la London şi a preluat conducerea bisericii Sfântul Dumitru, în vreme ce Haţegan s-a mutat la Cleveland pentru a prelua controlul asupra extraordinarei parohii a lui Trutza. Pe de altă parte, Vatra şi-a pierdut diaconul rezident în august 1953, când Theodor Sideraş s-a reîntors la Philadelphia, deşi a continuat să ţină slujbe religioase pentru o vreme. De asemenea, se ştia că părintele Vasile Paşcău, unul dintre preoţii prezenţi încă de la fondarea Episcopiei, se apropiase de tabăra lui Moldovan pentru o vreme. Nu a fost o surpriză la Congresul din 1955 când el a cerut să fie scos din jurisdicţia Episcopiei. La Sfârşitul anului 1955 un alt părinte fondator, Opreanu, pierzându-şi un picior din cauza diabetului şi fiind imobilizat într-un scaun cu rotile, şi-a anunţat retragerea de la Catedrala Sfântul Gheorghe. Parohia sa i-a votat o pensie de 150$/lună pe viaţă, primul beneficiu de acest fel acordat vreodată unui preot de către o parohie ortodoxă română. Părintele Preda a venit de la St. Paul pentru a deveni noul preot al catedralei pentru următorii 11 ani şi jumătate. După venirea sa, el a aflat că Wayne County expropria proprietatea parohiei pentru un proiect public şi că biserica de pe strada Russell şi Hancock, simbol al Episcopiei de la instalarea lui Policarp din 1935, urma să fie distrusă în curând. Vor trece cinci ani şi va fi nevoie de 360,000$ până când Valerian va avea din nou o catedrală. Aceasta, în conformitate cu tendinţele de pretutindeni, se va stabili în suburbia oraşului Southfield, Michigan, nemaisituându-se în inima vechiului Detroit.

Programul Seminarului Andrei Şaguna a fost la început o soluţie temporară pentru a pregăti studenţi pentru preoţimea ortodoxă. În 1953 şi în 1954, trei tineri – John Shunda, John Dinu şi John Toconiţă îşi anunţaseră intenţia de a urma studii teologice. Ei au fost instalaţi la Vatra şi trimişi la Colegiul Adrian din Michigan, la 35 de mile sud de Grass Lake, în timp ce munceau în birou şi pe terenul sediului central în timpul liber. Până în 1955 ei au fost gata pregătiţi pentru seminarul Sfântul Vladimir din New York, care era singura instituţie potrivită, dat fiind faptul că nici un seminar de acest gen românesc nu exista în Statele Unite. Părintele Gâldău a devenit îndrumătorul lor, furnizându-le pregătire liturgică şi mese româneşti tradiţionale memorabile. Dinu a fost primul care şi-a terminat studiile şi a fost hirotonit întru diacon de către Valerian la Vatra pe 4 iulie 1956 şi în preoţie în septembrie, fiind trimis la biserica Sfântul Petru şi Pavel din Flintoft, Saskatchewan. Trei ani mai târziu, el l-a înlocuit pe Bărbulescu la biserica Sfânta Maria din Chicago. John Shunda a fost hirotonit la 5 iulie 1959 şi a slujit următorii patru ani la Sfântul Dimitrie din Bridgeport, Connecticut. Toconiță a fost ultimul care şi-a terminat pregătirea pentru preoție din acest grup inițial, fiind hirotonit la 30 mai 1961. El îşi petrecuse parte din ultimii opt ani la Vatra atunci când nu se afla la şcoală, slujind ca secretar al episcopului, director de birou, asistent trezorier al Episcopiei, toate acestea întârziindu-i studiile. Pentru o vreme el s-a gândit să-şi caute o parohie, dar experiența sa de până acum în administrație a făcut ca el să continue unde se afla, astfel se găsea în al 27-lea an ca pilon al Vetrei. Aceasta a fost prima contribuție majoră pentru preoțime din partea generației fondatoare a AROY.

Un ultim element care lipsea foarte mult şi a cărei nevoie se simțea, mai ales odată ce taberele de vară de la Vatra au devenit bine asistate şi regularizate, fusese adresat şi în anii '50. "Avem o Episcopie veche de 25 ani şi încă nu a publicat nici o carte" a spus Valerian la Congresul aniversar din 1954. Cu siguranță, nu numai lipsa de tipărituri era simțită acut peste tot, ci şi nevoia de materiale în limba engleză despre credința ortodoxă. Acestea trebuiau să apară repede pentru că generația mai tânără putea fi pierdută din cauză că cei născuți după 1945, în mare parte, cunoşteau puțin sau deloc limba română. Valerian a alocat un buget de 5,000$ în acest scop pentru acel an, iar apoi a mai cerut încă 10,000$. Adăugându-se grijilor, era frustrarea simțită de episcop şi de zeci dintre cei care l-au ajutat la publicarea "Albumului Aniversar" în 1954, pentru a marca primul sfert de secol al Episcopiei. Nu s-a vândut deloc, ca să zicem aşa, iar la şase luni după apariția sa, indica un deficit de 500$. Unele parohii nu au cumpărat nici unul şi grămezi de albume au rămas în subsolul reşedinței episcopului (până în ziua de astăzi). De fapt, cartea era bine lucrată atât tehnic, cât şi din punct de vedere literar. Era prima încercare de a prezenta o sinteză sistematică a istoriei Episcopiei. Singurul minus era că fusese scrisă în întregime în româneşte, altfel s-ar fi putut dubla audiența. Era deja evident că AROY opera în exclusivitate în engleză. Cu greu te puteai aştepta ca prima generație să aprecieze un astfel de efort, când timp de decenii de abia fuseseră înduplecați să citească "Solia".

Fără îndoială odată cu timpul, ştiința de carte în creştere printre oamenii bisericii şi stabilizarea facilităților "Soliei" au modificat într-un fel această stare a lucrurilor. S-a înființat un Departament pentru Publicații, o entitate separată, la suprafață cel puțin, care până la urmă a produs un șir impresionant de cărți liturgice, de cărți cu imnuri religioase și lucrări didactice despre ortodoxie, multe dintre ele bilingve sau în întregime în engleză. De asemenea, s-a alocat mult timp literaturii justificatoare menită să apere canonicitatea episcopului sau poziția Episcopiei față de tabăra lui Moldovan și de Biserica Română și stat, desigur, accstca apărând sub egida Departamentul Relațiilor Externe. Astfel de "Departamente" erau de fapt unul sau doi preoți sau o comisie mică desemnată să realizeze ad-hoc sarcini scrise. Astfel de compartimentare semnificativă, adăugată la aparența creșterii organizaționale și la birocrația adusă de omul modern, îl asigura că instituțiile sale au ordonat universul său fragil.

Prioritate: Canonicitatea

Întotdeauna problema sâcâietoare a canonicității și lipsa jurisdicției canonice au atârnat deasupra episcopului și a Episcopiei sale, în timpul primilor opt ani ai păstoririi lui Valerian. De fapt, îi preocupa pe episcop și pe preoții săi mult mai mult decât pe laicii credincioși care rareori își făceau griji pentru problemele spirituale, teoretice în general. Pentru ei "Biserica" însemna să aibă un preot duminica, la botez și la înmormântări. Totuși chestiunea legitimității spirituale era una pe care conducerea n-a încetat niciodată să o ia în considerare. Eșecul negocierilor cu Leonty și cu Mitropolia Rusă în 1952 a continuat să producă probleme. Hirotonirea ucraineană a lui Trifa a fost suficientă ca o măsură temporară, dar era în afara discuției alăturarea la jurisdicția ucrainenilor, al căror statut canonic era în discuție în comunitatea ortodoxă din lume. Problemele născute de această situație au continuat să apară, mai ales atunci când presa lui Moldovan bătea monedă în mod repetat pe faptul că Valerian era un produs al "autohirotoniților". Acestui enunț i s-a alăturat după 1956 organul de știri al lui Teofil Ionescu, pe aceeași temă. Parohiile canadiene erau foarte receptive la campania împotriva Episcopiei. În timp ce unele s-au alăturat lui

Moldovan sau i-au cerut să le sfinţească noile biserici, preoţi ca Vasile Toma din Hairy Hill, Alberta, au trecut de partea episcopului Dionisie al Bisericii Ortodoxe Sârbe din Libertyville, Illinois (care de asemenea îl eticheta pe Trifa ca necanonic) şi au aderat la jurisdicţia Sârbă. Cel mai tulburător caz a fost acela al părintelui Nicolae Moldovan de la biserica Sfânta Cruce din Farrell, Pa.

Preotul din Pennsylvania, care nu era rudă cu episcopul Andrei, venise la Sf. Cruce în 1934 şi avea deja o carieră lungă şi fructuoasă ca preot paroh onorabil. N. Moldovan nu era un oportunist, pentru că deşi a fost permanent la conducerea Episcopiei în anii lui Mihalţian, el se afla în primele rânduri ale celor care îl sprijineau pe Trutza şi pe Trifa în timpul evenimentelor de la începutul anilor '50. În timp ce el era într-adevăr argumentativ şi uneori certăreţ, cu opinii puternice de dreapta, nu era mai rău decât alţi preoţi români exageraţi şi foarte politicizaţi, dintre care vremurile au născut destui. De fapt, Nicolae Moldovan era serios preocupat de chestiunea canonicităţii, uneori dincolo de punctul discreţiei. La o adunare a preoţilor Protopopiatului din Youngstown în octombrie 1955, Moldovan a ridicat un număr de probleme despre episcopul său pe care Haţegan şi ceilalţi le-au scos din discuţie. Preotul s-a întors la Farrell pentru a schiţa o lungă scrisoare dactilografiată care sugera a fi procesul verbal al adunării de la Youngstown, deşi preoţi care au fost prezenţi abia le recunoşteau. Printre alte articole, memorandum-ul îl acuza pe Trifa de "propagandă politică" în vizitele sale canonice şi numea AROY o unealtă a Consiliului pentru a finanţa cărţi care să dovedească legitimitatea episcopului. Episcopiei îi lipseau Sf. Mir şi Sf. Moaşte, se plângea Moldovan cu implicaţia că episcopul nu avea nici un loc spiritual valid de unde să le obţină, în timp ce Vatra distribuia zeci de Antimise şi cine ştia ce conţineau? Totuşi, punctul principal era foarte serios: el credea că Episcopia Ortodoxă Română era considerată eretică, că arhiepiscopul John al ucrainenilor era într-adevăr un ierarh nevalid şi insista că Episcopia trebuie să aparţină unei jurisdicţii şi să obţină validitate atât pentru ea, cât şi pentru episcopul ei. Lui Moldovan i s-a cerut să vină la sesiunea Consiliului din 2 decembrie 1955 şi să-şi dovedească acuzaţiile, dar nu a putut s-o facă şi a fost exclus din Consiliu, fiind înlocuit de Marin Postelnic. De fapt, nici un patriarh ortodox din lumea liberă nu etichetase Episcopia ca eretică şi chiar preoţii ortodocşi ruşi nu au luat în serios nici propaganda lui Andrei Moldovan, nici declaraţiile defăimătoare ale mitropolitului Leonty. De asemenea, era autodestructiv ca după trei ani să se continue dubiul asupra succesiunii apostolice a lui Teodorovici. Fără îndoială, Leonty a rămas neînduplecat după refuzul Episcopiei de a se alătura jurisdicţici sale ca o condiţie a hirotonirii lui Valerian din 1952. Astfel de tensiuni din jurul întregii situaţii au fost cu uşurinţă interpretate greşit nu numai de părintele Nicolae Moldovan, ci şi de alţii care nu erau atât de agresivi încât să-şi exprime îndoielile.

Un factor care a pavat drumul spre rezoluţia acestui impas până în 1960, au fost Valerian şi sprijinul puternic al conducerii faţă de o Biserică Ortodoxă Americană, împreună cu o participare activă în organizaţiile interreligioase. Nu numai că Episcopia era membru în carta Consiliului Mondial al Bisericilor din 1948, ci în anul 1955 Congresul a autorizat intrarea în noul Consiliu Naţional al Bisericilor întru Hristos din Statele Unite la care, de asemenea, Episcopia a ajutat să fie creat. S-a decis stabilirea unui birou pentru legături cu Consiliul Naţional în New York, dar acest lucru nu s-a materializat. Între timp Valerian, Haţegan şi Bărbulescu au petrecut două săptămâni în Evanston, Illinois, la adunarea din 1954 a Consiliului Mondial al Bisericilor. Până la urmă, episcopul avea să călătorească atât la Uppsala, Suedia, cât şi în Etiopia pentru a lua parte la şedinţele Congresului. Cu timpul, aceastăi tensiune a crescut. Practic, la fiecare adunare a Consiliului şi a Congresului se găsea acum pe ordinea de zi rubrica "Cooperarea cu alte Biserici" sau "Activităţi interortodoxe" sau altele de acest tip. La adunarea Consiliului din 11 ianuarie 1958, episcopul a vorbit despre ceea ce el a numit "două probleme spirituale fundamentale": educaţia religioasă pentru toţi şi cooperarea cu alte aşezări ortodoxe. Adunarea a luat notă de o rezoluţie din partea Bisericii Sfânta Treime din Los Angeles, chemând la unificarea tuturor Bisericilor Ortodoxe din America. La 24 iulie în acel an, 120 de preoţi ortodocşi şi profesori cateheţi au fost găzduiţi la Vatra pentru o conferinţă interortodoxă. În anumite lucruri, cum ar fi convertirea Episcopiei sale mai mult spre limba engleză odată cu apropierea anilor '60, Valerian era prea conservator. Dar în anticiparea direcţiei pe care trebuia s-o ia ortodoxia americană, el era cu 15 ani înaintea vremii sale. La Congresul din 1959, delegaţii au acceptat recomandările sale de a lucra cu seriozitate în favoarea unei "Federaţii a Bisericilor Ortodoxe" din America.

Toate acestea evident au avut impactul lor asupra spinoasei probleme a canonicităţii. După opt ani ca lider al Episcopiei sale, Valerian şi-a dovedit calităţile nu numai faţă de proprii săi credincioşi, ci şi faţă de ierarhia ortodoxă americană în general. Oponenţii săi au uneltit în van să minimalizeze adevărata reconstrucţie şi restabilizare a Episcopiei care erau atât de evidente. Alte consideraţii s-au cristalizat până în 1960 pentru a produce o situaţie schimbată, factori adăugaţi credibilităţii Episcopiei, că să zicem aşa. Mai întâi, Andrei Moldovan nu a reuşit niciodată să câştige mai mult de o mână de biserici care existau în 1950. Valerian a raportat 47 de biserici şi organizaţii sub jurisdicţia sa Marelui Consiliu al episcopilor din Mitropolia Rusă în 1962, care includeau la acea vreme câteva parohii mai vechi reîntoarse la turmă şi noi aşezări în Buenos Aires, London, Rio de Janeiro, Sao Paolo şi Sydney. El avea 39 de preoţi şi doi diaconi, organizaţii auxiliare prospere, publicaţii şi programe de vară la scară largă pentru educaţie religioasă. Economiile Vetrei se situau acum în vecinătatea sumei de 300,000$. În contrast, Episcopia East State Fair era într-adevăr o rudă săracă, incomparabilă cu toate cele amintite. În al doilea rând, era faptul indubitabil că tribunalele americane au dat decizii în favoarea Episcopiei de la Grass Lake în toate cazurile majore, ca o continuare *de jure* a aşezământului început în 1929. Acest adevăr era sprijinit de faptul că Policarp însuşi, în corespondenţa sa particulară, niciodată nu a ezitat să recunoască Episcopia lui Valerian cu fiind cea pe care el o slujise în anii 1930. Uneori, când scrisorile sale reuşeau să treacă, el îl numea pe Moldovan "nealesul", în timp ce la un moment dat, adresându-se episcopului Andrei, Policarp nota: "Nu ştiu cum s-a întâmplat de a-ţi fost hirotonit episcop. Dar de vreme ce sunteţi, faceţi ce am făcut eu în 1936 – obţineţi aprobarea oamenilor. Faceţi-vă reales de către delegaţii parohiilor". Aproape că îi putem vedea expresia ironică pe fața imbătrânitului episcop. În aceeași scrisoare din 6 aprilie 1951 adresată lui Moldovan, Policarp trebuie să fi simțit că vorbea în numele miilor de foști enoriași ai săi și nu putem să nu ne întrebăm dacă primul episcop pentru America realiza cât de mult evoluase în gândire comparativ cu anii 1930, când scria:

> "Biserica din America este o Biserică a oamenilor, aici ei nu pot introduce metode administrative și o jandarmerie ca în țară (România) pentru a-i forța pe oameni să renunțe la drepturile și libertățile lor. Dacă vrem să avem o episcopie, trebuie să fie independentă! Independentă în întregime față de biserica de stat din România și față de vederile Mitropolitului.... Practicile bizantine cu care ei încearcă să acapareze bunurile bisericilor de aici pentru a crea o subordonare politică și spirituală sunt condamnate și anatematizate de românii de aici. . .".

Ironia era că Policarp cita un editorial din "America" îndreptat împotriva sa cu mai bine de un deceniu în urmă.

Ultimul eveniment în acest ton care a afectat statutul lui Valerian a fost moartea lui Policarp la Alba Iulia. După o hemoragie cerebrală la 8 octombrie 1958, din care părea să-și revină, a suferit un atac de cord pe 17 octombrie. Adăugate la flebită și pneumonie la adus pe episcop în ultima stație a lungii sale călătorii în seara zilei de 26 octombrie 1958. În acest moment, statutul de coajutor a lui Valerian a luat sfârșit, deși de dragul ceremoniei Congresul din 1959 l-a confirmat în unanimitate ca singurul cap spiritual și administrativ al Episcopiei.

Elemente mai puțin tangibile au alcătuit rezoluția soluției canonicității. Nu înseamnă că ele sunt mai puțin importante deoarece nu pot fi cântărite și datate cu precizie. Cel mai bine ar fi să fie numite o schimbare totală de atmosferă care a avut loc în timp ce anii 1950 făceau loc anilor 1960. "Războiul Rece", dacă nu terminat, era cu siguranță modificat: Stalin plecase în acel loc special rezervat pentru cei mai nebuni criminali în masă din toată istoria, iar după o fază de conducere colectivă Khrushchev domina acum în Rusia cu o îndulcire a tonului, dacă nu a intenţiei, în politica rusească. Preşedintele a venit în Statele Unite într-o vizită istorică în 1959, toate acestea făcând spectrul negocierilor cu Rusia şi cu ruşii. Dacă nu dezirabile, cel puţin au fost lipsite de isterie din partea americanilor de rând, în comparaţie cu anii 1950. Tot astfel evoluase regimul din România, de la stalinismul sinistru al Anei Pauker spre o poziţie din ce în ce mai independentă faţă de Uniunea Sovietică care va atinge punctul maxim în 1963 cu refuzul deschis a lui Gheorghiu Dej de a urma dictatele COMECON pentru România. Aceasta nu însemna desigur, că Biserica din România devenise un agent liber, doar că tendinţa de durată părea a fi una de negociere, înlocuind confruntarea.

Acest fapt avea multe implicaţii pentru Episcopie. Valerian observa într-un interviu din 1960 că filosofia Episcopiei sale fusese una bazată pe speranţă chiar din 1947, că Biserica mamă din România va fi din nou liberă într-o zi şi că relaţiile ierarhice normale vor putea fi restabilite din nou. Din cauza acestei speranţe, Episcopia nu îşi desăvârşise afilierea la Mitropolia Rusă din New York în 1952, pentru că dorea să rămână liberă pentru a se alătura Bisericii mamă din România într-o bună zi. Relaţiile cu Leonty se răciseră nu numai din cauza propagandei lui Moldovan şi presiunii de la Bucureşti, ci şi pentru că Episcopia dorea poziţia unică de a fi subordonată canonic faţă de New York, în timp ce îşi păstra autonomia ca Episcopie română distinctă. Opt ani mai târziu, cu posibilitatea unei Biserici Române libere mai îndepărtată ca niciodată cu dilema canonicităţii nerezolvată, cu Valerian şi Consiliul de acum liberi să acţioneze în posturile lor datorită morţii lui Policarp, era vremea pentru o schimbare de poziţie. Pe lângă acestea, începutul anului 1960 a adus vestea unei noi ofensive de la Bucureşti care, deşi mai târziu s-a dovedit parţial nefondată, nu putea fi cunoscută la acea vreme.

La întrunirea Consiliului din 27 februarie 1960, Valerian i-a informat pe membri că patriarhul Iustinian plănuia o nouă rundă în eforturile sale de a obţine Vatra şi cazul lui Moldovan ar putea fi redeschis în tribunale. Deja fuseseră angajaţi trei avocaţi pentru a contraataca o astfel de mişcare.

De fapt, prin iulie, avocatul lui Moldovan, Ioan Vintilă a depus o petiţie la Curtea Supremă a Statelor Unite pentru a revizui cazul, dar n-a mai avut succes ca înainte. Consiliul făcuse propuneri în acea iarnă ierarhiei ortodoxe siriene şi patriarhului Antiohiei, dar Iustinian Marina a intervenit pe lângă patriarhul sirian denunţându-l pe Trifa şi ameninţând cu o rupere a legăturilor, astfel negocierile au ajuns într-un punct mort. La fel, deşi mitropolitul grec – ortodox din New York, Iakovos, era înţelegător faţă de situaţia grea a Episcopiei Române, complicaţii similare cu Biserica Greacă de peste ocean au înlăturat negocierile fructuoase din această parte. Astfel, a devenit clar că Mitropolia Rusă era poate singura alternativă viabilă, de vreme ce era nu numai mare şi prestigioasă, ci şi liberă faţă de controlul de peste ocean.

La începutul primăverii în 1960, Trifa a făcut un apel personal la New York către Consiliul Episcopilor Mitropoliei, iar până la sfârşitul lui martie era deja clar că mitropolitul Leonty îşi schimbase intenţiile. Nu numai că era clar că păstorirea lui Trifa era acceptată de oamenii săi ca permanentă, dar Biserica Rusă se îndrepta în acelaşi timp spre crearea unei Biserici Ortodoxe Americane. La 31 martie Episcopia a fost informată de acceptarea ei în Mitropolie "ca un grup de parohii special, autoguvernat administrativ". Statutele Mitropoliei vor guverna Episcopia în problemele canonice jurisdicţionale, în timp ce în "toate celelalte probleme administrative interne", Episcopia română îşi va urma propriile legi. Pe lângă câteva cerinţe liturgice minore, acestea au fost singurele condiţii stabilite. Valerian a devenit acum membru al Sfântului Sinod al Mitropoliei şi purta titlul, în chenarul noului aranjament, de episcop al Detroit-ului şi Michigan-ului. A mai rămas doar un singur element. La 22 aprilie Valerian i-a raportat lui Leonty reacţia generală din Episcopia sa la aflarea ştirii, notând vociferările unora care credeau că ar fi trebuit să fie întrebat mai întâi Congresul Bisericesc pentru a aproba un astfel de pas important, decât să fie prezentat ca un fapt împlinit. O astfel de procedură nu era neobişnuită, totuşi, dată fiind istoria Episcopiei, pentru că rareori în trei decenii fusese cu adevărat Congresul un organ iniţiator de legi. Normal că din partea opoziţiei au venit aşteptatele fanfare ca: loiali moştenirii lui Trutza, Episcopia fusese vândută de data aceasta rușilor și nu grecilor sau episcopalienilor. Cum e posibil, se întrebau ziarul lui Moldovan și *Românul – American*, ca o Episcopie care a susținut o atitudine anticomunistă timp de 13 ani să sfârșească în poala Bisericii Ruse? Astfel de afirmații ignorau punctul esențial. Mitropolia era în întregime independentă de Moscova și fusese încă din 1917. Totuși era doar o reacție anticipată care trebuia să justifice maniera negocierilor conduse de Valerian și de Consiliu. Întreaga delicată problemă trebuia rezolvată la momentul oportun, iar trecându-o printr-un forum greoi cum era Congresul Bisericesc, nu era o cale prin care să dobândești rezolvarea. Era nevoie de timp pentru a pregăti opinia și contraataca barajul iminent de calomnii. La fel de delicat era un alt subiect, acela al hainei preoțești a lui Valerian. El i-a cerut lui Leonty să emită "un anume tip de document oficial personificat" din partea Mitropoliei în această privință. Două luni mai târziu, îndelungatele îndoieli asupra primirii succesiunii apostolice de către Trifa în 1952 au fost stopate, când Leonty a anunțat că, la cererea lui Valerian, Marele Consiliu al Episcopilor l-a examinat și "prin așezarea mâinilor noastre i-am confirmat hirotonirea". Trifa mersese la New York pentru ceremonia pe care unii o vor numi "rehirotonirea", alții prima sa hirotonire și sprijinitorii săi o vor numi simplu "confirmare" a gradului său spiritual. Nici o dovadă mai mare a hotărârii episcopului, de a umple vidul canonicității peste Episcopia sa, nu putea fi oferită decât cu bunăvoința sa de a se supune la această experiență umilă care evident putea fi interpretată de unii ca o admitere tacită a ineficacității hirotonirii sale de la Philadelphia. Totuși, după cum el observa în aprilie în ziarul "America", opozanții săi nu vor mai avea nimic de făcut dacă se opresc din a-l combate. Era a doua lor fire. Timp de opt ani, Trifa efectiv condusese Episcopia, se îmbrăcase, vorbise și acționase ca un episcop și a fost acceptat astfel de miile sale de enoriași. După 1960 era episcop mai mult ca niciodată. Pentru credinciosul obișnuit al Episcopiei, afilierea la Mitropolie nu însemna nici o schimbare și este mai mult decât probabil că majoritatea au înțeles puțin din ce au însemnat evenimentele din primăvară.

Atâta vreme cât episcopul şi preotul local erau de acord, aşa să fie atunci. A fost încă o fază necesară în căutarea ordinii.

CAPITOLUL 9

Între apusul şi răsăritul soarelui, 1960 — 1970

> *Trecutul se risipeşte,*
> *vremurile se schimbă,*
> *iar din ruine înfloreşte*
> *o viaţă mai frumoasă.*

Relaţiile cu Mitropolia Rusă s-au dovedit a fi mutual satisfăcătoare. Pentru Episcopie însemna să aibă un impuls în formarea programelor de educaţie religioasă ortodoxă şi folosirea Seminarului Sfântul Vladimir din New York pentru pregătirea preoţilor. Problema canonicităţii a fost stabilită odată pentru totdeauna şi cu nici un compromis în privinţa autonomiei Episcopiei. Biserica Rusă şi-a asumat un statut "protector" mai întâi asupra românilor, apoi asupra altor credincioşi ortodocşi din America. Mitropolia putea acum să se numească cu adevărat liderul unei Biserici Ortodoxe a Americii, decât simplu "fosta Biserică Rusă" din America. Pentru Episcopie, totuşi, posibilitatea unei reconcilieri cu Biserica mamă din România a devenit puţin probabilă mai mult decât oricând, pentru că intrase în ceea ce Bucureştiul numea "o altă unitate ortodoxă".

Acest lucru a devenit mai vizibil odată ce începutul anilor 1960 a adus uverturi din partea Bisericii Române care din când în când păreau să prevestească o posibilă breşă, dar s-au dovedit a fi doar o altă fază a insistentelor încercări veninoase de a elimina sau absorbi Episcopia lui Trifa sub egida Patriarhiei. Campania purtată de Bucureşti atât de departe poate fi considerată ca trecând prin trei faze oarecum distincte, deşi suprapuse: confruntarea, paralelismul şi coexistenţa. Prima, aceea a unei competiţii nedrepte pentru putere, acompaniate de eforturile din tribunalele americane, a luat sfârşit în 1960 mai mult sau mai puţin, când în octombrie Curtea Supremă a refuzat să redeschidă cazul Moldovan. Fără îndoială, calomniile scandaloase din presă suportate de Valerian în timpul acestei faze erau departe de a se fi încheiat. Paralelismul a început simultan cu confruntarea şi a câştigat proporţii spre sfârşitul deceniului. Câteodată a devenit puţin absurd, de vreme ce East State Fair pretindea a fi cea mai mare şi mai influentă Episcopie. Avea un ziar, la fel şi Moldovan avea un ziar. Avea Congrese, la fel şi Moldovan, sărbătorea aniversările de 30, 40 sau 50 de ani, la fel şi Moldovan. Totuşi întotdeauna exista ceva amatorism în eforturile East State Fair, un element de "şi eu la fel" s-a infiltrat în situaţie când la Vatra s-au adunat 74 de delegaţi pentru a dezbate problemele unui Congres. Într-un hotel din Detroit, 29 de delegaţi s-au întâlnit simultan pentru a se felicita reciproc că ei aveau singurul episcop canonic din lume. Uneori analogia aceasta era o ca glumă proastă. Andrei Moldovan a murit în martie 1963, iar Bucureştiului i-a luat trei ani pentru a numi un succesor. Totuşi, un astfel de paralelism reprezenta o ameninţare pentru Episcopie, pentru că însemna pierderea parohiilor sau potenţiale sciziuni în parohii când momelile Bucureştiului sau amabilităţile înalţilor ierarhi români cădeau pe teren fertil. Preoţii români trimişi în afară aveau de obicei un interviu final, nu cu patriarhul sau cu ierarhii Bisericii înainte de plecarea lor, ci cu Ministrul Cultelor, un funcţionar politic de la Bucureşti. Astăzi, un preot din America îşi aduce aminte cu claritate cum i s-a spus să se bage pe sub pielea populaţiei române locale după sosirea sa, să afle şi să întrebe despre soţiile şi copiii lor şi să creeze o urmărire personală – cel mai bine e să-i dezbine de prezenta lor Biserică şi să formeze una nouă sub îndrumarea lui şi a Bucureştiului.

A treia fază e aceea a coexistenţei – pare să fi început în 1963, în ciuda unor neplăceri recente, iar timp de câţiva ani Bucureştiul şi Vatra şi-au vorbit cu calm, chiar dacă fără folos, pentru că în timp ce în România şi-a continuat standardul său *inanis verborum torrens*, acţiunile sale erau doar menite să perpetueze paralelismul, chiar dacă într-o formă mai puţin agresivă.

În 1961 Vatra a continuat să urmeze o politică a uşilor deschise, invitând parohiile să intre în jurisdicţia Episcopiei când şi dacă vor dori. O linie dură a fost rezervată doar pentru câteva cazuri. În primăvară a fost desemnată o comisie pentru a lua legătura cu Episcopia lui Ionescu. Până în toamnă a raportat ideea episcopului Teofil de a crea un Sinod Ortodox Român în America compus din el, Valerian şi "un al treilea episcop", oricare ar fi acela. Chiar ignorând imposibilitatea canonică a unui astfel de Sinod, era evident că Episcopia nu dorea să facă nimic în această privinţă. Propunerea lui Teofil, într-adevăr, părea curios de arogantă venind de la o "Episcopie" cu doar doi ani vechime. Episcopia de la Vatra, pe de altă parte, după 10 ani de stabilizare, se tocmea de pe cea mai puternică poziţie a ei. În acelaşi timp, noua parohie Sf. Treime din Miami a intrat în Episcopie, Pogorârea Sfântului Duh din Detroit a reintrat şi părintele Toconiţă a fost autorizat de către Consiliu pentru a organiza o parohie în Jackson, Michigan, dar acest lucru din urmă nu a reuşit.

Tot aşa, în toamna acelui an a venit o scrisoare de la părintele Mihalţian, care *ipso facto* putea fi interpretată de unii ca o mişcare spre reconciliere. Consiliul a respins-o ca "nesinceră şi inacceptabilă". Totuşi puţină recalcitrare era de înţeles în 1962, anul reînvierii poveştilor crimelor de război aduse de rabinul român Moshe Rosen împotriva episcopului.

Rosen a fost pus în fruntea instituţiei religioase evreieşti din România de către regimul de la Bucureşti pentru a-l înlocui pe rabinul şef Alexandru Safran, care a fost dat afară din funcţie. În noiembrie 1961, Rosen a fost trimis într-o călătorie în Vest pentru a informa tovarăşii evrei că Guvernul român era cu adevărat prietenul lor. Oprindu-se mai întâi pe la Paris şi Londra pentru a se întâlni cu grupurile de evrei, Rosen a ajuns la New York, unde a stat trei luni. A vorbit neîncetat despre crimele de război şi depravările împotriva evreilor din Bucureşti comise de Trifa. Le-a pomenit atât de des încât congresmanul Seymour Halpern din Queens a ridicat problema în Camera Reprezentanţilor şi a cerut încă o investigaţie. Episcopul a publicat la 13 mai 1962 în "Solia" o negare scurtă şi neemotivă, dar Rosen, care ajunsese în Israel în martie, l-a convins pe Aryet Taktakower, preşedintele secţiunii israeliene a Congresului mondial Evreiesc, să convoace o conferinţă de presă la Tel Aviv pe 3 mai, la care Rosen a repetat acuzaţiile pentru a fi transmise peste tot. Câteva zile mai târziu, o carte poştală din Israel adresată simplu episcopului "Valerian", Detroit, Statele Unite ale Americii, a ajuns la oficiul poştal din Detroit. Poştaşul a predat-o F.B.I.-ului, care a trimis-o la Vatra pe 8 mai. Un anume Karui Bariu îi reamintea lui Trifa despre măcelul său adus evreilor din Iaşi şi îl informa că în ziua următoare, o trupă de comando va pleca din Detroit "ce vă va prinde, sfinţia voastră, şi vă va omorî ". Mesajul concluziona:

> … astfel grupul nostru vă va găsi şi omorî chiar dacă aceasta se va întâmpla după un an de căutări: te vom găsi noi, dragul meu, fii sigur de asta. Tremură, tremură, porcule, episcop porc că îţi vom măcelări cadavrul după obiceiul lui Kasher şi îl vom atârna ca pe cadavrul lui Mussolini, de un copac, cu capul în jos şi sângele îţi va curge pe pământ ca la cadavrele câinilor măcelăriţi. Am prins mulţi vinovaţi şi te vom prinde şi pe tine. În curând îţi vei vedea şeful, pe Codreanu.

> Era semnat, al D-voastră, cu sinceritate.

"Solia" şi Congresul au produs în acea vară cele mai raţionale comentarii asupra problemei. Într-o rezoluţie care repudia interferenţa guvernului român în viaţa Episcopiei, Congresul nota că organizaţiile evreieşti de binefacere nu vor accepta acuzaţiile lui Rosen ca fapte, nici nu îşi vor permite să fie folosite ca purtătoare de cuvânt ale Bucureştiului sau ale lui Kremer.

Un măr de la Iaşi

De-abia ce se potolise această ultimă furtună când Mitropolitul Moldovei, Iustin Moisescu, a sosit în Statele Unite în 1963, la înmormântarea episcopului Andrei Moldovan care murise pe 14 martie. El era însoţit de o delegație care-l includea pe rectorul Institutului Teologic din București, Nicolae Nicolaescu. Moisescu, ca al doilea ierarh român, ordonase închiderea tuturor mănăstirilor din țară care nu erau desemnate ca monumente istorice și impusese o limită de vârstă pentru a fi tuns călugăr sau călugăriță, pentru a reduce numărul de așezări monastice din România. El era primul membru al Sfântului Sinod românesc care vizita America. Într-o circulară trimisă clerului pe 20 martie 1963, Valerian și-a sfătuit preoții să fie prietenoși și decenți în relațiile cu el, dacă Mitropolitul îi va contacta, dar ei nu trebuiau să inițieze nici o invitație oficială în parohiile lor, nici să nu ia parte la nici o ceremonie oficială în timpul vizitei. Iustin a făcut primele propuneri. El a anunțat că va vizita Vatra pe 1 aprilie, dar nu a apărut și n-a fost trimisă nici o scuză, ceea ce a instituit un alt ton pentru întâlnirea care a avut loc la 20 aprilie.

Stând între patru ochi cu Valerian timp de șase ore, Moisescu n-a prezentat nici o propunere concretă, în vreme ce Trifa a revizuit istoria ultimilor 13 ani de relații cu Mitropolia Moldovei. Evident noile relații cu Mitropolia Rusă au fost un obstacol. Fără îndoială tonul a fost unul de căutare a unor puncte mutual amicale asupra cărora să se cadă de acord în viitor, deși din partea lui Trifa nu exista nici un fel de compromis când a venit vorba de autonomia Episcopiei sale. În termeni diplomatici, dacă cei doi ar fi emis un comunicat, ei ar fi numit discuțiile "sincere și mutual productive", însemnând că de fapt nimic nu se întâmplase.

Este adevărat că numai prezența lui Moisescu în convorbirea cu Valerian la Vatra era o recunoaștere tacită a legitimității lui Trifa și, probabil, disponibilitatea Bucureștiului de a trăi cu realitatea existenței acestei Episcopii. Ce a rezultat, a fost o ofertă de a-l face pe Trifa arhiepiscop sau chiar mitropolit, cu încă doi episcopi aleși sub jurisdicția sa, unul în Canada, altul în Detroit.

Disponibilitatea Bucureștiului de a merge atât de departe, chiar când Trifa a arătat natura puțin ridicolă a unei astfel de idei, considerând că toate cele trei Eparhii combinate nu aveau atât de mulți oameni cât o protoierie din România, era cel puțin un semn al dorinței puternice a guvernului român de a economisi bani și de a găsi o soluție ușoară. Chiar dacă Episcopia ar fi dorit să-şi ignore principiile, ceea ce nu a făcut, un astfel de plan era cu greu lucrativ în lumina legăturii cu Mitropolia pe de o parte, şi a insistenței României ca orice episcop american să fie membru al Sfântului Sinod român, pe de alta. Dilema Bucureştiului provenea de fapt din slaba poziție de negociere. Tot ce trebuia să facă Trifa era să aştepte pentru că organizația lui Ionescu se afla în pragul dizolvării, iar bisericile din tabăra lui Moldovan oricum veniseră treptat în Episcopia Vetrei. Absența unui episcop nu putea decât să crească natura atrofiată a Episcopiei East State Fair.

Dubiul a reapărut la patru zile după întâlnirea de la Vatra de pe 20 aprilie, când la o întâlnire în Detroit prezidată de Moisescu, episcopul Teoctist Botoşăneanu din România a fost "ales" în unanimitate ca succesor al lui Andrei Moldovan. Moisescu venise la Vatra cu o soluție deja în buzunar: paralelismul va continua.

Moisescu s-a întors în România şi timp de şase luni nu s-a mai luat nici o altă legătură cu Episcopia. Valerian şi-a informat preoții că, deşi asalturile verbale şi eforturile rabinului Rosen erau întrerupte pentru moment, "ne putem aştepta şi la alte astfel de intrigi". El a notat că Bucureştiul nu a dat nici un semn de concesie, nici nu şi-a exprimat durerea pentru evenimentele petrecute, deşi este greu de crezut că el chiar se aştepta la aşa ceva. Cel mai probabil era să vadă numirea unui episcop mai isteț decât fusese Moldovan. Între timp părintele Mihalțian a fost numit Vicar până când instalarea lui Botoşăneanu putea fi pregătită. Acest lucru, totuşi, a ținut doar câteva luni, pentru că în ultima zi a anului 1963, Simion Mihalțian, epuizat de muncile sale de mai mult de o jumătate de secol, foarte deprimat de cursul evenimentelor la a căror producere el însuşi ajutase, chiar dacă nu cu malițiozitate, a murit în Indiana Harbor, iar înmormântarea sa a fost ocazia unui nou demers din partea României.

În ianuarie 1964, profesorul Liviu Stan, referent canonic al Sfântului Sinod însoțit de Nicolae Nicolaescu, au venit la Vatra în două ocazii diferite pentru convorbiri. De data aceasta Bucureştiul admitea "câteva greşeli din trecut" şi primea cu bunăvoință cel puțin "legăturile spirituale" ca un preludiu a ceva mai trainic. Linia Lui Valerian era acum şi mai rigidă.

"Chemaţi-vă întâi episcopul acasă", a fost răspunsul său referindu-se la Botoşăneanu, dacă Bucureştiul dorea cu adevărat să vadă unitate între bisericile româno-americane. Consilierii, desigur, nu puteau vorbi în această problemă, nici să răspundă la întrebările despre libertatea religioasă a celor din România. Trifa i-a invitat să ia parte la o adunare a protopopiatului din Detroit, pentru a vedea că poziţia exprimată nu era doar a episcopului personal, ci şi a preoţilor şi a oamenilor din Episcopie. În sfârşit, ce-a fost cu vizita lui Moisescu, de pe urma căreia n-a ieşit nimic... a întrebat episcopul. Trifa a arătat disponibilitatea de a intra în jocul de cuvinte. El a fost de acord să iniţieze încă odată o conversaţie cu Patriarhia şi, ca inferior ierarhic, a trimis prima scrisoare. Pe 13 ianuarie el a trimis un memorandum lui Iustinian şi Sfântului Sinod, revizuind discuţiile ţinute în lunile trecute şi din nou reafirmând poziţia Episcopiei. Aceasta a ajuns la Bucureşti pe 20 februarie, iar o telegramă anunţând primirea lui a venit înapoi pe 2 martie. În plus, la sesiunea din 25 ianuarie a Consiliului Episcopiei, s-a creat o comisie specială pentru a trata cu Patriarhia, alcătuită din preoţii Haţegan, Lazăr, Surducan, Andrei Peru şi Ioan Sibişan. Interesant, deşi va trece aproape un an întreg până când Sfântul Sinod va răspunde misivei lui Trifa, Stan şi Nicolaescu au rămas în Statele Unite pentru o vreme. La o întâlnire cu părintele Grabowski, Stan a fost auzit comentând că până la urmă se va crea o "Biserică Ortodoxă Americană" şi relaţiile dintre Grass Lake şi Bucureşti vor fi normalizate. Probabil că Bucureştiul credea asta, dar evenimentele sugerau altfel, pentru că nu exista nici o mişcare spre acordarea statutului de autocefalie (autoguvernare) Bisericii române din America şi mai mult, până în vara lui 1964, părintele Ioan Bugariu din Indiana Harbor a fost numit să deţină conducerea interimară a Episcopiei "Misionare" din Detroit, înlocuindu-l pe Mihalţian. Bucureştiul poate doar să fi tergiversat din nevoie de timp, pentru că episcopul Botoşăneanu, care era în Canada, a aflat că nu putea să obţină o viză permanentă pentru Statele Unite.

La 30 decembrie 1964, Sfântul Sinod a răspuns la mesajul lui Valerian din ianuarie. "Politica noastră este aceeaşi ca întotdeauna", spunea scrisoarea. Bucureştiul va respecta autonomia administrativă totală a Episcopiei lui Trifa şi nu se va amesteca în iconomia sau disciplina Episcopiei. Cerinţa fundamentală pentru restabilirea relaţiilor canonice cu Biserica mamă totuşi, a rămas aceeaşi: Valerian trebuie să fie membru al Sfântului Sinod românesc şi de vreme ce Episcopia sa se afla acum într-o altă unitate ortodoxă" (Mitropolia), acesta era un obstacol major. O soluţie a fost sugerată de rândul ce urgenta necesitatea unităţii, chiar şi cu cei "care se găsesc temporar sub jurisdicţiile unor biserici străine". Astfel stăteau lucrurile în 1965. Se pare că scrisoarea de la Sinod a ajuns după câteva săptămâni, pentru că la întrunirea Consiliului din 23 ianuarie Valerian a raportat că nu apăruse încă nici un răspuns la mesajul său de acum un an. Părintele Mircea Marinescu sosise recent din România şi ceruse să fie acceptat în Episcopie. Poziţia lui Marinescu la Catedrala Mitropolitană din Timişoara şi cunoscuta sa activitate politică i-au făcut pe unii consilieri temători de infiltrări comuniste prin trimiterea de preoţi români, chiar dacă Marinescu a fost adus în Statele Unite de unul dintre cei mai respectaţi sprijinitori ai Episcopiei, Teodor Miclău. Printr-un vot secret, Marinescu a fost acceptat cu o mică majoritate şi până în martie a fost desemnat să slujească la biserica Sfânta Înviere din Warren, Ohio.

În scurt timp el s-a dovedit a fi un preot valoros şi bine văzut, dar astfel de precauţie este ilustrativă stării de a gândi produsă în conducerea Episcopiei în aceşti ani de către activităţile Bucureştiului. Între timp, Comisia desemnată să poarte discuţii cu Teofil Ionescu nu găsea pe nimeni cu care să vorbească.

Runda următoare s-a deschis în ianuarie 1966, când s-a aflat că pe data de 9 a lunii, Arhidiaconul Bartolomeu Anania de la Patriarhia Română apăruse dintr-o dată la biserica Sfânta Cruce din Hollywood, Florida şi condusese o adunare parohială în care 23 de oameni au votat să părăsească Episcopia. Aici se afla următorul posibil candidat al Sinodului pentru postul de episcop al Americii. Consiliul a declarat ilegal consiliul parohial, a hotărât să publice faptele în "Solia" şi a afirmat că va lua "toate măsurile" împotriva acestui gen de coruperi pe domeniul său. Acest fapt a fost repetat la întrunirea din 1 iulie. Între timp, Anania a plecat la Detroit cu scopul expres de a reorganiza Episcopia Misionară. Consiliul a văzut în acest lucru cauza multor rupturi în Episcopie. Acest fapt a rezultat într-un comunicat prompt către Bucureşti. A început încă un schimb inutil.

În martie 1966, comisia de cinci oameni a lui Haţegan a compus un lung memorandum către Sfântul Sinod, amintind faptele recente ale lui Anania în Detroit care au avut efectul ducerii relaţiilor Bucureşti–Vatra "înapoi în perioada 1950". Revizuind eforturile pentru o anume formă de reconciliere din ultimii trei ani, memorandumul nu era optimist în speranţele sale pentru orice măsură de succes în această direcţie. Conchidea cu apelul rece că dacă Bucureştiul nu vroia să coopereze, cel puţin ar trebui să lase Episcopia în pace. Nu făcea nici o menţiune despre mesajul Sinodului din decembrie 1964.

La 10 mai 1966, Sinodul a răspuns la acest memorandum, dar în schimb i-a ignorat conţinutul şi reamintea comisiei despre "un impediment canonic de importanţă capitală", că românii din Episcopie trecuseră sub jurisdicţia altei mitropolii. Comisia era invitată să vină în România pentru sesiunea Sfântului Sinod din 6 iunie. Cum activităţile lui Anania nu arătau nici un semn de abatere şi a devenit clar că un alt episcop era ales să-i urmeze lui Moldovan, părea fără rost continuarea schimbului de scrisori în van. La 25 mai, comisia a informat Sinodul că statutul canonic al lui Valerian era rezolvat şi nu mai avea rost să se redeschidă problema. Mai mult, Episcopia nu mai era de capul ei. Astfel, ceea ce făcea acum depindea şi de alte Biserici ortodoxe americane. În sfârşit, cuvintele erau un lucru, faptele altul, iar evenimentele din Detroit au făcut să pară că Sfântul Sinod acţionează cu rea credinţă. Nimic nu putea fi rezolvat prin simpla prezenţă a preoţilor la întrunirea Sfântului Sinod. Cu amabilitate, Bucureştiul a scris din nou la 18 iunie, invitând din nou comisia Episcopiei să ia parte la adunarea Sinodului, de data aceasta pentru sesiunea plenară din septembrie. Toate acestea au fost prezentate Congresului Bisericesc din iulie, până când Arhimandritul Victorin Ursache a fost ales şi confirmat ca viitor episcop al Episcopiei Misionare. Acest lucru nu a fost chiar o surpriză. Numele lui Ursache fusese pronunţat de câţiva ani ca succesor posibil al lui Moldovan, de fapt chiar din 1957. Astfel, în timp ce purta o discuţie pentru îmbunătăţirea relaţiilor cu Vatra, Bucureştiul a instalat un alt episcop în Detroit pe 7 august 1966. Consecutiv, Congresul Bisericesc a declarat în iulie că nici un reprezentant al Episcopiei nu va călători la Bucureşti până când nu apărea un răspuns punctual la memorandumul din martie şi a spus clar că Episcopia va rămâne cu Mitropolia şi va privi atent spre Detroit. Bucureştiul încă nu înţelegea situaţia majorităţii româno–americanilor. Dezgheţul din anii '60 se terminase şi nu se va mai revigora pentru o lungă bucată de timp.

Continuitate şi schimbare

Fragmente din Episcopie au căpătat în întregime o nouă faţă pe la mijlocul anilor 1960, odată ce programele de construcţie începute mai devreme au fost terminate. Valerian a sfinţit zece complexe bisericeşti noi sau renovate, în perioada dintre 1960 şi 1968, incluzând elaboratele proiecte de sute de mii de dolari pentru Sfânta Maria din Cleveland, biserica Sfânta Cruce din Hermitage, Pa., Sfântul Gheorghe din Canton, Ohio şi remarcabila nouă clădire Sfântul Dimitrie din Bridgeport, Connecticut. Pe de altă parte, venerabila biserică din Martin's Ferry, Ohio a fost vândută şi parohia dizolvată până în 1963, deşi congregaţia ei afiliată la micul grup misionar Sfânta Cruce din Weirton, West Virginia, a continuat să activeze. Parohia din Newark, Ohio, a ajuns şi ea la sfârşit. Cea din Salem a continuat declinul, afectată de lipsa membrilor şi a unui preot. Numărul mic de clerici a rămas o problemă. La începutul anului 1965 s-a remarcat că bisericile din Assiniboia şi Flintoft, Saskatchewan, nu avuseseră un preot permanent de cinci ani, iar neglijarea generală a parohiilor canadiene continua să fie simţită. Această situaţie a fost parţial compensată de câteva evenimente de pe la mijlocul deceniului. În 1961 un efort major pentru a extinde programele de educaţie religioasă ale Episcopiei în Canada a dat roade odată cu stabilirea taberei de vară Sfântul Nicolae pentru educaţie religioasă la Shell Valley, Manitoba. În 1962 părintele Richard J. Grabowski, ce avea să devină unul dintre cei mai proeminenți preoți ai eparhiei și un adevărat salvator acolo unde erau probleme, a fost hirotonit și trimis la biserica Sfânta Maria din St. Paul, apoi în 1963 și-a început păstorirea de opt ani la Pogorârea Sfântului Duh din Gary. Pe de altă parte, John Shunda, unul dintre cei trei preoți ai Seminarului Șaguna hirotoniți doar cu câțiva ani în urmă, a părăsit preoția în 1963. Dinu a rămas la Chicago și Toconiță la Vatra unde primea acum 200$ pe lună și devenise secretarul biroului cu normă întreagă. Propuneri apăreau des la sesiunile Consiliului pentru a angaja cu normă întreagă un secretar al sediului central ca să nu lege un preot de această meserie, dar nu s-a îndeplinit niciodată. Finanțele, ca de obicei, stăteau la baza acestui fapt. Pur și simplu, nu erau de ajuns. Astfel, Toconiță nu a primit niciodată o parohie, deoarece parohiile ori se dizolvau, ori erau câștigate de opoziție atunci când era nevoie de un preot. Într-o anumită măsură, vina pentru acest lucru trebuie pusă pe seama lui Valerian care uneori părea "calculat cu sumele mici și extravagant cu sumele mari". În mare măsură, problema a fost de lungă durată, mergând în trecut până la începuturile așezării Bisericii române în America. Cerința caracteristică ortodoxiei este ca preoții să fie căsătoriți, iar multe parohii nu puteau sau nu vroiau să le garanteze un salariu decent. Nici nu s-a făcut vreun pas concret spre un anume tip de plan de pensionare până prin anii 1960. Biserica Sfântul Gheorghe din Canton a reînviat noțiunea unui plan de pensii pentru cler în 1962, dar a fost nevoie de mai mult de doi ani pentru a începe instituirea lui. În 1964 a fost adoptată o măsură de tranziție. Clerul era înregistrat într-un plan de pensii, iar fiecare preot trebuia să-și plătească partea sa, în timp ce parohia venea cu 160$ pe an pentru fiecare om. În ianuarie 1956 a fost aprobat în Consiliu un program de pensii complet deși, nu e de mirare de ce, într-un deceniu când parohiile au construit biserici de 300,000$, fondul de pensii conținea doar 12,463.06 de dolari la sfârșitul lui 1965. De asemenea, încercările de alcătuire a unui fond de pensie pentru episcop nu s-au materializat atunci, ci cu mulți ani mai târziu. La mijlocul lui 1965, el a primit o creștere a salariului până la 400$ pe lună, ceea ce cu greu se putea compara cu venitul celor mai slab plătiți enoriași ai săi. Rezultatul tuturor acestor lucruri a fost că unii preoți au fost forțați să continuie în a-și lua și alte slujbe sau să se implice în afaceri și să devoteze doar o parte din timp preoției. Unii, desigur, au ales un astfel de mod de viață din proprie inițiativă. Astfel, în noiembrie 1964, părintele Sterie Mihadaș, după șapte ani de slujire la Sfântul Ioan Botezătorul din Erie, Pa., a demisionat din postul său și a intrat în afaceri. Biserica de pe Pennsylvania Avenue a intrat într-o lungă perioadă de declin din care nu și-a mai revenit niciodată, rămânând fără preot permanent la sfârșitul anilor 1970, când biserica și-a închis ușile, în ciuda existenței continuie a câtorva zeci de familii. Adevărul era că oamenii nu plăteau preoții, ei nu erau de acord cu salariile uniforme și nici cu rotația la un anumit timp și astfel ambele părți purtau o vină. Situația a continuat cu preoții de la parohiile mari ca în Chicago sau noua Catedrală din Southfield câștigând 10,000$ și mai mult, în timp ce alții din Terre Haute sau Ellwood City se mulțumeau cu un câștig minim și continuau să lucreze în oțelării, comerț sau în industria hotelieră sau treceau pe teritoriile altor preoți pentru a strânge câștig în plus. Rezultatul va fi, până în anii 1970, declinul continuu și chiar dispariția micilor parohii care existaseră încă dinainte de primul război mondial. Se aștepta ca acestea să fuzioneze cu parohiile mari și moderne din apropiere, dar în multe cazuri bătrânilor nu le păsa deloc de acest fapt. Valerian afișa uneori o indiferență față de această situație care a exacerbat problema între timp. Numărul noilor preoți nu reușea să-l echivaleze pe cel al celor care mureau sau plecau. Pentru orice tânăr care se îndrepta spre diaconie, cum era Constantin Lupașcu de la Colegiul Oberlin sau Paul Yova din Akron, acest fapt era contrabalansat de pierderea altcuiva. Părintele Ghenie a murit în 1965, Paul Crăciun Sr. murise și el, la fel și Gheorghe Lupu și așa mai departe. Generația veche dispărea cu repeziciune.

Totuși, în ciuda progresului făcut spre o ordine mai bună și centralizarea controlului în timpul primului deceniu al lui Valerian, el avea să informeze Consiliul în ianuarie 1963 despre "o deficiență în executarea directivelor de la Episcopie din partea parohiilor". Bisericile ortodoxe române nu își pierduseră și nici nu își vor pierde vreodată independența și relațiile de egalitate dintre Consiliul parohial și preot, nici refuzul de a coopera cu măsuri care nu le conveneau, o condiție care a rămas la fel de valabilă în 1979 ca şi în 1929. Încercarea de realizare a unui recensământ precis al Episcopiei în 1962 şi 1963 era o simplă ilustrare a acestui fapt. După numărul obişnuit de circulare repetate, îndemnuri şi cereri, efortul a fost abandonat, pentru că parohiile nu vroiau să raporteze. Ţinerea contabilităţii a rămas sporadică, rapoartele veneau cu săptămâni sau luni întârziere sau erau returnate la întâmplare cu date confuze. Dacă preoţii erau întrebaţi despre data sfinţirii bisericilor lor, ei trimiteau înapoi data trecerii în registru a parohiei lor, care nu era deloc acelaşi lucru. Dacă erau întrebaţi despre membrii plătitori, răspunsul venea înapoi "aproape 50" sau notau numărul celor care se împărtăşeau şi aşa mai departe. Până în anii 1970 Episcopia a raportat în general aproape 40,000 de membrii observatorilor oficiali cum erau cei ai Consiliului Naţional al Bisericilor sau pentru publicaţiile oficiale cum era *Anuarul Bisericilor Americane şi Canadiene* sau pentru enciclopedii ale entităţilor religioase şi altor surse referente, dar nimeni nu putea să spună dacă acesta era numărul exact. Niciodată nu se va îmbunătăţi acest fapt. Schimbarea vremurilor nu însemna întotdeauna schimbarea căilor. Încă din 1936 cifrele parohiale, datele şi statisticile aşa cum erau înregistrate în calendarele "Soliei", erau de multe ori o sursă de confuzie, contradicţii, spaţii goale, etc. Nu mică e mirarea că, cu câteva mici excepţii, nu existase niciodată vreo încercare de a scrie o istorie a Episcopiei.

În 1966 noua biserică Pogorârea Sfântului Duh din Elkins Park, Pa. a fost sfinţită, credincioşii din Philadelphia părăsind în sfârşit biserica de pe North Bodine Street după mulţi ani. Unii enoriaşi, totuşi, au refuzat să părăsească vechiul loc şi au declarat că vor începe o nouă parohie în jurul lui. Preoţii Surducan şi Grabowski erau adeseori ocupaţi să intervină în favoarea Biroului Central pentru a rezolva astfel de dispute. În 1966 Surducan a plecat la New York unde au erupt probleme între unii dintre membrii parohiei Sfântul Dumitru şi părintele Gâldău. Efortul de a creşte la 2$ taxele membrilor parohiei a avut nevoie de mai mult de doi ani pentru a fi acceptat. Ameninţări că parohiile îşi vor pierde dreptul de vot în Congres dacă nu vor trimite formularele de recensământ au ajuns la urechi surde. Totuşi cel mai edificator exemplu de continuare a particularităţii parohiei şi a conflictelor interne în această eră a fost cazul parohiei Sfântului Nicolae din Detroit. Această mică parohie a apărut prin eforturile lui Teofil Ionescu din toamna lui 1955 când el a transformat o clădire de pe John R. Street într-o capelă modestă şi a numit-o "Mănăstirea Sfântul Nicolae", care pe la mijlocul anilor '60 a devenit o biserică în adevăratul sens al cuvântului, chiar dacă limitată ca mărime. Călătoriile frecvente ale lui Ionescu în Europa, chiar şi după dizolvarea Episcopiei sale, făceau necesară prezenţa unui preot asistent pentru biserică. În 1965, el l-a chemat pe părintele Dumitru Mihăescu din Sao Paulo să ajute la Sfântul Nicolae. Doi ani mai târziu, Ionescu a început să se gândească la pensionare şi la 19 februarie 1967 s-a semnat o înţelegere între episcop şi Consiliul parohial prin care Sfântul Nicolae era de acord să-i dea lui Ionescu o pensie lunară pentru a-şi putea trăi zilele la Paris. Între timp, mişcarea de aducere a parohiei în Episcopia lui Trifa a căpătat energie, astfel că până în aprilie 1970 preşedintele Consiliului, Charles Banciu l-a informat pe Valerian de această intenţie. La adunarea generală din 24 mai Sfântul Nicolae a votat intrarea în Episcopie. Imediat a apărut o problemă, atunci când câţiva funcţionari parohiali doreau să întrerupă plata pensiei episcopului Teofil. Diaconul Victor Angelescu, văzând acest lucru ca pe o chestiune de moralitate şi bună credinţă, a trimis în judecată parohia Sf. Nicolae în anul 1971, dar până când acestea au ajuns pe rol în septembrie, s-a căzut de acord să se rezolve problema în afara tribunalului. Câţiva enoriaşi au fost de acord de bunăvoie să-i dea episcopului Teofil o sumă de bani pe loc şi problema a fost rezolvată amical.

Nu la fel de uşor au fost rezolvate evenimentele din 1972, un an greu de uitat pentru cei 130 de membrii ai parohiei Sf. Nicolae şi pentru mulţi alţii. Disensiunile apăruseră între părintele Mihăescu şi preşedintele Consiliului parohial George Roman, care în acelaşi timp era în dizgraţia altor câţiva membri ai parohiei. O adunare generală pe 4 iunie produsese cuvinte dure şi schimburi verbale între preot şi Roman. La o sesiune a Consiliului pe 7 iunie, membrii au fost declaraţi excluşi din Consiliu şi s-a decis să se convoace o adunare generală pentru duminică, 11 iunie 1972. În ziua de dinaintea acestei întâlniri, pe 10 iunie, părintele Mihăescu a apărut la Sfântul Nicolae pentru slujba de vecernie şi a observat că nu putea să intre în biserică: lacătele fuseseră schimbate din ordinul preşedintelui Consiliului. În dimineaţa următoare el a deschis uşa prin forţă şi a oficiat Liturghia de duminică, după care s-a convocat adunarea parohială cu 56 de persoane prezente. Adunarea a înaintat suspendarea lui Mihăescu din funcţia de preot paroh, iar din cauza zarvei care a urmat, a trebuit să fie chemată poliţia pentru a restaura ordinea.

Treizeci şi şase de enoriaşi, căutând să liniştească lucrurile, i-au trimis o petiţie episcopului Valerian pentru a convoca o adunare parohială specială pentru 9 iulie, ceea ce a şi făcut. Părintele Richard Grabowski a fost trimis pentru a prezida ca reprezentant al Episcopiei, iar 102 membrii cu drept de vot au fost prezenţi. Aceştia fuseseră cu grijă cercetaţi şi aprobaţi de către Biroul Episcopal.

Mare a fost indignarea unora când adunarea a votat păstrarea lui Mihăescu şi îndepărtarea lui George Roman de la preşedinţia Consiliului. S-a cerut o renumărare care s-a acordat şi a produs aceleaşi rezultate, dar Roman şi sprijinitorii săi au părăsit sala înainte de sfârşitul sesiunii, contestând întreaga procedură. Valerian a refuzat să anuleze adunarea şi astfel alegerea lui John Nika ca noul preşedinte a fost aprobată. Sf. Nicolae va continua în viitor minus un număr de familii şi enoriaşi dizgraţiaţi. Astfel obiceiurile vechi continuau.

Astfel de intervenţii din partea Episcopiei au născut în mod natural, aşa cum au făcut-o în trecut, acuzaţiile de autoritarism din partea episcopului şi a conducerii centrale. Astfel de opinii pe de o parte păreau justificate, dar pe de alta nu ajutau deloc. Faptul era că puterea continua să opereze de-a lungul întregii Episcopii pe două nivele, care în majoritatea timpului au rămas distincte şi orizontale, decât unite şi verticale: la vârf, prin intermediul biroului episcopului, Consiliul Episcopesc şi Congreselor rareori agresive, iar jos, la nivelul parohiei care se supunea centrului când alegea să facă astfel. În afara ordinii îmbunătăţite impuse încă din 1952, era adevărat că Episcopia era în general un organism structurat federal şi nu o entitate coezivă unită, o platitudine care nu se va schimba prea mult odată cu trecerea anilor.

De partea argumentului autoritar, un bun exemplu erau rapoartele Congresului, care erau frumos tipărite şi trimise membrilor Consiliului înainte de întrunirea finală din ajunul fiecărui Congres. Mereu apărea fraza aceasta în procesele verbale: "raportul va fi prezentat aşa cum este tipărit", fără nici o virgulă schimbată. Biroul ar putea argumenta că acesta era doar un raport a ceea ce se întâmplase în ultimul an, iar în mare parte era. Fără îndoială că o mare parte din baza interpretărilor şi recomandărilor pentru viitoarele acţiuni şi decizii ale Congresului puteau fi regăsite în acestea. Simţul psihologic al deplinătăţii şi refuzului de a deranja deja frumos tipăritul (şi achitat) raport nu era un factor neglijabil. Mai ilustrativă a fost înfrângerea propunerii de a opri ţinerea adunărilor Consiliului în chiar ajunul Congresului, când, din nou, psihologia şi factorul timp au militat împotriva oricăror diferenţe de opinie. Congresul însuşi era acum altceva. Dacă membrii Consiliului, în special membrii laici care nu îşi petreceau toate zilele cu problemele Bisericii, ezitau în a se opune regulilor propuse de către episcop sau de către preoţi la întâlniri ţinute doar de două ori pe an, cu atât mai mult delegaţii procedau la fel la Congresul ţinut odată pe an. Ca să fim cinstiţi, trebuie să spunem că ocazional existau dezbateri serioase la Congres şi din când în când o propunere a centrului era în mod clar respinsă. Totuşi aceste lucruri se întâmplau unul la o sută. Mai des întâlnită, când era confruntată cu indecizii sau opoziţii, era politica preşedintelui de şedinţă de a amâna moţiunile până la următorul Congres sau până când ele puteau fi votate, atâta timp cât delegaţilor li se permitea să creadă în eficacitatea efortului lor. Episcopul nu avea nicidecum rolul de parlamentar. Demn de notat, de asemenea, este răspunsul dat de preşedinte unui delegat la Congresul din 1965, care a întrebat de ce ordinea de zi a Congresului nu putea fi trimisă parohiilor cu ceva timp înainte. I s-a răspuns: "dacă delegaţii ar fi limitaţi dinainte în deciziile lor de către parohii, n-ar mai fi nimic de discutat la Congres". Aici se găseşte teoretizarea politicii familiare între judecata independentă şi teoria ecou a reprezentării în organismele legislative sau parlamentare şi un răspuns exprimat în jargonul cu care interioarele au ţinut întotdeauna în întuneric exterioarele.

Privind la cealaltă parte a ecuaţiei, cât de bine informaţi erau majoritatea delegaţilor? Timp de decenii filosofia fusese, "cunoaşte, ai grijă şi luptă pentru fiecare detaliu din viaţa propriei parohii: centrul îşi va purta singur de grijă". Congresele păreau a fi cu adevărat afaceri interioare pentru că laicii din Martin's Ferry sau Terre Haute sau chiar din Cleveland şi Chicago nu se preocupau cu problemele care implicau Mitropolia Rusă sau relaţiile canonice cu Bucureştiul sau pensiile clerului, în afara celor proprii. În naţiunea ce se numea Episcopia Română, existau câţiva naţionalişti şi zeci de diriguitori, astfel centrul dicta părţilor şi părţile se supuneau când le convenea. Doar Sextus Empiricus ar putea să explice acest fapt, dar niciodată să-l rezolve.

Totuşi, creştere

Astfel, îmbunătăţirile şi progresul din Episcopie au rezultat în urma unui efort intens aplicat proiectelor individuale şi activităţilor de gen ad-hoc, decât celor la un nivel extins în toată episcopia, căci parohiile erau împrăştiate şi se întindeau pe o mare suprafaţă şi era greu să existe o cooperare naţională concertată. Principiul limitării şi al concentrării asupra unui lucru a făcut bine Episcopiei în administrarea "Soliei", realizări de o mare eficacitate din partea ARFORA şi AROY, fondarea Orthodox Brotherhood-ului, a unei mănăstiri şi alte îmbunătăţiri aduse Vetrei.

Progresul "Soliei" a venit sub trei manageri a căror stăpânire a traversat deceniul: Traian Lascu, Leonte Copacia Jr. şi Andrew Peru, toţi tineri cu pregătire profesională şi experienţă în afaceri. A fost evident impactul asupra ziarului în termenii profesionalismului acestuia, facilităţilor mai bune, producţiei tehnice şi managementul afacerii. O înfăţişare nouă a fost dată în ianuarie 1962 când o hârtie nouă albă şi de calitate mai bună a înlocuit-o pe cea gălbuie zdrenţuită, iar jumătate din cele opt pagini erau acum în limba engleză, sub îndrumarea părintelui Haţegan. Întregul produs s-a schimbat într-o mai îngrijită, mai bine aranjată, mai bine corectată apariţie. "Solia" era încă tipărită la tiparniţa lui Ioan Gaspar de pe 5330 Russell Street din Detroit, deşi deteriorarea cartierului a devenit extremă în 1965 şi se cerea urgent mutarea într-un alt sediu. Odată cu moartea lui Ioan Gaspar din acel an, unul dintre ultimii tipografi români tradiţionali de modă veche a părăsit scena. Iosif Drugociu (1903-1975) i-a continuat munca pentru încă 10 ani. La început Episcopia a încercat să cumpere casa şi tiparniţa lui Gaspar, devreme ce "Solia" folosise clădirea fără să plătească chirie. Copacia şi Peru au fost încredinţaţi cu negocierile. Crearea Departamentului de Publicaţii al Episcopiei din anul precedent, se credea, va ajuta oarecum la chibzuirea cheltuielilor dacă vor putea fi deschise o bibliotecă ortodoxă şi un loc pentru vânzarea icoanelor şi a materialelor religioase. După un an de strângere de fonduri care a adus circa 21,000$ destinaţi achiziţionării proprietăţii lui Gaspar, s-a aflat că remodelarea urbană a Detroit-ului va absorbi locaţia de pe Russell Street, iar "Solia" trebuia relocată. În iunie 1967 consilierii au oferit 42,600$ pentru o fostă bancă de pe 11341 Woodward Avenue, una dintre principalele magistrale care traversau Detroit-ul de la nord la sud. Renovarea şi repararea clădirii au fost făcute în februarie 1968, iar în martie ziarul s-a mutat în noul sediu unde avea să rămână de acum înainte. Noile facilităţi erau ele însele un progres major, cu o clădire cu două etaje găzduind birourile tipăriturii la parter şi o sală mare pentru şedinţe la etaj. În total au fost strânşi 26,495$ în decursul a trei ani de colectări. La aceştia s-au adăugat 20,000$ din partea Fondului General al Episcopiei, 25,000$ compensaţie din partea oraşului Detroit şi un împrumut personal fără dobândă aranjat de Andrew Peru. Astfel acest proiect al departamentului publicaţiilor a fost unul dintre cele mai mari întreprinse vreodată de Episcopie.

Între timp, o mulţime de îmbunătăţiri a rezolvat sarcina herculeană de a pune ordine în managementul "Soliei". Introducerea unui *Acme Visible Record System* a redus în cele din urmă listele cu abonaţi la o bază de date exactă şi a fost completat cu plicuri de plată restantă, registre lunare ale conturilor şi cu un sistem nou de completare. Efectul a fost notabil într-un timp scurt. De la o balanţă monetară de 6,214.31$ în 31 mai 1962, activele au crescut la 18,202.38$ până la sfârşitul lui 1964. Odată cu trecerea anilor, nu numai venitul ziarului, ci şi al calendarului s-au dublat, iar în 1970 "Solia" reprezenta o operațiune de 100,000$. Ziarul a continuat să fie editat în mare măsură de către episcop, ajutat din când în când de către părintele Axente Moise, o coloană obișnuită de câțiva ani a "Fratelui Sergius" și munca solicitantă de birou de către John și Anne Mercea, Mary Costea, Constantin Molcuți și părintele Toconiță. Hațegan ducea greul, contribuind la ziar cu multe materiale, de obicei scriind articole mergând de la mesaje spirituale până la capsule istorice despre româno–americani. Apoi foile mergeau la Vatra pentru a fi tipărite de Toconiță, care îi trimitea anual lui Hațegan o chitanță de 2,000$ pentru serviciile sale, dar care era mereu ignorată. "Solia" a devenit mai obiectivă, folositoare ca un ziar de date, mai ales cu introducerea unei secțiuni numite Registrul Parohial în care se treceau statistici vitale. Dacă anunțurile despre evenimentele parohiale erau împrăștiate înainte în toate paginile, acum ele erau combinate sub un singur titlu, într-o singură pagină ordonată a parohiilor. Era o altă îmbunătățire.

Una peste alta, "Solia" își merita reputația în creștere ca unul dintre ziarele bisericești de frunte din națiune în aceşti ani. Filosofia era să nu se angajeze în nici o polemică, să fie un vehicul pentru instruirea religioasă și pentru comunicarea generală din Episcopie și să promoveze relațiile externe cu Bisericile americane, precum şi evenimentele naționale și culturale românești. Tirajul său s-a apropiat de 4,000 de exemplare în 1970.

Un alt proiect de anvergură a arătat Episcopia mai conştientă ca niciodată de necesitatea înregistrării datelor și a conservării istorice. Acesta era efortul de trei ani care a produs un film documentar de lung metraj intitulat "Aceasta este Biserica Ta", care a fost terminat în noiembrie 1967 şi a fost dat noii înființate Frății Ortodoxe pentru a-l distribui ca prima sa lucrare majoră. Început în 1964, inițial filmul trebuia să se limiteze la un format scurt de proiecție de 1,500$, dar cu trecerea timpului a devenit cu adevărat un documentar sofisticat şi comprehensiv nu numai despre viața Episcopiei, ci și despre istoria Bisericii Române din America, de la Franz Josef şi primii coloniști, până la preriile din Canada și Ziua Memorială de la Vatra. Partea tehnică a fost făcută de către Serborama, o mică companie de film din Detroit, cu tipărirea procesată de către

Western Cinema din California – o veritabilă producție hollywoodiană. Costul a ajuns până la urmă la 8,328$, dar valoarea lui pentru viitor era incalculabilă.

ARFORA a jucat un rol foarte important în îndeplinirea unor proiecte de acest fel, iar creșterea și activitățile sale din anii 1960 au continuat remarcabil. Marta Gavrilă a împlinit zece ani consecutivi ca președinte al Organizației Naționale Auxiliare a Femeilor în 1963 și fără îndoială ar fi fost aleasă din nou, dar o schimbare în Statutelor ARFORA au limitat președinția la două termene de trei ani. Sophie Mureșan a urmat-o în funcție și a fost realeasă în 1966. Congresele ARFORA continuau să fie ținute în diferite orașe. În fiecare iunie doamnele contribuiau mult la fiecare activitate de la Vatra, furnizând găzduire și înregistrarea clerului prezent, deschizând o cafenea, donând sume considerabile pentru îmbunătățiri aduse reședinței, casei ARFORA și bucătăriei de vară. Eforturile spirituale includeau asumarea costurilor de tipărire a broșurii "Rugăciuni pentru bolnavi", iar începând din 1967 inițierea unui retrageri spirituale în zona Eastern Ohio - Western Pennsylvania, mai ales după deschiderea mănăstirii din Ellwood City. Când Departamentul Publicațiilor s-a mutat în noul sediu în 1968, ARFORA a dat 3,000$ pentru cheltuielile de mutare, iar la Congresul din acea vară al Episcopiei, a dat Seminarului "Sfântul Vladimir", o donație de 1,200$, care avea să devină una anuală.

Creșterea numărului membrelor a avut loc în anii 1960. În 1970 s-au raportat 1,871 de membre în 28 de sucursale locale. Femeile din ARFORA și-au asumat un rol mai activ decât înainte în determinarea politicii Episcopiei. Introducerea unei vice-președinte regionale a adus o mai mare implicare locală. La fel de importantă a fost și decizia centrului din 1969 de a da un loc ex-officio în Consiliu președintei ARFORA. În aceeași perioadă în care AROY își extindea activitățile de acaparare a Canadei, la fel și ARFORA a devenit internațională. Președinta Marie Morar, aleasă în 1969, a inițiat primul Congres ARFORA ținut peste graniță, găzduit de Reuniunea Doamnelor din parohia Sf. Gheorghe din Regina în 1970, la care au fost reprezentate 50 de sucursale locale. La această reuniune a apărut decizia de întocmire a unei noi Constituții ARFORA, pentru a aduce organizația la zi cu cele mai recente Legi ale Episcopiei. Astfel anul 1971 a adus un Congres legislativ la Sharon, Pa., iar noile Statute ARFORA au intrat în vigoare în ianuarie 1972. O schimbare majoră era reducerea la un an a termenului valabilității unei funcții în organizația națională, cu un maxim de cinci ani pentru orice persoană care deținea aceeași funcție. Aceeași tendință se găsea în general în Episcopie odată cu zorii anilor 1970; o privire asupra funcționarilor din ultimele decenii arată că rotația în funcție nu a fost rapidă, iar multe dintre problemele obișnuite ale oricărei organizații ce practica monopolul asupra funcțiilor de către puținii aleși nu au trecut neobservate.

Mănăstirea ortodoxă Schimbarea la Față, o așezare bisericească de 96 de acri din Lawrence County, Pennsylvania chiar lângă Ellwood City, a reprezentat una dintre cele mai importante expansiuni ale facilităților pentru viața spirituală realizată la sfârșitul anilor 1960. A fost inițial concepută de către fosta Prințesă Ileana din România, fiica Regelui Ferdinand și a Reginei Maria, care, după ce a depus jurămintele monastice la Convent of the Veil din Bussy–en–Othe, Franța, a venit în Statele Unite ca Maica Alexandra și a inițiat proiectul prin discuțiile cu Episcopul Valerian în 1963. Un referendum al Consiliului și al clerului a autorizat Biroul Episcopiei să înceapă proiectul, iar Valerian a informat Consiliul în ianuarie 1965 că pământul din Pennsylvania fusese achiziționat pentru suma de 29,000$. Până la proiectarea mănăstirii, aceste fonduri, combinate cu banii strânși de către maica Alexandra, au fost administrate de către Episcopie, în vreme ce Episcopia a mai dat încă 5,000$ pentru programul de construcție. Până în martie 1967, "Fondul de Construire a Mănăstirii" conținea 6,145$. Este interesant de notat că decizia asupra locației mănăstirii încă nu se luase, pentru că între timp Episcopia a achiziționat 40 de acri în Nevada ca potențială locație.

Un an mai târziu, dealurile unduite din vestul Pennsylvaniei au fost considerate mai ospitaliere, iar mănăstirea a fost încorporată de către Commonwealth. Imediat Episcopia a transferat dreptul de proprietate și toate fondurile noii corporații mănăstirești, pentru că înțelept era să fie o instituție ortodoxă și nu una religioasă românească. Cu

34,144$ strânşi şi prin eforturile combinate ale maicii Alexandra şi ale Episcopiei, locul a fost sfinţit la 1 august 1967 de către Mitropolitul Ireney şi Valerian. Astfel, prima mănăstire ortodoxă cu slujbe în engleză din Statele Unite a început să funcţioneze în primăvara lui 1968. În curând s-au ridicat patru case din lemn în zona pădurii, în jurul capelei ce avea formă de A. Doi ani mai târziu, odată cu înfiinţarea Bisericii Ortodoxe Autocefale din America, jurisdicţia asupra mănăstirii a fost asumată de către Sfântul Sinod. Totuşi, luând în considerare relaţiile strânse dintre Episcopie şi instituţie, Valerian a fost învrednicit de către Sinod cu îndrumarea spirituală a comunităţii.

Cu trecerea timpului, Mănăstirea Schimbarea la Faţă va avea şase surori sub conducerea maicii lor stareţe. Au fost iniţiate proiecte ca: librărie ortodoxă, croirea veşmintelor preoţeşti şi ţeserea covoarelor. Maica Alexandra a continuat să participe în viaţa religioasă a Episcopiei, ca şi în trecut, predând în taberele de educaţie religioasă, scriind pentru "Solia" şi organizând conferinţe şi întruniri.

Încă un gol semnificativ din organizarea Episcopiei a fost umplut în 1968, cu fondarea unei asociaţii speciale pentru adulţii laici ale căror vârstă şi abilităţi depăşeau domeniul AROY – aceasta era Frăţia Ortodoxă. A fost propusă Consiliului de către Traian Lascu şi Andrew Peru, împreună cu Leonte Copacia şi Augustin Vincent la adunarea din 4 martie 1967, iar organismul a aprobat rapid deja pregătitele Statute pentru o astfel de societate. O adunare generală organizatorică a fost ţinută la Cleveland pe 21 octombrie care l-a ales pe Lascu ca primul preşedinte. Având prima adunare a Comitetului Central al Frăţiei în martie 1968 la Akron, "Frăţia Ortodoxă" era lansată cu fermitate. În ciuda unei astfel de inaugurări rapide, totuşi, originile Frăţiei datau de mai bine de un deceniu, de la Convenţia Naţională AROY din 1957 ţinută la Bridgeport, Connecticut. Aceasta era adunarea care până la orele târzii ale dimineţii a dezbătut stabilirea unei limite de vârstă pentru AROY, 45 de ani fiind vârsta cea mai vehiculată. Deşi rezoluţia a căzut cu o diferenţă mică la vot, a fost ridicată întrebarea despre ce era de făcut cu membrii AROY şi viitorii aplicanţi, dacă o astfel de propunere ar fi fost pusă în practică - o condiţie, cu siguranţă, spre care mergea tendinţa generală. Nu existau dubii asupra faptului că AROY însăşi avea nevoie de revitalizare şi de o orientare mai tinerească dacă vroia să continue slujirea scopurilor sale. Totuşi, concluzia anilor 1960 era că oamenii maturi de 30, 40 de ani care aveau o contribuţie majoră, nu găseau nici un rezultat formal în ciuda eforturilor lor. Fiecare convenţie AROY a ridicat probleme până în 1966, când, împreună cu ierarhia Episcopiei, s-au făcut paşi concreţi. În primul an, un Consiliu Interimar din 16 membri a condus Frăţia, folosind birourile "Solia" ca sediul central, până când prima Conferinţă anuală ţinută la Catedrala din Southfield în weekend-ul din 5 octombrie 1968, a făcut organizaţia permanentă.

Frăţia era pentru bărbaţi şi femei cu vârsta de la 30 de ani în sus. Deşi au existat şovăieli normale de a admite acestă vârstă, femeile au fost acceptate chiar de la început. În scurt timp, Frăţia şi-a luat locul lângă ARFORA şi AROY ca a treia organizaţie majoră a Episcopiei şi se vedea pe sine ca "vocea oficială a laicilor din Episcopie". Pe lângă scopul declarat de a fi un sprijinitor financiar al Episcopiei, o agenţie de activitate spirituală şi regenerare, filosofia Frăţiei de implicare ecumenică era în ton cu noua tendinţă a deceniului în Episcopie şi în ortodoxie în general, pe când anul 1970 se apropia. Fiind în special o organizaţie de ajutorare, încă de la început Frăţia a exercitat mai mult decât simplele funcţii de colectare de fonduri, a oferit expertiza profesională a Episcopiei, inspirându-se din marea experienţă a membrilor săi într-o largă varietate de ocupaţii. De asemenea, spre deosebire de alte astfel de organisme, Frăţia nu a format sucursale locale, ci a rămas o unitate naţională cu legături directe între membrii individuali. În primul raport prezentat la Congresul Bisericesc din 1969, Lascu nota succesul Frăţiei în primele sale nouă luni de existenţă prin prezentarea filmului despre Episcopie în 11 parohii şi stabilirea Brotherhood Fund Drive pentru a furniza burse candidaţilor la preoţie. Până la urmă, Frăţia se va alătura celorlalte două auxiliare în sponsorizarea pe cont propriu a proiectelor Departamentului Publicaţiilor. Acest tip de efort, împreună cu revigorarea vieţii sociale subliniată de preşedintele John J. Regule în 1970, erau adaosuri dorite de către instituţia Episcopiei. Mai mult, aceasta din urmă, era relevantă pentru tranziția finală spre un aspect fundamental al interacțiunii sociale a româno–americanilor, atins în anii 1970: întâlnirile sociale pentru majoritatea celei de-a doua și a treia generații erau acum fie localizate în complexele lor parohiale renovate, fie în contextul organizațiilor naționale ale Bisericii. Nu mai erau limitate la societățile frățești care își pierduseră funcționalitatea în multe alte feluri. Aceiași ani care au văzut reconstrucția fizică completă a majorității Episcopiei au fost martori la închiderea vechilor săli ale Uniunii și Ligii. Societățile laice, refuzând să se convertească la limba engleză și nefăcând prea mult pentru a atrage tineretul, începuseră să se atrofieze chiar din anii '50, iar 20 de ani mai târziu au devenit rapid anacronice.

Vatra: Ultimile retușuri

Sediul central al Episcopiei a rămas miezul activității naționale, în ciuda unei plângeri ocazionale referitoare la Congresele ce ar trebui ținute și în alte părți din când în când. Pe la mijlocul anilor 1960 proprietatea luase aproape aspectul pe care-l are astăzi și majoritatea vechilor critici împotriva unei filosofii orientate spre Vatra era acum amuțită de necesitatea păstrării și folosirii marilor investiții financiare făcute pentru renovarea proprietății. De asemenea, oamenii au început să nu mai vadă proprietatea ca pe un "elefant alb", ci ca pe ceva cu care să se mândreasă. Nu toate viziunile lui Policarp asupra locului au fost realizate, dar câteva au fost totuși. Ideea unui loc de odihnă pentru bătrâni și chiar unui "pioneer village" erau încă discutate târziu în 1961, dar experiența altor Biserici cu astfel de proiecte impunea o abordare precaută. Sute de români nu se mutaseră în Michigan pentru a se așeza în apropierea Vetrei, așa cum se anticipa cu 30 de ani în urmă. Biserica Sfânta Maria nu era o parohie obișnuită. Proprietățile Wolf Lake erau aproape toate vândute în 1965, doar pământul nedezvoltat rămânând în proprietatea Episcopiei. "Satul românesc" a rămas doar în vise, blocat în proiecte grandioase care începeau să se perimeze cu vremea.

Venitul din închirierea pământurilor a continuat să aducă în jur de 2,000$ pe fiecare an, până la terminarea Programului Soil Bank la sfârșitul anului 1964. Pentru o vreme, pavilionul Wolf Lake a fost închiriat diferitelor grupuri din zona Jackson, dar deteriorarea lui creștea anual. Din cauza alunecării gradate spre lac s-a făcut un zid opritor ce a stăvilit eroziunea malului. Propunerea AROY de a construi un bazin de înot pe teritoriul Vetrei nu a fost aprobată. Problema transportării studenților din taberele de vară la lac și riscurile adiționale au fost până la urmă rezolvate prin găsirea unui bazin de înot acoperit în acea zonă. Astfel, proprietatea Wolf Lake a încetat să mai existe ca parte activă a Vetrei în anii '70. Vatra va fi doar sediul central administrativ, ocupat doar de episcop și de mica sa echipă timp de nouă luni din an, cu excepția înmormântărilor sau pomenilor și folosită în principal în timpul verii pentru tabere și Congrese.

Natura simbolică a Vetrei a fost adăugată în Ziua Memorială din 1964, cu ridicarea unui monument dedicat românilor deportați și omorâți în Siberia sovietică în timpul celui de al doilea război mondial. Aceste serii de arcade din bronz și fontă înconjurând o cruce mare pe un piedestal din beton care stă la estul pavilionului și bisericii au fost mai întâi sugerate de către refugiatul australian Dumitru Nimigeanu în 1963. Nimigeanu era autorul unei cărți care rememora suferințele sale și ale altor câteva mii: *"Amintirile unui țăran deportat din Bucovina"*. A fost începută o colectă care a produs peste 1,300$, în special din partea populației refugiate din Canada, Australia și Statele Unite. Descoperirea Monumentului Siberia a fost ocazia unor ceremonii solemne speciale.

Cea mai mare și mai recentă extindere la Vatra a fost proiectul de anvergură de a construi Pavilionul Turnului cu Apă, o chestiune discutată ani întregi, dar întotdeauna amânată din cauza folosirii fondurilor pentru treburi mai presante. Vechiul turn de peste 25m înălțime și de aproape 70 de ani a devenit mai instabil cu trecerea timpului, iar grinzile, scările și zidurile sale amenințau să se prăbușească. Pentru o vreme, ideea dărâmării lui a fost luată în serios în considerare, dar acest lucru a fost abandonat din fericire când consultanții au concluzionat că poate fi salvat și încorporat în cadrul unui pavilion nou. Valoarea lui istorică impunea o astfel de soluție.

Congresul Bisericesc din 1969 a aprobat planul, iar în august North Construction Company, care construise şi biserica Sfânta Maria, a primit contractul pentru transformarea clădirii vechi într-una nouă de 37,405$. A devenit una dintre cele mai remarcabile şi mai plăcute clădiri de pe proprietate. Mai întâi turnul însuşi a fost reîntărit la bază şi i s-au adus patru noi etaje şi scări ducând până în vârf. Parohia Sfântul Gheorghe din Canton s-a oferit să contribuie cu toate fondurile ce au fost necesare pentru a restaura balconul din vârf ca o platformă de supraveghere. Un adaos excelent a venit când clopotele de la vechea biserică Sfânta Cruce din Martin's Ferry, Ohio, vechi de o jumătate de secol, au fost aduse la Michigan după renovări speciale şi instalate la ultimul etaj în septembrie 1969. La început pavilionul de jos a fost lăsat deschis în trei părţi, dar prima iarnă a demonstrat că acest lucru nu este înţelept şi în primăvară a fost închis cu plexic, plase de ţânţari şi lambriuri din lemn. Odată cu sfinţirea noii construcţii de Memorial Day în 1970, a fost în sfârşit rezolvată una dintre problemele majore – riscul ţinerii de adunări mari afară pe o vreme improbabilă. Turnul a fost salvat, munca n-a durat mult, iar esteticienii şi funcţionaliştii puteau acum să fie bucuroşi. Cu adăugarea Troiţei AROY în 1968, Vatra de astăzi era aproape gata.

Soluţii vitale

Odată cu sfârşitul anilor 1960, atmosfera de tensiune sub care deseori Episcopia lucra părea să dispară, un număr de probleme vechi găsindu-şi rezolvarea. Eforturi majore s-au făcut pentru a găsi noi preoţi. În 1969 Constantin Lupaşcu şi Ştefan Bogolea au fost hirotoniţi diaconi, Nicholas Crăciun făcut preot, iar alţi patru preoţi au fost acceptaţi în jurisdicţia Episcopiei, aceştia fiind Octavian Roşu, Alexandru Râşca, Panteleimon Stanciu şi Nicolae Tănase, ce au fost repartizaţi în cele din urmă în Brooklyn, Detroit, Regina şi respectiv Kitchener. Eforturi majore au fost făcute pentru satisfacerea nevoilor parohiilor canadiene. Părintele Martinian Ivanovici a depăşit dificultăţile iniţiale ale mutării din Paris, iar în primăvara anului 1967 se afla la biserica Sfântul Gheorghe din

Regina. A fost numit vicar episcopal a lui Valerian, astfel ridicând Sf. Gheorghe la rangul de Catedrală pentru parohiile canadiene. În 1970 Ivanovici a devenit protopop administrativ al districtului vestic din Canada. Mai mult, în 1969 a venit autorizația pentru un Centru Misionar Canadian, având sediul în afara Reginei, pentru a sluji parohiile din toată regiunea. Inițial, format din preoții Panteleimon Stanciu și Brendan O'Keefe, la care s-a adăugat părintele Constantin Turcoane în 1970, înțelegerea ca toate parohiile beneficiare să plătească într-un fond central de salarii o sumă de până la 300$ pe lună, iar Ivanovici le va trimite preoți oriunde va fi nevoie de ei. Anul 1972 a marcat atingerea unei borne istorice prin deschiderea unui Centru Ortodox Româno–Canadian pe o proprietate achiziționată la Fort Qu'Appelle. Înlocuind tabăra de la Shell Valley, o tabără a Sfântului Gheorghe a devenit realitate și pe lângă programele de educație religioasă, Centrul acționa ca un "clearing house" și ca centru administrativ pentru numirea preoților. În sfârșit, măsuri concertate fuseseră luate pentru a feri bisericile canadiene izolate de incursiunile altor jurisdicții și acest lucru, în combinație cu atenția mai mare acordată Canadei de către AROY și ARFORA în anii care au urmat, au furnizat integrarea canadiano-americană în Episcopie, integrare ce lipsise până atunci.

Nu chiar atât de simplă era problema omniprezentă a relațiilor dintre București și Episcopia din Detroit. După trecerea încurcăturii negocierilor purtate timp de câțiva ani, Valerian a aflat că la sesiunea Sfântului Sinod din București de pe 7 iunie 1966, episcopul Victorin a fost autorizat să încerce "la vremea potrivită'" încă o dată să obțină posesia asupra Vetrei în tribunalele din Statele Unite. La 15 martie 1967, Valerian a făcut apel la Sfântul Sinod să nu redeschidă "războiul fratricid dintre cei de aceeași origine", reamintind ierarhiei din București toate declarațiile ei și că ani întregi a accentuat interesul ei doar în "relațiile canonice, pace și bună înțelegere" cu românii din America. Copii ale acestui memorandum au fost trimise fiecărui mare episcop și mitropolit din România. Nu se poate spune dacă tonul determinant al mesajului a avut efect sau dacă moțiunea precedentă a Sinodului era doar un alt simulacru pentru a exercita amânări şi pentru a tot împiedica parohiile americane să se gândească că Episcopia Misionară avea un caz valid. Totuşi nu a apărut nici o cerere de rejudecare a cazului. Cert este că influenţa Bucureştiului asupra conducerii East State Fair (acum, de fapt, 19959 Riopelle Street în Detroit) nu se diminuase. De asemenea este clară probabilitatea că astfel de zvonuri sau mişcări ca cele de mai sus proveneau din România şi nu de la Episcopul Ursache, ale cărui inteligenţă şi autocontrol dcpăşeau cu mult pe cele ale lui Andrei Moldovan. Victorin însuşi era, din punct de vedere strategic, o bună alegere pentru a conduce Episcopia Misionară, pentru că legătura sa cu Sfântul Sinod român era una strânsă înainte de numirea sa ca episcop. Ani întregi el trăise la Misiunea Română din Ierusalim, înainte de a veni la mănăstirea Sfântul Tikhon din South Canaan, Pennsylvania. Într-adevăr el era afiliat canonic în acea vreme la Mitropolia Rusă. Fără îndoială acceptând conducerea Episcopiei Misionare, Victorin şi-a dat tacit acordul faţă de atacurile ei, uneori paşnice, dar de multe ori clare asupra Episcopiei lui Trifa. Astfel, o problemă care de drept ar fi trebuit să se termine în 1953, a continuat să înlănţuiască româno americanii un sfert de secol mai târziu şi cum relaţiile oficiale Statele Unite–România au intrat într-o nouă fază cu vizita lui Richard Nixon la Bucureşti în 1970, în zona relaţiilor religioase războiul rece n-a încetat niciodată. În 1969 şi în 1970, sub conducerea editorială a arhimandritului Anania, *"Credinţa"* a continuat atacurile. Următorul an Victorin şi Valerian au avut prima lor vizită formală de când primul devenise episcop. Mesajul episcopului misionar era ca Trifa să retragă Episcopia din Mitropolie şi să se întoarcă la statutul din 1948, cu promisiuni de mare autonomie administrativă. Răspunsul lui Valerian la acestea a fost un semn că, aşa zisele negocieri de 10 ani şi mai mult, se apropiau de sfârşit. "Am răspuns...aceasta este aproape imposibil".

Nu era imposibil, dar era foarte improbabil. Anul însuşi şi mersul evenimentelor din Biserica Ortodoxă din întreaga lume o redau ca atare. La sesiunea Consiliului din 5 februarie 1970, episcopul şi părintele Haţegan au raportat cea mai importantă ştire care afecta soarta Bisericilor Ortodoxe din America după decenii. Se ajunsese la un acord între Mitropolia

Rusă din New York şi Patriarhia Moscovei care a condus la acordarea statutului autocefaliei Mitropoliei ca Biserică Ortodoxă Americană. Mai mult, eparhia rusă din Statele Unite va fi încorporată în noua Biserică autocefală. Aceasta însemna că Mitropolia Rusă îşi va alege de acum propriul mitropolit care, prin intermediul propriului Sfânt Sinod, va guverna complet Bisericile ortodoxe ruse din America, eliberată de orice obligaţie faţă de orice altă ierarhie bisericească. Negocierile asupra unui astfel de pas normal fuseseră tergiversate şi chiar şi aşa, tot nu erau terminate. Patriarhul ecumenic de la Constantinopol s-a opus cu tărie mişcării, aşa cum au făcut şi alte Biserici cu ramuri în America de Nord. Pentru moment, acest lucru n-a afectat Episcopia, dar faptul a rămas după ani lungi de efort. Biserica Ortodoxă din America era pe punctul de a se naşte.

Vara lui 1970 a văzut cristalizarea mişcării. Valerian a luat parte la Sinoadele Mitropoliei care s-au întrunit pentru a defini şi sublinia noua ordine a lucrurilor, iar până la urmă a fost preşedintele Comisiei Canonice. În acelaşi timp el a folosit ocazia pentru a face apel la Bucureşti pentru a le acorda celor de sub jurisdicţia lor de aici libertatea de a se alătura organismului, cerându-i lui Iustinian să nu fie "absent din pagina istoriei care va scrie începutul Bisericii Ortodoxe Autocefale din America". După cum fusese cazul în 1960 cu Mitropolia, Episcopia Ortodoxă Română era prima Biserică non-rusească care a recunoscut autocefalia ei, astfel dându-i un caracter ortodox universal, în timp ce îşi păstra garanţiile propriei autonomii ca Episcopie şi cu nici o negare a trecutului ei etnic, a obiceiurilor, tradiţiilor sau a formei de organizare. Până la urmă, atât Biserica Ortodoxă Albaneză, cât şi cea Bulgară aveau să adere la jurisdicţia OCA. Sirienii şi mai ales puternica Biserică Ortodoxă Greacă au rămas neîmpăcate cu ideea până în prezent. Pentru Episcopie era punctul maxim al unei lungi căutări, atât pentru a găsi o casă canonică, cât şi pentru a depăşi limitele unei credinţe ortodoxe orientată doar etnic. De asemenea, dintr-un anumit punct de vedere, era un tribut adus concepţiei deschise şi previziunii lui Trifa încă din primele sale zile ca episcop. Refugiatul de război român, fără nici un ban în buzunar, douăzeci de ani mai târziu, a devenit unul dintre părinţii fondatori ai Bisericii Ortodoxe din America.

CAPITOLUL X

Confruntarea cu viitorul, 1971 — 1979

Trecutul nu moare niciodată;
Nici măcar n-a trecut.

- Faulkner

"Prin urmare, se hotărăşte ca procedură de funcţionare, că vom coopera cu toate Bisericile Ortodoxe din lume, dar nu vom accepta interferenţele niciunei jurisdicţii bisericeşti în treburile Episcopiei noastre", spuneau procesele verbale ale Congresului din 1971.

"Am introdus Fondul de Pensii al Clerului într-un Plan Comun de Pensii înregistrat în Serviciul Intern de Venit Nr. 1694573", a raportat managerul planului, George Dobrea.

"ARFORA şi-a concentrat activităţile în ajutorarea Episcopiei cu următoarele îmbunătăţiri de la Vatra....", a enumerat preşedintele Marie Morar.

"Tribunele au fost pline de fani care-şi aclamau echipele. La fel de important a fost <<super weekend-ul AROY>> ţinut la Bridgeport", a spus cu entuziasm preşedintele John D. Kisbac.

"La nivel local, Canton a făcut o treabă bună cu Proiectul Pensionarilor condus de George Muşat. Acestea sunt toate proiecte iniţiate...de către devotaţi membrii ai Frăţiei Ortodoxe", a notat preşedintele Harold Shantz.

"O parohie, prin decizia adunării generale, poate să respingă alegerea unui preot prin cerere adresată episcopului de a numi un preot sau un administrator, prevedeau noua Constituţie şi noile Legi".

"Nefăcând apel la decizia caterisirii luată de Sfântul Sinod al Bisericii Ortodoxe din America, sentinţa a devenit definitivă la 30 septembrie 1973", proclama decizia asupra lui Mihail Iancu.

"Această fotografie a lui Valerian D. Trifa fiind hirotonit episcop a fost făcută de către un enoriaş în 1958", publica în mod contrar "Philadelphia Inquirer".

"Episcopul de 72 de ani", relata fără să calculeze "Detroit Free Press".

"Ierarhia ortodoxă ucraineană a acceptat în sfârşit, iar în aprilie 1952 Trifa a fost hirotonit la Chicago", scria "Detroit Magazine", în timp ce raporta greşit oraşul.

"Ioan Trutza, un preot din Cleveland care studiase cu Trifa în România în 1940...", scria Howard Blum, greşit ca de obicei.

Efectele pot să se scurgă în urmă sau înainte în timp, pătând evenimente inocente de altfel. În anii 1970 Episcopia a continuat să crească şi să se extindă, să se schimbe în anumite feluri. Totuşi, în liniile ei fundamentale a rămas, aşa cum a fac toate instituţiile umane, nu mai mult decât suma totală a trecutului ei. Ca o constantă, în lupta lungă de decenii dintre continuitate şi schimbare, continuitatea câştiga invariabil.

Anii consolidării

În raportul său anual la Congresul Bisericesc din 1971, Valerian a enumerat 32 de preoţi cu numiri permanente în parohii, încă cinci preoţi cu numiri temporare sau speciale, patru clerici cu permis de absenţă, opt preoţi la pensie şi cinci diaconi sub ascultarea sa. 44 de parohii în Statele Unite şi Canada se aflau sub jurisdicţia sa. Exista o balanţă fiscală de 33,190.70\$ în Fondul Administrativ General, 16,177.10\$ în Fondul Departamentului Publicaţiilor, 9,438.47\$ în Fondul de Rezerve al Soliei, iar valoarea Vetrei era de 481,076\$. Doi noi preoţi fuseseră hirotoniţi în ultimul an: Daniel Nenson pentru Sfântul Gheorghe din Winnipeg şi John Fleser care a mers la Sfântul Andrei în Terre Haute. Patru petiţii ale unor preoţi care doreau să fie acceptaţi în Episcopie erau nerezolvate, incluzând-o pe cea a preotului Mihail Iancu din Detroit. Mai mult, existau trei studenţi înscrişi la Seminarul Sfântul Vladimir, incluzându-l pe Laurence Lazăr, fiul secretarului Consiliului Episcopesc şi pe Ioan Mărmureanu, care până la urmă va deveni preot la Sfânta Treime din Youngstown, unde venerabilul Ioan Stănilă murise în acel septembrie al anului 1971. Rapoartele auxiliarelor – AROY, ARFORA şi Orthodox Brotherhood erau similare în înregistrarea progresului, optimismului şi realizărilor pentru Episcopie. Mulţi din vechea echipă se aflau acum la pensie sau ajutau doar ocazional, incluzându-i pe cei care au fost prezenţi din perioada de dinainte de fondarea Episcopiei, cum erau Ioan Popovici, Coriolan Isacu, Daniel Maxim, Ioan Popescu. O preoţime în întregime nouă prelua gradat conducerea de-a lungul Episcopiei, aşa cum Congresele şi adunările Consiliului evidenţiau acum un control mai preponderent al celei de-a doua şi chiar a treia generaţii de româno–americani. Mai ales între anii 1971–1975, acele parohii care întreprinseră expansiuni majore sau programe de construcţii, au reuşit să achite datoriile mari apărute, iar ceremoniile şi banchetele de achitare a ipotecilor au devenit o modă. Alte biserici, încă în clădirile lor vechi din 1914 şi 1925 din cartierele vechi urbane mureau încet, dar inexorabil şi din nefericire nu s-a făcut nimic pentru a le salva. Poate că acest lucru era inevitabil sau poate că nu.

Tendinţa spre o măsură mai mare de control din partea centrului asupra parohiilor a continuat, finalizată în revizuirile Constituţiei şi în Legile din 1968 şi din 1978. În întâmpinarea numărului mic al enoriaşilor a venit noua definiţie a unui cvorum pentru adunările generale parohiale: acest lucru de fapt fusese sugerat încă din 1962. Pe viitor un consiliu parohial valid trebuia să conţină doar cu un membru în plus faţă de jumătate din numărul persoanelor din Consiliul parohial. Cu excepţia vânzării sau închirierii proprietăţii sau a problemelor care implicau jurisdicţia Episcopiei, o majoritate simplă putea să înainteze o moţiune. Chiar şi această conducere simplificată din 1968 a fost schimbată zece ani mai târziu pentru a face un cvorum, acelaşi cu numărul membrilor Consiliului parohial. Împreună cu aceasta a venit un efort ţintit spre regularizarea şi definirea strictă a procedurilor de numire şi alegere a preoţilor parohi, o practică care dăduse naştere la atâtea rele timp de peste o jumătate de secol. Amendamentele din 1968 la Constituţia Episcopiei au introdus, pe lângă paşi atent trasaţi pentru alegeri, prevederea care permitea parohiei să renunţe la dreptul ei de alegere şi să ceară ca episcopul să numească un preot. Aici exista evident un compromis între două feluri de gândire. În legile din 1978 clauza respingerii dispăruse, dar episcopul şi sediul central al Episcopiei erau mai clar implicate în întregul proces de ocupare a unei parohii vacante, de la declarația inițială de vacantare până la instalarea finală a candidatului câștigător. Mai mult, parohia de acum avea o alegere, de îndată ce o adunare generală parohială se va convoca, în a opta să urmeze întreaga procedură prescrisă sau să voteze ca un preot să le fie dat de către episcop. În cazul acesta, precedenta clauză de renunțare la drepturi își schimbase doar hainele.

Partea complementară a acestei chestiuni a fost de asemenea adresată. Sesiunea Consiliului din 31 octombrie 1970 a dat o lege prin care un preot nu putea fi candidat într-o parohie vacantă până când nu slujise minimum doi ani în precedenta parohie. De asemenea, preoții pensionari sau cu permisie de absență trebuiau să-și clarifice statutul prin Biroul Central. În mod clar, clericii nu mai erau liberi să hoinărească cum o făceau altădată. Statutele din 1968, cum era de așteptat, le interzicea preoților să slujească în orice parohie care nu era sub jurisdicția Episcopiei sau nu permitea unui preot dintr-o altă jurisdicție să participe la slujbe în parohiile Episcopiei fără permisiunea episcopului. Pe lângă acestea, totuși, peregrinările din era lui Policarp au luat sfârșit prin regulile împotriva slujirii în orice altă parohie fără cererea sau aprobarea preotului local sau a Biroului Episcopal. La fel de revelatoare era stipularea că atâta timp cât primea un salariu de la parohia sa, un preot nu se putea angaja în orice altă ocupație plătită fără aprobarea Consiliului parohial și a episcopului. Rezultatul acestui ultim fapt a fost evitarea sau ignorarea ocazională a legii sau în unele cazuri, retragerea unora pentru a se angaja temporar în altă meserie, îndeajuns pentru a stabili o bază financiară pentru familia sa. În câteva cazuri, de asemenea, însemna pierderea unui preot ici-colo, care nu vroia să se subordoneze, pentru că dilema adusă de către parohiile mici insolvabile financiar nu putea fi rezolvată de legi. Per total, disciplina s-a îmbunătățit, cel puțin în linii mari.

Stilul și personalitatea episcopului însuși au fost adăugate la coeziunea crescândă a Episcopiei. În 1972 el a marcat două decenii de împliniri. Puțini puteau să le nege, pentru că erau evidente în toate domeniile. Ca toți liderii de succes, el era capabil să inspire o mare teamă și o mare iubire în mod simultan. Fusese întotdeauna abrupt, dominant, agresiv şi pe măsură ce anii şi-au luat tributul, aceste feţe ale comportamentului său nu s-au schimbat niciodată, dar dacă ceva creştea treptat, cum erau presiunile psihologice constante ale atacatorilor săi, nu se putea să nu-l facă din când în când irascibil. Uneori el era cu o falcă în cer şi una în pământ. Valerian avea o muncă imensă, cu cereri care-l trăgeau în 20 de direcţii odată şi în special, aici a apărut o slăbiciune majoră. El nu era capabil să delege autoritatea fără o intervenţie constantă pentru a arăta cum trebuie să fie făcută treaba. El încerca să facă totul de unul singur, până la cel mai mic detaliu, să fie omniprezent şi ambidextru. Doar ocazional admitea că şi alţii erau capabili. Totuşi, s-a văzut şi o altă parte a sa. Cu bunicile aşezate la cină pe pajiştile Vetrei, cu doamnele din ARFORA în bucătăria aburindă, cu băiatul de la AROY în jurul focului sau cu cuplul timid consultându-l în vederea căsătoriei, episcopul putea să fie şi era, cald, uman, compasional, jovial, chiar glumeţ, demonstrând dincolo de îndoială că Biserica sa şi Episcopia conţineau cei mai buni oameni de pe pământ. Trifa putea să vorbească cu senatorii Statelor Unite şi cu preşedinţii universităţilor aşa cum putea s-o facă şi cu cei de 13 ani şi cu cei care veniseră în America în 1906 şi aveau ceva valid de spus. Citea cu voracitate, era informat câte puţin din toate şi mult despre diverse alte lucruri. Intelectualismul său într-adevăr lucra împotriva poziţiei sale din când în când, pentru că dorinţa sa era de a ajunge la o soluţie bine gândită a problemelor. El aştepta uneori până în ultimul moment pentru a acţiona sau pentru a obţine o ultimă informaţie sau pentru a explora încă o posibilitate. El era, ca şi Robespierre, periculos odată ce lua o decizie, pentru că avea fără doar şi poate dreptate. Problema era în înţelegerea nuanţelor mentalităţii româno-americane aşa cum puţini au reuşit în ceea ce era cel mai bine pentru Episcopie. Nu trebuie decât să comparăm starea lucrurilor din 1952 cu cea din 1972 sau din 1975 pentru a afla că nimic nu vorbeşte mai mult decât succesul. Compensând milioanele de cuvinte defăimătoare scrise despre episcop sunt milioanele de declaraţii de loialitate, mărturii de credinţă, sprijin şi mulţumire scrise de cei care aparţineau Bisericii sale şi de către alţii. Evenimentele de la cea de-a 25 aniversare a lui Valerian ca episcop în 1977 au umplut singure volume întregi. Fie mii de oameni inteligenți fuseseră timp de trei decenii complet naivi și hipnotizați în masă, fie știau ei ceva ce restul nu știau.

Nu se poate explica altfel sprijinul necontenit al auxiliarelor pentru Episcopie și disponibilitatea de a aloca sume mari de bani pentru proiectele ei. Marie Morar a raportat Congresului din 1972 că în ultimii trei ani, contribuțiile monetare ale ARFORA, atât către Vatra, cât și pentru fondul de burse, au depășit 11,000$. Unul dintre cele mai mari și de succes proiecte ale asociației a fost lansat în acel an, anume cartea de bucate ARFORA. Pentru prima dată, un buget specific pentru lucru a fost adoptat, iar fondurile au fost alocate cu specificație clară, rezultând în țeluri mai ordonate și bine definite. Un an mai târziu, președinta Leona Barbu a raportat 2,000 de copii ale cărții de bucate vândute și o a doua tipărire începută. Până în 1978, a treia ediție a fost aproape golită. Congresele ARFORA au început să aducă aproape același venit ca și Convențiile AROY. În 1973 ARFORA a călătorit spre Los Angeles pentru adunarea ei anuală, care a ajutat la solidificarea relațiilor Episcopiei pe Coasta de Vest, în timp ce a adus un profit de 4,000$. Congresul din 1974 a primit un raport care arăta că bugetul ARFORA era de 28,000$ pe an, cu fonduri desemnate Vetrei, programelor de educație religioasă, Fondului Taberei Canadiene, Seminarului Sfântul Vladimir și Fondului pentru Asistența Refugiaților.

Primii cinci ani ai Leonei Barbu ca președinte au adus mai mult decât succes financiar. ARFORA și-a continuat tradiția ei anuală cu retrageri spirituale de weekend la mănăstirea Schimbarea la Fața din Ellwood City. De obicei, Postului Paștelui și septembrie le găsea pe femei la Vatra pentru ceremoniile sărbătorii Sfintei Mării. Auxiliara era reprezentată la orice conferință majoră, adunări ale Consiliului, Congrese și întruniri, iar nevoile religioase, vizitele făcute bolnavilor și prizonierilor reprezentau întotdeauna o grijă specială. Începutul anilor '70 au văzut ARFORA crescând în coeziune, ca rezultat al eforturilor concertate pentru a întări comunicarea internă. Comitetul executiv își muta întrunirile din loc în loc, noi localnici erau admiși, iar o coloană ARFORA în "Solia" a devenit o apariţie obişnuită. Devreme în 1974, când discuţia despre propusul *Heritage Center* era abia în faza preliminară, organizaţia a acordat generoasa sumă de 12,500$ pentru proiect. La fel de importantă, concentrarea asupra strângerii de dosare şi de materiale istorice la ARFORA este menţionată prima dată în 1975. Trei ani mai târziu, într-una dintre contribuţiile ei finale ca preşedintă, Leona Barbu a putut să elaboreze o cronică a istoriei ARFORA pentru Calendarul din 1978. La Congresul din 1977 Melanie O. Vlad a fost aleasă preşedintă a acestei societăţi naţionale a femeilor, iar părintele Eugen Lazăr a fost re-numit consilier spiritual pentru al patrulea an consecutiv. Astfel cea mai veche dintre societăţile de servicii ale Episcopiei a mers mai departe. Întinderea ei geografică a rămas mare, aşa cum au rămas şi producţia ei financiară şi orientarea ei spirituală. În 1977 comitetul executiv s-a întâlnit la St. Paul în aprilie şi la Vatra în toamnă. A ţinut o conferinţă la Centrul de Conferinţe Cedar Hills din Painesville, Ohio şi a trimis-o pe Melanie Vlad la Regina pentru a 25-a aniversare a parohiei Sfântul Gheorghe. Anul următor a fost luna mai în Chicago, aprilie la tabăra Nazareth din Mercer, Pa., septembrie în Youngstown şi înapoi în Regina pentru a 75-a aniversare a parohiei Sfântul Nicolae. Veniturile aduse Episcopiei în cei 40 de ani ai săi au însumat aproximativ 65,000$ până în 1979, dar legăturile de prietenie şi caritate, locul ARFORA ca un element intrinsec al Episcopiei însăşi, erau imensurabile.

Tot la fel, cea mai recentă adăugire a Episcopiei a câştigat în putere şi în proporţii în primul ei deceniu de existenţă. Brotherhood (Frăţia) s-a ocupat de varii proiecte cărora le lipsea sponsorizarea şi organizarea formală, mai ales cu privire la cei în vârstă. Forma mai puţin stringentă a structurii de conducere, fără comitete intermediare între Parohie şi Episcopie, i-a permis grupului să aducă forţele rapid oriunde o nevoie era simţită; astfel Frăţia nu s-a limitat doar la cei 1,000$ din contribuţiile anuale pentru proiectul Cărţilor de Slujbe ale Episcopiei, ci a ajutat şi la organizarea unui Proiect pentru Pensionari la Canton, un Club al Pensionarilor în Cleveland şi un Sunshine Club pentru a face vizite celor bolnavi, pentru a-i conduce pe cei în vârstă la biserica Dearborn. Preşedintele John

Kisbac nota în 1973 asumarea costurilor de tipărire a celei de-a treia ediţii a *"Sfintei Liturghii"* de către Frăţia Ortodoxă şi inaugurarea unui ziar de ştiri. O anume structură instituţională a fost simţită în 1975. La o sesiune a Consiliului în Chicago, posturile de responsabil cu relaţiile publice, preşedinte al Proiectului Seniorilor şi secretar asistent au fost ocupate de către Traian Lascu, George Musat şi Anne Mercea, în această ordine. Cu un automobil nou donat de către inegalabilii Walter Lazar şi Andrew Peru, s-au întreprins transporturi în acel an care au adus aproape 7,000$. John Calin a putut să raporteze Congresului din 1976 că scopurile gemene ale Frăţiei de a da 4,000$ pentru cartea de liturghie şi 5,000$ pentru *Heritage Center* fuseseră îndeplinite. La fel de justificată a fost înfiinţarea Frăţiei Ortodoxe Române din Canada, ce s-a petrecut la o conferinţă fondatoare în Regina pe 29 noiembrie 1975, la care John Calin şi Cornel Cotoşman au reprezentat grupul fondator. Exista o creştere constantă, subliniată de un fapt neobservat de mulţi, dar care atrage privirea unui istoric: raportul din 1977 adus Congresului, conţinea acum două pagini separate pentru Brotherhood. Eleanor Bujea avea multe de raportat pentru un grup de doar un an vechime. Cinci buletine de ştiri au fost distribuite tuturor parohiilor canadiene şi auxiliarelor lor. Frăţia canadiană a sponsorizat şi cartea Slujba Vecerniei pentru Duminica Ortodoxiei din Regina. A achiziţionat cărţi de liturghie şi de înmormântare şi le-au dat peste tot, a cumpărat înregistrări liturgice şi colinde de la Paris ca un proiect de colectare de fonduri. A ţinut, de asemenea, ceea ce a devenit o cină anuală. Legăturile Canada–Statele Unite s-au îmbunătăţit inevitabil odată ce membrii Frăţiei din nord au trimis delegaţi oficiali la Congresele Bisericeşti, la adunările Frăţiei de la Vatra şi la Congresele ARFORA. Spre deosebire de Vatra, unde taberele de vară pentru educaţie religioasă erau în mare parte responsabilitatea AROY, în Canada, Frăţia a devenit forţa majoră din spatele taberelor de la Fort Qu'Appelle. În sfârşit, ambele ramuri ale Frăţiei s-au alăturat cauzei episcopului cu un sprijin puternic moral şi financiar adus Fondului de Apărare al Episcopiei. Legăturile internaţionale au fost întărite şi mai mult prin decizia de a ţine Conferinţa anuală a Frăţiei la Winnipeg în octombrie 1978.

Cum procesul în justiție al episcopului își vedea de drum, Frăția se ocupa din când în când de sarcini inutile în relațiile publice cu media. Președintele Brotherhood Jane Martin a accentuat măsurile de protest ale organizației prin scrisori și telegrame și a cerut materiale pentru programele media în mesajul ei către Congresul din iulie 1978. Desigur, apărarea unui episcop nu producea titluri atât de vandabile ca cele care îl atacau, iar cu excepția unei retrageri a acuzelor în revista "Scholastic Search", "nu putem spune că am avut succes în a aduce un impact major asupra mediei". Totuși, cine putea, dacă mesajele lor nu erau senzaționale? Totuși, în general, eforturile făcute de Frăție în 10 ani au fost demne de notat și bine venite, aducând nu numai o mai mare participare a laicilor în treburile Episcopiei, ci și o nouă concepție matură și orientare spre programe de care era nevoie din ce în ce mai mult, de vreme ce AROY devenea în primul rând o organizație pentru licee și colegii. Cele două auxiliare, de fapt, afișau maniera în care anii '60 și '70 au ajutat la definirea rolurilor celor două generații, pentru că înființarea Frăției și îndepărtarea grupului de vârstnici din rândurile AROY, i-au permis celei din urmă să se autodefinească mai clar pentru a treia generație și astfel să rămână atractivă și folositoare. Dacă Frăția nu s-ar fi înființat, este probabil ca cei născuți în anii '50 și '60 să fi văzut AROY doar ca pe o altă organizație dominată de părinți. Fie că astfel de dinamici dintre generații erau prezente conștient în mințile oamenilor în 1968, fie că nu, realitatea e că fondarea Frăției a rezolvat ceea ce mereu a fost o potențială situație critică în Episcopie și a pavat drumul pentru o mai mult dorită flexibilitate instituțională.

Îndreptată spre aceeași nevoie de perpetuare a Bisericii în viitor a fost noua Comisie de Educație Religioasă înființată în 1969 cu Cornelia Hațegan președinte, cu ajutorul Larisei Lucaci, Mary Ghetia și Kathleen Podoba, toate din Cleveland. Școlile bisericești, orele Școlii Duminicale, instruirea spirituală pe o bază organizată în trecut, depinseseră întotdeauna de seriozitatea fiecărei parohii și a preotului ei și tindeau să fie întâmplătoare cu o conducere centrală infimă sau deloc. Acum a început organizarea, întocmindu-se liste cu directori și profesori la un loc şi un recensământ al elevilor între 1971 – 1972. S-au elaborat programe, s-au distribuit cataloage cu materiale instrucţionale distribuite tuturor şcolilor din Episcopie şi s-au făcut sondaje privind opinia profesorilor despre programe. În 1971, primul seminar al Directorilor Şcolilor Bisericeşti la nivel Naţional s-a ţinut în timpul Convenţiei AROY din Cleveland şi în anul următor s-a ţinut prima întrunire de lucru pentru profesori la Canton. Alăturându-se tendinţei spre o ortodoxie americană universală, Cornelia Haţegan a ajutat la fondarea Comisiei de Educaţie Creştin Ortodoxă, alcătuită din toate jurisdicţiile. A funcţionat atât în Consiliul ei executiv, cât şi în Comitetul de programe. În 1973, programul stabilit de OCEC, se afla în uz în toate şcolile duminicale din Episcopie şi era alcătuit în acel an din 28 de şcoli bisericeşti cu 147 de profesori şi 1,068 de elevi. Mai mult, Episcopia era implicată activ în Comisia de Tabere Ortodoxe, furnizând activităţi de socializare studenţească pentru viaţa universitară, organizând slujbe ţinute de preoţi ortodocşi şi publicând periodice ca *"Young Life", Upbeat"* şi *"Concern".* Fără îndoială că impactul stabilirii Bisericii Ortodoxe din America a fost de mare rezonanţă, nu numai asupra Episcopiei şi altor jurisdicţii ortodoxe, ci şi asupra societăţii americane, în care, până după la doilea război mondial, ortodoxia rămăsese în mare măsură necunoscută şi o existenţă nerecunoscută.

Rata natalităţii în declin a avut un efect vizibil asupra numărului studenţilor în următorii câţiva ani, acest fapt a fost compensat într-o anume măsură de o extindere a numărului de şcoli bisericeşti, care a crescut la 29 în Statele Unite şi cinci în Canada, în care 153 de profesori predau la 985 de elevi. Materialele de predare s-au îmbunătăţit în fiecare an, cu broşuri ca *Resurse Spirituale pentru Postul Paştelui* şi pamflete ca de exemplu: *Crăciunul şi Epifania, Înălţarea şi Pogorârea Sf. Duh* şi altele care şi-au făcut apariţia. Normal că programele de vară demult stabilite la Vatra şi mai noile tabere canadiene nu au fost neglijate, Comisia lucrând îndeaproape cu preoţii care slujeau în tabere şi cu organizatorul, Părintele Toconiţă. În 1974, de exemplu, 33 de studenţi au luat parte la Tabăra Mixtă pentru băieţi şi fete de la Vatra din iulie şi încă

35 de băieți au fost prezenți la Tabăra de la Vatra din august. Fort Qu'Appelle a găzduit în acea vară 24 de elevi cu o echipă de 12 voluntari pentru tabără. Cu Tabăra Vatra alternând anual între băieți și fete cu vârste între 12 și 14 ani, anul 1975 a adus 33 de fete ce au urmat cursurile taberei.

Dianne Scott și Anita Lazăr au început amândouă să-și asume rolurile de conducere în Comisia de Educație Religioasă pe la 1975, îndemnate de studiile lor de la Seminarul Sfântul Vladimir. Deși Registrul Anual arăta o scădere a numărului elevilor și a unui număr de școli în acel an, cu 25 de clase regulate și cu 759 de elevi, programul taberei de vară nu arăta nici un declin. Congresul din 1976 a exprimat un interes special pentru programul catehetic și în acel an s-a accentuat educația adulților, cu statistici ale parohiilor inițiate pentru a determina prezența facilităților și posibilul potențial. Au fost inițiate conferințe speciale de seară, "meditații" secvențiale oferite de preoți din afara parohiei, filme și studii despre Biblie. Cu siguranță, din nou existența Frăției Ortodoxe, cu majoritatea membrilor ei absolvenți AROY și cu accentul ei pe educația religioasă avea multe în comun cu această reorientare fundamentală, departe de noțiunea că orele sunt doar pentru copii. Era de asemenea un semn al absorbirii de către noua generație a exploziei educaționale de după perioada 1957 și nivelul ridicat, în general, de știință de carte în întreaga Episcopie. O parte din ea, fără doar și poate, se datora conducerii zeloase. După nouă ani ca președinte al Comisiei de Educație, Cornelia Hațegan a predat postul Anitei Lazăr în 1978, care va continua munca cu abilitare, asistată de Joyce Anagnostache, Veta Regule și Violet Tomi.

Mijlocul de comunicare pentru orice fel de succes al AROY, ARFORA, al Frăției și a Comisiei de Educație Religioasă era o "Solie" schimbată. În 1972 și-a schimbat întreaga față, apărând ca un tabloid lunar de 24 de pagini, jumătate în engleză, jumătate în română, paginile în engleză fiind primele. La fel de important, prima ediție a acelui an a fost trimisă gratis fiecărui membru al Episcopiei, o politică decisă de către Congresul din 1971 ca o compensație parțială a măririi taxei de membrie de la 2 la 4 dolari. Dacă acest experiment ar fi fost încercat cu 20 de ani înainte, fără îndoială că ar fi dus la decesul financiar al ziarului. Că nu s-a întâmplat aşa în anii '70, era un alt semn că aceasta era o altă Episcopie – nu numai una cu mai mulţi membri, ci una cu un sentiment mai larg bazat pe identificarea oamenilor cu ceea ce făceau. "Solia" va fi susţinută de taxele către Episcopie. Totuşi cititorii au continuat să trimită donaţii, care apăreau în fiecare ediţie sub rubrica "Prieteni ai Soliei", însumând câteva sute de dolari lunar. Episcopul a rămas în general responsabil de conţinutul ziarului, cu Andrew Peru ca manager cu afacerile şi cu Anne Mercea secretară. A fost posibil ca nimeni din cei care lucrau la ziar să nu primească vreun salariu. Tot timpul apăreau voluntari, de la scrierea de articole până la umplerea şi expedierea plicurilor. Ani întregi Petru Mureşan a fost numit "D-l Solia" pentru îngrijirea clădirii, iar Maria Gaşpar, Draga Nicoară, Zenovia Guia, Virginia Precop, Maria Stoia, Sylvia Baia, Vioara Sepetan puteau şi ele să fie numite la fel. Părintele Vladimir Berzonsky a introdus o serie nouă de omilii religioase şi filosofice, părintele Nathaniel Popp, părintele Mark Forsberg, arhimandritul Roman Braga, diaconul Victor Angelescu şi, desigur, Vasile Haţegan, scriau mult pentru ziar, ale cărui format, fotografii şi producţie tehnică s-au îmbunătăţit simţitor. Un accent mai mare ca oricând asupra Bisericii Ortodoxe era vizibil în mare în paginile "Biserica în lume". Fiecare organizaţie prezenta regulat o coloană cu acţiunile ei, iar statisticile vitale s-au îmbunătăţit, nu numai prin continuarea "Registrului parohial", ci şi prin adăugarea mult mai completului "Necrolog" sau a secţiunii cu decese. Cea mai evidentă dintre toate a fost îmbunătăţirea calităţii imaginilor şi a lucrărilor de artă, produsul talentului lui Popp şi Forsberg, care au trăit câţiva ani la Vatra sub egida comunităţii monastice "Sfânta Înviere". Extinderea extraordinară a echipei editoriale a uşurat în mare măsură povara episcopului şi a lui Haţegan şi a făcut "Solia" mai degrabă o lucrare comună. Noul sistem de distribuire gratuită s-a arătat în scurt timp a fi unul practic. Nu numai că donaţiile voluntare au persistat, dar până în aprilie 1973, 500 de abonaţi plătitori din afara parohiilor Episcopiei se aflau pe liste. Direcţionarea tuturor profiturilor de pe urma calendarului anual către costurile "Soliei" şi o subvenţie anuală de 4,000$ de la Fondul General al

Episcopiei, au fost combinate pentru a susține organul de știri. Este interesant că, după atât de mulți ani de căutări de a face ziarul independent financiar fără nici un rezultat, s-a produs întoarcerea la principiul subsidiar din partea Episcopiei, ce fusese sistemul anilor 1930 și 1940, de data aceasta, operând într-un cadru financiar în întregime diferit. Nu s-a dovedit a fi o povară, iar abonamentele au crescut până la urmă până la niveluri acceptabile. Nu putem decât să speculăm asupra rezultatelor în cazul în care schimbarea către engleză s-ar fi făcut cu un deceniu mai devreme. Alte venituri proveneau din faptul că la începutul anilor '70 *"America"*, *"Unirea"* și *"Drum"* erau de asemenea tipărite la tiparnița "Soliei" în mod regulat. Numărul mic de tipografi a rămas o problemă, totuși, până în 1974 când s-a ajuns la un acord cu Detroit Typografical Union. Balanțele monetare arătau rezultatele noii organizări a "Soliei". Tipografia, librăria, Departamentul de Publicații și chitanțe din partea unei Ore Radio a Episcopiei care a durat un an, s-au combinat pentru a face instituția o operațiune de 87,000$ în 1974, care a fost un an de vârf. Aceasta a coborât la 79,000$ în anul următor și până la 57,000$ în mai 1977, sumă ce este parțial explicabilă prin pierderea tipăririi "Americii", o scădere a numărului general de abonamente din partea Episcopiei reflectând mai puțini membri ai Bisericii și un declin al donațiilor de îndată ce entuziasmul inițial al noii apariții s-a epuizat. De asemenea poate fi legată de o altă creștere a taxelor parohiale din prima zi a anului 1975, de la 4 la 6 dolari, ce a fost considerată ca o împovărare. De asemenea, o parte a problemei era dincolo de controlul conducerii și era legată de performanța din ce în ce mai proastă a Serviciului Poștal al Statelor Unite de-a lungul deceniului. În orice caz "Solia" a continuat să publice 4,500 de copii lunar în 1978 și comparând cu alte publicații bisericești din Statele Unite, calitatea și stabilitatea ei au rămas asigurate.

O ultimă chestiune în privința consolidării a rămas ca un ghimpe, anume problema preoților pensionați și a unui fond de pensii pentru ei. Deși unii au căutat să introducă în Episcopie o lege mandatară de pensionare la vârsta de 65 de ani, aceasta nu reflecta realitatea din cauza nevoii mari de preoți și nu a fost aprobată. Planul tranzițional de pensii ale clerului de la mijlocul anilor '60 trebuia să fie adaptat la economia americană. Din 1965 încoace, fiecare preot își plătise propria contribuție anuală de 80$ într-un plan intern de asigurări al Episcopiei, fiecare parohie contribuind cu 160$ anual. În 1969 aceasta a fost ridicată la 100$ și respectiv 200$, dar practicile de colectare a contribuțiilor de la parohii și numărul mic al acestora, au dus la stoparea lor. O comisie ce studia întreaga problemă, sub președinția lui George Dobrea din Cleveland, a recomandat găsirea unui nou grup de asigurări, combinat cu planul de investiții de la începutul anului 1970. O conferință consultativă a clerului s-a întrunit pe 29 mai în acel an pentru a lua în considerare planul care a fost aprobat în unanimitate. În iulie 1971 Dobrea a raportat 27 de preoți și 27 de parohii care contribuiau la fond și care în ultimii șase ani produseseră circa 51,000$. Această sumă a fost transferată în mare parte lui Dobrea ca girant, care a investit 2/3 din sumă în acțiuni IVEST și 15,000$ în certificate de depozit cu dobândă de 6% la Cleveland. Tor în acest moment, Valerian s-a retras din rolul de girant al Planului Fondului și a fost înlocuit de către părintele Ioan Surducan timp de un an, "fiind singurul preot care și-a exprimat dorința de a ocupa această funcție". În viitor, în tuturor criticilor față de planul de pensii, un număr mare de preoți părea să apară pentru a-și oferi serviciile ca administratori. Între timp, Consiliul din octombrie a votat să ridice partea Episcopiei pentru pensia episcopului de la 350$ la 1,050$. Numeroase probleme au continuat să fie ridicate și nu toate au fost rezolvate. Unele parohii încă experimentau frecvente schimbări de preoți. Dacă un preot își părăsea parohia înainte de expirarea contractului, trebuiau să-i fie rambursate parohiei contribuțiile pentru fondul de pensii? Putea un preot să colecteze de la mai mult de o singură parohie într-un singur an? Cum rămânea cu diaconii? Care este diferența dintre plățile pentru pensia unui preot paroh și cea a unui administrator? Astfel de întrebări erau încă puse șapte ani mai târziu. La începutul anului 1972 s-au făcut primele colectări, cu 31 de preoți luând parte acum și plătind individual 150$ pe an, în timp ce parohiile lor plăteau 350$, care au adus 16,000$ din care majoritatea au mers la acțiunile IVEST. Aceasta a rămas suma medie plătita în fond în următorii trei ani, dar în 1975 acțiunile

IVEST au început să scadă considerabil. Criticile aduse atât planului, cât şi conducerii lui Dobrea au devenit mai puternice. În primul rând era prea complicat cu banii împrăştiaţi în trei sau patru forme diferite de investiţie. Mai mult, fie că era adevărat sau nu, unii credeau că banii se pierdeau. Un plan de pensii pentru tot clerul aflat sub jurisdicţia Bisericii Ortodoxe din America a fost adoptat în 1975 de către Consiliul OCA, iar Consiliul Episcopesc s-a grăbit să îngheţe vechiul plan şi să convingă clerul român să se alăture noului program OCA, ceea ce majoritatea au şi făcut. Avantajul era garanţia unui venit sigur la pensionare, plătit pe viaţă tuturor celor care plăteau o primă de 10% din salariul lor, divizat în mod egal între preot şi parohie. În iunie 1977, 26 de clerici s-au înregistrat în planul administrat de către Ministers Life din Minneapolis. Cei 78,000$ rămaşi în vechiul fond au fost divizaţi între participanţi şi înaintaţi către Ministers Life în 1978. Se pare că şapte sau opt preoţi au primit beneficii de pensionare în timpul celor cinci sau şase ani de viaţă ai programului de investiţie şi asigurare. Unii au simţit că fusese învăţată o lecţie bună, alţii în scurt timp au început să respingă noul plan administrat de străini ca prea costisitor. Toate tindeau să demonstreze perseverenţa problemelor financiare din viaţa preoţimii ortodoxe, din care atât de multe alte probleme au decurs. Trei sferturi de secol nu fuseseră suficiente pentru a normaliza o convieţuire fundamentală.

Glicherie redivivus

Biserica Sfântul Simeon, după o broşură de la a zecea aniversare din 1951, a fost "înfiinţată prin eforturile unui luptător neînfricat şi susţinător a tot ceea ce este românesc, D-l Nicolae Dragoş". Oricine vede micul edificiu de pe 920 West Seven Mile Road din Highland Park, Michigan, cu greu îşi poate imagina scenele petrecute între aceşti pereţi. Supravieţuindu-i lui Teofil Ionescu, trecând printr-o experienţă de divizare adusă de către o mişcare a unor membri care vroiau să unească parohia cu Catedrala Sf. Gheorghe în 1959 – ceea ce a cauzat o mare schismă, rezultând în plecarea a multor ctitori şi lideri. Sf. Simeon s-a bucurat de un deceniu relativ liniştit în anii 1960. Din păcate, tinerii nu s-au alăturat parohiei în număr mare, chiar dacă conducerea de vârstă medie a bisericii lucra din greu pentru a o menţine solvabilă.

Situaţia s-a agravat în 1970, când preotul paroh, părintele Axente Moise a plecat, iar părintele Vasile Cohan nu a putut continua ca preot suplinitor. Biserica era deseori închisă duminica. Membrii ei au scăzut până la 38 de enoriaşi. În spărtură a intrat părintele Mihail Iancu. Unde fusese întuneric, el aducea lumină.

Părintele Iancu s-a născut în România în 1927 şi a studiat teologia la Bucureşti, fiind hirotonit în 1958. Pe la 1970 el se găsea în Italia, apelând la părintele Florian Gâldău din New York să-l ajute cu venirea sa în Statele Unite prin Programul de Refugiaţi sponsorizat de Episcopie. Povestea persecuţiilor aduse familiei sale de către regimul comunist era una emoţionantă. El a fost adus la New York sub auspiciile parohiei Sf. Dumitru. Iancu a plecat la Detroit în anul următor, a fost acceptat în Episcopie şi numit preot al bisericii Sf. Simeon. Mulţi oameni l-au ajutat să se stabilească aşa cum era mereu cazul cu românii abia sosiţi. I s-a dat veselă şi echipament casnic de la bucătăriile Vetrei pentru a-l ajuta, împreună cu soţia şi copiii lui, să înceapă o nouă viaţă. Generos, Valerian chiar i-a dat lui Iancu patul părintelui Toconiţă, ceea ce secretarul Vetrei n-a uitat niciodată. La 21 februarie 1971 părintele Iancu a semnat un jurământ de credinţă pentru a se supune legilor Episcopiei.

Pentru o vreme totul a mers bine. Membrii parohiei au crescut până la peste 100, deşi nu toţi erau membri cu drept de vot. Condiţiile financiare s-au îmbunătăţit pentru că energicul şi dezinvoltul preot s-a arătat un adept al colectării de fonduri. Sf. Simeon a primit o infuzie de activităţi în comparaţie cu trecutul. În septembrie 1972 conducerea parohiei a decis să cumpere o casă pentru preotul ei pe 222 West Savannah, pentru preţul de 14,500$, cu 12,000$ din sumă amortizaţi cu 125$ pe lună. Valerian a obiectat la maniera în care s-a luat decizia, contravenind legilor Episcopiei. Iancu a răspuns că nu era cazul aici pentru că opoziţia episcopului apărea din alte motive, inclusiv faptul că, în timp ce atacurile evreilor şi ale ziarelor asupra episcopului creşteau, Iancu era unul care a refuzat să-l sprijine pe episcop. În acelaşi timp preotul cerea ca

Episcopia să-i furnizeze un contract garantat de cinci ani ca preot paroh, ceea ce el susținea că era cerut de către oficialitățile cu emigrarea și că îi fusese promis. Nici o astfel de promisiune nu s-a făcut vreodată, a venit răspunsul de la Vatra.

Pasul următor al lui Iancu a fost unul îndrăzneț. La adunarea generală a parohiei pe 28 ianuarie 1973, părintele Iancu a fost numit preot paroh pe viață, iar credincioșii au votat să nu mai plătească taxe și să întrerupă colectările pentru Episcopie tot restul anului. Dacă părintele Iancu va fi înlocuit de către episcop, parohia va părăsi Episcopia. Episcopul Trifa a declarat parohia vacantă începând cu 31 martie.

Acum Consiliul a stabilit o nouă adunare generală pentru 25 martie, deși această dată nu dădea un răgaz suficient ca număr de zile așa cum prevedeau legile. Adunarea s-a întrunit fără episcop sau vreun reprezentant de-al lui. La acest moment, membrul Harold Zorlen a încercat să schimbe mersul lucrurilor, anunțând că adunarea era ilegală. 46 de membri din cei 58 prezenți l-au respins și au votat pentru "independența" parohiei. 18 membri cu drept de vot nu erau la adunare. Trebuia ca jurămintele de loialitate față de noua ordine să fie semnate de către toți înainte de demobilizare. În zilele care au urmat, Zorlen și alții care nu erau de acord și-au trimis propriile declarații de aderență la Vatra și au înaintat taxele lor parohiale pentru a-și păstra poziția legală. La 2 aprilie, Sfântul Simeon a amendat Articolele ei de Asociere, devenind "Biserica Ortodoxă Română Independentă Sfântul Simeon". Pentru o vreme sosiseră plângeri împotriva interferenței lui Iancu în parohiile vecine. Acum el îi forța pe președintele Consiliului, Zorlen și pe trezorierul Pavel Lupșa să-și dea demisia și a început să-și bage nasul în registrele parohiei și arhive. Încercărilor de a convoca o a doua adunare parohială din partea Consiliului Episcopesc li s-a răspuns cu amenințări și cuvinte batjocoritoare, în vreme ce Iancu a început să distribuie materiale anti Trifa sub forma unor circulare. Consiliul a pus în mișcare mecanismul elaborat pentru o audiere asupra cazului de către Consistoriul Spiritual, la care Iancu nu a răspuns. Raportul anual din 1974 l-a trecut pe Iancu pe lista celor caterisiți începând cu 30 septembrie 1973.

În ianuarie 1974, Laura Colin, Pavel Lupşa şi Harold Zorlen au întreprins un proces civil împotriva lui Iancu şi a bisericii sale independente, pentru că parohia refuza să predea clădirea bisericii pentru ca un preot nou să poată fi ales. În mai 1975, tribunalul Wayne County Circuit, susţinând Legile Episcopiei şi citând o varietate de cazuri bazate pe principiul minorităţii credincioşilor" l-a găsit vinovat pe Iancu şi a ordonat restituirea proprietăţii parohiale aşa cum exista la vremea adunării din martie 1973.

Între timp Iancu a intrat în legătură cu Patriarhia Română, iar în lunile care au urmat, după ce el a făcut apel la Curtea de Apel din Michigan, un sprijin la scară largă a venit din partea Bucureştiului desigur, de pe Riopelle Street. Sf. Simeon a fost declarată ca fiind canonic afiliată noii Episcopii Ortodoxe Române din Franţa. Lui Iancu i s-a acordat brâul roşu şi a continuat să se îmbrace şi să funcţioneze ca preot. Nu şi-a schimbat ţinuta nici când Curtea de Apel a susţinut fără echivoc decizia Wayne County. De acum înainte, Iancu devenise o cunoştinţă onorabilă a Ambasadei Române din Washington, acordându-i-se o întâlnire personală cu preşedintele României, cu ocazia vizitei preţioase a acestuia în Statele Unite. Pierzând de două ori în tribunal, Iancu şi-a dus cazul la Curtea Supremă din Michigan. La 3 ianuarie 1979 înaltul tribunal a refuzat să modifice deciziile tribunalelor inferioare şi pentru a treia şi ultima oară Episcopia a câştigat lupta legală. Normal că parohia a ieşit din toate acestea cu multe răni. Ruptura de şase ani consecutivi a însemnat o scădere a membrilor, iar Sf. Simeon nu-şi mai putea permite un preot cu normă întreagă. Preoţii Braga şi Toconiţă veneau de la Vatra pentru a ţine slujbele din când în când, dar în 1979 viitorul bisericii a fost pus sub semnul întrebării.

A fost Mihail Iancu un agent al regimului comunist român, trimis intenţionat în Statele Unite pentru a provoca ruptura, după cum evident credeau mulţi români din Detroit? Acest lucru părea improbabil din două motive. În primul rând, Bucureştiul trimitea clerici de rang mai înalt, mult mai sofisticaţi pentru a face o astfel de lucrare şi în al doilea rând, era prea simplu pentru scopul introducerii prin forţă a unui preot în afacerile Episcopiei de la Vatra pentru cineva care era adus prin intermediul instituţiei de pe Riopelle Street. Mai plauzibilă este explicaţia că personalitatea oportunistă a lui Iancu şi evaluarea situaţiei de îndată ce ajunsese la Detroit, l-au împins în acţiunile sale, iar el a urmat acea cale care părea cea mai probabilă să-i asigure avantaje personale: filosofia broaştei mari în heleşteu este sugestivă. Între timp, relaţiile dintre Bucureşti şi Episcopie, marcate de o continuare a formulei de coexistenţă, au fost martorele persistenţei paralelismului şi a unei bune măsuri de retorică ostilă, care nu putea decât să vicieze orice apropiere sinceră.

Conversaţie şi contravenţie

Aproape că putem să simpatizăm cu dilema Patriarhiei Române în anii 1970 cu privire la politica ei faţă de America. Pe de o parte alinierea fermă a Episcopiei de la Vatra în rândurile Bisericii Ortodoxe din America a exclus, poate pentru totdeauna, orice restabilire a relaţiilor canonice cu Biserica mamă şi cu Sfântul Sinod român; ca şi ierarhia Bisericii Ortodoxe Greceşti din Europa care a refuzat să recunoască existenţa OCA sau dreptul ei de a înrola categorii etnice din America, astfel tăindu-le conexiunile cu Europa. În acelaşi timp, totuşi, începând mai ales cu climatul îmbunătăţit al relaţiilor româno–americane adus de schimburile dintre Nixon şi Ceauşescu din 1969 şi 1970 şi în particular cu crearea programului *"Asociaţia Română"* pentru a promova bunăvoinţa şi cooperarea dintre româno-americani şi pământul lor natal, Patriarhia era aşteptată natural să urmeze noua linie politică a statului şi să se poarte frumos cu americanii. Soluţia Sf. Sinod a fost un fel de morcov diplomatic care, cel puţin din punctul de vedere al lui Trifa şi al consilierilor săi, avea avantajul de a fi aproape complet transparentă.

Se întindea de la chestiuni majore până la cele minore. Când Trifa a fost făcut arhiepiscop în martie 1970, a circulat zvonul printre cei care citeau *"Credinţa"* că această onoare a fost acordată datorită jurămintelor secrete pe care el le făcuse ruşilor. Arhimandritul Anania rămăsese în Statele Unite de la primele sale sarcini de la mijlocul anilor '60, pentru a edita organul de ştiri al Episcopiei situată pe Riopelle

Street. Nu a încetat să acuze Episcopia ca fiind necanonică şi schismatică în primii ani din deceniul '70. Mai mult, cum campania împotriva propriei persoane s-a intensificat, desigur Arhiepiscopia Misionară nu s-a grăbit să-l apere, pentru a o spune cu blândeţe. Patriarhul Iustinian l-a trimis pe mitropolitul Iustin Moisescu la adunarea Consiliului Mondial al Bisericilor de la Addis Abeba, Etiopia, în 1971 pentru a anunţa că Biserica Română "este foarte preocupată de extinderea jurisdicţiei Bisericii Ortodoxe Ruse, într-atât încât luase sub aripa ei "un număr de parohii româneşti care s-au organizat într-o Episcopie, separată de Episcopia Română canonică", adică Episcopia lui Trifa. Interesant este că o astfel de declaraţie face să sune ca şi cum o astfel de "organizaţie" se întinsese în existenţă doar în ultimele câteva luni, mai degrabă decât cu 42 de ani în urmă la Detroit. Recunoaşterea OCA sub noul ei nume de către Consiliul Mondial al Bisericilor trebuia prin urmare să fie amânată, a cerut Bucureştiul, pentru a evita "deteriorarea relaţiilor inter–ortodoxe". Evident că Sf. Sinod nu putea să recunoască Biserica Ortodoxă din America, pentru că un astfel de pas ar fi înlăturat întreaga sa poziţie de căutare a întoarcerii Episcopiei de la Vatra la adevărata turmă.

În 1972 crearea *"Asociaţiei Romane"* la Bucureşti, care astăzi îşi are birourile pe Bulevardul Dacia la nr. 35, a fost ocazia unei maxi fanfare şi publicitate despre noile relaţii îmbunătăţite în afacerile româno–americane. Industria turistică mereu în creştere a României, preocuparea permanentă pentru achiziţionarea de valută vestică în vederea extinderii industriale, privilegiul României de a avea statutul celei mai favorizate naţiuni în relaţiile de schimb cu Statele Unite, toate combinate pentru a inaugura o oarecare nouă ordine. Restricţiile de călătorie s-au slăbit mai mult ca niciodată, hotelurile din România au devenit, dacă nu adecvate, cel puţin nu aşa sinistre cum erau cu un deceniu în urmă. Asociaţia Română a fost însărcinată cu promovarea turismului şi a schimburilor cu americanii, mai ales cu româno – americanii. Deschiderile ţintite spre acestea au ajuns în atenţia Episcopiei. Cu ajutorul arhimandritului Roman Braga care de-abia sosise din Brazilia şi fusese numit administrator al Vetrei, Valerian a compus în septembrie o "Scrisoare Deschisă" care a circulat peste tot până la președintele Asociației, Athanase Joja. Mesajul găsea jignitoare frazeologia din anunțurile Asociației care susținea că "marea majoritate" a celor care părăsiseră România doreau legături mai strânse cu țara mamă și că românitatea părea întotdeauna aplicată doar celor din America sau Europa de Vest și nu românilor din teritoriile anexate de străini cum erau Basarabia sau Bucovina de Nord. Cu alte cuvinte, Bucureștiul se învecina cu lumea non-comunistă. O chestiune interesantă a fost ridicată inevitabil. De ce grija incredibilă față de aproape 100,000 de români din America de Nord, când cifre mai mari decât acestea locuiau în alte teritorii? Răspunsul, desigur, nu trebuia să fie declarat: grija pentru românitate depindea direct de gradul de sprijin economic și politic pe care regimul românesc îl căuta în țările gazdă ale românilor de peste hotare. Scrisoarea ridica întrebări stânjenitoare despre libertatea de călătorie și mișcarea cetățenilor români care, desigur, nu erau în capacitatea lui Joja de a le ușura. Atunci Episcopia a rămas pe drept sceptică pentru că în același an la Paris a avut loc un incident în care echipa Ambasadei Române a intrat în capela românească și a instalat propriul preot în circumstanțe mai puțin decât pacifiste. Următorul episcop Germain Hardy a fost instalat la conducerea unei noi Eparhii Ortodoxe Române din Franța, sub jurisdicția Patriarhiei. *Scrisoarea Deschisă* părea acum că și-a găsit calea către diverși membri ai Sfântului Sinod din România. Episcopul Nicolae Corneanu i-a trimis un răspuns personal lui Trifa în decembrie, dar a ales să nu se refere la argumentele din scrisoare și a scris vag despre dorința sa de a vedea pace și frăție în toate. Tocmai se întorsese de la ajutarea instalării lui Hardy. Valerian i-a răspuns la 12 decembrie, încă o dată revizuind istoria ultimilor 20 de ani și concluzionând că "întreaga strategie a reprezentanților patriarhului aici în America a fost și este să spargă parohiile, să creeze dezordine și să mă atace pe mine personal în toate lucrurile și prin toate mijloacele", care dacă nu era adevărul absolut, rămânea nu departe de realitate.

Fără îndoială activismul Bucureștiului a scăzut în următorii doi ani, cel mai notabil prin chemarea lui Anania în 1974. În acel an părintele John Meyendorff de la Seminarul

Sfântul Vladimir din New York a călătorit spre Bucureşti pentru o conferinţă teologică şi a raportat ceea ce el a văzut ca "un nou început" în jocul manevrelor. Un reprezentant al Patriarhiei l-a îndemnat să-l sfătuiască pe Trifa să iniţieze o corespondenţă cu Iustinian, care era dispus spre "libertatea totală" a bisericilor româno-americane dacă un anume tip de statut individual autocefal putea fi dat Episcopiei. Un lucru putea fi spus despre Trifa: nu a refuzat niciodată să vorbească, iar porţile Vetrei au fost întotdeauna deschise. În iulie el l-a primit la Vatra pe profesorul Ioan Bria, reprezentantul permanent al Patriarhiei la Consiliul Mondial al Bisericilor, împreună cu părintele Paulin Popescu din Windsor, unul dintre preoţii lui Victorin. Recunoaşteţi OCA, declara Valerian, şi sfătuiţi toate parohiile româneşti de pe continent să i se alăture. În septembrie, într-o vizită în România, avocatul John Sibişan a dus o scrisoare de la Trifa lui Iustinian privitoare la această chestiune. Totuşi problemele au rămas aici, amânate pentru o vreme de doi factori. Nu numai că sprijinul Bisericii Române pentru Mihail Iancu a devenit foarte vizibil în 1975, ci şi eforturile Episcopiei Misionare de a rupe parohia Sfânta Treime din Los Angeles de sub conducerea părintelui Richard Grabowski au reuşit. Au îndepărtat un număr de enoriaşi care au format o congregaţie separată într-o capelă locală germană. A doua cauză pentru suspendarea discuţiilor a fost înrăutăţirea stării de sănătate a patriarhului Iustinian Marina. Marina a decedat la 26 martie 1977, după ce condusese Biserica Română timp de 29 de ani. Episcopia a aflat de alegerea cu sentimente mixte a noului patriarh, Iustin Moisescu, la 12 iunie 1977. Iustin fusese în Statele Unite şi avusese discuţii cu Trifa în mai multe ocazii, astfel nu era un străin pentru scena americană. Trifa îl cunoştea din zilele sale în seminarul din România, aşa cum îi cunoştea pe majoritatea ierarhilor ortodocşi din România. Fără îndoială, personalitatea noului patriarh era într-adevăr o chestiune importantă, deoarece controlul statal asupra Bisericii din România de la 1948 însemna că Ministerul Cultelor, nu Sfântul Sinod, determina politica.

Într-adevăr o întorsătură majoră apărea în perspectivă, la sfârşitul iernii lui 1977, pentru că înainte de asta, la 28 februarie 1977, Arhiepiscopul Victorin a călătorit de la Detroit spre

Syosset, New York pentru discuţii cu şeful Bisericii Ortodoxe din America, Mitropolitul Ireney şi a făcut uimitorul anunţ că Patriarhia era "dispusă acum" să-l recunoască pe arhiepiscopul Detroit-ului şi al Michigan-ului "ca pe un episcop canonic în totalitate" şi mai mult, era în favoarea "slujirii totale în comun şi a cooperării cu Valerian şi, în general, cu OCA". În mare parte, co-slujirea dintre OCA (şi astfel Episcopia Ortodoxă Română) şi Biserica din România nu fusese niciodată întreruptă, deşi din când în când preoţilor americani care călătoreau în România nu li se permitea să slujească în bisericile din ţară. În mod ironic şi un indicator al evoluţiilor produse de circumstanţele istorice, preoţilor lui Valerian li se permitea să slujească în România, dar nu în bisericile Episcopiei Misionare la doar câteva străzi sau mile depărtare. Acum, Victorin propunea un sfârşit pentru toate acestea. Anii de experienţă, totuşi, interziceau orice entuziasm prematur din partea Consiliului şi a episcopului. Pentru moment, Valerian l-a felicitat pe Iustin pentru ridicarea sa în rang şi a aşteptat. Iustin i-a mulţumit lui Trifa pentru urările sale şi şi-a exprimat dorinţa "de a păstra şi întări unitatea tuturor fraţilor de aceeaşi credinţă şi moştenire ancestrală". Aproape aceleaşi cuvinte se găseau în ultima corespondenţă a lui Iustinian cu Valerian şi la adunarea din 20 ianuarie de la Vatra cu ocazia unei alte vizite a lui Nicolae Corneanu, episcopul Banatului. Cu excepţia faptului că în seara următoare Corneanu a cinat cu Mihail Iancu. Apoi în toamna lui 1977, Episcopul Corneanu a vorbit din nou cu Valerian la Vatra. Bucureştiul era dispus să recunoască Biserica Ortodoxă din America dacă Valerian va returna Episcopia sa jurisdicţiei patriarhului român. Înapoi la faza întâi.

Optsprezece luni mai târziu, în martie 1979, Corneanu se afla din nou în Statele Unite, în Troy, Michigan, unde a început să organizeze sărbătorirea a 50 de ani de existenţă pentru o Episcopie care a început în 1950, un amănunt într-adevăr interesant. Atracţia sărbătorii va fi prezenţa personală a patriarhului României. Nu exista sfârşit pentru morcovii din grădinile Dâmboviţei.

"Mari dividende politice"

La 19 martie 1979, "Sun–Tattler" din Hollywood, Florida titra o producţie Scripps–Howard detaliind critica reprezentantei Elizabeth Holtzman, adusă muncii făcute de lucrătorii federali, cunoscută sub numele de Unitatea de Litigiu a Crimelor Războiului Nazist, stabilită în iulie 1977. Holtzman era supărată pentru că grupul, operând sub egida Serviciului de Emigrare şi Naturalizare din Statele Unite, cheltuia mai puţin decât jumătate din banii alocaţi de către Congres pentru a-i investiga pe naziştii din Statele Unite. Într-un mod pur birocratic, Serviciul de Emigrare a promis să cheltuiască încă 300,000$ până la sfârşitul anului fiscal. Articolul a concluzionat citând-o pe Holtzman: "Se pare că va plăti mari dividende politice administraţiei în urma aplicării acestui program". "Până la urmă, este o mare problemă în comunitatea evreiască şi printre mulţi veterani din al doilea război mondial".

Cu trei zile mai înainte, în *"The Miami Herald"* a apărut o poveste a dentistului pensionar din New York, Charles N. Kremer, acum de 81 de ani, care îi chemase pe evreii din Miami să demonstreze în faţa bisericii româneşti Sfânta Treime din Hialeah deoarece el aflase că Valerian făcea o vizită acolo. Kremer a fost numit preşedinte al Evreilor Români Uniţi din America, care timp de 28 de ani căutaseră să-l deporteze pe Trifa ca fiind criminal nazist.

Cele două articole de ştiri conţineau esenţa a ceea ce episcopia numea simplu, în anii 1970, "cazul episcopului" şi "chestiunea evreiască". Trei caracteristici principale sunt de notat: "dividendele politice" ce puteau fi câştigate de către o femeie din Congres care timp de ani de zile a urmărit cazurile naziste şi a furnizat topuri întregi de hârtie către ziare, acuzând guvernul că acţionează prea lent în această privinţă. Aceasta era prima. A doua este aceea că paranoia lui Kremer crescuse într-un sfert de secol, în loc să se diminueze, iar el eşua încontinuu în a clarifica lucrurile. *The Herald* scria că "Episcopia Ortodoxă Română s-a despărţit de Episcopia Misionară Ortodoxă Română ...", ceea ce era invers. La fel de interesant, dacă nu întâmplător, era comentariul referitor la Kremer, un evreu sincer, "a ajutat la fondarea a două biserici românești la New York". Mai puțin întâmplătoare era o altă eroare din nenumăratele erori ale lui Kremer – data revoltei Gardiștilor în București a fost relatată ca fiind 20 ianuarie 1941. Era 21 ianuarie 1941 și exista o mare diferență între aceste două evenimente. A treia caracteristică este legată de primele două și include o pereche de observații. Știri senzaționale, pline de sânge și răni, vindeau ziarele din America și chiar din toată lumea. Mai accentuat este faptul că în două articole simple din două ziare, la puține mile distanță, în același stat, au apărut contradicții de fapte și declarații. Cu alte cuvinte, ziarele rareori relatează absolut corect lucrurile. Având îndoieli asupra articolelor, *Sun–Tattler* publică data înființării forței speciale ca fiind iulie 1977. *The Herald* notează în martie 1979 că aceasta a adus acuzații împotriva lui Trifa "aproape cu patru ani în urmă" sau probabil cu cel puțin un an înainte de înființarea ei. Și așa mai departe. Multiplicați acestea cu sute de ziare în Statele Unite, Europa și Israel, apoi multiplicați rezultatul acestora cu 29 de ani de relatare a aceleiași povești și, în sfârșit, înmulțiți acest rezultat cu faptul că relatările susțineau că descriu cu acuratețe evenimentele petrecute într-o anumită zi, în București, în urmă cu un sfert de secol. După aceasta puneți trei oameni să descrie un accident de automobil pe care l-au văzut în urmă cu două zile și veți înțelege de ce studenții absolvenți de istorie sunt informați că ziarele sunt printre cele mai puțin de dorit surse secundare pentru stabilirea trecutului.

Povestea acuzațiilor împotriva lui Trifa, ceea ce nu constituia nimic altceva decât o continuare a ceea ce fusese început de Nicolae Martin și de alții în 1950, este subiectul unei cărți, o afacere Sacco–Vanzetti a zilelor moderne legată de reapariția de la sfârșitul anilor 1960 și de la începutul anilor 1970, a unui interes enorm pentru istoria Germaniei Naziste și a holocaustului evreimii europene. Unii indivizi au făcut averi descriind cazul, indiferent de acuratețea scrierii. Unul dintre aceștia este jurnalistul newyorkez Howard Blum, căruia *"Detroit Free Press"* în februarie 1977 a anunțat că îi vânduse drepturile de film pentru al său "Wanted! The Search for Nazis în America" pentru o sumă cu șase cifre. La două săptămâni după publicare, Blum afirma că se afla la a patra tipărire. Conţinea un capitol de mai mult de 50 de pagini intitulat "Episcopul şi dentistul" despre cazul Trifa şi despre istoria Episcopiei. "Acesta este genul de relatare pentru care ziarele câştigau premii Pulitzer! scria entuziasmat Harrison E. Salisbury în *"New York Times"*. Putea să adauge, "Premii Pulitzer pentru ficţiune". Blum a inclus în cartea sa ceea ce un critic a numit "un sortiment frustrant de frânturi şi rupturi care îl lasă pe cititor convins emoţional că există o conspiraţie masivă, dar sigur nu şi intelectual". Conţine câteva aluzii acuzatoare despre Richard Nixon (întotdeauna un subiect popular), despre CIA, despre existenţa infiltrării Nazi Odessa în guvern şi câte ceva pentru fiecare. A fost prezentată ca nefictivă, cu dovezi documentate. Întreaga carte nu conţine nici o notă de subsol. Cea mai interesantă dintre toate este relatarea lui Blum despre întâlnirea sa cu personajul capitolului, dată într-o declaraţie la St. Paul în timpul turneului prin mai multe oraşe pentru filmul "Wanted !"

"Cred că cea mai interesantă persoană cu care m-am întâlnit a fost episcopul Trifa în Michigan. Acest om, care a condus o revoltă care a ucis 4,000 de evrei, s-a arătat literalmente devastat în faţa prezenţei şi a întrebărilor mele. Un om mai agitat nu cred că am văzut vreodată".

Cel puţin ultimul rând conţine un dram de adevăr. Blum n-a văzut niciodată un om mai nervos pentru că nu s-a întâlnit niciodată cu Trifa, nu a venit niciodată la Vatra, nici nu a vorbit vreodată la telefon cu Trifa. S-a spus destul, s-ar părea, despre autorul unei lucrări pe care un critic a descris-o succint ca "mizerabilă".

Trifa a devenit cetăţean american naturalizat în 1957, chiar când campania crimelor de război purtată atunci de presa lui Moldovan a început să scadă. Totuşi poveştile au continuat de-a lungul anilor 1960. La un moment dat Congresul Mondial al Evreilor a prezentat o petiţie formală procurorului general Robert Kennedy, cerând investigarea şi extrădarea episcopului ca fiind criminal de război, dar el a refuzat cererea.

În cele din urmă, după cum am văzut, nici facţiunea lui Moldovan, nici Charles Kremer nu au reuşit să aţâţe Serviciul de Emigrare şi Naturalizare ca să revizuiască cazul Trifa, ci rabinul şef Rosen şi faptele sale din 1962, combinate cu presiunea diplomatică din partea Ambasadei Române de la Washington. Sincronizarea era demnă de notat, pentru că în intervalul de trei ani de după moartea lui Andrei Moldovan şi înainte de instalarea lui Victorin, a fost o perioadă propice pentru a exercita eforturi speciale de a-l îndepărta pe Trifa şi a-i absorbi bisericile într-o Episcopie Misionară reorganizată. Când acest ţel nu a putut fi atins, atacurile presei au scăzut şi este demn de menţionat că incidenţa acuzaţiilor împotriva episcopului a urcat şi a căzut mai mult sau mai puţin pentru a coincide cu declinul şi abundenţa de iniţiative prietenoase sau ostile în circuitul dialectic al politicii de la Bucureşti. Resurgenţa din 1972–1973, totuşi, părea mai mult rezultatul activităţilor lui Kremer şi ale unei minorităţi a instituţiei evreilor americani. În august 1972, când *"Detroit Free Press"* relata că Trifa "într-un interviu exclusiv", admisese că a fost membru în Garda de Fier românească, digul s-a spart şi a dat naştere unui şuvoi aşteptat de articole în ziare, demascări jurnalistice şi fascicule supliment de duminică, care timp de trei ani au bombardat publicul cu ştiri senzaţionale despre episcopul nazist din mijlocul lor. Ceea ce reieşea din miile de relatări, marcate de eşecul de a raporta cu acurateţe vârsta episcopului sau plasând în mai multe rânduri Grass Lake în nordul Michiganului, era vină prin asociere. După scurt timp Trifa a început să refuze să vorbească cu presa, deoarece chiar şi când era relatat cu acurateţe, ocazia interviului era folosită pentru a descrie masacrele din 1941 din România. La 26 decembrie 1973, New York Times Service a divulgat ştirea că Serviciul de Emigrări lua în considerare o revizuire a naturalizării lui Trifa. 500 de pagini de material compilat de către micuţa Federaţie a Evreilor Români din America cu ajutorul Ligii Antidefăimării B'nai B'rith, Centrul de Documentare Evreiască al lui Simon Wiesenthal din Viena, "United Israel Bulletin" şi, neoficial, guvernul român, au fost trimise lui Charles Gordon, consilier general al Serviciului de Emigrări. La mai bine de un an după aceea, pe 16 mai 1975, Biroul procuraturii Statelor Unite din Detroit a instituit un proces de denaturalizare împotriva episcopului pe teritoriul pe care îşi obţinuse naturalizarea "prin ascunderea faptelor reale". Este important de notat că guvernul avea de a face nu cu dovedirea crimelor de război ale lui Trifa, ci în primul rând cu faptul că, în timpul procesului de naturalizare, minţise despre fosta sa participare în Garda de Fier. Referindu-se la acuzaţiile lui Kremer, Michael Gladstone , procurorul asistent al Statelor Unite care a prezentat cazul guvernului, a spus: "El are un scop complet diferit de cel al guvernului".

În ciuda naturii limitate a acuzaţiilor în chestiune, totuşi, în mâinile instituţiilor de ştiri şi mai ales în ale organelor presei evreieşti, reîntărite de jocul scandalos făcut în faţa mulţimii de Blum şi de către promotorii cărţii sale, povestea era că activităţile lui Trifa încă decurgeau: că el reconstituia Garda de Fier în Statele Unite şi Biserica sa era doar masca unei reţele în creştere de cuiburi gardiste, că ritualurile secrete mistice fasciste şi nu Sfânta Liturghie, se performau de fapt în spatele zidurilor bisericilor ortodoxe inocente. Trifa importa preoţi din Europa şi America de sud, vechi camarazi gardişti ca locotenenţi ai săi, care aruncau în aer casele opozanţilor lor. Vechiul turn de apă de la Vatra a devenit "un turn de supraveghere" în mâinile fotografilor de ştiri şi tot aşa a continuat, ajutaţi din când în când de foşti membri ai Episcopiei care, înstrăinaţi de către politica divizatoare care întotdeauna stătea aproape de suprafaţă în unele congregaţii, erau nerăbdători să se răzbune pe foştii lor tovarăşi întru credinţă prin furnizarea de materiale aprigilor vânători de ştiri. Circulau poveşti cum că luminile ardeau toată noaptea la Vatra, în vreme ce episcopul şi oamenii săi foloseau telefonul pentru a-i informa pe criticii lor că vor fi împuşcaţi. În rare ocazii lucra în avantajul episcopului, pentru că celor naivi şi neinformaţi, nu trebuia să le aduci scuze pentru faptul de a fi ocupat cu împiedicarea musafirilor nepoftiţi. Odată, Stelian Stănicel escorta personalul ambasadei române care nu ştiau drumul spre Vatra şi doreau să facă o "vizită de curtoazie" episcopului. În timp ce se apropiau de Grey Tower Road, Stănicel i-a informat, "Ne vom ţine de mâini când ne vom apropia de intrare şi apoi, dacă trag, vom muri împreună. Doar fiţi atenţi la mitralierele din marele turn". Le-a zâmbit cu blândețe tovarășilor săi care păliseră.

Între timp Elizabeth Holtzman n-a încetat niciodată să bată toba împotriva INS pentru întârziere, dar cazul guvernului a necesitat luni întregi pentru a fi dezvoltat, de vreme ce procedurile de denaturalizare erau un proces lung și complicat. Cazul Iancu era în plin avânt în 1975 și oarecum reportajul despre ceea ce părea a fi o chestiune bisericească internă, a găsit potrivit să demonstreze relevanța evenimentelor din România din 1941 față de cazul Sfântul Simeon și a violării Statutelor Episcopiei de către Iancu. Rezoluții de sprijin total față de episcop făcute de Congresele Bisericești sau scrisorile trimise editorilor de către Frăția Ortodoxă cu sute de semnături n-au părut niciodată să aibă aceeași acoperire. În toamna anului 1975 judecătorul federal Cornelia Kennedy a respins o cerere de închidere a cazului făcută de avocații lui Valerian, ceea ce a dat ocazia unui supliment de duminică asupra "trecutului bântuit" al lui Valerian Trifa în *"Detroit Free Press"*, care printre alte lucruri, a dat data greșită a sosirii lui Trifa în Statele Unite, l-a dat pe părintele Trutza ca decedat în 1959 (o greșeală de doar cinci ani) și a notat că Trifa a fost "hirotonit" în 1952, dar a dat greșit orașul.

În 1976 a luat amploare o campanie pentru înlăturarea episcopului din echipa de conducere a Consiliului Național al Bisericilor. La 14 octombrie, 25 de oameni din grupul Concerned Jewish Youth au ocupat birourile de pe Riverside Drive ale Consiliului Național al Bisericilor din New York City și și-au condiționat plecarea doar când li se va promite că chestiunea participării ca membru a lui Trifa va fi pusă pe agenda adunării Consiliului din următoarea săptămână. La început Consiliul a refuzat să urmeze cererile militanților, notând că legile NCC nu conțineau nici o putere de îndepărtare a membrilor Consiliului care erau aleși de către propriile confesiuni. Doar Episcopia putea să-și îndepărteze propriul reprezentant dacă vroia. Biserica Ortodoxă din America l-a apărat cu tărie pe Valerian. Până la sfârșitul lunii, totuși, Comitetul Executiv al NCC a început să cedeze și a decis să se adreseze OCA pentru a cere ca Valerian "să se oprească de la exercitarea îndatoririlor sale" ca membru al organismului până la concluziile procedurilor civile împotriva sa. Lester Kinsolving şi diverşi rabini au protestat faţă de această soluţie nesatisfăcătoare, iar grupurile de proteste evreieşti au continuat să apară la fiecare sesiune majoră a Comitetului Executiv în săptămânile care au urmat. Rabinul Avraham Weiss a întins cruciada până la Sfântul Sinod al OCA în noiembrie, care a numit un comitet format din trei pentru a studia chestiunea. Dr. Kremer apărea dintr-un oraş într-altul ca purtător de cuvânt al consiliului Comunităţii Evreieşti şi desigur, a fost intens intervievat. A apărut la televizor. Imediat postul de televiziune a primit opt apeluri de protest, o ameninţare cu bombă prin telefon, iar vieţile producătorului şi crainicului de ştiri au fost ameninţate. S-a anunţat că acest caz al episcopului va ajunge în proces în ianuarie, dar din nou a fost amânat din cauza înlocuirii lui Michael Gladstone, din biroul procuraturii Statelor Unite, de către Phillip Van Dam. Din nou politica federală acţiona pentru a încetini lucrurile. Alegerea lui Jimmy Carter în noiembrie 1976 a produs schimbarea obişnuită a funcţionarilor şi Van Dam, un republican, a fost acuzat de neglijenţă în urmărirea în justiţie a cazurilor de denaturalizare şi a fost concediat în primăvara lui 1977. Între timp, la 25 ianuarie 1977, episcopul Valerian a luat parte la prima sa audiere în Detroit, iar în săptămâna următoare Biserica Ortodoxă din America a anunţat că îl "retrăgea" din Consiliul Naţional al Bisericilor până când se va rezolva cazul. În vreme ce exista o diferenţă între această procedură şi îndepărtarea definitivă, astfel de subtilităţi erau nesemnificative în media, care l-a descris pe Trifa ca fiind "concediat", "izgonit" sau "dat afară" din Consiliul Naţional al Bisericilor. La fel de interesant era faptul că NCC, care avea să acorde un sprijin semnificativ în cazurile Angela Davis, Cezar Chavez şi indienii lui Wounded Knee, s-a arătat foarte timidă atunci când implicaţiile politice au dus spre o altă direcţie.

Cel puţin pentru o vreme, în vara lui 1977, Episcopia s-a bucurat de un scurt respiro din partea titlurilor obositoare şi au mers cu toţii să sărbătorească a 25-a aniversare a lui Valerian ca lider spiritual. A fost ocazia unui şuvoi de mesaje de omagiu şi devotament din partea oamenilor Episcopiei şi de la mulţi din afara ei, de volume de apreciere înregistrate pentru a arăta că, în ciuda a ceea ce spuneau alţii, 40,000 de români ortodocşi pe care el îi păstorise, pentru care construise şi pentru care muncise un sfert de secol, credeau altfel despre episcopul lor. Mulţi au profitat de oportunitate pentru a evidenţia de asemenea acuzaţiile de falsificare a informaţiilor pentru Serviciul de Emigrări ce fuseseră aduse împotriva episcopului mai inainte în tribunalul din Jackson County Circuit în 1957 şi fuseseră respinse. Chiar *"Washington Post"* a retipărit rezoluţiile Congresului care îl apărau pe episcop, într-un articol care era aproape sprijinitor! Fără îndoială, d-na Holtzman a continuat să ardă de indignare în faţa încetinelii lucrurilor, Blum şi Kremer au vorbit despre un plan de-al trimite pe Trifa permanent în Canada, iar doi congresmeni, William A. Cotter din Connecticut şi William M. Brodhead din Michigan, au citit "dovezile documentare" ale lui Kremer în *"Congressional Record"* şi au forţat Departamentul Justiţiei să lucreze mai repede. Era incredibil. Cazul Trifa, desigur, nu era singurul de acest fel luat în considerare, existau zeci de alte cazuri şi fiecare mişcare care transpira din unul dintre acestea aducea o nouă rundă de isterie nazistă.

Şi aşa a tot continuat. Cine poate estima impactul tuturor acestora asupra abilităţii lui Valerian de a funcţiona ca episcop a 47 de biserici împrăştiate pe tot continentul american, o poziţie care în sine era o responsabilitate solicitantă şi obositoare? Ce ar fi putut el să îndeplinească în 27 de ani fără aluziile şi ameninţările constante din fundal? Natural că el a fost forţat să acorde mai mult timp situaţiei, mai ales după 1972, timp care trebuia luat din treburile de supraveghere a parohiilor. Inevitabil în unele locuri s-au pierdut enoriaşi sau bisericile au slăbit din cauza neglijenţei sau simplei inabilităţi de a fi peste tot deodată. Trifa fusese dintotdeauna irascibil, iar acum presiunile psihologice şi fizice au făcut mai vizibil decât niciodată acest defect. În noiembrie 1976 el a suferit un atac cerebral minor care l-a spitalizat în Cleveland timp de două săptămâni. Recuperarea lui era aproape totală, cu excepţia amorţelii continue a degetelor de la o mână, dar era un semn pentru evenimentele prin care trecea. Exista încă o mare diferenţă în abilitatea sa de a suporta astfel de campanii împotriva persoanei sale la începutul anilor 1950 şi cele din 1979. Înainte era tânăr, energic. Acum încă lucra 12 ore pe zi, dar iunie 1978 a adus a 64-a zi de naştere a sa. La o vârstă când alţii încep să se gândească serios la pensionare, Trifa n-a menţionat niciodată aşa ceva. Totuşi, un lucru care l-a încurajat în anii 1970 a fost sprijinul nezdruncinat al preoţilor şi oamenilor din Episcopie.

Chiar de la început, Trifa a spus foarte clar că el vedea atacurile direcţionate împotriva sa doar pentru că era capul Episcopiei. Aşa cum spusese cu mai mult de 20 de ani în urmă, dacă o altă persoană ar fi devenit episcop în 1952, atunci acel om ar fi fost un criminal de război, acuzat de crime haine şi el, Trifa, ar fi fost ignorat. În cea mai mare parte, nu se putea pune la îndoială o astfel de justificare, campania trebuie văzută ca parte intrinsecă şi constituent al eforturilor unor serii largi de grupuri, pe lângă organizaţiile evreeşti, de a distruge Episcopia de trei decenii pentru orice motiv. Prin legea briciului Ockham eşti obligat să cauţi cea mai simplă explicaţie a unui fenomen, decât pe cea mai complicată. Prin urmare, ideea fundamentală rămâne că existenţa însăşi a Episcopiei lui Trifa era un afront şi o ruşine pentru Biserica Română şi pentru regimul politic, pentru că arăta lumii întregi refuzul zecilor de mii de româno–americani de a recunoaşte legitimitatea guvernului sau libertatea Bisericii din România încă din 1948. În acest caz, dacă distrugi capul, trupul nu va mai supravieţui ca un organism independent. Grupurile evreeşti, desigur îşi aveau propriile motivaţii, dar trebuie reamintit că ei urmăreau capetele multor oameni, nu numai pe Trifa. Campania împotriva oricui era episcop al unei Eparhii autonome americane, a început nu cu Kremer, nu cu Rosen, nici cu Blum: a început când Consiliul Episcopesc i-a spus "nu" lui Antim Nica în 1947.

Astfel "cazul episcopului" era de fapt "cazul Episcopiei" şi în vara lui 1976 Consiliul îşi autorizase consilierii legali să facă toţi paşii necesari pentru a apăra reputaţia şefului lor. A fost organizat un comitet special "şapte ori şapte", cu ramuri împrăştiate în toate parohiile ce se vor angaja în relaţiile publice şi vor colecta pentru un fond de apărare, care va fi strâns printr-un efort special, înloc să fie finanţat de la bugetul obişnuit. În plus, fiecare a produs rezoluţii puternice de sprijin atât în Consiliu, cât şi în Congrese care au ridicat "cazului episcopului" la un plan la care erau rareori discutate: că ceea ce se întâmpla nu era numai atac asupra libertăţii religiei, ci şi o negare a filosofiei de bază americane, că cineva este presupus nevinovat până când este dovedit vinovat. Era de netăgăduit că lupta împotriva lui Trifa purta sloganul "episcopul trebuie să dovedească nevinovăţia înainte ca ea să fie acceptată".

Astfel bugetul din 1976 includea 7,371$ pentru taxele juridice. Un an mai târziu cifra era 54,615$, iar cea estimată pentru anul viitor era un proiectat fond de apărare de 35,800$. Firma din Detroit, Metry, Metry şi Sanom a rămas un caz, iar în 1977 George Woods din Detroit a fost adus ca avocat şef al apărării. Vechii apărători John J. Sibişan şi John J. Regule au continuat de asemenea să ajute. Woods şi Trifa au călătorit spre Europa pentru a depune mărturii, iar în 1978 sesiuni epuizante de şase şi opt ore continuau lună după lună la Vatra, în timp ce cazul era în desfăşurare. Cum anul bugetar al Episcopiei a ajuns la sfârşit pe 31 mai 1978, încă 18,733$ fuseseră destinaţi taxelor juridice. Mărturiile fuseseră depuse în Spania, iar William Swor a adăugat un asistent la echipa apărării. Între timp, al treilea procuror guvernamental, Frederick Van Tiem, a fost înlocuit de către doi asistenţi speciali ai procurorului general. Astfel problema trena, un vestigiu în viaţă al erei Truman în mijlocul altei generaţii. O dată pentru proces încă nu era fixată la patru ani după alcătuirea iniţială a procesului guvernamental. De abia în februarie 1979 s-a aflat că, mai mult ca sigur, cazul Trifa va ajunge în tribunal la sfârşitul verii acelui an. Au apărut alte amânări, iar o dată în septembrie a devenit mai probabilă. Cu încredere, cu rugăciuni, adevărul va ieşi la iveală. Şi din nou, câte s-ar fi putut îndeplini de către o Episcopie şi un episcop liberi de astfel de cheltuieli şi preocupări în timpul atâtor ani? Răspunsul, reprezentând una dintre marile tragedii ale istoriei românilor din America, rămâne unul dintre cele mai greu de cântărit.

Conservând moştenirea

Una dintre cele mai mari calităţi ale episcopului şi ale multor preoţi ai săi este preocuparea lor istorică, reflectată în propriile cărţi şi scrieri copioase ale lui Valerian de-a lungul multor ani, precum şi lucrările preoţilor literari ca Vasile Haţegan ale cărui fragmente despre trecutul Episcopiei şi despre viaţa româno-americanilor au umplut nenumărate pagini ale ziarelor "Solia" şi ale calendarelor. În general, Episcopia se grăbea să coopereze cu programele devotate originilor etnice şi cu promovarea multiculturalismului, atât în America, cât şi în Canada, indiferent de sponsorii lor. Uneori, în anii 1960 şi 1970, când lucrarea părintelui Anania sau a Episcopiei lui Victorin ameninţa să schimbe proiectele sau programele într-o promovare a politicii româneşti, opusă treburilor româno-americanilor, Valerian a refuzat participarea, dar aceasta era mai degrabă excepţia decât regula. Lucrarea de promovare a româno–americanismului a fost continuată de relaţiile de lucru bune în general, chiar strânse, stabilite între episcopie şi Uniune şi Ligă sub preşedinţia lui George Dobrea, Petre Nicoară, Eugen Popescu şi John Popescu odată ce nuanţa şi strigătul epocii Balindu se terminaseră. În multe cazuri funcţionarii Uniunii şi Ligii ocupau locuri în Consiliul Episcopesc sau se aflau printre cei mai activi membrii ai Bisericii.

Unul dintre cele mai bune exemple de conservare istorică a fost furnizat în 1974-1975 prin pregătirea materialelor de către Episcopie pentru a fi donate noului creat Immigration History Research Center de la Universitatea din Minnesota, în St. Paul. În martie 1974, Consiliul a autorizat împărţirea costurilor microfilmării întregii colecţii a "Soliei" din 1936 până în 1973 cu IHRC. Valerian, cu ajutorul arhivarului său şi cu părintele Eugen Lazăr, au pus laolaltă o colecţie reprezentativă de materiale primare şi secundare despre istoria Episcopiei, care au fost trimise la St. Paul. Din necesitate nu erau exhaustive, dar ele reprezentau un punct de plecare adecvat pentru cercetarea istoriei Episcopiei în viitor.

Mai ambiţios şi conţinând un potenţial incomensurabil pentru viitor, a fost cel mai mare proiect întreprins vreodată în America pentru colectarea şi conservarea moştenirii românilor de pe acest continent. Acesta a fost instituţia care pentru primii trei ani a purtat denumirea "Centrul pentru Cercetare şi Dezvoltare", dar la inaugurarea sa a fost cunoscută ca Romanian American Heritage Center, construit pe teritoriul Vetrei la sudul bisericii şi sfinţit de Memorial Day în 1978. Au fost patru ani de planificări şi de construcţie şi deşi astfel de lucruri sunt dificil de izolat, se pare că ideea iniţială a venit de la episcop însuşi, stimulat fără îndoială de proliferarea programelor de studii etnice a instituţiilor din America, colegii şi universităţi. Un impuls a venit de asemenea şi dintr-o altă direcţie, oarecum neaşteptată. Valerian a informat Congresul din 1973 că d-na Marie McWilliams din Tulsa, Oklahoma, o femeie nativă română, dornică de a face un testament de durată pentru Episcopie şi pentru naţionalitatea ei în America, a oferit o contribuţie monetară substanţială pentru viitor, o donaţie pentru a fi folosită mai ales pentru un muzeu al amintirilor româneşti. "Banii de temelie" pentru o astfel de construcţie ambiţioasă. Congresul s-a lăsat greu convins şi a autorizat crearea unei cooperări non-profit pentru cercetare, pe o parcelă a teritoriului Vetrei, care în cele din urmă s-a acordat. Congresul din 1974 a acordat 25,000 de dolari din Fondul de Rezervă şi Economii pentru clădire, ale cărei costuri erau estimate la cel puţin 150,000$. La 12 august un apel formal a plecat spre toate organizaţiile etnice româneşti din Statele Unite şi Canada pentru sprijin. Răspunsul a fost mărinimos. Aproape imediat ARFORA a acordat 12,500$, AROY a oferit aceeaşi sumă, în timp ce Uniunea şi Liga au promis 5,000$, aşa cum a făcut şi societatea Avram Iancu din New York. Frăţia Ortodoxă a procedat la fel, ca şi Catedrala Sfânta Maria din Chicago, biserica Sfântul Dumitru din New York şi biserica Întâmpinarea Domnului din Akron, însumând încă 25,000$. În aprilie 1975 se puteau număra 70,000 de dolari. Consiliul a mers mai departe cu încorporarea. Înţelept, Centrul a fost înfiinţat ca o entitate separată de episcopie, astfel devenind proprietatea tuturor care au ajutat la constituirea lui. Legile au desemnat un reprezentant permanent la Centru pentru fiecare 5,000$ donaţi. Astfel Episcopia avea cinci voturi. În iulie au fost aleşi primii giranţi incluzându-i, pe lângă episcop, pe preoţii Haţegan, Dinu şi Laurence Lazăr împreună cu Ioan Sibişan, Leona Barbu, Charles D. Hoyt, John W. Popescu şi Ioan D. Călin, care împreună cu incorporatorii, preoţii Ivaşcu şi Toconiţă, Silvia Baia, Peter Metes, Stelian Stănicel, Anne Mercea, Augustin Vincent şi Ilie Olteanu, au alcătuit structura legală. În 1976 şi 1977 s-a ridicat moderna clădire cu două etaje a arhivei, incluzând o sală mare de lectură, manuscrise, microfilme, facilități de depozitare a documentelor, spațiu audio–video, zona bibliotecii, birouri și un apartament cu un dormitor atașat pentru un director sau un cercetător. Președintele Andrew Peru putea să anunțe în martie 1978 strângerea plină de succes a sumei de 50,000$ pentru a achita costurile de construcție, toți strânși în precedentele trei luni prin împrumuturi interne de la o mână de sprijinitori. Weekend-ul din 28-29 Mai a fost martorul panopliei strălucitoare a inaugurării ultimului adaos la lungul plan de dorințe împlinite. Totuși Heritage Center era mai mult decât o simplă înfrumusețare a teritoriului Vetrei. Reprezenta o legătură vizibilă între trecut și viitor, o dovadă tangibilă că generația prezentă a trecut mai departe, dar nu a dorit niciodată să uite de unde pornise.

Consiliul executiv a schimbat puține în cei 4 ani ai programului, cu majoritatea incorporatorilor și giranților inițiali rămași în relații strânse cu Centrul la vremea deschiderii sale. Traian Lascu a fost președinte în 1978, dar și cu Dan Miclau, Jane Martin, Melanie Vlad, Andrew Peru și Eugen Popescu care s-au alăturat grupului director. Acum, de prin pivnițele, dulapurile, podurile și cuferele de cedru ale româno–americanilor, erau curățate de praf, fotografii vechi, tipărituri, broșuri, suveniruri, costumele, insignele și posterele din zilele străbunilor, precum și procesele verbale din era lui William Howard Taft și Warren G. Harding, când emigranți transilvăneni s-au alăturat mulțimii de eroi necunoscuți care au construit națiunea americană, care au săpat cărbunele, au forjat oțelul și au cultivat pământul. În mod treptat materialele au început să apară. Aveau să treacă ani de zile până când aceste obscure, aspre, pioase, belicoase, blânde suflete remarcabile numite români își vor avea propriile pagini în istorie.

Dincolo de dealuri

Anul 1978 a fost unul memorabil. Oamenii din Jackson County, Michigan, ca și în alte părți ale țării, își vor aduce aminte pentru mult timp viscolul care a imobilizat complet zona din 26 până în 30 ianuarie și a pus la lucru Garda Națională, deoarece întreg Michiganul a fost considerat zonă calamitată. Vatra a fost ruptă de lume zile întregi. Doar "tehnologia monastică" a părintelui Braga, un curățător de zăpadă, a putut face cărare către biserică pentru Liturghie și doar instinctele ascuțite ale părintelui John Toconiță, care a găsit niște cârnați de mult ascunși în frigider, l-au salvat pe episcop de la înfometare sigură. Incredibil, nu s-a adus nici o stricăciune clădirilor, iar după cinci zile aspre și prin tenacitatea echipajelor de la drumuri ale orașului, seva a fost adusă la Nome.

La fel de remarcabil a fost Congresul Bisericesc din iulie, din două motive. Mitropolitul Theodosius, șeful Bisericii Ortodoxe din America, a luat parte la cele patru zile ale Congresului, creând un precedent istoric și dovedind încă o dată poziția fermă a Episcopiei în instituția ortodoxă americană. În al doilea rând, era un Congres legislativ, convocat pentru a aproba câteva revizuiri ale Legilor. Pe lângă cele referitoare la alegerile parohiale deja discutate, Constituția din 1978 a definit mai precis decât niciodată procedura alegerii episcopului, o acțiune îndreptată spre viitor. Dacă Statutele sunt mai degrabă plictisitoare, totuși, noul set, văzut cu un ochi discernant, arăta ceva de o importanță vitală despre faza evolutivă la care ajunsese Episcopia, după o existență informală și formală de trei sferturi de secol. Normale în clarificarea alegerii unui episcop, legile au adresat problema calificărilor pentru candidați. În dezbaterile despre aceasta, s-a oferit un amendament, cu înțelepciune, "Candidatul trebuie să fie de origine etnică română". A căzut la vot. La rându-i "este preferabil ca el ... să poată să converseze în engleză"; s-a propus adăugarea "și în română". Și aceasta a căzut. Rezultatul era clar: punctul culminant logic al mișcării, departe de o Biserică exclusiv etnică, a început chiar din 1940 și a fost impulsionat de devotamentul lui Valerian însuși pentru credință și nu naționalitate. Teoretic, următorul cap al Episcopiei Ortodoxe Române din America putea fi un neromân, chiar dacă era puțin probabil că se va întâmpla așa ceva. Într-adevăr, istoria Bisericii Române din America, ca cea a multor altor organisme religioase orientate etnic fusese uneori martora tendinței de a plasa naționalitatea înaintea creștinismului, dar pe la sfârșitul anilor 1970, în mod clar acest lucru a fost întors. Normal că mulți se vor plânge de faptul că "Solia" era acum 3/4 în engleză, că numărul bisericilor unde se putea asculta întreaga Liturghie în română era în scădere și că acum un "străin" putea chiar să fie episcop. Totuși, pentru o mare majoritate era stilul american, o acceptare a ceea ce se întâmpla, combinată cu o rezoluție pentru a păstra ce era mai bun din ce fusese odată.

Traian Lascu a simțit această dihotomie continuă în prima ediție a "Soliei" din 1978, într-un articol intitulat *Sărmana Episcopie Neglijată.* În timp ce se plângea de "ajutorul financiar infim pe care-l primește Episcopia" de la mulți enoriași și notând că doar sprijinul neabătut al unui grup dedicat o păzea de "probleme financiare reale", el a arătat de asemenea spre "fantasticul progres spiritual, organizațional și material ... pe care l-am realizat în acești ultimi 25 de ani. O schimbare a unui rând, o frază ici-colo și articolul ar fi mers și pentru 1933. Într-adevăr trecutul nu este niciodată trecut. Istoria nu se repetă, doar găsește anumite configurații pe care le agreează și la care continuă să se întoarcă. Pe la 3:30 a.m., pe 14 decembrie 1978, o bombă a fost aruncată printr-o fereastră a bisericii Sfântul Dumitru situată pe 50 West 89th Street în New York, producând un foc mare, fum și deteriorarea sistemului de apă. Din fericire, părintele Florian Gâldău, familia sa și administratorul au ieșit în siguranță. La câteva momente după atac, un anonim l-a sunat pe un recepționer de la United Press Internațional spunându-i că "Rezistența Înarmată Evreiască" avusese grijă de biserică pentru că era un loc de întâlniri ale Gărzii de Fier. Incidentul a fost foarte greu de suportat, deoarece de 30 de ani Sfântul Dumitru era cunoscută ca "biserica carității" din Episcopie. Mii de refugiați, indiferent de originea etnică sau de credințele religioase, au intrat în Statele Unite și au fost ajutați în tranziția lor spre o nouă viață prin auspiciile Bisericii.

La 31 decembrie 1978, părintele Eugen Lazăr, unul dintre cei mai dedicați și mai iubiți preoți ai Episcopiei, a murit la Akron, Ohio și a fost îngropat cinci zile mai târziu în noua secțiune a Cimitirului Vetrei.

La 13 februarie 1979, Ioan Micu din Ft. Wayne a deschis un plic de la biroul "Soliei". "Consiliul Episcopesc și

Comitetul de Organizare cer onoarea prezenţei d-voastră la slujbele religioase şi festivităţile care celebrează a 50-a aniversare a Episcopiei Ortodoxe Române din America ... sâmbătă 28 aprilie 1979", spunea invitaţia.

31 martie 1979 a fost o zi normală din viaţa Episcopiei. Valerian şi-a deschis scrisorile care conţineau un răspuns de la o parohie pentru o circulară al cărui termen limită el îl stabilise pentru 15 decembrie, cel târziu. După amiaza el a supervizat instalarea rafturilor bibliotecii de la Heritage Center. De la al doilea etaj al reşedinţei venea sunetul unei maşini de scris: părintele John trimitea chitanţe "Sprijinitorilor Episcopiei". În Rhode Island şi Connecticut, în Cleveland, Youngstown, Florida, St. Paul şi Los Angeles preoţii îşi inspectau veşmintele, asigurându-se că erau în bună ordine pentru cea mai mare zi din an a Bisericii Ortodoxe, Paştile, care urma în curând. La biroul "Soliei" din Detroit, ediţia din aprilie a ziarului era prelucrată. În Youngstown, părintele John Mărmureanu privea peste câteva documente vechi scrise de Ioan Podea şi se întreba dacă ar trebui să le traducă. Vasile Haţegan se ocupa de pregătirile celei de a 75-a aniversări a parohiei Sfânta Maria, iar într-un club românesc din Ellwood City, un om a intrat şi s-a aşezat după terminarea lucrului de dimineaţă. La scurt timp a intrat un al doilea român şi astfel a apărut cearta. Vremea în Michigan era ceţoasă şi ploioasă, dar spre seară a ieşit puţin soarele. O veveriţă a traversat pajiştea Vetrei. Expresia feţei ei era ca a uneia care efectuase o lungă călătorie.

Made in the USA
Coppell, TX
17 December 2021

69108441R00215